MÉMOIRES
DE
J. CASANOVA
DE SEINGALT
ÉCRITS PAR LUI-MÊME

SUIVIS DE

FRAGMENTS DES MÉMOIRES DU PRINCE DE LIGNE

Nequidquam sapit qui sibi non sapit.
CIC. AD TREB.

NOUVELLE ÉDITION
COLLATIONNÉE SUR L'ÉDITION ORIGINALE DE LEIPSICK

TOME TROISIÈME

PARIS
GARNIER FRÈRES, LIBRAIRES-ÉDITEURS
6, RUE DES SAINTS-PÈRES, 6

MÉMOIRES
DE
JACQUES CASANOVA
DE SEINGALT

CHAPITRE PREMIER

Suite du chapitre précédent. — Premier rendez-vous avec M. M. — Lettre de C. C. — Mon second rendez-vous avec la religieuse dans mon superbe casino à Venise. — Je suis heureux.

Il n'est et rien ne peut être plus cher à l'être pensant que la vie ; malgré cela les hommes voluptueux, ceux qui cherchent à en jouir le mieux, sont ceux qui exercent avec le plus de perfection l'art difficile de la faire passer vite et de l'abréger. Ce n'est pas que l'intention soit de la rendre plus courte, car on voudrait la perpétuer dans le plaisir ; mais on veut que la jouissance rende son cours insensible, et on a raison, pourvu qu'on ne manque pas à ses devoirs. Cependant il ne faut pas que l'homme s'imagine n'avoir des devoirs que ceux qui flattent ses sens ; il serait dans une grande erreur, dont il pourrait finir par être la victime. Je pense que mon favori Horace se trompait quand il disait à Florus :

> Nec metuam quid de me judicet heres,
> Quod non plura datis inveniet [1].

Le plus heureux des hommes est celui qui sait se procurer la plus grande somme de bonheur sans jamais heurter ses devoirs, et le plus malheureux est celui qui a embrassé un état dans lequel il se trouve sans cesse dans la triste obligation de prévoir.

Certain que M. M. ne manquerait pas à sa parole, je me rendis au parloir vers les dix heures du matin, et dès que je fus annoncé, je la vis paraître ?

« Mon dieu, mon ami, êtes-vous malade ?

— Non, ma divine amie, mais je puis le paraître, car l'inquiète attente du bonheur m'excède. J'ai perdu l'appétit et le sommeil, et s'il était différé, je ne répondrais pas de ma vie.

— Il ne le sera pas, mon cher ami ; mais quelle impatience ! Asseyons-nous. Voici la clef du casino où vous irez. Il y a du monde, car il faut bien que nous soyons servis ; mais personne ne vous parlera et vous n'aurez besoin de parler à personne. Vous serez masqué, et vous n'irez qu'à une heure et demie de la nuit [2], et pas plutôt. Vous monterez l'escalier qui est en face de la porte de la rue, et au haut de l'escalier vous verrez à la lumière

---

1. Je ne redoute pas le jugement que porteront de moi mes héritiers, en s'étonnant que je ne leur aie pas laissé plus que je ne leur transmettrai.
2. C'est deux heures après le coucher du soleil.

d'une lanterne une porte verte que vous ouvrirez pour entrer dans l'appartement, que vous trouverez éclairé. Vous me trouverez dans la seconde pièce, et si je n'y étais pas encore, vous m'attendriez quelques minutes : vous pouvez compter sur mon exactitude. Vous pourrez vous démasquer, vous mettre à votre aise : vous trouverez des livres et bon feu. »

La description étant parfaitement claire, je baise la main qui m'offre la clef de ce temple mystérieux, et je demande à cette femme charmante si c'est en religieuse que je la verrai.

« Je sors en religieuse, me dit-elle, mais j'ai là une garde-robe complète pour me transformer en femme du monde et même pour me masquer.

— J'espère que vous me ferez le plaisir de rester en religieuse.

— Pourquoi, s'il vous plaît?

— J'aime tant à vous voir dans ce costume !

— Ah ! ah ! je comprends. Vous vous figurez ma tête tondue, et je vous fais peur. Mais rassurez-vous, mon ami, j'ai une perruque si bien faite qu'elle le dispute à la nature.

— Dieu ! que dites-vous ? le seul nom de perruque est assommant. Mais non, n'en doutez pas, je vous trouverai charmante de toutes les façons. Ayez seulement soin de ne pas mettre cette cruelle perruque en ma présence. Je vous offense : pardon ; car je suis au désespoir de vous avoir parlé de cela. Êtes-vous sûre que personne ne vous voie sortir du couvent?

— Vous en serez sûr vous-même quand vous ferez le tour de l'île et que vous observerez la petite porte qui donne sur la petite rive. J'ai la clef d'une chambre qui donne sur cette petite rive, et je suis sûre de la sœur converse qui me sert.

— Et la gondole?

— C'est mon amant qui me répond de la fidélité des gondoliers.

— Quel homme que votre amant! je m'imagine qu'il est vieux.

— Vous vous trompez, et si cela était, j'en serais honteuse. Il n'a pas quarante ans, et il a tout pour être aimé : beauté, esprit, douceur de caractère, nobles procédés.

— Et il vous pardonne des caprices?

— Qu'appelez-vous caprices? Il y a un an qu'il s'est emparé de moi, et avant lui je n'avais jamais connu aucun homme, comme vous êtes le premier qui m'ait donné une fantaisie. Lorsque je lui en fis la confidence, il fut un peu étonné, puis il se mit à rire et me fit une courte remontrance sur le danger que je courais de me livrer à un indiscret. Il aurait désiré que je susse au moins qui vous êtes avant de pousser la chose plus loin; mais c'était trop tard. Je lui répondis de vous et naturellement je le fis rire de répondre si positivement de quelqu'un que je ne connaissais pas.

— Quand lui avez-vous tout confié?

— Avant-hier, et sans lui rien cacher. Je lui ai montré mes lettres et les vôtres, et il vous croit Français, quoique vous vous y donniez pour Vénitien. Il est fort curieux de savoir qui vous êtes; mais ne craignez rien : je vous promets de ne jamais faire la moindre démarche pour le savoir moi-même.

— Ni moi pour savoir qui est cet homme aussi rare que vous. Je suis désespéré quand je pense à la peine que je vous ai faite.

— N'en parlons plus; car, quand j'y pense, je vois qu'un fat seul aurait pu en agir autrement. »

Avant de la quitter, j'obtins à la petite fenêtre un nouveau gage de sa tendresse et elle m'accompagna du regard jusqu'à la porte.

Le soir, à l'heure convenue, je me rendis au rendez-vous, et suivant exactement ses instructions, je parvins dans un salon où je trouvai ma nouvelle conquête habillée en séculière avec la plus grande élégance. Le salon était éclairé par des girandoles dont la lumière était réfléchie par des glaces, et par quatre superbes flambeaux placés sur une table avec des livres. Elle me parut une beauté tout à fait différente que lorsque je l'avais vue en religieuse. Elle était coiffée en cheveux avec un superbe chignon; mais je glissai là-dessus, tant l'idée d'une perruque m'offusquait, et je me serais bien gardé de lui en faire compliment. Je me jetais à ses genoux pour lui témoigner ma vive reconnaissance, et je baisais avec transport ses belles mains, en attendant la lutte amoureuse qui devait en être l'issue; mais M. M. crut devoir opposer de la résistance. Qu'ils sont charmants ces refus d'une amante amoureuse qui ne retarde l'instant du bonheur que pour mieux en savourer les délices ! Et, amant tendre, respectueux, mais hardi et entreprenant, certain de la victoire, je mêlais avec délicatesse la douceur des égards au feu qui me consumait; et ravissant sur la plus belle bouche les baisers les plus ardents, je sentais mon âme prête à s'échapper. Nous passâmes deux heures dans ce combat préparatoire, à la fin duquel nous nous félicitâmes également, elle d'avoir su résister, et moi d'avoir su modérer mon impatience.

Ayant besoin d'un instant de repos et nous entendant par instinct, elle me dit:

« Mon ami, j'ai un appétit qui me promet de faire honneur au souper; me promets-tu de me tenir tête? »

Me sentant homme à cela:

« Oui, lui dis-je, je te le promets; et tu jugeras ensuite si je me comporte envers l'Amour aussi bien qu'envers Comus. »

Elle sonna, et une femme entre deux âges, fort bien mise et d'un extérieur fort décent, vint couvrir une table pour deux personnes; et, après avoir mis sur une autre à portée tout ce qui était nécessaire pour nous passer de serviteurs, elle posa successivement sur la table huit mets dans des plats de porcelaine de Sèvres placés sur des réchauds d'argent qui tenaient les viandes chaudes. C'était un souper délicat et abondant.

Dès les premiers plats que nous goûtâmes, je reconnus la cuisine française, et elle ne me désavoua point. Nous ne bûmes que du bourgogne et du champagne. Elle fit la salade avec délicatesse et dextérité, et en tout ce qu'elle fit je ne pus qu'admirer sa grâce et son aisance. Il était évident qu'elle devait avoir un amant connaisseur qui l'avait instruite. J'étais curieux de le connaître, et pendant que nous prenions du punch, je lui dis que si elle voulait satisfaire ma curiosité, j'étais prêt à lui dire mon nom. Laissons au temps, mon ami, me dit-elle, le soin de satisfaire notre mutuelle curiosité.

M. M. avait parmi les breloques de sa montre un petit flacon en cristal de roche absolument pareil à celui que je portais à ma chaîne. Je le lui fis remarquer, et comme dans le mien j'avais du coton imbibé d'essence de rose, je le lui fis sentir.

« J'en ai, me dit-elle, de la pareille. »

Et elle me le fit sentir.

« C'est une liqueur très rare, lui dis-je, et qui coûte beaucoup.

— Aussi ne la vend-on point.

— C'est vrai. L'auteur de cette essence est une tête couronnée; c'est le roi de France, qui en a fait une livre qui lui a coûté trente mille francs.

— C'est un présent qu'on a fait à mon amant, qui me l'a donnée.

— Mme de Pompadour en a envoyé une petite fiole à M. de Mocenigo, ambassadeur de Venise à Paris, par l'entremise de M. de B., actuellement ambassadeur de France ici.

— Le connaissez-vous?

— J'ai eu l'honneur de dîner avec lui précisément le jour où il venait prendre congé de l'ambassadeur chez lequel j'étais invité. M. de B. est un homme que la fortune a favorisé, mais qu'il a su captiver par son mérite : il n'est pas moins distingué par son esprit que par sa naissance : il est, je crois, comte de Lyon. Je me rappelle que sa jolie figure lui a fait donner le sobriquet de *Belle-Babet*. Nous avons de lui un petit recueil de poésies qui lui font honneur. »

Il était près de minuit; nous avions fait un excellent souper et nous étions près d'un bon feu. Avec cela, amoureux d'une femme superbe et songeant que le temps était précieux, je devins pressant. Elle résiste encore.

« Cruelle amie, ne m'avez-vous promis la félicité que pour me faire éprouver tous les tourments de Tantale? Si vous ne voulez point céder à l'amour, cédez au-moins à la nature : après un repas délicieux, allez vous coucher.

— Avez-vous donc sommeil?

— Non, certes; mais à l'heure qu'il est, on se met au lit. Souffrez que je vous y mette : je me tiendrai à votre chevet, ou je me retirerai, si vous le voulez.

— Si vous me quittiez, vous me causeriez une peine sensible.

— La mienne ne serait pas moindre, croyez-moi; mais si je reste, que ferons-nous?

— Nous pouvons nous reposer tout habillés sur ce sofa.

— Tout habillés ! soit. Je pourrai vous laisser dormir, si vous le désirez ; mais si je ne dors pas, vous me pardonnerez ; car dormir près de vous et vêtu ! ce serait exiger l'impossible.

— Attendez. »

Elle se lève, tire facilement le canapé en travers, en tire les coussins, les draps, la couverture, et en un clin d'œil, voilà un lit magnifique, large et commode. Elle prend un grand mouchoir dont elle affuble ma tête ; puis elle m'en donne un second en m'invitant à lui rendre le même office. Je me mets en besogne, dissimulant mon dégoût pour la perruque, lorsqu'une découverte précieuse me causa la plus agréable surprise ; car, au lieu de perruque, je trouve sous ma main la plus belle chevelure possible. Je poussai un cri de bonheur et d'admiration qui la fit beaucoup rire ; puis elle me dit qu'une religieuse n'avait d'autre obligation que de cacher ses cheveux aux yeux du profane vulgaire, et en achevant, elle me pousse adroitement et me fait tomber de tout mon long sur le canapé. Je me relève, et dans une minute, débarrassé de mes vêtements, je me jette plus sur elle qu'auprès d'elle. Elle était forte et, m'enlaçant de ses deux bras, elle croit que je dois lui pardonner toutes les peines qu'elle me cause. Je n'avais rien obtenu d'essentiel, je brûlais, mais je concentrais mon impatience ; je ne me croyais pas encore le droit d'être exigeant. Je me mets à détacher cinq ou six nœuds de rubans, et satisfait qu'elle me laissât faire, je palpitais d'aise et je devins possesseur de la gorge la plus belle que je couvris de mes baisers. Mais là se bornaient encore toutes ses faveurs, et, mon feu s'augmentant à mesure que je la voyais plus parfaite, je redoublais d'efforts ; mais en vain : force me fut de céder de fatigue et je m'endormis dans ses bras en la tenant serrée contre mon sein. Un bruyant carrillon nous réveilla.

« Qu'est-ce ? m'écriai-je en sursaut.

— Mon ami, levons-nous ; il est temps que je rentre au couvent.

— Habillez-vous, et laissez-moi le plaisir de vous voir en habit de sainte, puisque vous partez vierge.

— Sois content pour cette fois, mon doux ami, et apprends de moi à souffrir l'abstinence : une autre fois nous serons plus heureux. Quand je serai partie, si rien ne te presse, tu pourras te reposer ici. »

Elle sonne, et la même femme qui était venue le soir, et qui était sans doute le ministre secret et la confidente de ses mystères amoureux, parut. Après s'être fait coiffer, elle ôta sa robe, enferma ses bijoux dans un secrétaire, mit un corset de religieuse dans lequel elle dissimula ses deux globes superbes qui avaient été pendant cette fatigante nuit les principaux agents de mon bonheur ; ensuite elle se révêtit de son habit de religieuse. La confidente étant sortie pour prévenir les gondoliers, elle vint m'embrasser avec tendresse et ardeur et me dit :

« Je t'attends après-demain pour que tu m'indiques la nuit que j'irai passer avec toi à Venise ; et alors, tendre amant, tu seras tout à fait heureux, et moi aussi. Adieu. »

Content, sans être satisfait, je me couchai et je dormis paisiblement jusqu'à midi.

Je sortis sans voir personne, et bien masqué, je me rendis chez Laure, qui me donna une lettre de ma chère C. C. ; la voici :

« Voici, mon cher ami, un échantillon de ma façon de penser, et j'espère que, loin de me desservir auprès de toi, tu vas me juger, malgré mon âge, capable de garder un secret et digne d'être ta femme. Sûre de ton cœur, je ne blâme point la réserve que tu as observée à mon égard, et n'étant jalouse que de ce qui peut divertir ton esprit et t'aider à supporter avec patience notre cruelle séparation, je ne puis que me réjouir de tout ce qui te procure du plaisir. Écoute donc. Hier, en traversant un corridor, je laissai tomber un cure-dent que je tenais à la main, et pour le ramasser, je fus obligée de remuer un tabouret qui se trouvait devant une fente de la cloison. Devenue déjà curieuse comme une religieuse, vice assez naturel à l'oisiveté, j'approchai mon œil de cette fente, et je vis, qui ? toi-même, mon doux ami, t'entretenant d'une manière très vive avec ma charmante amie, la mère M. M. Tu te figurerais difficilement ma surprise et ma joie. Cependant ces deux sentiments firent bientôt place à la crainte que j'avais d'être vue et d'exciter la curiosité de quelque indiscrète. Je replaçai vite le tabouret et je partis. Dis-moi tout, mon doux ami, tu me rendras heureuse. Comment pourrais-je te chérir de toutes les forces de mon âme, et n'être pas curieuse de savoir l'histoire de cette espèce de phénomène ! Dis-moi si elle te connaît et comment tu as fait sa connaissance. C'est ma tendre amie, celle dont je t'ai parlé et que je n'ai pas cru nécessaire de te nommer. C'est elle qui m'enseigne le français et qui m'a donné des livres qui me rendent savante dans une matière connue à bien peu de femmes. Sans elle, mon ami, on aurait découvert la cause de l'accident qui a failli me coûter la vie. Elle s'empressa de me donner du linge et des draps. Je lui dois mon honneur, mais par là elle a nécessairement appris que j'ai un amant, comme je sais qu'elle en a eu un également : mais nous ne nous sommes point réciproquement montrées curieuses de connaître nos secrets. La mère M. M. est une femme unique. Je suis certaine, mon cher mari, que vous vous aimez ; cela ne peut être autrement, puisque vous vous connaissez ; mais, comme je n'en suis point jalouse, je mérite que tu me dises tout. Cependant je vous plains tous les deux ; car tout ce que vous pourrez faire ne pourra servir, je le crains, qu'à irriter votre passion. Tout le couvent te croit malade, et moi je meurs d'envie de te voir. Viens donc au moins une fois. Adieu. »

Malgré l'estime que cette lettre m'inspira, j'en conçus de l'inquiétude ; car, quoique je fusse bien sûr de ma chère C. C., cette crevasse pouvait nous exposer à d'autres regards. Je me voyais en outre forcé d'en imposer à cette aimable et confiante amie en lui faisant un conte; car l'honneur et la délicatesse ne me permettaient pas de lui dire la vérité. Je lui répondis de suite que son amitié pour M. M. voulait qu'elle la prévînt de suite qu'elle l'avait vue au parloir avec un masque, et que sur le bruit de son mérite, ayant le désir de la connaître, je l'avais fait appeler au parloir, m'annonçant sous un nom supposé ; et qu'elle devait bien se garder de lui dire qui j'étais, mais qu'elle pouvait lui dire qu'elle m'avait reconnu pour être le même qui allait entendre la messe à leur église. Je l'assurai effrontément qu'il n'y avait point d'amour entre nous, sans lui dissimuler que je la trouvais une femme accomplie.

Le jour de Sainte-Catherine, fête de ma chère C. C., je crus devoir procurer à cette charmante recluse, qui ne souffrait que par moi, le plaisir de me voir. En sortant j'aperçus, en prenant une gondole, un individu qui me suivait. Je conçus des soupçons et je résolus de les vérifier. Le même individu, ayant pris une gondole, me suivit. Cela pouvait n'être que l'effet du hasard ; mais, me tenant en garde contre les surprises, je descends à Venise au palais Morosini du jardin ; mon homme descend après moi : plus de doute. Je sors du palais, et prenant vers la porte de Flandre, je m'arrête dans une rue étroite, et, mon couteau à la main, j'attends l'espion au détour, et là le saisissant au collet, je le serre contre une encoignure, et, la pointe du couteau sur la gorge, je le somme de me dire ce qu'il me voulait. Il tremblait, il allait tout me dire, quand par malencontre quelqu'un entra dans la rue. L'espion m'échappa, et je ne sus rien ; mais je me tins pour assuré que le même individu se tiendrait dorénavant à une respectueuse distance. Cela me fit sentir qu'il serait facile à un curieux opiniâtre de parvenir à savoir qui j'étais, et je résolus de ne plus aller à Muran qu'en masque, ou de n'y aller que la nuit.

Le lendemain, devant voir ma belle religieuse pour savoir quand elle viendrait souper avec moi à Venise, je me rendis au parloir de bonne heure. Elle vint sans se faire attendre, et la joie se peignait dans tous ses traits. Elle me fit compliment sur ma nouvelle apparition dans leur église. Toutes les religieuses avaient été ravies de me revoir après une absence de trois semaines. L'abbesse, me dit-elle, en témoignant sa joie de te revoir, a dit qu'elle était certaine de découvrir qui tu es. Alors je lui contai l'histoire de l'espion, et nous conjecturâmes avec assez de vraisemblance que c'était là le moyen qu'avait la sainte femme de parvenir à savoir qui j'étais.

« Je suis, ma divine amie, décidé à ne plus venir à la messe.

— Ce sera, me dit-elle, une privation pour moi ; mais dans notre intérêt commun, je ne puis qu'approuver ta résolution. »

Alors elle me conta l'histoire de la fente décélatrice.

« Mais, ajouta-t-elle, elle est déjà bouchée, et de ce côté-là plus de crainte. J'en ai été informée par une jeune pensionnaire que j'aime beaucoup et qui m'est fort attachée. »

Je ne me montrai pas curieux de savoir son nom, et elle ne me le dit pas.

« Maintenant, mon ange, dis-moi si mon bonheur est différé.

— Il l'est, mais de vingt-quatre heures seulement : la

nouvelle sœur professe m'a invitée à souper dans sa chambre, et tu sens bien qu'il n'y a pas de prétexte plausible pour refuser.

— Tu ne lui confierais donc pas l'empêchement bien légitime qui me ferait désirer qu'elle ne soupât jamais.

— Non, certes : la confiance dans un convent ne va jamais jusqu'à ce point. Et puis, mon ami, on ne peut refuser une pareille invitation qu'avec le désir de se faire une ennemie irréconciliable.

— Ne peut-on pas dire qu'on est malade?

— Oui, mais alors les visites !

— J'entends ; car, si tu les refusais, on pourrait soupçonner l'évasion.

— L'évasion ! impossible ; car ici on ne croit pas à la possibilité de s'évader.

— Tu es donc la seule ici capable d'opérer ce miracle ?

— Sois-en bien sûr ; mais c'est l'or qui, ici comme ailleurs, opère ce miracle.

— Et d'autres peut-être?

— Le temps en est passé. Mais dis-moi, cher amour, où veux-tu m'attendre demain deux heures après le coucher du soleil?

— Ne pourrais-je pas t'attendre ici à ton casino?

— Non, car ce sera mon amant lui-même qui me mènera à Venise.

— Lui-même !

— Oui, lui-même.

— C'est incroyable.

— Et pourtant très vrai.

— Je t'attendrai dans la place de Saint-Jean et Saint-Paul, derrière le piédestal de la statue de Barthélemi de Bergame.

— Je n'ai jamais vu ni la place ni la statue que sur des estampes, mais cela suffit ; je n'y manquerai pas. Il n'y aurait qu'un temps affreux qui pourrait m'empêcher de me trouver à un rendez-vous où mon cœur m'appelle.

— Et si cela arrivait?

— Alors, mon ami, rien de perdu, et pour commencer sur nouveaux frais, vous reviendriez comme aujourd'hui pour convenir d'un autre jour. »

Je n'avais pas de temps à perdre, car je n'avais pas de casino. Je pris un second rameur pour arriver en moins d'un quart d'heure à la place Saint-Marc, et je me mis de suite en course pour trouver ce qu'il me fallait. Quand un mortel a le bonheur d'être dans les bonnes grâces du dieu Plutus, et qu'il a l'avantage de n'avoir pas précisément le timbre fêlé, il est sûr, à peu près, de réussir en tout; aussi je n'eus pas besoin de chercher longtemps pour trouver un casino à souhait. C'était le plus beau qu'il y eût aux environs de Venise; mais, comme de raison, il fut aussi le plus cher. Il avait appartenu à l'ambassadeur d'Angleterre, qui l'avait laissé à bon marché à son cuisinier lorsqu'il quitta Venise. Le nouveau propriétaire me le loua jusqu'à Pâques pour cent sequins que je lui comptai d'avance, à condition qu'il me ferait en personne les dîners et les soupers que je serais à même de lui commander.

J'avais cinq pièces meublées dans le meilleur genre, et tout semblait avoir été calculé pour l'amour, le plaisir et la bonne chère. On servait à manger par une fenêtre aveugle enclavée dans la paroi, munie d'un porte-manger tournant qui remplissait parfaitement la baie; de sorte que les maîtres et les domestiques ne pouvaient point se voir. Ce salon était orné de superbes glaces, de lustres de cristal de roche, de girandoles en bronze doré, d'un magnifique trumeau placé sur une cheminée de marbre blanc, tapissé en petits carreaux de porcelaine de la Chine représentant à nu des couples amoureux dans toutes les attitudes et très propres à enflammer l'imagination ; des sofas élégants et commodes étaient placés à droite et à gauche. A côté se trouvait une pièce octogone, dont les parois, le parquet et le plafond étaient entièrement recouverts de superbes glaces de Venise, et disposées de manière à multiplier dans toutes les postures le couple amoureux qui s'y introduisait. Tout auprès se trouvait une belle alcôve avec deux issues secrètes ; à droite un élégant cabinet de toilette, à gauche un boudoir qui semblait préparé pour la mère des amours, et une baignoire en marbre de Carrare. Partout les lambris étaient ciselés en or moulu ou peints en fleurs et en groupes d'arabesques.

Après avoir ordonné de garnir tous les lustres de bougies et de placer du plus beau linge partout où c'était nécessaire, je commandai pour deux le souper le plus somptueux et le plus délicat, sans égard à la dépense, et surtout les vins les plus exquis. Prenant ensuite la clef de la porte d'entrée, je prévins le maître qu'en entrant ni en sortant je ne voulais être vu de personne.

J'observai avec plaisir que la pendule qui était dans l'alcôve avait un réveilleur ; car je commençais, en dépit de l'amour, à devenir sujet à l'empire du sommeil.

Tout étant préparé au gré de mes désirs, en amant soigneux et délicat, j'allai acheter les plus belles pantoufles qu'il me fût possible de trouver, et un bonnet de nuit en point d'Alençon.

Le lecteur, je l'espère, ne trouvera pas que je fusse trop minutieux en cette rencontre : qu'il songe que j'allais donner à souper à la plus accomplie des sultanes du Maître de l'univers, et que j'avais dit à cette quatrième Grâce que j'avais un casino. Devais-je débuter par lui donner une mauvaise idée de ma véracité ?

A l'heure fixée, deux heures après le coucher du soleil, je me rendis à mon palais ; et il serait difficile d'imaginer la surprise de M. le cuisinier français lorsqu'il me vit arriver seul. N'ayant pas trouvé tout éclairé comme je l'avais ordonné, je lui en fis de durs reproches, et je lui signifiai que je n'aimais pas à dire deux fois les mêmes choses.

« Je ne manquerai pas une autre fois d'exécuter les ordres de monsieur.

— Servez à souper.

— Monsieur a commandé pour deux.

— Servez pour deux, et pour cette fois soyez présent à mon souper pour que je puisse vous dire ce que je trouverai bon ou mauvais. »

Le souper vint par la roue en bon ordre, deux plats à la fois. Je fis des commentaires sur tout, mais au fait je trouvai tout excellent, gibier, esturgeon, huîtres, truffes, vins, dessert ; et le tout servi en belle porcelaine de Saxe et en vermeil.

Je lui dis qu'il avait négligé des œufs durs, des anchois et des vinaigres composés pour préparer une salade. Il leva les yeux au ciel, comme pour s'accuser d'une grande faute.

Après un souper qui dura deux heures et qui dut me captiver l'admiration de mon hôte, je lui demandai la carte. Il me la porta un quart d'heure après, et je le trouvai raisonnable. L'ayant congédié, j'allai me coucher dans le magnifique lit qui était dans l'alcôve, où l'excellent souper me concilia bientôt le plus doux sommeil qui, sans l'effet du bourgogne et du champagne, m'aurait probablement fui, en pensant que la nuit suivante je me trouverais au même endroit en possession d'une déesse. Je ne m'éveillai qu'au grand jour, et après avoir ordonné pour le soir les plus beaux fruits et des glaces, je partis.

Pour m'abréger une journée que le désir devait me faire paraître très longue, je jouai, et je vis avec plaisir que la fortune ne me traitait pas moins bien que l'amour. Tout allant au gré de mes vœux, je me plaisais à faire hommage de mon bonheur au génie de ma religieuse.

J'étais au rendez-vous une heure avant le moment fixé, et quoique la nuit fût froide, je ne m'en ressentis pas. A l'heure précise, je vois venir une barque à deux rames, et un masque en sortir dès qu'elle eut touché le rivage. Il parla au barcarol de proue, ensuite il s'achemina vers la statue. A mesure qu'il s'approchait, mon cœur palpitait d'aise ; mais, ayant remarqué que c'était un homme, je l'évite et je m'en veux de n'avoir pas pris mes pistolets. Cependant le masque fait le tour de la statue, et m'aborde en me tendant une main amie ; je reconnais mon ange. Elle rit de ma surprise, s'attache à mon bras et sans nous parler, nous nous acheminons vers la place Saint-Marc, et nous nous rendons à mon casino, qui n'était qu'à une centaine de pas du théâtre Saint-Moïse.

Je trouve tout disposé selon mes désirs ; nous montons, et vite je me débarrasse de mon habit de masque ; mais M. M. se plaît à se promener en long et en large et à visiter tous les recoins du délicieux endroit où elle se voit accueillie. Enchantée aussi que je contemplasse de toutes les manières les grâces de sa personne, elle voulait que j'admirasse dans ses atours l'amant qu'elle avait. Elle était surprise de l'espèce de prestige qui, malgré son immobilité, lui montrait sa charmante personne de mille manières différentes. Ses portraits multipliés que les glaces lui reproduisaient au moyen des nombreuses bougies disposées à cet effet, lui offraient un spectacle nouveau dont elle ne pouvait détacher ses regards. Assis sur un tabouret, je contemplais dans le ravissement toute l'élégance de sa personne. Un habit de velours rose, brodé en paillettes d'or ; une veste à l'avenant brodée au métier et d'une extrême richesse ; des culottes de satin noir, des boucles en brillants, un solitaire de grand prix au petit doigt, et à l'autre main une bague dont le dessus ne présentait qu'un satin blanc recouvert d'un cristal. Sa *baüte*[1] de blonde noire était d'une beauté remarquable pour la finesse et le dessin. Pour me mettre mieux à portée de la voir, elle vint se placer debout devant moi. Je visite ses poches, j'y trouve tabatière d'or, bonbonnière enrichie de perles fines, étui d'or, lorgnette superbe, mouchoirs de batiste de la plus grande finesse, imbibés plutôt que parfumés des plus précieuses essences. Je considère avec attention la richesse et le travail de ses deux montres, de ses chaînes, de ses breloques étincelantes de petits diamants : enfin je trouve un pistolet : c'était un briquet anglais d'un acier pur et du plus beau fini.

« Tout ce que je vois, ma divine amie, est au-dessous de toi, mais je ne puis m'empêcher de faire éclater mon admiration pour l'être étonnant, je dirais presque adorable, qui veut te convaincre que tu es bien réellement sa maîtresse.

— C'est ce qu'il m'a dit quand je l'ai prié de me conduire à Venise et de m'y laisser.

« Amuse-toi, m'a dit-il dit, et je désire que celui que tu vas rendre heureux te convainque qu'il en est digne.

— C'est un homme étonnant, je le répète, et taillé sur un modèle qui n'a servi que pour lui. Un amant de cette trempe est unique ; et je sens que je ne saurais lui ressembler, comme je crains de ne pouvoir mériter un bonheur dont je suis ébloui.

— Permets-moi de m'aller démasquer toute seule.

---

1. Masque.

— Sois maîtresse de tes volontés. »

Un quart d'heure après, mon amante revint. Elle était coiffée en homme : ses faces à longues boucles lui descendaient jusqu'au bas des joues ; ses cheveux, attachés avec un nœud de ruban noir, dépassent le pli de ses jambes, et ses formes représentaient Antinoüs : ses habits à la française empêchaient seuls que l'illusion ne fût complète. J'étais dans une sorte d'enchantement, et mon bonheur me paraissait incompréhensible.

« Non, femme adorable, non, tu n'es pas faite pour un mortel, lui dis-je, et je crois sentir que tu ne seras jamais à moi. Quelque miracle au moment de te posséder viendra t'arracher à mon ardeur. Ton divin époux, peut-être, jaloux d'un simple mortel, détruira toutes mes espérances. Il est possible que dans un quart d'heure je ne sois plus.

— Es-tu fou, mon ami ? je suis à toi dans l'instant, si tu veux.

— Ah ! si je veux ! quoiqu'à jeun, viens ; l'amour et le bonheur seront mes aliments. »

Elle avait froid, nous nous assîmes auprès du feu, et n'en pouvant plus d'impatience, je détache une agrafe de brillants qui retenait son jabot. Lecteur, il est des sensations si vives et si douces, dont les ans peuvent à peine affaiblir le souvenir, et que le temps ne détruit jamais. Ma bouche avait déjà couvert de baisers cette gorge enchanteresse, mais le corset importun ne m'avait pas permis d'admirer toute sa perfection. Je la sentais alors libre de toute gêne et de tout soutien inutile : je n'ai jamais rien vu, rien touché de plus beau ; et les deux globes admirables de la Vénus de Médicis, eussent-ils été animés par l'étincelle de Prométhée, auraient pâli devant ceux de ma divine nonne.

Je brûlais de désirs, et je me disposais à les satisfaire,

quand cette femme enchanteresse me calma d'un seul mot : « Attendons après souper. »

Je sonne, elle frémit.

« Calme-toi, mon amie. »

Je lui montre alors le secret.

« Tu pourras dire à ton amant que personne ne t'aura vue.

— Il admirera ton attention et il devinera que tu n'es pas novice dans l'art de plaire. Mais il est évident que je ne suis pas la seule qui jouit avec toi des délices de ce charmant séjour.

— Tu as tort ; crois-m'en sur ma parole, tu es la première femme que j'y ai vue. Tu n'es pas, femme adorable, ma première passion, mais tu seras ma dernière.

— Je serai heureuse si tu es content. Mon amant l'est : il est doux, bon et aimable ; cependant avec lui mon cœur a toujours été vide.

— Le sien doit l'être aussi ; car, si son amour était de la nature du mien, jamais tu n'aurais fait mon bonheur.

— Il m'aime comme je t'aime ; et crois-tu que je t'aime ?

— J'aime à le croire ; mais tu ne me laisserais pas....

— Tais-toi ; car je sens que, pourvu que tu ne me laissasses rien ignorer, je pourrais tout te pardonner. La joie que j'éprouve en ce moment tient plus de l'espérance que j'ai de ne te laisser rien à désirer que de l'idée que je vais passer avec toi une nuit délicieuse. Elle sera la première de ma vie.

— Comment ! tu n'en as jamais passé avec ton amant ?

— Plusieurs ; mais l'amitié, la complaisance et la reconnaissance peut-être en firent tous les frais : l'essentiel, l'amour, manquait au rendez-vous. Malgré cela, mon amant te ressemble ; il a l'esprit enjoué, monté à l'instar du tien, et sous les rapports de la figure, il est fort bien ; cependant ce n'est pas toi. Je le crois aussi plus riche que toi, quoique ce casino m'induise à juger le contraire ;

mais que fait la richesse à l'amour ! Et ne va pas t'imaginer que je te reconnaisse moins de mérite qu'à lui parce que tu te crois incapable de l'héroïsme de me permettre une absence ; au contraire, je sais que tu ne m'aimerais pas comme je suis ravie que tu m'aimes, si tu me disais que tu pourrais avoir pour une de mes fantaisies la même indulgence que lui.

— Sera-t-il curieux des particularités de cette nuit ?

— Il croira me faire plaisir en m'en demandant des nouvelles, et je lui dirai tout, excepté les circonstances qui pourraient l'humilier. »

Après le souper, qu'elle trouva délicieux, elle fit du punch, et elle s'y entendait ; mais, sentant mon impatience s'accroître :

« Réfléchis, lui dis-je, que nous n'avons que sept heures devant nous et que nous serions dupes de les passer ici.

— Tu raisonnes mieux que Socrate, me dit-elle, et ton éloquence me persuade : viens. »

Elle me mène dans le galant cabinet de toilette où je lui fis présent du beau bonnet, en la priant de se coiffer en femme. Elle le prit avec joie et me pria d'aller me déshabiller dans le salon, me promettant de m'appeler dès qu'elle serait couchée.

Je n'attendis pas longtemps, car quand le plaisir est de la partie, la besogne se fait vite. Je tombai dans ses bras ivre d'amour et de bonheur, et pendant sept heures je lui donnai les preuves les plus positives de mon ardeur et du sentiment qu'elle m'inspirait. Elle ne m'apprit rien à la vérité sous le rapport du matériel ; mais beaucoup en soupirs, en transports, en extases, en sentiments de nature à ne se développer que dans une âme sensible dans les instants les plus doux. Je variai la jouissance de mille manières et je l'étonnai en la faisant se reconnaître susceptible de plus de plaisir qu'elle n'en soupçonnait. Enfin le fatal carillon se fit entendre ; il fallut faire trêve à nos transports ; mais avant de sortir de mes bras, elle éleva les yeux vers l'Empyrée, comme pour remercier son divin Maître de l'effort qu'elle avait osé faire de me déclarer sa passion.

Nous nous habillâmes, et me voyant mettre dans sa poche le beau bonnet de dentelle, elle m'assura qu'elle le conserverait toute sa vie comme le témoin du bonheur dont elle était inondée. Ayant pris une tasse de café, nous sortîmes et je la laissai à la place de Saint-Jean et Saint-Paul, lui promettant d'aller la voir le surlendemain ; et, après l'avoir vue entrer en sûreté dans sa gondole, j'allai me coucher, et dix heures d'un sommeil non interrompu me remirent dans mon assiette naturelle.

CHAPITRE II

Suite du précédent chapitre. — Visite au parloir et conversation avec M. M. — Lettre qu'elle m'écrit et ma réponse. — Nouvelle entrevue au casino de Muran, en présence de son amant.

Ainsi que je le lui avais promis, j'allai la voir le surlendemain ; mais aussitôt qu'elle fut au parloir, elle me dit que son amant s'était fait annoncer, qu'elle l'attendait à chaque instant et qu'elle espérait me revoir le lendemain. Je pars. Auprès du pont, je vois un masque mal masqué sortir d'une gondole. Je regarde le barcarol et je le reconnais pour être au service de l'ambassadeur de France « C'est lui, » me dis-je, et sans faire semblant de l'observer, je le vois entrer au couvent : plus de doutes, et je pars

CHAPITRE II

pour Venise, charmé d'avoir fait cette découverte ; mais je me détermine à n'en rien dire à mon amante.

Je la vis le lendemain, et voici la conversation que nous eûmes ensemble.

« Mon ami, me dit-elle, vint hier pour prendre congé jusqu'aux fêtes de la Noël. Il va à Padoue, mais tout est disposé pour que nous puissions souper à son casino quand l'envie nous en prendra.

— Et pourquoi pas à Venise ?

— Il m'a priée de ne pas y aller pendant son absence, C'est un homme sage et prudent ; je n'ai pas dû lui refuser.

— A la bonne heure. Quand souperons-nous ensemble ?

— Dimanche, si tu veux.

— Si je le veux n'est pas le mot, car je veux toujours. Dimanche donc je m'y rendrai sur la brune et je t'attendrai en lisant. As-tu dit à ton ami que tu n'as pas été mal à mon petit palais ?

— Tout, il sait tout ; mais, mon cœur, une chose l'inquiète ; il craint le fatal embonpoint.

— Je veux mourir si j'y ai pensé. Mais, ma chère, ne cours-tu pas le même risque avec lui ?

— Non, c'est impossible.

— Je t'entends. Il faudra donc que nous soyons bien sages à l'avenir. Je pense que neuf jours avant Noël il n'y a plus de masques et qu'alors je serai obligé d'aller à ton casino par eau, car autrement je pourrais facilement être reconnu par le même espion qui m'a déjà suivi.

— Oui ; c'est une idée fort sage, et je te ferai facilement reconnaître la rive. J'espère que tu pourras aussi y venir pendant le carême, quoiqu'on dise que Dieu veut qu'alors nous mortifiions nos sens. N'est-il pas plaisant qu'il y ait un temps où Dieu veuille que nous nous amusions comme des fous, et un autre où, pour lui plaire, il faille que nous vivions dans l'abstinence? Qu'est-ce qu'un anniversaire peut avoir de commun avec la divinité, et comment l'action de la créature peut-elle agir sur le Créateur que ma raison ne peut concevoir qu'indépendant? Il me semble que si Dieu avait créé l'homme capable de l'offenser, l'homme aurait raison de faire tout ce qu'il lui aurait défendu, parce que le défaut de son organisation serait son ouvrage. Peut-on s'imaginer Dieu affligé pendant le carême?

— Ma charmante amie, tu raisonnes à merveille; mais voudrais-tu me dire où tu as appris à raisonner ainsi, et comment, dans un couvent, tu as fait pour sauter le fossé?

— Oui, mon ami m'a donné de bons livres, j'ai lu avec application, et la lumière de la vérité a dissipé les ténèbres dont ma vue était obscurcie. Je t'assure que quand je réfléchis sur moi-même, je me trouve bien plus heureuse d'avoir trouvé quelqu'un qui m'ait éclairé l'esprit que je ne suis malheureuse d'avoir pris le voile; car le plus grand des bonheurs est sans doute celui de vivre et de pouvoir mourir tranquille; ce qu'on ne peut guère espérer en écoutant les balivernes dont les prêtres nous cassent la tête.

— Je le crois comme toi; mais je t'admire; car le soin d'éclairer un esprit préoccupé comme le tien devait l'être ne saurait être l'ouvrage de quelques mois.

— J'aurais sans doute vu la lumière beaucoup plus tard, si j'avais été moins imbue de préjugés. Un véritable rideau séparait dans mon esprit la vérité de l'erreur, et la seule raison pouvait le faire disparaître; mais cette pauvre raison, on m'avait fait une loi de la craindre, de l'éloigner, comme si son flambeau avait dû me consumer au lieu de m'éclairer. Dès qu'il m'a été démontré qu'un être raisonnable ne devait se conduire que par ses inductions, je l'ai admise sans restriction, et le bandeau qui me dérobait la vérité s'est déchiré. L'évidence du vrai s'est montrée avec éclat, les sottises ont disparu, et je n'ai pas lieu de craindre qu'elles reprennent le dessus, car chaque jour je me fortifie davantage, et je puis dire que je n'ai commencé à aimer Dieu que depuis que je me suis désabusée de l'idée que les prêtres m'en avaient donnée.

— Je te félicite ; car tu as été plus heureuse que moi, puisque tu as fait plus de chemin en un an que moi en dix.

— Tu n'as donc pas commencé par lire ce que milord Bolingbroke a écrit ? Il y a cinq à six mois que je lisais la *Sagesse* de Charon et je ne sais comment notre confesseur en fut instruit, mais il osa me dire à confesse que je devais abandonner cette lecture. Je lui répondis que, ma conscience n'en étant pas alarmée, je ne pouvais point lui obéir. « Alors, me répliqua-t-il, je ne vous absoudrai pas. — Je n'en viendrai pas moins à la communion, » lui dis-je ! Cela le fâcha, et voulant savoir ce qu'il devait faire, il alla parler à l'évêque Diedo. Son Éminence vint me voir pour m'insinuer que je devais dépendre de mon confesseur. Je lui répondis que nous avions des devoirs réciproques et que la mission d'un prêtre au confessionnal était de m'écouter, de m'imposer une pénitence raisonnable et de m'absoudre ; car il ne doit pas même se permettre de me donner des conseils, si je ne lui en demande pas. J'ajoutai que, le confesseur étant dans la nécessité d'éviter le scandale, s'il s'avisait de me refuser l'absolution, ce qu'il pouvait, je n'en irais pas moins recevoir la communion avec les autres religieuses. L'évêque, voyant qu'il y perdait son latin, ordonna au confesseur de m'abandonner à ma conscience. Cela ne me satisfit pas, et mon amant me fit obtenir du pape un bref qui m'autorise à me confesser à qui je veux. Toutes mes sœurs sont jalouses de ce privilège ; mais je ne m'en suis servie qu'une seule fois, comme pour établir un précédent et fortifier le droit par l'exercice du fait ; car la chose n'en vaut pas la peine. Je me confesse toujours au même, et il n'a nulle difficulté à m'absoudre, car je ne lui dis que ce que je veux.

— Pour le reste, tu t'absous toi-même ?

— Je me confesse à Dieu, qui seul peut connaître le fond de ma pensée et juger le degré de mérite ou de démérite de mes actions. »

Cette conversation me fit connaître que ma belle était ce qu'on appelle un esprit fort ; mais je n'en fus nullement surpris ; car elle avait encore plus besoin d'apaiser sa conscience que de satisfaire ses sens.

Le dimanche après dîner, je pris une gondole à deux rames et j'allai faire le tour de l'île de Muran pour m'assurer de la rive du casino et pour découvrir la petite porte par où mon amie sortait du couvent : j'y perdis mon temps et ma peine ; car je ne connus la rive que dans la neuvaine, et la petite porte que six mois plus tard, encore au risque de ma vie. Nous en parlerons quand nous en serons là.

Dès qu'il en fut temps, je me rendis au temple, et, en attendant l'idole, je m'amusai à examiner les livres d'une petite bibliothèque qui était dans le boudoir. Ils n'étaient pas nombreux, mais ils étaient choisis et bien dignes du lieu. On y trouvait tout ce que l'on a écrit contre la religion et tout ce que les plumes les plus voluptueuses ont écrit sur le plaisir ; livres séduisants, dont le style incendiaire force le lecteur à chercher la réalité dont ils ne peignent que l'image. Plusieurs in-folio, richement reliés, ne contenaient que des gravures lascives. Leur grand mérite consistait beaucoup plus dans la pureté du dessin, dans le fini de l'exécution, que dans la lubricité des attitudes. C'étaient les estampes du *Portier des Chartreux*, gravées en Angleterre; celles de Meunius, d'Aloysia Sigea Toletana et autres, et toutes d'une beauté remarquable. Une foule de petits tableaux tapissaient en outre les parois du cabinet, et tous étaient des chefs-d'œuvre dans le genre des gravures.

Il y avait une heure que j'étais occupé à considérer tous ces objets, dont la vue m'avait mis dans une irritation irrésistible, lorsque je vis entrer ma belle maîtresse en habit de religieuse. Sa vue n'était pas un calmant; aussi, sans me perdre en compliments :

« Tu viens, lui dis-je, dans l'instant le plus opportun. Toutes ces images amoureuses ont lancé dans mes veines un feu qui me dévore, et c'est dans ton habit de sainte que tu dois y apporter le remède que mon amour te demande.

— Laisse-moi m'habiller en habit ordinaire, mon ami; dans cinq minutes je serai toute à toi.

— Dans cinq minutes j'aurai été heureux, ensuite tu iras te transformer.

— Mais laisse-moi me débarrasser de ces laines que je n'aime pas.

— Non, tu dois recevoir l'hommage de mon amour dans le même habit que tu portais quand tu le fis naître.

— Elle prononça de l'air le plus humble un *Fiat voluntas tua*, qu'elle accompagna du plus voluptueux sourire, et se laissant tomber sur un sofa, nous oubliâmes un instant l'univers. »

Après cette douce extase, je l'aidai à se déshabiller, et bientôt une simple robe de mousseline des Indes transforma mon aimable nonne en une nymphe toute ravissante.

Après un souper délicieux, nous convînmes que nous ne nous reverrions que le premier jour de la neuvaine. Elle me donna les clefs de la porte de la rive et me dit qu'un ruban bleu attaché à la fenêtre au-dessus me la ferait reconnaître pendant le jour afin que je ne me trompasse pas le soir. Je la comblai de joie en lui disant que j'irais habiter son casino jusqu'au retour de son ami, et pendant les dix jours que j'y demeurai, je la vis quatre fois, et je la convainquis que je ne vivais que pour elle.

Je m'amusais à lire et j'écrivais à C. C.; mais ma tendresse pour elle était devenue tranquille. La chose qui m'intéressait le plus dans les lettres qu'elle m'écrivait était ce qu'elle me disait de son amie. Elle me blâmait de n'avoir pas cultivé la connaissance de M. M., et je lui répondais que je ne l'avais pas fait de peur d'être connu, et je l'engageais à garder inviolablement le secret.

Je ne crois pas qu'il soit possible d'aimer au même degré deux objets à la fois, ni de maintenir l'amour en vigueur en lui donnant trop de nourriture ou en ne lui en donnant pas du tout. Ce qui maintenait ma passion pour M. M. dans le même état de force, c'est que je ne pouvais jamais la posséder qu'avec le plus grand danger de la perdre.

« Il est impossible, lui disais-je, qu'une fois ou autre quelque religieuse n'ait pas besoin de te parler dans un instant où tu seras absente.

— Non, me disait-elle, cela ne saurait arriver, car rien n'est plus respecté dans le couvent que la liberté que toute religieuse doit avoir de se rendre inaccessible, même à l'abbesse. Il n'y a qu'un incendie qui puisse être à craindre; car dans ce cas tout serait dans une horrible confusion, et il ne paraîtrait pas naturel qu'une religieuse restât paisiblement enfermée dans sa cellule pendant qu'elle courrait un si grand danger : alors sans doute on connaîtrait l'évasion. J'ai su gagner la sœur converse et le jardinier, ainsi qu'une autre religieuse, et c'est l'adresse jointe à l'or de mon amant qui ont opéré ce

CHAPITRE II

miracle. C'est lui qui me répond de la fidélité du cuisinier et de sa femme, qui sont commis à la garde du casino. Il est également sûr des deux gondoliers, quoique l'un soit immanquablement espion des inquisiteurs d'Etat. »

La veille de la Noël elle me dit que son amant allait arriver et que le jour de Saint-Étienne elle irait à l'Opéra avec lui et qu'ensuite ils passeraient la nuit ensemble. Je t'attends, mon doux ami, le dernier jour de l'an, et voici une lettre que je te prie de ne lire que chez toi.

Devant déménager pour faire place à un autre, je fis mon paquet de grand matin, et quittant un asile où pendant dix jours j'avais eu tant de jouissances, je me rendis au palais Bragadin, où je lus la lettre que voici :

« Tu m'as un peu piquée, mon cher ami, en me disant, à propos du mystère que je suis obligée de te faire sur mon amant, que, content de posséder mon cœur, tu me laissais maîtresse de mon esprit. Cette division de cœur et d'esprit me paraît purement sophistique, et si elle ne te semble pas telle, tu dois convenir que tu ne m'aimes pas tout entière ; car il est impossible que j'existe sans esprit, et que tu puisses chérir mon cœur s'il n'est pas d'accord avec lui. Si ton amour peut se contenter du contraire, il n'excelle pas en délicatesse. Cependant, comme il pourrait arriver tel cas où tu pourrais me convaincre de n'en avoir pas agi à ton égard avec toute la sincérité qu'un véritable amour inspire et peut exiger, je me suis déterminée à te découvrir un secret qui concerne mon ami, quoique je sache qu'il compte entièrement sur ma discrétion. Je vais commettre une trahison, mais tu ne m'en aimeras pas moins ; car, réduite à devoir opter entre vous deux et forcée de tromper l'un ou l'autre, l'amour l'a emporté ; mais ne m'en punis pas, car ce n'est pas aveuglément, et tu pèseras les motifs qui ont pu faire pencher la balance en ta faveur.

« Dès que je me suis sentie incapable de résister à l'envie de te connaître de près, je n'ai pu me satisfaire qu'en me confiant à mon ami, et je n'ai pas douté de sa complaisance. Il conçut de ton caractère une idée très avantageuse en lisant ta première lettre, d'abord parce que tu choisissais le parloir pour notre première entrevue, et puis parce que tu m'indiquas son casino de Muran de préférence au tien. Mais il me demanda aussi d'avoir la complaisance de lui permettre d'être présent à notre premier rendez-vous dans un petit cabinet, véritable cachette, d'où l'on peut tout voir sans être vu et entendre tout ce qu'on dit dans le salon. Tu n'a pas encore vu ce cabinet indevinable, mais tu le verras le dernier jour de l'an. Dis-moi, mon cœur, pouvais-je refuser cette singulière satisfaction à l'homme qui me montrait tant de complaisance ? Je consentis à sa demande, et rien alors n'était plus naturel que de t'en faire un mystère. Maintenant tu sais que mon ami fut témoin de tout ce que nous fîmes et dîmes pendant la première nuit que nous avons passée ensemble ; mais que cela ne te déplaise pas, car tu lui as plu en tout, dans tes procédés comme dans les jolis propos que tu m'as dits pour rire. J'avais bien peur, quand le discours tomba sur son compte, que tu ne disses quelque chose de peu flatteur pour son amour-propre ; mais heureusement il ne put entendre que des choses flatteuses. Voilà, mon cœur, la confession sincère de toute ma trahison ; mais, en amoureux sage, tu me la pardonneras d'autant plus qu'elle ne t'a fait aucun tort. Mon ami a la plus grande curiosité de savoir qui tu es. Mais écoute : cette nuit-là tu fus naturel et tout à fait aimable ; aurais tu été de même si tu avais su être sous les yeux d'un témoin ? ce n'est pas probable ; et si je t'avais confié la chose, il est même possible que tu n'y eusses pas consenti, et peut-être aurais-tu eu raison.

« Maintenant que nous nous connaissons et que tu ne doutes pas, je l'espère, de mon tendre amour, je veux me mettre en repos et risquer le tout pour le tout. Sache donc, mon cher ami, que le dernier jour de l'an mon amant sera au casino et qu'il n'en partira que le lendemain matin. Tu ne le verras pas, et il nous verra. Comme tu es censé n'en rien savoir, tu sens combien tu dois être naturel en tout : car, si tu ne l'étais pas, il pourrait concevoir le soupçon que j'ai trahi le secret. La chose sur laquelle tu dois t'observer sont les propos. Mon ami a toutes les vertus, excepté la vertu théologale qu'on appelle *foi*, et sur cette matière tu auras le champ libre. Tu pourras parler littérature, voyages, politique, tant que tu voudras, ne point te gêner sur les anecdotes, sûr d'avoir son approbation.

« Maintenant, mon ami, il ne me reste plus qu'une chose à te dire : es-tu d'humeur de te laisser voir par un homme dans les moments où tu te livres à la plus douce volupté des sens ? Cette incertitude fait maintenant mon tourment ; et je te demande en grâce un *oui* ou un *non*. Comprends-tu ce que ma crainte a de pénible ? Sens-tu la difficulté que je dois avoir eue à me déterminer à cette démarche ? Je m'attends à ne pas fermer l'œil la nuit prochaine, car je n'aurai de repos qu'après que j'aurai vu ta réponse. Dans le cas où tu ne croirais pas pouvoir te montrer tendre en présence d'un tiers, et surtout d'un inconnu, je prendrais le parti que l'amour me suggérera. J'espère cependant que tu viendras ; car, quand bien même tu ne jouerais pas le rôle d'amoureux en maître, cela ne tirerait point à conséquence. Je lui laisserai croire que ton amour n'est plus à son apogée. »

Cette lettre me surprit ; mais, toute réflexion faite, trouvant mon rôle plus beau que celui que l'amant se proposait, j'en ris de bon cœur. J'avoue pourtant que la chose ne m'aurait pas fait rire si je n'avais connu la trempe de l'individu que je devais avoir pour témoin. Sachant mon amie très inquiète et voulant la tranquilliser, je lui écrivis de suite en ces termes :

« Tu veux, femme divine, que je te réponde *oui* ou *non*, et moi, plein d'amour pour toi, je veux que ma réponse te parvienne avant midi, afin que tu dînes sans la moindre inquiétude.

« Je passerai la nuit du dernier jour de l'an avec toi, et je t'assure que l'ami, auquel nous donnerons un spectacle digne de Paphos et d'Amathonte, ne verra et n'entendra rien qui puisse lui faire conjecturer que je suis dépositaire de son secret ; et sois certaine que je jouerai mon rôle non en simple amateur, mais en maître. Si le devoir de l'homme est d'être toujours esclave de sa raison ; si, tant qu'il dépend de lui, il ne doit rien se permettre sans la prendre pour guide, je ne pourrai jamais comprendre qu'un homme puisse avoir honte de se montrer à un ami dans un moment où la nature et l'amour le favorisent également.

« Je t'avouerai cependant que tu aurais mal fait de me confier le secret la première fois, et que sans doute je me serais refusé à te donner cette marque de complaisance ; non que je t'aimasse moins alors que je le fais aujourd'hui, mais il y a des goûts si bizarres dans la nature, que j'aurais pu m'imaginer que le goût dominant de ton amant était de jouir de la vue des jouissances d'un couple ardent et effréné dans le plus doux des rapprochements ; et alors, concevant de toi une idée désavantageuse, le dépit aurait pu glacer l'amour que tu m'as inspiré et qui ne faisait que de naître. Aujourd'hui, ma charmante amie, le cas est bien différent, car je sais tout ce que je possède, et, tout ce que tu m'as dit de ton ami m'ayant bien fait connaître son caractère, je l'aime et je

CHAPITRE II

le crois mon ami. Si un sentiment de pudeur ne t'empêche pas de te laisser voir de lui tendre, amoureuse et ardente avec moi, comment pourrais-je être honteux moi-même quand tout au contraire doit m'enorgueillir? Je ne puis, ma déesse, ni rougir d'avoir fait ta conquête, ni avoir honte de me montrer dans ces instants où je fais preuve de la libéralité avec laquelle la nature m'a départi la forme et les forces qui m'assurent de si vives jouissances et la certitude de les faire partager à la femme que j'adore. Je sais que par un sentiment qu'on appelle naturel et qui n'est peut-être qu'un produit de la civilisation et l'effet des préjugés de la jeunesse, la plupart des hommes répugnent à se laisser voir dans ces moments-là; mais ceux qui ne sauraient alléguer de bonnes raisons de cette répugnance doivent participer un peu de la nature du chat : au reste, il peuvent en avoir de bonnes, sans pour cela se croire obligés de les faire connaître, si ce n'est à la femme qui s'y trompe. J'excuse de tout mon cœur ceux qui savent qu'ils n'exciteraient que la pitié des spectateurs; mais nous savons que nous ne saurions exciter ce triste sentiment. Tout ce que tu m'as dit de ton ami m'assure qu'il partagera nos plaisirs. Mais sais-tu ce qui arrivera? l'ardeur de nos feux allumera la sienne, et, j'en suis fâché pour cet excellent homme, il n'y pourra plus tenir, et il viendra se jeter à mes genoux pour me demander de lui céder ce qui peut seul calmer son irritation. Que faire si cela arrive? te céder? je ne pourrais guère m'y refuser de bonne grâce; mais je m'en irais, car il me serait impossible d'être tranquille spectateur.

« Adieu donc, mon ange; tout ira bien. Prépare-toi à la lutte athlétique que nous devons nous livrer, et compte sur un être fortuné qui t'adore. »

Je passai les six jours de vacance avec mes amis et à

la *redoute* qu'on ouvrait dans ce temps-là le jour de Saint-Étienne, et ne pouvant y tailler, car il n'était permis qu'aux patriciens en robe de tenir la banque j'y jouai matin et soir, et je perdis continuellement ; car qui ponte doit perdre. La perte de quatre à cinq mille sequins qui faisaient toute ma richesse, loin de refroidir mon amour, sembla lui donner une nouvelle ardeur.

A la fin de 1774, le grand conseil fit une loi qui défendit tous les jeux de hasard et dont le premier effet fut de faire fermer le *ridotto*. Cette loi fut un véritable phénomène, et lorsqu'on retira les votes de l'urne, les sénateurs s'entre-regardaient d'une manière qui montrait la stupéfaction. Ils avaient fait une loi qu'ils n'avaient point pu faire, car les trois quarts des votants n'en voulaient pas et pourtant les trois quarts des votes furent en faveur de la loi. On disait que c'était un miracle de saint Marc invoqué par monsignor Flangini, alors grand correcteur, aujourd'hui cardinal, et par les trois inquisiteurs d'Etat.

Au jour marqué, je me trouvai au rendez-vous à l'heure ordinaire et mon amie ne me fit pas attendre. Elle était dans le cabinet où elle avait eu le temps de s'habiller, et dès qu'elle m'entendit, elle vint à moi, mise avec une élégance rare, et me dit :

« L'ami n'est pas encore à son poste ; mais dès qu'il y sera, je te ferai signe de l'œil.

— Où est donc ce mystérieux cabinet ?

— Le voilà. Observe le dossier de ce canapé qui tient à la paroi. Toutes ces fleurs en relief ont un trou dans le centre qui communique au cabinet qui est derrière. Il y a un lit, une table et tout ce qu'il faut à quelqu'un qui veut y passer la nuit à regarder ce qu'on fait ici. Je te le ferai voir quand tu voudras.

— Est-ce ton amant qui l'a fait faire ?

— Non, certainement ; car il ne pouvait pas prévoir qu'il en ferait usage.

— Je comprends que ce spectacle puisse lui faire un grand plaisir ; mais, ne pouvant pas te posséder dans un moment où la nature lui en fera un besoin impérieux, que fera-t-il ?

— Ce sont ses affaires. Il est d'ailleurs le maître de partir s'il s'ennuie, ou de dormir s'il a sommeil ; mais si tu joues au naturel, il ne s'ennuiera pas.

— Je le serai, excepté que je serai plus poli.

— Point de politesse, je t'en supplie ; car, si tu es poli, adieu le naturel. Où as-tu vu, je t'en prie, que deux amants livrés à toute la fureur de l'amour s'avisent d'observer la politesse ?

— Tu as raison, mon cœur ; mais j'aurai de la délicatesse.

— A la bonne heure, cela ne gâte rien ; mais comme les autres fois seulement. Ta lettre m'a fait plaisir ; tu as traité la matière en homme expert. »

J'ai dit que mon amante était mise avec une élégance remarquable, mais j'aurais dû ajouter que cette élégance était celle des grâces et qu'elle ne dérobait rien à la simplicité et à l'aisance. Je trouvai seulement extraordinaire qu'elle eût mis du fard, mais cela me plut parce qu'elle l'avait mis à la façon des dames de Versailles. L'agrément de cette peinture consiste dans la négligence avec laquelle on l'applique sur les joues. On ne veut pas que ce rouge paraisse naturel ; on le met pour faire plaisir aux yeux qui voient les marques d'une ivresse qui leur promet des égarements et des fureurs enchanteresses. Elle me dit qu'elle en avait mis pour faire plaisir au curieux, qui l'aimait beaucoup.

« A ce goût, lui dis-je, je devine qu'il est Français. »

A ces mots elle me fit un signe : l'ami était au poste. C'était le moment où la comédie commençait.

« Plus je te regarde, mon ange, et plus je te trouve digne de mes adorations.

— Mais tu es persuadé que tu n'adores pas une divinité cruelle ?

— Aussi ne fais-je pas des sacrifices pour t'apaiser, mais bien pour t'enflammer. Tu vas sentir toute la nuit l'ardeur de ma dévotion.

— Tu ne me trouveras pas insensible à tes sacrifices.

— Je les commencerais de suite, mais je pense que pour mieux en assurer l'efficacité, il faut que nous soupions ; car je n'ai pris aujourd'hui qu'une tasse de chocolat et une salade de blancs d'œufs assaisonnée à l'huile de Lucques et au vinaigre des quatre voleurs.

— Mais, mon ami, quelle folie ! tu dois être malade.

— Oui, dans ce moment ; mais je me porterai à merveille quand je les aurai distillés un à un dans ton âme amoureuse.

— Je ne croyais pas que tu eusses besoin de stimulant.

— Qui pourrait en avoir besoin avec toi ? Mais j'ai une crainte raisonnée ; car, s'il m'arrivait de brûler l'amorce sans que le coup partît, je me brûlerais la cervelle.

— Mon cher brunet, ce serait sans doute un malheur, mais il n'y aurait pas là de quoi se désespérer.

— Tu penses que j'en serais quitte pour revenir à la charge ?

— Sans doute. »

Pendant que nous nous amusions à ce dialogue édifiant, le couvert avait été mis, et nous nous mîmes à table. Elle mangea pour deux, et moi pour quatre ; car notre excellent appétit était relevé par la délicatesse des mets. Le dessert somptueux fut servi en vermeil, semblable aux deux flambeaux qui portaient chacun quatre bougies. Voyant que j'en admirais la beauté :

« C'est, me dit-elle, un présent que m'a fait mon ami.

— C'est un présent magnifique : t'a-t-il aussi donné les mouchettes?

— Non.

— Cela me porte à croire que ton ami est un grand seigneur.

— Comment donc?

— C'est que les grands ne savent pas qu'on mouche.

— Nos bougies ont des mèches qu'on n'a jamais besoin de moucher.

— Dis-moi qui t'a appris le français.

— C'est le vieux La Forest. J'ai été son élève pendant six ans. Il m'a aussi appris à faire des vers. Mais tu sais une foule de mots que je ne lui ai jamais entendu prononcer comme *à gogo, frustratoire, rater, dorloter :* qui te les appris?

— La bonne compagnie de Paris et surtout les femmes. »

Après avoir fait du punch, nous nous amusâmes à manger des huîtres de la manière la plus voluptueuse pour deux amants qui s'adorent : nous les humions tour à tour après les avoir placées sur la langue. Lecteur voluptueux, goûtez-en et dites si ce n'est pas là sans doute le nectar des dieux.

Enfin, le temps de la plaisanterie étant fini, il fallait songer à des plaisirs plus substantiels, et je le lui rappelai. « Attends, me dit-elle, je vais changer de robe ; dans un instant je suis à toi. » Resté seul et ne sachant que faire, je me mis à fouiller dans les tiroirs de son bureau. Je ne touchai point à plusieurs lettres que j'y vis ; mais, ayant trouvé une boîte avec certaines gaines préservatrices pour prévenir le fatal embonpoint, je la vidai et je mis ces vers à la place du vol.

> Enfants de l'amitié, ministres de la peur,
> Je suis l'Amour, tremblez, respectez le voleur.
> Et toi, femme de Dieu, ne crains pas d'être mère,
> Car si tu le deviens, Dieu seul sera le père.
> S'il est dit cependant que tu veux te barrer,
> Parle ; je suis tout près ; je me ferai châtrer.

Mon amante ne tarda pas à reparaître, mise comme une nymphe. Une robe de mousseline des Indes brodée en fleurs de lis d'or dessinait à ravir ses formes voluptueuses, et son bonnet de fine dentelle était digne d'une reine. Je me jetai à ses pieds en la suppliant de ne plus retarder mon bonheur.

« Modère ton feu quelques instants encore, me dit-elle ; voilà l'autel, et dans deux minutes ta victime sera dans tes bras. »

S'approchant alors du secrétaire :

« Tu vas voir, me dit-elle, jusqu'où va le soin et la délicatesse de mon ami. »

Elle retire la boîte, l'ouvre ; mais, au lieu des chemisettes qu'elle y cherchait, elle en retire mes vers. Après les avoir lus et relus tout haut, elle m'appelle voleur, et me donnant une foule de baisers, elle me supplie de lui rendre le larcin ; mais je fais l'ignorant. Alors elle relit mes vers, réfléchit un moment, et, sous prétexte d'aller chercher une meilleure plume, elle sort en me disant :

« Je vais te payer de la même monnaie. »

Elle rentre un instant après et écrit ce sixain :

> Sans rien ôter au plaisir amoureux,
> L'objet de ton larcin sert à combler nos vœux.
> A l'abri du danger, mon âme satisfaite
> Savoure en sûreté la volupté parfaite ;
> Et si tu veux jouir avec sécurité,
> Rends-moi, mon doux ami, ces dons de l'amitié.

Après cet exploit, il m'était impossible de résister encore, et je lui rendis ces objets si précieux pour une nonne qui veut sacrifier à Vénus.

Minuit étant sonné, je lui montrai l'acteur soupirant, et elle se mit à arranger le sofa, disant que l'alcôve était trop froide et que nous coucherions là. La véritable raison de cet arrangement était de nous mettre en évidence pour satisfaire l'amant curieux.

Lecteur, il faut des ombres aux tableaux, et rien de si beau sous un aspect qui ne demande parfois à être voilé sous un autre. Pour vous peindre la scène variée que nous jouâmes jusqu'à l'aube du jour, il faudrait épuiser toutes les couleurs de la fertile palette d'Arétin. J'étais ardent et vigoureux, mais j'avais affaire à forte partie, et le matin, après le dernier exploit, nous étions positivement épuisés, et à tel point que ma charmante nonne en fut alarmée pour moi. Elle avait effectivement vu mon sang jaillir sur son sein pendant la dernière libation, et comme elle ne soupçonnait pas ce phénomène, elle en fut pâle de frayeur. Je dissipai ses craintes par des folies qui la firent rire de bon cœur. Je lavai sa superbe gorge avec de l'eau de rose pour la purifier du sang dont elle avait été teinte pour la première fois de sa vie. Elle m'exprima la peur qu'elle avait d'en avoir avalé quelque goutte, mais je lui persuadai facilement que cela ne tirerait point à conséquence quand bien même cela serait. Elle s'habilla en religieuse, et après m'avoir conjuré de me coucher et de lui écrire avant de retourner à Venise pour lui faire savoir comment je me portais, elle partit.

Il me fut facile de lui obéir, car j'avais le plus grand besoin de repos : je dormis jusqu'au soir. Dès que je fus éveillé, je me hâtai de lui mander que je me portais à merveille et que je me sentais disposé à recommencer notre délicieuse lutte. Je la priai de m'écrire comment elle se trouvait, ensuite je retournai à Venise.

CHAPITRE III

Je donne mon portrait à M. M. — Présent qu'elle me fait. — Je vais à l'Opéra avec elle ; elle joue et me remet en fonds. — Conversation philosophique avec M. M. — Lettre de C. C. ; elle sait tout. — Bal au monastère ; mes exploits en Pierrot. — C. C. vient au casino au lieu de M. M. — Sotte nuit que je passe avec elle.

Ma chère M. M. m'avait témoigné le désir d'avoir mon portrait dans le genre de celui de C. C., mais plus grand, pour le porter en médaillon. Il devait être recouvert du portrait de quelque saint ou sainte, et muni d'un ressort imperceptible pour faire sauter le couvercle et mettre le portrait en évidence. Voulant lui tenir parole, je me rendis chez le peintre qui m'avait fait ma première miniature, et en trois séances j'eus ce que je désirais. Le même peintre me fit une Annonciation, où l'ange Gabriel était transformé en un brunet et la Sainte-Vierge en une belle femme blonde qui lui tendait les bras. Le fameux peintre Mengs imita cette idée dans l'Annonciation qu'il peignit à Madrid douze ans après ; mais j'ignore s'il avait les mêmes raisons que mon peintre. Cette allégorie était exactement de la même grandeur que mon portrait, et l'orfèvre qui fit le médaillon la plaça de manière que personne ne pouvait soupçonner que l'image sacrée ne fût là que pour servir d'écran à une figure profane.

Le lendemain du jour de l'an 1754, avant d'aller au casino, je passai chez Laure pour lui remettre une lettre pour C. C. et en recevoir une qui me fit rire. Ma religieuse avait initié cette jeune personne, non seulement dans les mystères de Sapho, mais aussi dans la haute

CHAPITRE III

métaphysique ; car C. C. était devenue un esprit fort. Elle me disait que, ne voulant point rendre compte de ses affaires à son confesseur, et ne voulant point lui dire des faussetés, elle ne lui disait plus rien. « Il m'a dit, ajoutait-elle, que, je ne lui confessais rien, parce que je n'examinais peut-être pas bien ma conscience, et je lui ai répondu que je n'avais rien à lui dire, mais que s'il le trouvait bon, je ferais quelque péché tout exprès afin de lui dire quelque chose. » Je trouvai la réplique digne d'un sophiste consommé, et j'en ris tout à mon aise.

Je reçus le même jour de mon adorable nonne la lettre que voici :

« Je t'écris de mon lit, mon cher brunet, car il m'est impossible de rester debout, me sentant presque moulue. Pourtant je ne m'en inquiète point, car cela se passera avec du repos, puisque je mange bien et que je dors à merveille. Tu m'a mis du baume dans le sang en m'apprenant que l'effusion du tien n'a eu aucune suite fâcheuse ; et je te préviens que je m'en apercevrai à Venise le jour des Rois, si pourtant tu le veux ; c'est bien entendu et tu me le feras savoir. En cas que tu te rendes à mes vœux, mon cher cœur, je désire que nous allions à l'Opéra. Au reste, souviens-toi bien que je te défends les blancs d'œufs à tout jamais ; car je veux un peu moins de jouissance et plus de sécurité pour ta chère santé. A l'avenir, quand tu iras au casino de Muran, tu demanderas s'il y a quelqu'un, et si l'on te répond affirmativement, tu t'en iras ; mon ami en agira de même. De cette manière vous ne courrez pas le hasard de vous rencontrer ; mais cela doit durer peu, si tu veux, car mon ami t'aime à la folie, et il désire ardemment de faire ta connaissance. Il m'a dit qu'il n'aurait jamais cru, s'il ne l'avait vu, qu'un homme pût fournir la carrière que tu as parcourue sous ses yeux ; mais il prétend qu'en faisant l'amour de cette manière, tu défies la mort ; car il assure que le sang que tu as répandu doit partir de ton cerveau. Mais que dira-t-il quand il saura que tu t'en moques ! Je vais te faire rire : il veut manger de la salade aux blancs d'œufs, et je dois te prier de me donner de ton vinaigre ; car il dit qu'on n'en trouve pas à Venise. Il m'a dit qu'il a passé une nuit délicieuse, malgré la crainte qu'il avait des suites de nos ébats ; car il a trouvé mes efforts supérieurs à la délicatesse de mon sexe. Cela se peut, mon charmant brunet, mais, en attendant, je suis charmée de m'être surpassée et d'avoir fait une si douce expérience de ma force. Sans toi, mon cœur, j'aurais vécu sans me connaître, et je me demande s'il serait possible que la nature eût produit une femme qui pût demeurer insensible entre tes bras, ou plutôt ne pas recevoir contre ton sein une nouvelle vie ? Je fais plus que t'aimer, que te chérir ; je t'idolâtre ; et ma bouche, espérant rencontrer la tienne, lance mille baisers qui se perdent dans l'air. Je brûle d'avoir ton divin portrait pour étancher par une douce erreur le feu qui dévore mes lèvres amoureuses. J'espère que le mien te sera également cher, car il me semble que la nature nous a créés l'un pour l'autre ; et je maudis l'instant fatal où j'y ai mis un obstacle volontaire. Je t'envoie ci-incluse la clef de mon secrétaire. Visite-le et prends ce que tu trouveras avec ces mots : *A mon ange.* C'est un petit présent que mon ami veut que je te fasse en échange de la magnifique coiffe de nuit que tu m'as donnée. Adieu. »

La petite clef incluse dans la lettre appartenait à un écrin qui était dans le boudoir. Impatient de voir de quelle nature était le présent que son ami l'engageait à me faire, j'ouvre et je trouve un paquet contenant une lettre et un étui en maroquin. Voici la lettre.

« Ce qui, je l'espère, te rendra cher ce présent, c'est

le portrait d'une femme qui t'adore. Notre ami en avait deux, mais l'amitié qu'il a pour toi lui a inspiré l'heureuse idée de se dessaisir de l'un en ta faveur. Cette boîte renferme mon portrait en double sous deux différents secrets : en détachant le fond de la tabatière en long, tu me verras en religieuse ; ensuite, en poussant l'angle, tu verras s'ouvrir un couvercle à charnière, et là je m'offrirai à tes yeux dans l'état de simple nature. Il est impossible, mon doux ami, que jamais femme t'ait aimé comme je t'aime. Notre ami attise ma passion par la manière flatteuse avec laquelle il s'explique sur ton compte. Je ne puis décider si je suis plus heureuse en ami qu'en amant, car je ne saurais rien imaginer au-dessus de l'un et de l'autre. »

L'étui contenait une tabatière d'or, et quelques brins de tabac d'Espagne prouvaient qu'on s'en était servi. Je suivis les indices de la lettre, et je vis d'abord mon amante en religieuse, debout et en demi-profil. Le second fond me la montra toute nue, étendue sur un matelas de satin noir, dans la posture de la Madeleine du Coreggio. Elle regardait un Amour, ayant le carquois à ses pieds et se tenant gracieusement assis sur les habits de religieuse. C'était un présent si beau que je ne m'en croyais pas digne. Je lui écrivis une lettre où la plus vive reconnaissance se mêlait aux expressions du plus ardent amour. Le coffret renfermait dans des tiroirs tous ses diamants et quatre bourses remplies de sequins. J'admirai sa confiance et son noble procédé, je refermai l'écrin, laissant tout religieusement à sa place, et je retournai à Venise. Si j'avais su et pu me soustraire à l'empire de la fortune en cessant de jouer, j'aurais été heureux de tout point.

Mon portrait étant monté avec une rare perfection et étant fait pour être porté en sautoir, je le suspendis à six aunes de chaîne de Venise à maille d'Espagne et j'en fis par là un présent fort noble. Le secret était dans l'anneau par lequel on le suspendait, ce qui le rendait très difficile à deviner; mais il fallait le tirer avec force et d'une certaine façon pour que le ressort partît et mît à découvert mon image. En le renfermant, on ne voyait que l'Annonciation, et c'était alors une belle parure pour une religieuse.

Le soir du jour des Rois, ayant mon médaillon dans ma poche, j'allai de bonne heure me mettre en sentinelle auprès de la belle statue élevée au héros Colleoni après qu'on l'eût fait empoisonner, si l'histoire secrète ne ment pas. *Sit divus, modo non vivus*[1]) est une sentence du monarque éclairé, qui durera tant qu'il y aura des rois.

A deux heures précises[2]) je vis mon amante sortir de la gondole, habillée et très bien masquée en femme. Nous allâmes à l'Opéra à Saint-Samuel, et à la fin du second ballet nous allâmes au *ridotto*, où elle s'amusa beaucoup à regarder toutes les dames patriciennes qui seules avaient le privilège de s'asseoir à visage découvert. Après nous être promenés une demi-heure, nous passâmes dans la salle des grands banquiers. Elle s'arrêta devant la table du seigneur Mocenigo, qui, dans ce temps-là, était le plus beau de tous les joueurs patriciens. N'ayant point de jeu, il se tenait nonchalamment penché vers l'oreille d'une dame masquée que je reconnus ; c'était Mme Marine Pitani, dont il était l'adorateur.

M. M. m'ayant demandé si je voulais jouer, et lui ayant répondu que non : « Je te prends à moitié, » me dit-elle ; et sans attendre de réponse, elle tire une bourse et met sur une carte un rouleau d'or. Le banquier, sans se déranger, mêle, taille, et mon amie gagne sa carte et

---

1. Qu'il soit divinisé, pourvu qu'il ne soit plus.
2. Deux heures après le coucher du soleil.

CHAPITRE III

le reva au paroli. Le banquier paye, puis prend un autre jeu de cartes et continue de parler à sa dame, se montrant indifférent à quatre cents sequins que ma belle avait déjà placés sur la même carte. Le banquier continuant à causer, M. M. me dit en bon français :

« Notre jeu n'est pas assez fort pour intéresser monsieur ; allons nous-en. »

Elle ôte sa carte, et je ramasse l'or, que je mets dans mes poches sans répondre à monsieur qui me dit : « Votre masque est vraiment trop intolérant. » Je rejoins ma belle joueuse qui était entourée.

Bientôt nous nous arrêtâmes devant la banque du seigneur Pierre Marcello, charmant jeune homme qui avait à son côté Mme Venier, sœur du seigneur Momolo. Mon amante joue ; elle perd cinq rouleaux de suite. N'ayant plus d'argent, elle prend dans ma poche l'or à pleines mains, et en quatre ou cinq tailles elle met la banque à l'agonie. Elle quitte, et le noble banquier la salue en lui faisant compliment sur son bonheur. Après avoir serré tout l'or gagné, je lui donne le bras, et nous partons ; mais, m'apercevant que des curieux nous suivaient, je pris une gondole de trajet que je fis aborder où je voulus. C'est ainsi qu'à Venise on échappe toujours aux regards investigateurs.

Après avoir soupé, je comptai notre gain, et je me trouvai pour ma part en possession de mille sequins. Ayant mis le reste en rouleaux, mon amie me pria de les lui mettre dans son petit coffret avec les autres. Quand cette besogne fut faite, je tirai mon médaillon de ma poche et je le lui passai en sautoir, ce qui lui causa la joie la plus vive. Après s'être longtemps évertuée à chercher le ressort sans pouvoir le découvrir, je lui en montrai le secret, et elle me trouva très ressemblant.

Réfléchissant que nous n'avions que trois heures à

pouvoir consacrer aux mystères de l'amour, je la priai de me permettre d'en profiter.

« Oui, me dit-elle, mais sois sage, car notre ami prétend que tu peux rester mort sur-le-champ.

— Et pourquoi te croit-il exempte du même danger, quand tes extases sont bien plus fréquentes que les miennes ?

— Il dit que la liqueur que nous distillons ne part point du cerveau comme chez vous, et que les parties génératrices de la femme n'ont aucun contact avec l'intelligence. D'où il suit, dit-il, que l'enfant n'est point fils de la mère à l'égard du cerveau qui est le siège de la raison ; mais bien du père : et cela me semble vrai. Dans cet acte important, la femme n'a tout au plus que la raison qui lui est nécessaire, et il ne lui en reste pas pour en donner une dose à l'être qu'elle produit.

— Ton ami est savant. Mais sais-tu que ce raisonnement m'ouvre singulièrement les yeux ? Il est évident que, si ce système est vrai, il faut pardonner aux femmes toutes les folies qu'elles font à cause de l'amour, tandis que l'homme est inexcusable ; et je serais au désespoir s'il m'arrivait de te rendre mère.

— Je le saurai avant longtemps, et si cela est, tant mieux. J'ai pris mon parti.

— Et quel est-il ?

— De m'abandonner entièrement à vous deux, et je suis sûre que ni l'un ni l'autre ne me laisserait accoucher au couvent.

— Ce serait un événement fatal qui déciderait de notre destinée. Je t'enlèverais et j'irais t'épouser en Angleterre.

— Mon ami pense qu'on pourrait gagner un médecin, qui, m'attribuant une maladie de son invention, m'ordonnerait d'aller prendre les eaux minérales sur les lieux;

ce que l'évêque pourrait permettre. Aux eaux, je guérirais, puis je reviendrais ici ; mais j'aimerais bien mieux que nous unissions nos destinées jusqu'à la mort. Dis-moi, mon ami, pourrais-tu vivre à ton aise partout comme ici ?

— Hélas ! mon cœur, non ; mais avec toi pourrais-je me trouver malheureux ? Nous reviendrons sur ce sujet quand il en sera temps. Allons nous coucher.

— Allons. Si j'ai un fils, mon ami veut s'en charger en qualité de père.

— Pourra-t-il se figurer qu'il l'est ?

— Vous pourrez vous en flatter tous deux ; mais quelque ressemblance me décèlera le véritable auteur.

— Oui, si, par exemple, avec le temps il sait faire des vers, tu jugeras que c'est à lui qu'il appartient.

— Qui t'a dit qu'il sait faire des vers ?

— Conviens qu'il a fait les six que tu as écrits en réponse aux miens.

— Je me garderai bien de convenir d'un pareil mensonge ; car, bons ou mauvais, ils sont un fruit de mon cru ; et pour que tu n'en doutes plus, je veux t'en convaincre sur-le-champ.

— Oh ! point du tout ; je t'en crois sur parole, et allons nous coucher, ou l'Amour va appeler en duel le dieu du Parnasse.

— C'est bon ; mais prends ce crayon, et écris : je suis Apollon ; sois l'Amour :

Je ne me battrai pas : je te cède la place.
Si Vénus est ma sœur, l'Amour est de ma race.
Je sais faire des vers. Un instant de perdu
N'offense point l'Amour, si je l'ai convaincu.

— Je te demande pardon à genoux, ma divine amie ; mais pouvais-je supposer tant de talent dans une jeune

Vénitienne de vingt-deux ans et surtout élevée dans un couvent ?

— Je suis insatiable de me montrer de plus en plus digne de toi. M'as-tu trouvée prudente au jeu ?

— Prudente à faire trembler le banquier le plus intrépide.

— Je ne joue pas toujours de cette force ; mais je t'avais mis de moitié et je défiais la fortune. Pourquoi n'as-tu pas joué ?

— Parce que j'ai perdu quatre mille sequins la semaine dernière et que je me trouvais sans argent ; mais demain je jouerai, et la fortune me sera favorable. En attendant, voici un petit livre que j'ai pris dans ton boudoir. Ce sont les postures de Pierre Arétin : je veux en exécuter quelques-unes.

— La pensée est digne de toi ; mais il y en a d'inexécutables et même d'insipides.

— C'est vrai ; mais j'en ai choisi quatre de très intéressantes. »

Ce fut à ces délicieux travaux que nous passâmes le reste de la nuit, jusqu'au moment où le carillon de la pendule nous prévint que nous devions nous séparer. Je conduisis mon adorable nonne jusqu'à sa gondole ; ensuite j'allai me coucher, mais sans pouvoir dormir. Je me levai pour aller payer quelques dettes criardes ; car l'un des plus grands plaisirs que puisse, selon moi, goûter un dissipateur est de payer certaines dettes. L'or que ma maîtresse m'avait gagné me porta bonheur, car je ne passai pas un seul jour du carnaval sans gagner.

Trois jours après la fête des Rois, étant allé au casino de Muran pour mettre dans l'écrin de M. M. une douzaine de rouleaux, la concierge me remit une lettre, et j'en avais reçu une de C. C. quelques instants auparavant par l'entremise de Laure.

CHAPITRE III

Ma nouvelle amante, après m'avoir donné des nouvelles de sa santé, me priait de m'informer auprès de mon orfèvre si par hasard il n'avait pas monté une bague qui portait au chaton sainte Catherine, laquelle sans doute, devait aussi recouvrir un portrait : elle désirait en apprendre le secret. »

« C'est, me disait-elle, une jeune et belle pensionnaire, mon amie, qui a cette bague. Il doit y avoir un secret, mais elle l'ignore. »

Je lui répondis que je ferais exactement ce qu'elle me demandait. Mais voici la lettre de C. C. Elle est assez plaisante par rapport à l'embarras où elle me mettait. Cette dernière était de fraîche date ; celle de M. M. avait été écrite deux jours plus tôt.

« Ah ! que je suis contente, mon cher petit mari : tu aimes la mère M. M., ma chère amie. Elle a un médaillon gros comme une bague, et elle ne peut l'avoir reçu que de toi ; je suis sûre que sous l'Annonciation se trouve ton image chérie. J'ai reconnu le pinceau du peintre ; car c'est évidemment le même qui a fait ma patronne, et l'orfèvre qui a monté ma bague doit avoir fait le médaillon. Je suis très sûre que c'est de toi que la mère M. M. tient ce présent. Satisfaite de savoir tout, je n'ai pas voulu risquer de lui faire de la peine en lui disant que je connaissais son secret ; mais ma chère amie, ou plus franche ou plus curieuse, n'en a pas agi ainsi. Elle m'a dit qu'elle est sûre que la sainte Catherine n'est là que pour servir de couvercle au portrait de mon amant. Je lui ai dit, ne pouvant faire mieux, qu'effectivement la bague était un don de mon amant, mais que je ne savais pas qu'elle pût renfermer son portrait. « Si la chose est
« ainsi, m'a-t-elle dit, et si cela ne te fait pas de peine,
« je tâcherai de découvrir le secret ; ensuite je te ferai
« aussi connaître le mien. » Certaine qu'elle ne le trou-

verait pas, je lui ai donné ma bague en lui disant que cette découverte me ferait grand plaisir.

« Ma tante m'ayant fait appeler dans cet instant, je lui ai laissé la bague, qu'elle me rendit après dîner en me disant qu'elle n'avait pu deviner le secret, mais qu'elle persistait à croire qu'il y en avait un. Je t'assure que jamais elle ne me trouvera complaisante sur ce point ; car, si elle te voyait, elle devinerait tout, et je me verrais obligée de lui dire qui tu es. Je suis fâchée d'être forcée à cette réserve envers elle ; mais je ne le suis point du tout que vous vous aimiez réciproquement. Je vous plains seulement de tout mon cœur de vous savoir forcés de faire l'amour au travers d'une affreuse grille : que je voudrais de bon cœur, mon ami, pouvoir te céder ma place ! je ferais en un instant deux heureux à la fois. Adieu. »

Je lui répondis qu'elle avait deviné, que le médaillon de son amie était un présent que je lui avais fait et qu'il contenait mon portrait ; mais qu'elle devait garder le secret et être bien certaine que mon amitié pour M. M. ne préjudiciait en rien au sentiment qui m'attachait à elle pour la vie. Je ne me dissimulais pas que je tergiversais, que mon allure n'était pas franche ; mais je cherchais à me tromper moi-même, tant il est vrai qu'une femme, cet être si faible, en impose plus par le sentiment qu'elle inspire que ne pourrait le faire l'homme le plus vigoureux. Quoi qu'il en soit, j'avais la faiblesse de chercher à nourrir une intrigue que je voyais toucher à son inévitable dénouement par l'effet de l'intimité qui s'était établie entre ces deux amies rivales.

Laure m'avait appris que tel jour il devait y avoir un bal dans le grand parloir du couvent, et, m'étant déterminé à y aller en masque, mais déguisé de façon que mes deux amies ne pussent point me reconnaître, je me

CHAPITRE III

masquai en Pierrot, déguisement qui cache le mieux les formes et l'allure. J'étais sûr que mes deux charmantes maîtresses seraient à la grille et que j'aurais le plaisir de les voir et de les comparer de près.

À Venise, pendant le carnaval, on permet cet innocent plaisir dans les couvents des religieuses. Le public danse dans le parloir et les sœurs se tiennent dans l'intérieur, à leurs amples grilles, spectatrices de la fête. À la fin du jour, le bal finit, tout le monde sort et les pauvres recluses sont longtemps heureuses du plaisir des yeux. Ce bal devait avoir lieu le même jour où je devais souper avec M. M. au casino de Muran ; mais cela ne m'empêchait pas d'aller au bal : j'avais besoin de voir C. C.

J'ai dit que l'habit de Pierrot est de tous les déguisements celui qui cache le mieux les formes et l'allure : il a aussi l'avantage, au moyen d'un large bonnet, de cacher les cheveux, et la gaze blanche qui couvre le visage empêche qu'on ne reconnaisse la couleur des yeux et des sourcils ; mais, pour que les vêtements ne gênent point les mouvements du masque, il faut n'avoir rien dessous, et par la saison d'hiver, un simple fourreau de toile a bien ses désagréments. Je n'en tins nul compte, et après avoir pris un potage, je monte en gondole et je me rends à Muran. Je n'avais point de manteau, et dans mes poches je n'avais que mon mouchoir, ma bourse et la clef du casino.

J'entre. Le parloir était plein ; mais je dus à mon accoutrement que chacun s'empressa de me faire place ; car à Venise il est extrêmement rare de voir un Pierrot. Je m'avance, marchant en nigaud, selon le caractère exigé du costume, et je vais me placer dans le cercle où l'on dansait. Après avoir considéré les Polichinelles, les Pantalons, les Arlequins et les Scaramouches, je m'approchai des grilles, et je vis toutes les religieuses et les pensionnaires, les unes assises, les autres debout, et sans m'arrêter sur aucune en particulier, je vis mes deux amies ensemble très attentives à la fête. Je fis ensuite le tour de la salle, toisant de la tête aux pieds le premier venu et étant très considéré de tous.

Je m'attachai à une jolie Arlequine en lui prenant nigaudement la main pour lui faire danser un menuet. Tout le monde se mit à rire et nous fit place. Ma danseuse dansa à merveille selon le masque qu'elle portait, et moi selon le mien : je fis rire toute la compagnie. Après le menuet, je dansai douze furlanes avec la plus grande vigueur. Hors d'haleine, je me laissai tomber en faisant semblant de dormir, et dès que je me mis à ronfler, tout le monde eut l'air de respecter le sommeil de Pierrot. On dansa une contredanse qui dura une heure et dont je crus ne devoir pas me mêler ; mais, dès qu'elle fut achevée, voilà un Arlequin qui, avec l'impertinence permise à son costume, vint me fesser d'importance à grands coups de batte. C'est l'arme d'Arlequin. En ma qualité de Pierrot n'ayant point d'arme, je le saisis à la ceinture, et je le porte partout autour du parloir en courant tandis qu'il continuait à me frapper de sa batte. Je le dépose ensuite, et, lui ayant arraché sa batte, je place lestement son Arlequine sur mes épaules, et à coups redoublés je le chasse devant moi au milieu des risées des spectateurs et des cris de l'Arlequine, qui craignait que je ne tombasse et que dans ma chute je ne fisse voir à l'assemblée son extrait baptistaire. Elle avait raison ; car voilà un sot Polichinelle qui vint par derrière me faire un croc en jambe, et force me fut de tomber. Tout le monde le hua. Je me lève, et, fort piqué, j'entame avec cette insolent une lutte dans toutes les règles. Il était de ma taille, mais maladroit, et ne sachant se servir que de sa force, je le renversai et, le secouant vigoureusement dans tous les sens, je lui fis

CHAPITRE III

perdre sa bosse et son ventre postiches. Au bruit des risées et au claquement des mains de toutes les religieuses, qui n'avaient jamais vu un spectacle pareil, je saisis le moment, je fends la foule et je m'esquive.

J'étais tout en nage et le temps était froid ; je me jette dans une gondole et, pour ne pas me refroidir, je descends à la redoute. J'avais encore deux heures devant moi avant de me rendre à Muran, et il me tardait de jouir de la surprise de ma belle religieuse quand elle verrait devant elle M. Pierrot. Je passais ces deux heures à jouer à toutes les petites banques, gagnant, perdant et faisant mille folies en toute liberté, sûr de n'être connu de personne ; jouissant du présent, bravant l'avenir, et me moquant de tous ceux qui emploient toute leur raison à prévenir le malheur qu'ils redoutent, tout en détruisant le plaisir actuel dont ils pourraient jouir.

Voilà enfin deux heures qui sonnent et qui m'avertissent que l'Amour et Comus m'appellent pour me donner de nouvelles jouissances. Mes poches pleines d'or et d'argent, je sors, je vole à Muran, j'entre dans le sanctuaire et j'aperçois ma divinité appuyée contre la cheminée. Elle était en habit de religieuse, je m'en approche en tapinois pour jouir de sa surprise ; je la fixe — et je reste comme pétrifié.

L'objet que je vois n'est pas M. M.

C'est C. C., habillée en nonne, qui, plus étonnée que moi, ne pousse pas un soupir, ne prononce pas une syllabe, ne fait pas un mouvement. Je me jette sur un fauteuil pour me donner le temps de me remettre de mon étonnement. L'aspect de C. C. m'avait anéanti, et mon âme était stupéfaite comme mon corps : je me sentais dans un labyrinthe inextricable.

« C'est M. M., me disais-je, qui me joue ce tour-là ; mais comment a-t-elle fait pour savoir que je suis son amant?

C. C. a-t-elle trahi mon secret? Mais si elle m'a trahi, de quel front ose-t-elle se montrer à mes yeux? Si M. M. m'aime, comment a-t-elle pu se priver du plaisir de me voir et se faire remplacer ici par sa rivale? Ce ne peut pas être là une marque de complaisance, car on ne la pousse pas à ce point. Je n'y vois qu'une marque de mépris, qu'une offense gratuite. »

Mon amour-propre s'évertua pour trouver les raisons capables de réfuter la possibilité de ce mépris ; mais en vain. Absorbé dans ce ténébreux mécontentement, je me crus joué, trompé, méprisé ; et je passai ainsi une demi-heure morne et taciturne, les yeux fixés sur C. C., ne disant pas un mot, elle osant à peine respirer, embarrassée, interdite et ne sachant en présence de qui elle se trouvait. car elle ne pouvait tout au plus que me reconnaître pour le Pierrot qu'elle avait vu au bal.

Amoureux de M. M., et n'étant allé là que pour elle, je ne me trouvais pas disposé à prendre le change, quoique je fusse loin de mépriser C. C., dont le mérite était pour le moins aussi grand que celui de M. M. Je l'aimais tendrement, je l'adorais ; mais dans ce moment-là ce n'était pas elle que je voulais, parce que de prime abord sa présence m'avait semblé une sorte de mystification. Il me semblait qu'en prenant le parti de fêter C. C., je me manquais à moi-même ; je me disais que mon honneur s'opposait à ce que je me prêtasse à cette supercherie. En outre, sans m'en rendre raison, j'étais bien aise de pouvoir reprocher à M. M. une indifférence étrangère à l'amour, et je voulais agir de manière qu'elle ne pût jamais juger qu'elle m'eût fait un plaisir. Ajoutons à cela que je croyais M. M. dans le cabinet, et peut-être l'ami avec elle.

Il fallait que je prisse un parti, car je ne pouvais point passer là toute la nuit en costume de Pierrot et

CHAPITRE III

dans un continuel silence. Je pensai d'abord à m'en aller, d'autant plus que C. C., ni son amie ne pouvaient être certaines que Pierrot et moi nous fussions une seule et même personne ; mais bientôt rejetant cette idée avec horreur, je pensai à la mortelle douleur qu'en éprouverait la belle âme de C. C.. quand elle parviendrait à savoir que j'étais Pierrot. Enfin je vins à penser qu'elle s'en doutait déjà, et je partageais la peine qu'elle devait éprouver. Je l'avais séduite ; je lui avais donné le droit de m'appeler son mari. Ces réflexions me déchiraient.

« Si M. M. est dans le cabinet, me dis-je, elle se montrera quand il sera temps. » Dans cette idée, j'ôte le mouchoir qui retenait ma gaze et je me montre à visage découvert. Ma charmante C. C. poussa un soupir en disant :

« Je respire ! ce ne pouvait être que toi ; mon cœur me le disait. Tu m'as paru surpris en me voyant, mon ami ; ne savais-tu donc pas que je t'attendrais ?

— Non, certes, je n'en savais rien.

— Si tu en es fâché, j'en suis au désespoir ; mais je suis innocente.

— Mon adorable amie, viens entre mes bras, et ne crois jamais que je puisse être fâché contre toi. Je suis ravi de te voir ; tu es toujours ma plus chère moitié ; mais je te prie de tirer mon âme d'une cruelle incertitude, tu ne saurais être ici sans avoir trahi mon secret.

— Moi ! je n'en aurais jamais été capable ; eussé-je dû mourir.

— Comment peux-tu donc être ici ? Comment a donc fait ta bonne amie pour tout découvrir ? Personne que toi ne peut lui avoir dit que je suis ton mari. Laure peut-être....

— Non, Laure est fidèle, mon cher ami, et je ne puis rien deviner.

— Mais comment donc t'es-tu laissé persuader de faire

cette mascarade et de venir ici? Tu sors du couvent, et tu ne m'as jamais confié cet important secret.

— Peux-tu croire que je ne t'aurais pas rendu compte de tout, si j'en étais sortie une seule fois? Il y a deux heures que j'en suis sortie pour la première fois ; et rien n'est si simple, si naturel que ce qui m'a fait faire cette démarche.

— Conte-moi tout ça, ma chère amie ; ma curiosité est extrême.

— Elle m'est chère, et je vais tout te confier. Tu sais combien nous nous aimons, M. M. et moi; notre liaison ne saurait être plus tendre : tu dois en juger par tout ce que je t'en ai écrit. Il y a donc deux jours que ma chère amie pria l'abbesse et ma tante de me laisser coucher dans sa chambre à la place de la sœur converse, qui, ayant un fort rhume, est allée tousser à l'infirmerie. La permission fut accordée, et tu ne peux te figurer le plaisir que nous eûmes en nous voyant pour la première fois maîtresses de coucher dans le même lit. Aujourd'hui, un instant après que tu as été sorti du parloir, où tu nous as tant fait rire, sans que nous pussions, M. M. et moi, nous figurer que ce charmant Pierrot fût notre cher ami, ma chère amie s'est retirée et je l'ai suivie. Aussitôt que nous avons été seules, elle m'a dit qu'elle désirait que je lui rendisse un service dont dépendait son bonheur. Tu te figures bien que je lui ai répondu qu'elle n'avait qu'à parler. Alors elle a ouvert son tiroir, et à mon grand étonnement, elle m'a habillée comme tu me vois. Elle riait, et je riais sans savoir où devait aboutir tout ce badinage. Quand elle m'a vue complètement travestie en religieuse, elle m'a dit qu'elle allait me confier un très grand secret, mais qu'elle me le confiait sans aucune crainte. « Sache, ma chère amie, me dit-elle, que j'allais sortir du couvent pour n'y rentrer que demain matin ; mais maintenant il est décidé que ce ne sera pas moi qui en sortirai, mais bien toi. Tu n'as rien à craindre et tu n'as besoin d'aucune instruction ; car je suis sûre que tu ne te trouveras point embarrassée. Dans une heure une sœur converse viendra ici ; je lui dirai deux mots à part, puis elle te dira de la suivre. Tu sortiras avec elle par la petite porte et tu traverseras le jardin jusqu'à la chambre de la petite rive. Là tu monteras dans une gondole et tu diras au gondolier ces seuls mots : *Au casino.* En cinq minutes tu y arriveras, tu descendras et tu entreras dans un petit appartement où tu trouveras bon feu : tu y seras seule et tu attendras. — Qui ? lui ai-je dit. — Personne. Tu ne dois pas en savoir davantage. Sois sûre seulement qu'il ne t'arrivera rien qui doive te déplaire : fie-toi à moi. Là tu souperas et tu y coucheras, si tu le trouves bon, sans que personne te gêne. Ne me demande plus rien, car je ne puis rien te dire de plus. » Voilà, mon cher ami, l'exacte vérité. Dis-moi actuellement ce que je pouvais faire après ce discours et après lui avoir donné ma parole de faire tout ce qu'elle voudrait ? Point de lâche méfiance, car la vérité seule peut sortir de ma bouche. J'ai ri, et ne m'attendant à rien que de très agréable, aussitôt que la sœur converse est venue, je l'ai suivie et me voici. Après m'être ennuyée trois quarts d'heure, j'ai vu Pierrot. Sois sûr qu'à l'instant même où je t'ai vu paraître, mon cœur m'a dit que c'était toi ; mais l'instant d'après, lorsque je t'ai vu reculer, j'ai été frappée d'un coup de foudre ; car j'ai bien vu clairement que ce n'était pas moi que tu t'attendais à trouver. Ton morne silence m'effrayait, et je n'aurais osé le rompre la première, d'autant plus que, malgré l'impulsion de mon cœur, je pouvais me tromper. Le masque de Pierrot pouvait cacher quelqu'autre que toi, mais assurément personne après toi que j'eusse pu voir sans horreur en cet endroit. Songe que depuis huit mois la force me prive du bonheur de t'embrasser ; et maintenant que tu dois être sûr de mon innocence, souffre que je te félicite de ce que tu connais ce casino. Tu es heureux, et je t'en exprime ma joie. M. M. est après moi la seule femme digne de ta tendresse, la seule avec laquelle je puisse consentir à la partager. Je te plaignais ; je ne te plains plus, et ton bonheur me rend heureuse. Embrasse-moi. »

J'aurais été par trop ingrat, même barbare, si je n'avais alors serré contre mon cœur, avec l'expression de la tendresse la plus véritable, cet ange de bonté et de beauté qui n'était devant moi que par un effort d'amitié rare.

Après lui avoir bien certifié que je n'avais plus aucun doute sur son innocence, je lui dis que je trouvais la démarche de son amie très équivoque et fort peu susceptible d'une interprétation favorable. Je lui dis qu'abstraction faite du plaisir que j'avais de la voir, son amie m'avait joué un fort vilain tour qui devait souverainement me déplaire, sentant tout ce qu'il avait d'offensant.

« Je ne pense pas comme toi, me dit C. C. Ma chère M. M. sera parvenue, je ne sais comment, à savoir que tu étais mon amant avant de l'avoir connue. Elle a pu croire que tu m'aimais encore, et elle a pensé, car je connais son âme, qu'elle ne pouvait nous donner une plus grande preuve de son amour qu'en nous procurant, sans nous en prévenir, tout ce que deux amants qui s'aiment doivent le plus souhaiter. Elle a voulu nous rendre heureux, et je ne saurais lui en vouloir pour cela.

— Tu as raison de penser ainsi, ma chère amie ; mais ma situation est bien différente de la tienne. Tu n'as pas un autre amant, et tu ne peux en avoir ; mais moi libre, et ne pouvant te voir, je n'ai pu résister aux charmes de M. M. J'en suis éperdûment amoureux; elle le sait; et avec son esprit, elle n'a pu faire ce qu'elle a fait que pour me donner une marque de mépris. Je t'avoue que j'y suis sensible au suprême degré. Si elle m'aimait comme je l'aime, elle n'aurait jamais pu me faire la désolante politesse de t'envoyer ici à sa place.

— Je ne suis pas de ton avis, mon cher ami. Elle a l'âme aussi noble que le cœur généreux ; et de même que je ne suis pas fâchée que vous vous aimiez et que vous sachiez vous rendre heureux, comme ce lien me l'assure, elle ne l'est pas que nous nous aimions ; elle est ravie, au contraire, de pouvoir nous montrer qu'elle en est contente. Elle a sans doute voulu te faire comprendre qu'elle t'aime pour toi-même, que tes plaisirs sont les siens et qu'elle n'est point jalouse que sa meilleure amie soit sa rivale. Pour te convaincre que tu ne dois pas être fâché qu'elle ait découvert notre secret, elle te déclare, en me faisant venir ici à sa place, qu'elle est satisfaite que tu partages ton cœur entre elle et moi. Tu sais bien qu'elle m'aime et que je suis souvent sa femme ou son petit mari ; et comme tu ne trouves point mauvais que je sois ton rival et que je la rende souvent heureuse autant qu'il m'est possible, elle ne veut pas non plus que tu puisses te figurer que son amour ressemble à la haine ; car tel est l'amour d'un cœur jaloux.

— Tu plaides comme un ange la cause de ton amie; mais, ma chère petite femme, tu ne vois pas l'affaire dans son véritable jour. Tu as de l'esprit et l'âme pure ; mais tu n'as pas mon expérience. M. M. ne m'a aimé que par fantaisie, et elle sait bien que je ne suis pas assez sot pour prendre le change sur tout ceci. Je me trouve malheureux, et c'est là son ouvrage.

— J'aurais donc aussi raison de me plaindre d'elle ; car elle me fait voir qu'elle est maîtresse de mon amant, et qu'après s'en être emparée, elle n'a pas de peine de me le rendre. Elle me montre sans doute aussi qu'elle méprise la tendresse que j'ai pour elle, puisqu'elle me met dans le cas d'en donner des marques à un autre.

— Oh! maintenant, mon cœur, tu déraisonnes, car les rapports qui existent entre vous sont d'une nature toute différente. Vos amours ne sont qu'un badinage, qu'une illusion des sens. Les plaisirs dont vous jouissez ensemble ne sont point exclusifs. Pour que vous fussiez jalouses l'une de l'autre, il faudrait que l'une des deux eût un amour pareil avec une autre femme : mais M. M. ne pourrait pas être fâchée que tu eusses un amant, non plus que toi, si elle en avait un ; pourvu toutefois que cet amant ne fût pas celui de l'autre.

— C'est précisément notre cas ; et tu te trompes. Nous ne sommes point fâchées que tu nous aimes également. Ne t'ai-je pas écrit que je te céderais si volontiers ma place? Tu dois donc croire que je te méprise aussi?

— Ma chère amie, le désir que tu avais de me céder ta place quand tu ne savais pas que j'étais heureux venait plus de ton amitié que de ton amour, et pour le présent je dois être content que ton amour soit dominé par ton amitié ; mais j'ai tout lieu d'être fâché que ce sentiment soit aussi celui de M. M. Je l'aime sans pouvoir l'épouser : me comprends-tu, mon ange? Quant à toi, certain que tu seras ma femme, je suis sûr de notre amour que la fréquentation fera renaître. Il n'en est pas de même de celui de M. M., qui ne reviendra plus. N'est-il pas humiliant pour moi de n'avoir su que lui inspirer un sentiment passager? Quant à toi, tu dois l'adorer. Elle t'a initiée dans tous ses mystères, et tu lui dois une amitié et une reconnaissance éternelles. »

Il était minuit et nous continuions à perdre notre temps

en propos de ce genre, quand la prudente concierge vint d'elle-même nous apporter un excellent souper. Je ne touchai à rien ; j'avais le cœur trop gros ; mais ma chère petite femme soupa de bon appétit. Je ne pus m'empêcher de rire en voyant une salade de blancs d'œufs, et C. C. trouva plaisant qu'on en eût ôté le jaune. Innocente, elle ne devinait pas l'intention de celle qui avait ordonné le menu. Pendant qu'elle soupait, je ne pus m'empêcher de la trouver embellie et formée : C. C. était une beauté parfaite ; cependant je demeurai froid. J'ai toujours cru qu'il n'y avait aucun mérite à se conserver fidèle à l'objet véritablement aimé.

Deux heures avant le jour nous nous remîmes devant le feu, et C. C., me voyant triste, eut les égards les plus délicats pour ma situation : nulle agacerie, nulle position qui ne portât le caractère de la décence ; et ses discours tendres et mêlés d'un certain abandon n'exprimèrent jamais l'ombre du reproche que j'aurais pu mériter par ma froideur.

Vers la fin de notre long entretien, elle me demanda ce qu'elle dirait à son amie quand elle serait de retour au couvent.

« Ma chère M. M. s'attend à me revoir joyeuse et pleine de reconaissance pour le généreux présent qu'elle a cru me faire de cette nuit ; mais que veux-tu que je lui dise ?

— Toute la vérité. Ne lui cache pas surtout un mot de notre entretien ; autant que ta mémoire te le retracera, et dis-lui particulièrement qu'elle m'a rendu malheureux pour longtemps.

— Non, je lui ferais beaucoup trop de peine, car elle t'aime tendrement, et elle chérit le médaillon qui contient ton portrait. Je ferai, au contraire, de mon mieux pour raccommoder cette brouillerie, et ce ne sera pas long ; car mon amie n'a aucun tort, et tu n'es que piqué, mais sans raison. Je t'enverrai ma lettre par Laure, à moins que tu ne me promettes d'aller la prendre toi-même chez elle.

— Tes lettres me seront toujours chères ; mais tu verras que M. M. ne voudra pas en venir à une explication. Elle te croira sur tout, si ce n'est pourtant sur un article.

— Je le pense, et c'est sur la constance que nous avons eue de passer toute une nuit ensemble aussi innocemment que pourrait faire un frère et une sœur. Si elle te connaît comme moi, cela lui paraîtra impossible.

— Dans ce cas, dis-lui si tu veux, tout le contraire.

— N'y compte pas. Je n'aime pas le mensonge, et certes je n'en ferai pas un de cette nature : ce serait par trop mal à propos. Je ne t'en aime pas moins, mon ami, quoique dans cette nuit tu n'aies pas daigné me donner une seule preuve de ton amour.

— Crois, ma douce amie, que je suis malade de tristesse. Je t'aime de toute mon âme, mais je me trouve dans une situation......

— Tu pleures, mon ami, toi? oh ! je t'en supplie, épargne mon cœur. Je suis au désespoir de t'avoir dit cela ; mais sois sûr que je n'ai pas eu l'intention de te faire de la peine. Je suis certaine que dans un quart d'heure M. M. pleurera aussi. »

Le carillon s'étant fait entendre, et n'espérant plus alors que M. M. parût pour se justifier, j'embrasse C. C., et après lui avoir remis la clef du casino pour qu'elle la rendît de ma part à M. M., je me remasquai et je sortis, mon amie devant retourner au couvent.

CHAPITRE IV

Je cours grand risque de périr dans les lagunes. — Maladie. — Lettres de C. C. et de M. M. — Raccommodement. — Rendez-vous au casino de Muran. — J'apprends le nom de l'ami de M. M. ; et je consens à lui donner à souper à mon casino avec notre commune amante.

Il faisait un temps affreux. Le vent soufflait avec force et le froid était piquant. J'arrive sur la grève, je cherche de l'œil une gondole, j'appelle les barcarols ; mais, contrairement aux lois de police, il n'y avait ni barque ni batelier. Que faire ? Vêtu d'une simple toile, je n'étais guère dans un équipage à me promener sur le quai pendant une heure par le temps qu'il faisait. Je serais probablement rentré au casino si j'en avais eu la clef ; mais je portais la peine du dépit qui m'avait fait m'en dessaisir. Le vent m'enlevait, et je ne pouvais entrer dans aucune maison pour m'en garantir.

J'avais dans ma poche trois cents philippes que j'avais gagnés le soir au jeu et une bourse pleine d'or. Dans cet état, je devais craindre les voleurs de Muran, coupe-jarrets très dangereux, assassins déterminés qui jouissent et abusent d'une sorte d'impunité, car ils ont plusieurs privilèges qui leur sont accordés par le gouvernement à cause des services qu'ils rendent dans les fabriques de glaces et dans les verreries dont l'île abonde. Pour empêcher leur émigration, le gouvernement leur accorde droit de bourgeoisie à Venise. Je devais craindre d'en rencontrer une couple qui, pour le moins, m'aurait laissé tout nu ; car par hasard je n'avais pas même sur

moi le petit couteau que dans ma chère patrie tous les
honnêtes gens sont obligés de porter pour défendre leur
vie. J'étais dans une situation fort pénible.

J'étais dans cette perplexité quand je crus apercevoir
une faible clarté à travers les fentes d'une maisonnette
Je m'en approche et je frappe modestement au contre-
vent. On crie : « Qui frappe ? » et en même temps j'entends ouvrir le volet. « Que voulez-vous? » me dit un
homme étonné de me voir habillé ainsi. Je lui conte en
peu de paroles le cas où je me trouvais, et lui mettant
un sequin dans la main, je le prie de me laisser entrer
pour me mettre à l'abri du mauvais temps. Vaincu par
mon sequin plus que par mes paroles, il vient m'ouvrir
la porte, j'entre : et, lui promettant un autre sequin, je le
prie d'aller me chercher une gondole pour me mener à
Venise. Il s'habille à la hâte en remerciant Dieu, et sort
en m'assurant qu'il ne tardera pas à m'en amener une.
Je reste seul dans une pauvre chambre où toute sa famille,
couchée dans un large et misérable lit, me regardait
avec de grands yeux, tant mon costume leur paraissait
singulier. Le bonhomme revint une demi-heure après
m'annoncer que les barcarols étaient au rivage, mais
qu'ils voulaient être payés d'avance. Je me soumets à
leur exigence, je lui donne un sequin, je le remercie et
je pars.

Je m'embarque sans crainte en voyant deux barcarols
vigoureux, et nous quittons aisément le rivage sans que
le vent incommode la manœuvre ; mais dès que nous
avons dépassé l'île, le vent nous prend avec une telle
fureur que je me vois en danger de périr si j'avance ;
car, quoique je fusse bon nageur, je n'étais ni assez sûr
de mes forces pour me sauver à la nage, ni pour pouvoir
résister à la violence du courant. J'ordonne aux barcarols
de se lier à l'île ; mais ils me répondent que je n'avais

pas affaire à des poltrons, et que je devais être tranquille. Connaissant le caractère de nos barcarols, je prends le parti de me taire.

Cependant les coups de vent se succédaient avec force, les ondes écumeuses entraient dans la gondole, et mes deux rameurs, malgré leur intrépidité et leur vigueur, ne pouvaient plus la régir. Nous n'étions qu'à cent pas de l'embouchure du canal des Jésuites lorsqu'un coup de vent furieux fit tomber le barcarol de poupe dans la mer ; mais, s'étant accroché à la gondole, il y remonta sans beaucoup de peine. Il avait perdu la rame, il en prit une autre, mais la gondole virée de bord avait déjà parcouru un grand espace par le travers. Le cas était pressant, et je n'avais pas envie de souper chez Neptune. Je jette une poignée de philippes[1] dans la gondole et j'ordonne aux gondoliers de jeter dans la mer le *felce* qui recouvrait la barque. Le son de l'argent autant que l'aspect du danger fit que je fus obéi dans l'instant ; et alors, le vent ayant peu de prise, mes braves barcarols prouvèrent à Éole que leurs efforts étaient supérieurs aux siens ; car en moins de cinq minutes nous entrâmes dans le canal des Mendiants, d'où je me fis conduire à la rive du palais Bragadin. J'allai me coucher, bien couvert, pour rappeler ma chaleur naturelle, mais rien ne put me faire goûter les douceurs d'un sommeil qui m'aurait remis dans mon assiette.

Cinq à six heures après, M. de Bragadin et ses deux inséparables amis vinrent me voir, et me trouvèrent dans le délire de la fièvre. Cela n'empêcha pas mon respectable protecteur de rire en voyant sur le canapé l'habit de Pierrot. Après m'avoir fait compliment sur ce que j'avais su me tirer heureusement d'un aussi mauvais

---

1. Monnaie de quinze francs.

pas, ils me laissèrent tranquille. Le soir j'eus une sueur si abondante qu'on fut obligé de me changer de lit; le lendemain, redoublement avec transport au cerveau, et le surlendemain, la fièvre ayant cessé, je me trouve comme perclus et souffrant horriblement d'une courbature. Sentant que je ne pouvais attendre du soulagement que d'un régime sévère, je pris mon mal en patience.

Le mercredi, de grand matin, Laure, la fidèle messagère, vint me trouver dans mon lit. Je lui dis que je ne pouvais ni lire ni écrire, et je la priai de revenir le lendemain. Elle mit sur un guéridon près de mon lit ce qu'elle avait à me remettre, et elle partit suffisamment instruite pour pouvoir informer C. C. de l'état où je me trouvais.

Vers le soir, me sentant un peu mieux, j'ordonnai à mon domestique de m'enfermer, et j'ouvris la lettre de C. C. La première chose que je vis et qui me fit grand plaisir, ce fut la clef du casino qu'elle me renvoyait : je m'étais déjà repenti de l'avoir renvoyée, car je commençais à sentir que j'avais tort. Ce fut véritablement comme un baume qui me rafraîchit le sang. Le second objet, non moins cher après le retour de la précieuse clef, ce fut une lettre de M. M. dont je m'empressai de rompre le cachet, et je lus avec avidité ce qui suit :

« Les détails que vous avez lus, ou que vous allez lire dans la lettre de mon amie, vous feront oublier, je l'espère, la faute que j'ai commise, bien innocemment, car j'espérais, au contraire, vous faire le plus grand plaisir. J'ai tout vu, tout entendu, et vous ne seriez pas sorti en laissant la clef, si je n'avais eu le malheur de m'endormir une heure avant votre départ. Reprenez cette clef et revenez au casino demain soir, puisque le ciel vous a sauvé de la tempête. Votre amour vous autorise peut-être à vous plaindre, mais non à maltraiter une femme

CHAPITRE IV

qui certainement ne vous a donné aucune marque de mépris. »

Je lus ensuite la lettre de ma chère C. C., et je la rapporte parce que je la crois intéressante :

« Je te prie, mon cher mari, de ne point me renvoyer cette clef, à moins que tu ne sois devenu le plus cruel des hommes, et que tu ne te plaises à tourmenter deux femmes qui t'aiment ardemment et qui t'aiment pour toi-même. Connaissant ton excellent cœur, j'ose être certaine que tu iras au casino demain soir et que tu te raccommoderas avec M. M., qui ne peut s'y rendre ce soir. Tu verras que tu as tort, mon cher ami, et que, loin de te mépriser, ma chère amie ne voit que toi dans l'univers. Voici en attendant tout ce que tu ne sais pas et que tu dois être curieux d'apprendre.

« Un instant après que tu fus parti par un temps affreux qui m'a causé les plus vives angoisses, et au moment où je voulais retourner au couvent, je fus fort surprise de voir devant moi ma chère M. M. qui, d'un endroit caché, avaient entendu tout ce que tu avais dit. Elle avait été plusieurs fois tentée de se montrer, mais elle avait toujours été arrêtée par la crainte de venir mal à propos et d'empêcher le raccommodement qu'elle croyait inévitable entre deux amants qui s'aiment. Malheureusement le sommeil l'avait gagnée avant ta sortie et elle ne se réveilla qu'au bruit du carillon, lorsqu'il n'était plus temps de te retenir, étant parti avec la précipitation d'un homme qui fuit quelque grand péril. Dès que je la vis, je lui remis la clef, que je ne connaissais pas, et mon amie poussa un profond soupir. « Je te conterai tout, me dit-elle, quand nous serons rentrées; » et nous partîmes par un temps affreux, tremblant pour toi et ne pensant guère à nous-mêmes. Aussitôt que nous fûmes au couvent, je me remis dans mon costume ordinaire, et M. M. se coucha. Je m'assis auprès de son chevet et voici ce qu'elle me dit :

« — Lorsque tu me laissas la bague pendant que ta tante t'avait fait appeler, je l'examinai tant que je soupçonnai le petit point bleu de cacher le ressort, et ayant pris une épingle, je le fis sauter, et je ne saurais te peindre ma joie quand je reconnus que nous aimions le même homme ; mais je ne saurais non plus te dire la peine que je ressentis en songeant que j'usurpais tes droits. Cependant, enchantée de cette découverte, je conçus de suite le projet de la faire servir à te procurer le plaisir de souper avec lui. Je refermai la bague et je te la rendis en faisant semblant de n'avoir rien découvert. Je me trouvais dans cet instant la plus heureuse des femmes. Connaissant ton cœur, sachant que tu savais que ton amant m'aimait puisque je t'avais innocemment montré son portrait, et jouissant du bonheur de voir que tu n'en étais pas jalouse, je me serais trouvée méprisable si j'eusse pu nourrir des sentiments différents des tiens, d'autant plus que tes droits sur lui étaient bien autrement fondés que les miens. Quant au mystère que tu m'as toujours fait du nom de ton amant, il m'a été facile de deviner que ce n'était que par son ordre, et j'ai admiré dans ta discrétion la noblesse de tes sentiments et la bonté de ton cœur. Ton amant, selon moi, devait craindre de nous perdre l'une et l'autre, si nous venions à découvrir qu'aucune des deux ne possédait son cœur entièrement. Je ne saurais te dire la peine que j'ai éprouvée en réfléchissant qu'après m'avoir vue en possession de son portrait, tu continuais à te montrer la même, quoique tu ne pusses douter que tu n'étais plus l'unique objet de son amour. Je n'ai plus eu qu'une idée, celle de vous prouver à tous deux que M. M. est digne de votre tendresse, de votre amitié et de votre estime. Ma satisfaction était inconcevable quand je me représentais que nous allions tous trois devenir cent fois plus heureux; car avoir un secret pour un être qu'on chérit, c'est un tourment insupportable. Je t'ai substituée à moi, et cela me paraissait un chef-d'œuvre. Tu as permis que je t'habillasse en nonne, et avec une complaisance qui ne peut être comparée qu'à ton entière confiance en moi, tu es allée à mon casino sans savoir où tu allais. Aussitôt que tu fus descendue, la gondole revint et je me rendis dans un endroit que notre ami connaît, et d'où, sans être vue, je pouvais suivre tous vos mouvements et entendre toutes vos paroles. J'étais l'auteur de la pièce ; il était naturel que je fusse spectatrice, d'autant plus que je me croyais sûre de ne rien voir, de ne rien entendre qui ne me fût très agréable. Je suis arrivé au casino un quart d'heure après toi, et il me serait impossible de te rendre le charme de ma surprise en voyant ce cher Pierrot qui nous a tant amusées au parloir et que nous n'avons pas eu l'instinct de reconnaître. Mais à son apparition s'est borné tout le plaisir que j'ai eu. Ma crainte, mon étonnement, mon trouble, ont commencé à l'instant même où j'ai vu l'effet que l'attente trompée avait produit sur lui, et je je me suis sentie malheureuse. Notre amant a pris la chose de travers ; il est parti désespéré ; il m'aime encore, mais il ne pense plus à moi que pour tâcher de m'oublier : il n'y réussira que trop. Le renvoi de cette clef m'annonce déjà qu'il ne retournera plus au casino. Nuit fatale! Quand je n'avais que l'intention de faire trois heureux, comment ai-je pu faire tout le contraire ! J'en mourrai, mon amie, si tu ne parviens pas à lui faire entendre raison ; car je sens que sans lui je ne saurais vivre. Tu as certainement le moyen de lui écrire ; tu le connais, tu sais son nom ; de grâce, renvoie-lui cette clef avec une lettre qui le persuade de venir au casino demain ou après-demain pour me parler au moins une seule fois, et j'espère le convaincre de mon amour et de mon innocence. Repose-toi aujourd'hui, ma chère amie, mais demain écris-lui toute la vérité : aie pitié de ta pauvre amie, et pardonne-lui d'aimer ton amant. Je lui écrirai aussi deux mots que tu mettras dans ta lettre. Je suis cause qu'il ne t'aime plus, tu devrais me haïr, et tu daignes m'aimer encore ; j'ai vu ses pleurs ; j'ai vu combien son âme sait aimer : je le connais actuellement. Je ne savais pas qu'il y eût des hommes qui aimassent ainsi. J'ai passé une nuit horrible. Ne me crois pas fâchée, ma tendre amie, que tu lui aies confié que nous nous aimons comme deux amants ; cela ne me déplaît pas, et ce n'est point une indiscrétion vis-à-vis de lui, car il a l'esprit aussi libre qu'il a le cœur bon. »

« Les larmes la suffoquaient ; je tâchai de la consoler, et c'est bien volontiers que je lui ai promis de t'écrire. Elle n'a pas fermé l'œil de la journée ; mais moi, j'ai dormi quatre heures d'un profond sommeil.

« Quand nous fûmes levées, nous trouvâmes le couvent rempli de mauvaises nouvelles qui nous intéressaient plus qu'on ne croyait. On disait qu'une heure avant le jour une barque de pêcheurs s'était perdue dans la lagune, que deux gondoles avaient été renversées et que ceux qui y étaient dedans avaient péri. Figure-toi notre angoisse ! Nous n'osions point faire de questions, mais c'était l'heure où tu m'avais quittée, et nous faisions les plus sinistres rapprochements. Nous sommes remontées ; M. M. s'est évanouie. Plus courageuse qu'elle, je lui disais que tu étais bon nageur ; mais tout cela ne la rassurait pas, et elle s'est mise au lit avec le frisson de la fièvre. Nous étions dans cet état quand ma tante, qui est fort gaie, est entrée chez nous en riant pour nous conter que dans la tempête le même Pierrot qui nous avait tant fait rire avait manqué de se noyer. « Ah ! pauvre Pierrot ! lui dis-je, contez-nous cela, ma chère tante. Je suis bien aise qu'il se soit sauvé. Qui est-il? le sait-on? — Oh ! oui, me répondit elle ; on sait tout, car ce sont nos gondoliers qui l'ont reconduit chez lui. Le barcarol de proue vient de nous dire que Pierrot, ayant passé la nuit au bal de Briati, ne trouva pas de gondole au trajet quand il voulut rentrer à Venise, et que nos gondoliers vinrent le passer pour un sequin. Le poupier est tombé dans la mer, mais alors le brave Pierrot, jetant des poignées d'argent sur la *zenia*[1], a jeté le *felce* dans l'eau, et, le vent alors ayant peu de prise, ils sont heureusement rentrés à Venise dans le canal des Mendiants. Les barcarols, fort heureux, se sont partagé ce matin trente philippes qu'ils ont ramassées dans la gondole, ensuite ils ont eu le bonheur de retrouver le *felce*. Pierrot se souviendra de Muran et du bal de Briati. Le barcarol dit que c'est le fils de M. de Bragadin, frère du procurateur : ils l'ont conduit au palais presque mort de peur et de froid, car il n'était vêtu qu'en toile et n'avait point de manteau. »

« Quand ma tante a été sortie, nous nous sommes regardées quelques instants sans proférer un mot ; mais nous sentions que cette nouvelle venait de nous rendre à la vie. M. M. m'a demandé en souriant s'il était vrai que tu fusses le fils de M. de Bragadin. « On peut, lui ai-je répondu, se figurer cela entre les choses possibles, mais le nom qu'il porte n'indique pas que notre amant soit le bâtard de ce seigneur et moins encore son fils légitime, car M. de Bragadin n'a jamais été marié. — Je

---

1. Tapis des gondoles.

serais, me dit-elle, bien fâchée qu'il fût son fils. » J'ai cru alors ne pouvoir plus me dispenser de lui dire ton vrai nom, la démarche que M. de Bragadin avait faite auprès de mon père pour m'obtenir pour ton épouse, et que la conséquence de cette démarche avait été de me faire mettre au couvent. Ainsi, mon bien-aimé, ta petite femme n'a plus de secrets à garder vis-à-vis de M. M., et j'espère que tu ne m'accuseras pas d'indiscrétion ; car il vaut mieux que notre chère amie sache toute la vérité que de ne la savoir qu'à demi, mêlée de mensonges. Ce que nous avons trouvé de plaisant, comme tu peux le penser, c'est la certitude où l'on est que tu as passé la nuit au bal de Briati. Quand le monde ne sait pas tout, il invente, et le vraisemblable occupe souvent la place du vrai et parfois très à propos. Ce qu'il y a de vrai, c'est que cet éclaircissement a répandu du baume dans le sang de notre amie, qui se trouve tout à fait bien. Elle a passé une très bonne nuit, et l'espoir qu'elle a de de voir au casino lui a rendu toute sa beauté. Elle a lu cette lettre trois ou quatre fois, et elle m'a couverte de baisers. Il me tarde de pouvoir lui remettre celle que tu vas lui écrire. La messagère attendra. Je te verrai peut-être au casino, et, j'en suis sûre, de meilleure humeur. Adieu. »

Il n'en fallait pas tant pour me réduire à la raison. A la fin de cette lecture je me trouvai l'admirateur de C. C. et l'adorateur ardent de M. M. Mais, hélas ! j'étais perclus, quoique sans fièvre. Certain que Laure reviendrait le lendemain de bonne heure, je ne pus m'empêcher d'écrire à l'une et à l'autre, peu à la vérité, mais assez pour les assurer que la raison était rentrée en possession de mon pauvre cerveau. Je dis à C. C. qu'elle avait bien fait de dire mon nom à son amie, d'autant mieux que, n'allant plus à leur messe, je n'avais aucun motif légitime de céler mon nom. Quant au reste, elle devait être certaine que je reconnaissais mes torts et que j'en donnerais les plus grandes preuves à M. M. aussitôt que je me verrais en état d'aller à son casino.

Voici la lettre que j'écrivis à mon adorable religieuse.

« J'avais laissé à C. C. la clef de ton casino pour qu'elle te la remît, ma charmante amie, et cela parce que je me croyais joué, méprisé par la volonté de l'être que j'adore. Dans cette erreur, je me figurais indigne de me remontrer à tes yeux, et malgré l'amour, je frémissais d'horreur. Telle fut sur moi la force d'une action qui m'aurait paru admirable, si mon amour-propre peut-être ne m'eût fasciné la vue, ou plutôt n'eût bouleversé ma raison. Pour cela, mon adorable amie, il aurait fallu que mon esprit fût à la hauteur du tien, et j'ai prouvé qu'il n'en était rien. Je te cède en tout, si ce n'est en passion, ce dont je te convaincrai à notre première entrevue en te demandant à genoux un généreux pardon. Crois, femme admirable, que si je désire vivement de recouvrer la santé, ce n'est que pour te prouver par un redoublement d'amour combien je suis honteux de mes torts. Ma douloureuse courbature m'a seule empêché hier de répondre à ta petite lettre, de t'exprimer mes regrets et l'amour que ta générosité mal récompensée a redoublé en moi. Sois sûre qu'au milieu des lagunes, au moment de périr, je ne regrettais que toi, je n'éprouvais d'autre regret que de t'avoir outragée. Mais dans le malheur qui me menaçait, femme adorable, je ne voyais qu'une juste punition de mes torts. Si je ne t'avais pas cruellement renvoyé la clef du casino, j'y serais revenu sans doute, et alors j'aurais évité la peine de mes torts et les douleurs que je souffre en expiation de mon offense. Je te remercie mille fois de m'avoir rendu à moi-même, et sois sûre qu'à l'avenir je me tiendrai mieux sur mes gardes : rien ne pourra plus me porter à douter de ta tendresse. Mais, adorable amie, que dis-tu de C. C. ? n'est-elle pas un ange incarné qui ne peut être comparé qu'à toi ? Tu nous aimes tous les deux, et tu nous chéris également. Il n'y a que moi de faible et d'imparfait, et vous me faites rougir de moi-même. Je sens pourtant que je donnerais sans hésiter ma vie pour elle comme pour toi. J'ai une curiosité que je n'ose point confier au papier, mais que tu satisferas la première fois que j'aurai le bonheur de te voir. Ce sera beaucoup si dans huit jours je suis en état de me rendre au casino, qui pour cette fois deviendra le temple d'expiation. Je t'avertirai deux jours à l'avance. En attendant, daigne t'occuper un peu de moi et être bien sûre de toute ma tendresse. Adieu. »

Le lendemain Laure me trouva sur mon séant et promettant santé. Je la priai de dire de vive voix à C. C. que je me trouvais beaucoup mieux, et après lui avoir remis la lettre que j'avais écrite, elle partit en me remettant une lettre de ma petite femme, dans laquelle j'en trouvai une de M. M. Ces deux lettres ne contenaient que des tendresses, l'expression de leur crainte sur ma santé et des vœux ardents pour mon rétablissement.

Six jours après, me trouvant bien, j'allai au casino de Muran, où le concierge me remit une lettre de M. M. Elle me disait qu'elle mourait d'impatience de me savoir rétabli et en possession de son casino avec tous les droits que je devais y conserver toujours.

« Marque-moi, je t'en supplie, me disait-elle, quand tu crois que nous nous reverrons, à Muran ou à Venise, à ta volonté.

— Compte, ajoutait-elle, que partout nous serons sans témoin. »

Je lui répondis de suite que nous nous reverrions le surlendemain au lieu même où j'étais ; car c'était du même endroit où je l'avais offensée que je devais recevoir son amoureuse absolution.

Je brûlais de la revoir, car j'avais honte d'avoir pu être injuste à son égard, et il me tardait de réparer mes torts. Connaissant son caractère et réfléchissant dans le calme, il me paraissait évident que ce qu'elle avait fait, bien loin d'être un indice de mépris, était un effort raffiné d'un amour qui n'avait pour objet que moi-même. Depuis qu'elle avait découvert que j'étais l'amant de sa jeune amie, pouvait-elle se figurer que je l'aimais uniquement ? De même que l'amour qu'elle avait pour moi ne l'empêchait pas d'être complaisante avec l'ambassadeur, elle supposait que je pouvais l'être avec C. C. Elle ne pensait pas à la constitution différente des deux sexes et aux privilèges dont jouissent les femmes.

Aujourd'hui que les ans ont blanchi mes cheveux et amorti l'ardeur de mes sens, mon imagination plus calme me fait penser différemment ; et je sens bien que ma belle nonne péchait contre la pudeur et la modestie qui sont les plus beaux apanages de la plus belle moitié du genre humain ; mais, si cette femme vraiment unique, ou au moins rare, avait ce travers qu'alors je taxais de vertu, au moins était-elle exempte de ce venin affreux qu'on nomme jalousie ; passion malheureuse qui dévore l'être infortuné qui en est atteint et qui dessèche l'objet qui la fait naître et sur lequel elle se déverse.

Deux jours après, le 4 février de 1754, j'eus le bonheur de me retrouver tête à tête avec mon ange. Elle était vêtue en religieuse. Comme nous nous croyions réciproquement coupables, dès que nous nous aperçumes, par un mouvement spontané, nous tombâmes à genoux l'un aux pieds de l'autre, ou plutôt genoux contre genoux. Nous avions tous deux maltraité l'amour ; elle en le traitant en enfant, moi en l'adorant en janséniste. Mais quel langage aurait pu convenir aux excuses que nous devions nous faire, aux pardons que nous devions obtenir ? Le baiser, ce langage muet et expressif, cet attouchement délicat et voluptueux qui fait circuler le sentiment dans toutes les veines, qui exprime tout à la fois ce que sent le cœur et ce qu'arrange l'esprit ; ce langage fut le seul que nous employâmes, et sans avoir articulé une syllabe, lecteur, ah ! que nous fûmes bientôt d'accord !

Au comble de l'attendrissement, impatients de nous donner des preuves de la sincérité de notre retour et du feu qui nous dévorait, nous nous levâmes sans nous dessaisir, et, tombant en groupe sur le sofa voisin, nous y restâmes jusqu'à l'arrivée d'un long soupir que nous n'aurions pas voulu arrêter quand nous aurions su qu'il dût être le dernier.

C'est ainsi que s'opéra l'heureuse réconciliation ; et la tranquillité que laisse à l'âme la satisfaisante persuasion ayant pour ainsi dire doublé notre bonheur, nous partîmes ensemble d'un éclat de rire en nous apercevant que j'étais encore en manteau et en bottes. Après avoir bien ri, je me démasquai, et je lui demandai s'il était bien vrai que notre réconciliation n'eût pas eu de témoin.

Elle prit un flambeau, et me prenant par la main : « Viens, » me dit-elle. Elle me mena dans la chambre où était une grande armoire que j'avais déjà jugée dépositaire du grand secret. Elle l'ouvrit, et après avoir poussé une planche à coulisse, je vis une porte par laquelle nous entrâmes dans un joli cabinet muni de tout ce qui pouvait être nécessaire à quelqu'un qui voulait y passer plusieurs heures. A côté du sofa se trouvait une planche mouvante : M. M. la tira, et par vingt trous à quelque distance les uns des autres, je vis toutes les parties de la chambre où le curieux ami de ma belle avait pu voir avec facilité les six actes de la pièce que la nature et

l'amour avaient arrangée, et je pense qu'il n'avait pas
dû être mécontent des acteurs.

« Actuellement, me dit M. M., je vais satisfaire à la
curiosité que tu as eu la prudence de ne pas confier au
papier.

— Mais tu ne peux savoir...

— Tais-toi, mon cœur; l'amour ne serait pas divin
s'il n'était devin : il sait tout, et pour preuve, n'est-il pas
vrai que tu désires savoir si l'ami n'était pas avec moi
pendant la fatale nuit qui m'a coûtée tant de larmes?

— Précisément.

— Eh bien! oui, il y était, et tu ne dois pas en être
fâché, car tu as achevé de l'enchanter. Il a admiré ton
caractère, ton amour, tes sentiments et ta probité : il
ne pouvait se taire sur l'étonnement que lui occasionne
la rectitude de mon instinct, ni assez approuver la passion que tu m'as inspirée. C'est lui qui me consola le
matin en m'assurant qu'il était impossible que tu ne
revinsses pas à moi dès que je t'aurais fait connaître mes
sentiments, la loyauté de mon intention et ma bonne foi.

— Mais vous devez vous être souvent endormis; car
sans un vif intérêt, il n'est pas possible de passer ainsi
huit heures dans l'obscurité et le silence.

— Nous étions mus par l'intérêt le plus vif; d'ailleurs,
nous n'étions dans l'obscurité que lorsque nous tenions
ces trous ouverts. Pendant que nous soupâmes la planche
était relevée, et nous écoutions dans le plus grand silence
jusqu'à vos moindres propos. L'intérêt qui tenait mon
ami éveillé surpassait, s'il est possible, celui que vous
m'inspiriez.. Il me dit qu'il n'avait jamais été plus à
portée d'étudier le cœur humain que dans cette occasion,
et que tu ne dois jamais avoir passé une nuit aussi pénible. Tu lui faisais pitié. Nous fûmes enchanté de C. C;
car il est inconcevable qu'une jeune personne de quinze

ans raisonne comme elle l'a fait pour me justifier, sans autres moyens que la nature et la vérité, à moins d'avoir l'âme d'un ange. Si tu l'épouses, tu auras une femme divine. Je serai malheureuse en la perdant, mais ton bonheur me dédommagera de tout. Sais-tu, mon ami, que je ne comprends pas plus comment tu as pu t'amouracher de moi après l'avoir connue, que je ne puis concevoir comment elle ne me déteste pas depuis qu'elle sait que je lui ai ravi ton cœur. Ma chère C. C. a véritablement quelque chose de sublime dans le sentiment. Et sais-tu pourquoi elle t'a confié ses amours stériles avec moi ? c'est, m'a-t-elle dit, pour décharger sa conscience de l'espèce d'infidélité qu'elle te fait.

— Croit-elle me devoir toute sa fidélité, en me sachant si peu fidèle ?

— Elle est extrêmement délicate et consciencieuse ; et, se croyant parfaitement ta femme, elle ne se croit pas en droit de contrôler tes actions, tandis qu'elle est persuadée qu'elle te doit compte de toutes les siennes.

— Noble fille ! »

La prudente concierge ayant servi le souper et nous étant mis à table, M. M. observa que j'avais maigri.

« Les souffrances physiques n'engraissent pas, lui-dis-je, et les peines morales dessèchent. Mais nous avons assez souffert l'un et l'autre et nous devons être assez sages pour ne rien rappeler de ce qui peut nous être pénible.

— Oui, mon ami ; je pense comme toi : les instants que l'homme est forcé de céder au malheur ou à la souffrance sont autant de déductions faites à la vie, mais on double l'existence quand on a le talent de multiplier le plaisir, de quelque nature qu'il soit. »

Nous nous égayâmes à nous rappeler les dangers passés, la mascarade de Pierrot, le bal de Briati, où on lui avait assuré qu'il y avait un autre Pierrot. M. M. admirait le prodigieux effet du déguisement : « Car, me disait-elle, le Pierrot du parloir me paraissait plus grand et plus mince que toi. Si le hasard ne t'avait pas fait prendre la gondole du couvent, et que tu n'eusses pas eu la bizarre idée de te déguiser en Pierrot, je n'aurais pu savoir qui tu étais, car mes compagnes ne se seraient pas intéressées à ton sort. J'ai été ravie d'aise en apprenant que tu n'es pas patricien, comme je le craignais ; car si tu l'étais, il pourrait à la longue m'arriver quelque mésaventure désespérante. »

Je savais fort bien ce qu'elle devait craindre ; mais faisant l'ignorant :

« Je ne conçois pas, lui dis-je, ce que tu pourrais craindre si j'étais patricien.

— Mon cher ami, je ne puis te parler ouvertement qu'autant que tu me donneras ta parole de faire ce que je te demanderai.

— Quelle difficulté, ma chère, puis-je avoir à te faire tel plaisir que tu pourras désirer, pourvu qu'il ne compromette pas mon honneur ? Tout maintenant n'est-il pas commun entre nous ? Parle, mon cœur, dis-moi tes raisons et compte sur ma tendresse ; elle te répond de ma complaisance pour tout ce qui pourra te faire plaisir.

— Fort bien. Je te demande à souper dans ton casino avec mon ami, qui meurt d'envie de faire ta connaissance.

— Et après souper, je prévois que tu t'en iras avec lui ?

— Tu sens bien que le masque des convenances l'exige.

— Et ton ami sans doute sait déjà qui je suis ?

— J'ai cru devoir le lui dire ; car sans cela il n'aurait pas osé se promettre le plaisir de souper avec toi et surtout chez toi.

— J'y suis, et je devine que ton ami est un ministre étranger.

— Précisément.

— Mais je puis espérer sans doute qu'il me fera l'honneur de ne point garder son incognito ?

— Cela va sans dire ; je te le présenterai dans toutes les formes en déclinant son vrai nom et ses qualités politiques.

— C'est à merveille, mon cœur, et avec ces dispositions, pouvais-tu me supposer difficile à t'accorder ce plaisir, quand tu ne saurais toi-même m'en faire un plus grand ? Fixe le jour, et compte que je l'attendrai avec impatience.

— J'aurais été certaine de ta complaisance, si tu ne m'avais accoutumée à douter.

— Je mérite cette pointe.

— Mais j'espère que tu ne feras qu'en rire. Maintenant je suis contente. Notre ami est M. de Bernis, ambassadeur de France. Il viendra masqué, et dès qu'il aura levé son masque, je te le présenterai. Songe que tu ne dois pas ignorer qu'il est mon amant, mais tu dois croire qu'il n'est pas à part de notre tendresse.

— Ainsi le veut le masque des convenances, et tu seras, je l'espère, contente de mon urbanité. Ce souper me charme en idée, et j'espère qu'il me ravira en réalité. Tu avais bien raison, ma chère amie, de redouter que je fusse patricien, car dans ce cas MM. les inquisiteurs d'État, qui trop souvent ne cherchent qu'à faire parade de leur zèle, n'auraient pas manqué de s'en mêler, et je tremble à l'idée des affreuses conséquences que cela aurait pu avoir. Moi sous les Plombs, toi déshonorée, l'abbesse, le couvent ! Juste ciel ! Oui, si tu m'avais communiqué tes idées, je t'aurais dit qui j'étais, et puis je l'aurais pu d'autant mieux que ma réserve ne venait que de la crainte que j'avais d'être connu, et qu'alors le père de C. C. ne la mît dans un autre couvent. Mais peux-tu me dire quel jour le souper aura lieu? j'ai une véritable impatience de le savoir fixé.

— C'est aujourd'hui le 4; eh bien! dans quatre jours.

— Ce sera donc le 8?

— Précisément. Nous nous rendrons chez toi après le second ballet de l'Opéra. Donne-moi les renseignements les plus exacts pour que nous puissions trouver ton casino sans interroger personne. »

Je me mis à son bureau et je lui donnai tous les renseignements nécessaires pour aller par terre ou par eau. Heureux de cette charmante partie, je priai mon amante d'aller se coucher, mais je lui fis observer qu'étant convalescent et ayant soupé de bon appétit, il serait possible que j'offrisse mes premiers hommages à Morphée. S'arrangeant à la circonstance, elle mit le réveillon à dix heures, et nous couchâmes dans l'alcôve. Dès que nous fûmes éveillés, l'amour réclama sa part, et il n'eut pas à se plaindre; mais vers minuit nous nous endormîmes sur le fait, bouche à bouche, et nous nous retrouvâmes dans la même position le matin, au moment de nous séparer. Cependant, quoique le temps pressât, nous ne pûmes nous résoudre à nous dire adieu sans faire encore une libation à Vénus.

Je restai au casino après le départ de ma belle nonne, et je dormis jusqu'à midi. Dès que je fus habillé, je retournai à Venise, et mon premier soin fut d'aller prévenir mon cuisinier pour que le souper du 8 fût digne des convives et de moi.

CHAPITRE V

Je soupe en tiers avec M. de Bernis, ambassadeur de France, à mon casino. — Proposition de M. M. ; je l'accepte. — Suites. — C. C. me devient infidèle sans que je puisse m'en plaindre.

La partie que j'avais arrangée avec ma chère M. M. me comblait de joie, et il semble que j'aurais dû être heureux. Je ne l'étais pas cependant ; mais d'où venait l'inquiétude dont j'étais tourmenté? D'où elle venait? de ma fatale habitude de jouer. Cette passion était enracinée en moi ; vivre et jouer étaient deux choses identiques ; or, ne pouvant point tailler, j'allais ponter à la redoute et j'y perdais matin et soir : cela me rendait malheureux. On me demandera sans doute : Pourquoi jouiez-vous, n'en ayant pas besoin, puisque vous ne manquiez de rien et que vous aviez tout l'argent que vous pouviez désirer pour satisfaire à vos fantaisies? Cette question serait embarrassante, si je ne m'étais fait une loi de dire vrai. Eh bien! messieurs les curieux, si je jouais avec la presque certitude de perdre, quoique personne peut-être n'ait été plus que moi sensible aux pertes faites au jeu, c'est que j'aimais la dépense, la prodigalité même, et que le cœur me saignait quand j'étais obligé de dépenser d'autre argent que celui que j'avais gagné au jeu. C'était là un vilain défaut, lecteur — et je ne m'en défends pas. Quoi qu'il en soit, pendant les quatre jours d'attente, je perdis tout l'or que M. M. m'avait fait gagner.

Au jour ardemment attendu, je me rendis à mon ca-

CHAPITRE V

sino, où, à l'heure convenue, je vis apparaître M. M. et son ami qu'elle me présenta dans toutes les formes aussitôt qu'il eut ôté son masque.

« Il me tardait, monsieur, me dit l'ambassadeur, de renouer connaissance avec vous depuis que madame m'a dit que nous nous étions connus à Paris. »

Tout en parlant ainsi, il me regardait avec attention comme pour se rappeler quelqu'un qu'on a perdu de vue. Afin de le mettre à son aise, je lui dis que nous ne nous étions point parlé, qu'ainsi il ne m'avait pas assez regardé pour pouvoir se rappeler mes traits.

« J'ai eu, lui dis-je, l'honneur de dîner avec Votre Excellence chez M. de Mocenigo ; mais vous fûtes constamment occupé de milord Marschal, ministre du roi de Prusse, et je n'eus pas l'avantage d'attirer un instant votre attention. Comme vous deviez partir pour venir ici quatre jours après, vous fîtes hâte et presque immédiatement après le dîner, vous prîtes congé. Je n'ai plus eu l'honneur de vous voir depuis.

— Je vous remets actuellement, me dit-il, car je me souviens d'avoir demandé à quelqu'un si vous n'étiez pas le secrétaire d'ambassade. A compter de ce jour, nous ne nous oublierons plus, car les mystères qui nous unissent sont de nature à établir entre nous une intimité durable. »

Le rare couple ne tarda pas à se mettre à l'aise, et bientôt nous nous mîmes à table, dont, comme de raison, je fis les honneurs. Le ministre, bon gourmet, trouvant mes vins excellents, fut charmé d'apprendre que je les tenais du comte Algarotti, qui était réputé pour avoir les meilleurs.

Mon souper fut délicat, abondant et varié, et ma conduite à l'égard du beau couple fut celle d'un particulier qui recevrait à souper son souverain avec sa maîtresse.

Je voyais M. M. enchantée de mes procédés respectueux envers elle, et de tous les propos par lesquels je sus engager l'ambassadeur à m'écouter avec le plus grand intérêt. Le sérieux d'une première rencontre n'empêcha point la fine plaisanterie, car M. de Bernis sous ce rapport était Français dans toute la force du terme. J'ai beaucoup voyagé, beaucoup étudié les hommes individuellement et en masse, mais je n'ai trouvé la vraie sociabilité que chez les Français; car eux seuls savent plaisanter, et la plaisanterie fine et délicate, en animant la conversation, fait le charme de la société.

Tout, pendant ce joli souper, fut accompagné du mot pour rire, et l'aimable M. M. fit tomber adroitement la conversation sur la combinaison romanesque qui lui avait fait faire ma connaissance. Cela menait naturellement à parler de ma passion pour C. C., et elle fit de cette charmante personne une description si intéressante que l'ambassadeur l'écouta avec toute l'attention d'un homme qui ne l'aurait jamais vue. C'était là son rôle, car il ignorait que je susse qu'il était dans la cachette le soir de ma sotte entrevue avec elle. Il lui dit qu'elle lui aurait fait le plus grand des plaisirs, si elle l'avait amenée à souper avec nous.

« J'aurais dû, lui répondit la fine nonne, braver trop de dangers, courir trop de risques; mais, ajouta-t-elle en s'adressant à moi d'un air aussi noble que complaisant, si cela vous faisait plaisir, je pourrais vous faire souper chez moi avec elle, car nous couchons dans la même chambre. »

Cette offre m'étonna beaucoup; mais ce n'était pas là l'instant de montrer ma surprise.

« On ne peut, madame, lui répliquai-je, rien ajouter au plaisir qu'on a de se trouver avec vous; cependant j'avoue que je ne serais pas insensible à cette faveur.

— Eh bien! j'y penserai.

— Mais, dit alors l'ambassadeur, je crois que si je dois être de la partie, il serait bon que vous l'en prévinssiez.

— Ce n'est pas nécessaire, lui dis-je, car je lui écrirai de faire aveuglément tout ce que lui dira madame. Je m'acquitterai de ce devoir dès demain. »

Je priai l'ambassadeur de se disposer à beaucoup d'indulgence pour une fille de quinze ans qui n'avait pas l'usage du monde.

Après cela je lui contai l'histoire d'O-Morfi, et cette narration lui fit le plus grand plaisir. Il me pria de lui faire voir son portrait. Il m'apprit qu'elle était toujours au Parc-aux-Cerfs, où elle faisait les délices de Louis XV, et qu'elle en avait déjà eu un enfant. Mes convives partirent à huit heures [1] fort contents, et je restai seul au casino.

Le lendemain matin, pour tenir la promesse que j'avais faite à ma belle religieuse, j'écrivis à C. C. sans la prévenir qu'une quatrième personne serait de la partie, et ayant remis ma lettre à Laure, je me rendis au casino de Muran, où la concierge me remit de M. M. la lettre suivante.

« Je ne pourrais pas, mon tendre ami, espérer une nuit tranquille, si avant de me coucher je ne déchargeais pas mon âme d'un scrupule qui me pèse. Il se peut que tu n'aies approuvé le projet de souper en quatre avec notre amie que par simple politesse. Sois vrai, mon cœur, car si tu ne vois pas cette partie avec plaisir, je la ferai s'évaporer en fumée sans te compromettre le moins du monde ; fie-t'en à moi. Dans le cas où tu y consentiras de bon cœur, tout se fera comme il a été

---

1. Après minuit.

dit. Crois que j'aime encore plus ton âme que ton cœur, je voulais dire que ta personne. Addio. »

Sa crainte était naturelle, mais une fausse honte m'empêchait de me dédire. M. M. me connaissait bien, et en habile tactitienne, elle me prenait par mon côté faible.

Voici la réponse que je lui fis :

« Je m'attendais à ta lettre, ma chère amie, et tu n'en douteras pas ; car, comme tu me connais bien, tu dois savoir que je te connais aussi. Oui, je connais ton esprit, et je sais quelle idée tu dois avoir du mien, puisque par mes sophismes je me suis montré à tes yeux dans toute ma faiblesse et dans toute mon irritabilité. J'en fais ma pénitence, mon amie, quand je songe que, t'étant devenu suspect, ta tendresse doit s'être un peu affaiblie. Oublie mes visions, je t'en prie, et crois qu'à l'avenir mon âme sera à l'unisson de la tienne. Le souper concerté doit avoir lieu ; il me fera plaisir ; mais souffre que je te dise qu'en y consentant je me suis cru plus reconnaissant que poli. C. C. est neuve, et je ne suis point fâché qu'elle commence à apprendre à représenter. En quelle école pourrait-elle se trouver mieux que sous ta tutelle ? Je te la recommande donc, et tu me feras plaisir de lui continuer tes soins et ton amitié, et de redoubler tes bontés pour elle, si pourtant cela est possible. Je redoute que tu ne la détermines à prendre le voile, et si cela arrivait, je ne m'en consolerais pas. Ton ami m'a tout à fait captivé ; c'est un homme supérieur et véritablement charmant. »

Me voilà placé volontairement dans l'impuissance de reculer ; mais il doit m'être permis alors de faire toutes les réflexions que ma connaissance du cœur humain me mettait en état de faire. Il me fut facile de voir à n'en pas douter que l'ambassadeur était amoureux de C. C., et qu'il s'en était expliqué avec M. M. Or celle-ci n'était pas en mesure de contrecarrer son amour, et sans doute qu'en bon apôtre elle avait dû se prêter à tout ce qui pouvait favoriser sa passion. Il est évident qu'elle ne pouvait rien faire sans mon consentement, et qu'elle avait jugé l'affaire trop délicate pour oser de but en blanc me proposer la partie. Ils s'étaient donc concertés de façon qu'en amenant le propos sur ce point, je devais moi-même par politesse, peut-être même par sentiment, approuver la chose et donner dans le panneau. L'ambassadeur, dont le métier était de bien mener une intrigue, avait parfaitement réussi, et j'avais à souhait mordu à l'hameçon. Il ne me restait qu'à faire bonne mine à mauvais jeu, tant pour ne pas faire la plus sotte figure du monde que pour ne pas me montrer ingrat envers un homme qui m'avait accordé des privilèges inouïs. Cependant la conséquence de toute cette intrigue pouvait être un refroidissement envers l'une comme envers l'autre de mes deux amantes. M. M. avait parfaitement senti tout cela en rentrant chez elle, et voulant se mettre à couvert et remédier à tout de son mieux, elle s'était dépêchée de m'écrire qu'elle ferait avorter le projet, sans me compromettre, dans le cas où je ne l'aurais pas approuvé ; mais elle savait que je n'accepterais point son offre. L'amour-propre est une passion plus forte encore que la jalousie. Elle ne permet pas à un homme qui veut passer pour avoir de l'esprit de se montrer jaloux, surtout vis-à-vis de quelqu'un qui brille par l'absence de cette basse passion.

Le lendemain, étant allé au casino d'assez bonne heure, j'y trouvai l'ambassadeur qui me fit l'accueil le plus amical. Il me dit que, s'il m'avait connu à Paris, il m'aurait facilement introduit à la cour, où selon lui j'aurais fait fortune. Aujourd'hui, quand il m'arrive d'y penser, je dis : « Cela se peut, mais à quoi cela m'aurait-il servi ? Je serais peut-être devenu comme tant d'autres une victime de la Révolution. Lui-même l'aurait été sans doute si le sort ne lui eût réservé de mourir à Rome en 1794. Il y mourut malheureux, quoique riche, à moins qu'avant de cesser d'être il n'eût changé de sentiments : ce que je ne crois pas. »

Je lui demandai s'il se plaisait à Venise, et il me répondit qu'il ne pouvait que s'y plaire puisqu'il y jouissait d'une excellente santé, et que moyennant beaucoup d'argent il pouvait, mieux que partout ailleurs, se procurer tous les agréments de la vie. « Mais, ajoute-t-il, je doute qu'on me laisse longtemps dans cette ambassade. Veuillez me garder le secret, car je ne voudrais pas affliger M. M. »

Nous continuions à causer avec une sorte de confiance quand nous vîmes entrer M. M. et sa jeune amie. Celle-ci fit un mouvement de surprise en me voyant avec un autre homme ; mais je l'encourageai en lui faisant le plus tendre accueil, et elle se remit tout à fait en voyant que l'inconnu était enchanté de l'entendre répondre en bon français au compliment qu'il lui avait adressé. Ce fut pour tous deux l'occasion de faire un pompeux éloge du savoir et de l'habileté de la maîtresse qui lui avait si bien enseigné cette langue.

C. C. était ravissante ! son regard à la fois vif et modeste semblait me dire : « Tu dois m'appartenir. » A cela se joignait le désir de la voir briller ; et ce double sentiment m'aida à chasser une lâche jalousie que, malgré moi, je commençais à éprouver. Ainsi, ayant soin de la faire raisonner sur les matières que je lui connaissais familières, je la mis à même de développer son esprit naturel ; et j'eus la satisfaction de la voir briller.

Applaudie, flattée, animée par l'air de satisfaction

CHAPITRE V

qu'elle découvrait dans mes regards, C. C. parut un prodige à M. de Bernis ; et, contradiction du cœur humain ! j'en jouissais, et pourtant je tremblais qu'il n'en devînt amoureux. Quelle énigme ! je travaillais moi-même à un ouvrage qui m'aurait fait devenir le meurtrier de quiconque aurait osé l'entreprendre.

Pendant le souper qui fut digne d'un roi, l'ambassadeur eut pour C. C. toutes les attentions possibles. L'esprit, la gaieté, la décence et le bon ton présidèrent à notre jolie partie, et n'en exclurent pas les propos amusants que l'esprit français sait faire entrer dans tous les discours.

Un observateur critique qui, sans nous connaître, aurait voulu deviner si l'amour était de la partie, l'aurait peut-être soupçonné ; mais il n'aurait jamais pu l'affirmer. M. M. n'eut pour l'ambassadeur que le ton et les manières d'une amie ; elle ne me montra qu'une estime parfaite, et témoigna à C. C. la tendresse d'une sœur. Quant à M. de Bernis, il fut aimable, poli et bienveillant envers M. M. ; mais il ne discontinua point de montrer le plus grand intérêt à tous les propos de C. C., leur donnant tout le relief dont ils étaient susceptibles, et renvoyant tout de mon côté avec l'air de la plus parfaite intelligence. Pour ce qui est de ma jeune amie, ce fut elle qui joua le mieux son rôle : il était puisé dans la nature ; la nature était belle, C. C. ne pouvait manquer d'être ravissante.

Nous avions passé cinq heures délicieuses, mais celui de nous qui paraissait le plus satisfait était l'ambassadeur. M. M. avait l'air d'une personne contente de son ouvrage, et moi je figurais l'approbateur. C. C. paraissait toute joyeuse de nous avoir plu à tous, et on pouvait soupçonner un peu de vanité de ce que l'ambassadeur ne s'était spécialement occupé que d'elle. Elle me regardait en souriant, et j'entendais parfaitement le langage de son âme : elle voulait me dire qu'elle sentait parfaitement toute la différence qu'il y avait entre cette société et celle où son frère nous avait donné un si dégoûtant échantillon de brutalité.

Après minuit, il fut question de nous séparer, et ce fut à M. de Bernis à faire les frais des compliments. Remerciant M. M. de lui avoir donné le plus agréable souper qu'il eût fait de sa vie, il l'obligea à lui en offrir un pareil pour le surlendemain, me demandant par manière d'acquit si je n'y trouverais pas un plaisir égal au sien. Pouvait-il douter de mon acquiescement? Je ne le crois pas, et d'autant plus que je m'étais obligé à être complaisant. Parfaitement d'accord, nous nous séparâmes.

Le lendemain, en réfléchissant à ce souper exemplaire, je n'eus pas de peine à prévoir où la chose allait aboutir. L'ambassadeur ne devait sa fortune qu'au beau sexe, parce qu'il possédait au suprême degré l'art de dorloter l'amour; et, comme il était naturellement très voluptueux, il y trouvait son compte; car il faisait naître le désir, et cela lui donnait des jouissances dignes de sa délicatesse. Je le voyais éperdument amoureux de C. C., et j'étais loin de le croire homme à se contenter de la contemplation de ses beaux yeux. Il a certainement un plan de formé, et M. M., malgré toute sa loyauté, doit en être la directrice; et elle s'y prendra si adroitement et si délicatement que l'évidence devra m'échapper. Quoique je ne me sentisse pas disposé à pousser la complaisance plus loin que la juste mesure, je prévoyais que je finirais par être dupe et que ma pauvre C. C. serait la victime d'un tour de passe-passe. Je ne savais me décider ni à y consentir de bonne grâce, ni à y mettre des obstacles, et, croyant ma petite femme incapable de se laisser aller à quelque écart qui eût pu me déplaire, j'aimais à m'endormir, confiant dans la difficulté qu'on aurait à la séduire. Sot calcul! l'amour-propre et une fausse honte m'empêchaient de faire usage de mon bon sens. Enfin cette intrigue me donnait une sorte de fièvre, car j'en redoutais les suites; et pourtant la curiosité me stimulait au point que j'en hâtais le terme. Je savais que ce pendant du premier souper ne voulait pas dire que la même pièce y serait jouée de nouveau; car je prévoyais que les variantes seraient très marquées.

Enfin, je croyais mon honneur engagé à ne point changer de conduite; mais, comme je pouvais donner le ton, je me promettais assez de finesse pour les déjouer.

Après toutes ces réflexions qui me donnaient une sorte d'assurance de faux brave, l'inexpérience de C. C., qui, malgré toutes les connaissances qu'elle avait acquises, était cependant novice, son inexpérience, dis-je, me faisait trembler. On pouvait abuser du besoin qu'elle avait d'être polie; cependant cette crainte était bientôt détruite par la confiance que m'inspirait la délicatesse de M. M. Je pensais qu'après avoir vu comment j'avais passé six heures avec cette jeune fille, ayant la certitude que mon intention était de l'épouser, je ne pouvais pas la supposer capable d'une aussi basse trahison. Toutes ces réflexions, qui n'étaient que d'un jaloux faible et honteux, ne concluaient rien. Je devais me laisser aller et voir.

A l'heure du rendez-vous, j'arrive au casino, et je trouve mes belles amies devant le feu.

« Bonsoir, mes deux divinités : où est notre aimable Français?

— Il n'est pas encore venu, me dit M. M.; mais il viendra sans doute. »

Je me démasque, et m'asseyant entre elles, je leur

donne mille baisers, observant de ne marquer aucune prévenance ; et, quoique je susse qu'elles savaient que j'avais un droit incontestable sur l'une comme sur l'autre, je me tins dans les bornes d'une décente réserve. Je leur fis mille compliments sur leur inclination mutuelle, et je les vis satisfaites de n'avoir pas à en rougir.

Il se passa plus d'une heure dans des propos galants et amicaux, sans que, malgré mon ardeur, je me permisse aucune satisfaction; car M. M. m'attirait plus que C. C., mais pour tout au monde je n'aurais pas voulu offenser cette charmante fille. M. M. commençait à montrer quelque inquiétude du retard de M. de Bernis, lorsque la concierge vint lui remettre un billet de sa part.

« Un courrier, lui disait-il, arrivé il y a deux heures, m'empêche d'être heureux cette nuit, car je suis obligé de la passer à répondre aux dépêches que j'ai reçues. J'espère non seulement que vous me pardonnerez, mais encore que vous me plaindrez. Puis-je espérer que vous m'accorderez vendredi le plaisir dont la fortune me prive aujourd'hui? Faites que je le sache demain. Je désire vous trouver dans la même compagnie que je vous prie de saluer affectueusement pour moi. »

« Patience, dit M. M., ce n'est pas sa faute : nous souperons nous trois. Viendrez-vous vendredi?

— Oui, et avec plaisir. Mais qu'as-tu donc, ma chère C. C.? tu m'as l'air triste.

— Triste, non, si ce n'est pour mon amie; car je n'ai jamais vu d'homme si poli ni si obligeant.

— Fort bien, ma chère, je suis ravi qu'il t'ait rendue sensible.

— Mais, sensible! peut-on être insensible à son mérite?

— Encore mieux : mais je tombe d'accord avec toi. Dis-moi seulement si tu l'aimes.

— Eh bien! quand je l'aimerais, cela ne voudrait pas dire que j'irais le lui dire. D'ailleurs, je suis sûre qu'il aime mon amie. »

En disant ces mots, elle se lève et va s'asseoir sur M. M. qu'elle appelait sa femme ; et voilà mes deux belles qui se prodiguent des caresses à faire mourir de rire. Loin de les troubler dans leur jeu, je les excite pour jouir d'un spectacle que je connaissais depuis longtemps.

M. M. prend un cahier d'estampes où se trouvaient les attitudes les plus lascives, et me donnant un coup d'œil significatif.

« Veux-tu, me dit-elle, que je fasse faire du feu dans la chambre de l'alcôve? »

Saisissant sa pensée :

« Tu me feras plaisir, lui dis-je, car, le lit étant grand, nous y serons commodément tous trois. »

Je devinais qu'elle craignait que je soupçonnasse l'ami de vouloir jouir de l'aspect de notre trio, et par sa proposition elle voulait éloigner ce soupçon sans s'en expliquer.

On met la table devant l'alcôve, on nous sert, et nous soupons avec un appétit dévorant. Nous étions vraiment faits pour nous tenir tête. Pendant que M. M. apprenait à son amie à faire le punch, je prenais plaisir à contempler les progrès de la beauté de C. C.

« Ta gorge, lui dis-je, doit en neuf mois être arrivée à sa perfection.

— Elle est comme la mienne, dit M. M. ; veux-tu en juger? » N'ayant pas dit non, elle se met en besogne, elle délace son amie qui n'oppose aucune résistance, et agissant ensuite sur elle-même, en moins de deux minutes je contemplai quatre rivaux qui se disputaient la pomme comme les trois immortelles, et qui auraient défié le beau Pâris d'adjuger le prix sans injustice. Ai-je besoin de dire le feu que cette vue ravissante fit circuler dans mes veines? Je mets à l'instant sur la table l'*Académie des dames*, et je montre à M. M. une posture. Comprenant mon désir :

« Veux-tu, ma chère, que nous représentions ce groupe au naturel? »

Un regard d'acquiescement fut la réponse de C. C. : elle n'était pas aussi aguerrie que son institutrice. Pendant que je riais de plaisir, mes deux belles se préparaient, et bientôt nous nous vîmes tous trois dans le lit dans l'état de simple nature.

D'abord simple spectateur du combat stérile que se livraient mes deux bacchantes, je jouissais de leurs efforts et du contraste des couleurs, car l'une était blonde et l'autre brune ; mais bientôt, irrité moi-même par tous les feux de la volupté, je me jetai sur elles, et tour à tour je les fis expirer d'amour et de bonheur.

Fatigué, n'en pouvant plus, je les invite à se livrer au repos et nous dormîmes jusqu'au bruit du carrillon que j'avais eu soin de placer à quatre heures. Nous étions certains de bien employer les deux heures qu'il nous resterait jusqu'au moment de la retraite.

Nous nous quittâmes à l'aube du jour, épuisés et humiliés de devoir en convenir, mais satisfaits les uns des autres et désirant le retour des mêmes plaisirs.

Le lendemain, en réfléchissant à cette nuit trop vive, pendant laquelle l'amour avait, selon sa coutume, mis en désordre la raison, je me sentis des remords. M. M. voulait me convaincre qu'elle m'aimait, et pour cela elle combinait avec son amour toutes les vertus que j'attachais au mien, l'honneur, la délicatesse et la loyauté; mais son tempérament, dont son esprit était l'esclave, l'entraînait aux excès, et elle faisait tous les préparatifs pour s'y livrer en attendant le moment de me rendre son complice. Elle amadouait l'amour pour se le rendre flexible et parvenir à le maîtriser, parce que son cœur, dompté par ses sens, ne lui faisait aucun reproche. Elle cherchait aussi à se tromper en cherchant à ignorer que je pouvais me plaindre d'avoir été surpris. Elle savait que, pour en venir là, il fallait que je me confessasse plus faible ou moins brave qu'elle, et elle comptait sur ma honte. Je ne doutais pas le moins du monde que l'absence de l'ambassadeur n'eût été volontaire et concertée. Je voyais plus loin encore ; car il me paraissait évident que les deux conspirateurs avaient prévu que je devinerais la finesse, et que me sentant piqué au vif, quelque regret que j'en eusse, je ne voudrais pas me montrer moins généreux qu'eux. L'ambassadeur m'ayant procuré le premier une nuit délicieuse, comment me déterminer à l'empêcher d'en avoir une pareille ? Mes amis avaient bien raisonné, car malgré les combats de mon esprit, je voyais que de mon côté je ne devais pas m'opposer à leur victoire. C. C. ne les embarrassait pas ; ils étaient sûrs de la vaincre dès qu'ils ne se trouveraient point gênés par ma présence. C'était l'affaire de M. M., car elle avait su dominer son esprit. Pauvre jeune personne ! je la voyais dans la voie de la débauche, et c'était mon ouvrage ! Je soupirais de douleur en songeant que je ne les avais pas épargnées dans notre dernière orgie, et que serais-je devenu si toutes les deux s'étaient trouvées à la fois dans le cas de fuir le couvent ? Je me les voyais ensemble sur les bras, et la perspective de cette fécondité n'était pas brillante. C'était un embarras de richesse fort peu agréable. Dans ce malheureux combat entre la raison et le préjugé, la nature et le sentiment, je ne pouvais me déterminer ni à me trouver au souper ni à ne m'y trouver pas. Si j'y vais, la nuit se passera dans une parfaite décence mais je me rendrai ridicule, jaloux, ingrat et même impoli ; si j'y manque, C.C. est perdue, au moins dans mon esprit ; car je sens que je ne l'aimerai plus, et, certes, adieu alors toute idée de l'épouser. Dans la perplexité d'esprit où je me trouvais, je sentis que j'avais besoin de me baser sur quelque chose de plus que sur des probabilités. Je me masque et je vais droit à l'hôtel de l'ambassadeur de France. Je m'adresse au suisse en lui disant que j'avais une lettre pour Versailles, et qu'il me ferait plaisir de la remettre au courrier qui devait y retourner dès qu'il aurait reçu les dépêches de Son Excellence.

« Mais, monsieur, me dit le Suisse, il y a deux mois que nous n'avons reçu de courrier extraordinaire.

— Comment ! un courrier extraordinaire doit être arrivé hier au soir.

— Il faut donc qu'il soit entré par la lucarne du grenier ou par le trou de la cheminée ; car par cette porte, foi d'honnête homme, il n'en est entré aucun.

— Mais M. l'ambassadeur doit avoir travaillé toute la nuit.

— C'est possible, monsieur ; mais non pas ici ; car Son Excellence a soupé chez l'ambassadeur d'Espagne, d'où elle n'est revenue que fort tard. »

J'avais deviné juste : plus de doute. Le pas est fait, je ne puis reculer qu'avec honte ; c'est à C. C. à résister, si la partie n'est pas de son goût : on ne lui fera pas violence. Le dé en est jeté.

Vers le soir, je me rends exprès au casino de Muran et j'écris à M. M. un billet dans lequel je la prie d'excuser si une affaire importante survenue à M. de Bragadin m'empêchait de passer la nuit avec elle et nos deux amis, que je la priais de saluer de ma part en leur faisant mes excuses. Après ce bel exploit, je retourne à Venise de très mauvaise humeur, et pour me distraire, j'allai jouer et je perdis toute la nuit.

Le surlendemain, certain de trouver à Muran une lettre de M. M., je m'y rendis, et effectivement le concierge me remit un paquet dans lequel je trouvai une lettre de ma nonne et une de C. C., car tout était devenu commun entre elles.

Voici cette lettre :

« Nous fûmes bien mortifiées, mon cher ami, en apprenant que nous n'aurions pas le bonheur de te voir. L'ami de ma chère M. M. vint un quart d'heure après, et en lisant ton billet, il se montra aussi fort mécontent. Nous nous attendions à souper fort tristement ; mais les jolis propos de ce monsieur nous égayèrent, et tu ne saurais t'imaginer combien nous sommes devenues folles après avoir pris du punch au vin de champagne. Notre ami était devenu aussi fou que nous, et nous avons passé la nuit non pas en trios fatigants, mais très gais. C'est, je t'assure un homme charmant, fait pour être aimé ; mais il faut qu'il se reconnaisse ton inférieur en tout. Sois certain que je t'aimerai toujours et que tu seras toujours le maître de mon cœur. »

Cette lettre, malgré mon dépit, me fit rire ; mais celle de M. M. était bien plus singulière. La voici :

« Je suis sûre, mon cœur, que tu as fait un mensonge de pure politesse ; mais tu avais deviné que je m'y attendais. C'est un cadeau magnifique que tu as voulu faire à notre ami en échange de celui qu'il t'a fait en ne s'opposant pas à ce que sa M. M. te donnât son cœur. Tu le possèdes tout entier, mon ami, et tu le posséderais également ; mais il est bien doux de pouvoir assaisonner les plaisirs de l'amour de tous les charmes de l'amitié. J'ai été fâchée de ne pas te voir ; mais j'ai bien senti que si tu étais venu, nous n'aurions pas beaucoup ri ; car notre ami, malgré son esprit, a quelques préjugés de nature. Quant à C. C., elle a maintenant l'esprit tout aussi libre que le nôtre; et je me félicite que ce soit à moi qu'elle en ait l'obligation : tu dois me savoir gré d'avoir achevé de te la former et de la rendre entièrement digne de toi. J'aurais voulu te savoir caché dans le cabinet, où je suis persuadé que tu aurais passé des heures délicieuses. Mercredi je serai seule et toute à toi, à ton casino de Venise : fais-moi savoir si tu te trouveras à l'heure ordinaire à la statue du héros Colleoni; et si tu ne peux pas y venir, indique-moi tel autre jour que tu voudras. »

Il fallait répondre à l'unisson à ces deux lettres, et malgré l'amertume que je sentais couler dans toutes mes veines, mes réponses ne devaient distiller que du miel. Il me fallait un effort de courage; mais je me dis fort à propos : « *Georges Dandin, tu l'as voulu.* » Je ne pouvais me refuser à porter la peine de mes œuvres, et je n'ai jamais bien su discerner si la honte que j'éprouvais était ou non ce qu'on appelle mauvaise honte. C'est un problème que je laisse insoluble.

Dans ma lettre à C. C., j'eus le courage ou l'effronterie de lui faire des compliments et de l'encourager même à imiter M. M., ne pouvant lui conseiller de meilleur modèle.

J'écrivis à ma nonne qu'elle me trouverait ponctuel au pied de la statue; mais, au milieu d'une foule de faux compliments, qui auraient dû déceler l'état de mon cœur, je lui disais que j'admirais la parfaite éducation qu'elle avait donnée à C. C.; mais que je me félicitais de n'avoir pas été condamné à la torture de l'observatoire, car je sentais que je n'aurais pu y tenir.

Le mercredi, exact au rendez-nous, je n'attendis pas longtemps M. M., qui vint déguisée en homme. « Point de théâtre ce soir, me dit-elle; allons à la redoute y perdre notre argent ou le doubler. » Elle avait six cents sequins; j'en avais une centaine : la fortune nous tourna le dos,

CHAPITRE V

nous perdîmes tout. Je comptais alors que nous allions sortir du coupe-gorge ; mais, s'étant un instant éloignée de moi, elle revint avec une bourse de trois cents sequins que son ami, qu'elle savait où trouver, lui avait donnés. Cet argent de l'amour ou de l'amitié lui porta un instant bonheur, car elle regagna tout ce que nous avions perdu ; mais, avides ou imprudents, nous continuâmes à jouer, et bientôt nous restâmes sans le sou.

Dès que nous nous vîmes dans l'impossibitité de continuer à jouer : « Allons, me dit-elle, maintenant que nous ne craignons point les voleurs, allons souper. »

Cette femme, religieuse, esprit fort, libertine et joueuse, était admirable en tout ce qu'elle faisait. Elle venait de perdre douze mille francs, et son esprit était aussi libre que si elle eût fait un gain considérable. Il est vrai que l'argent qu'elle venait de perdre lui avait coûté peu de peine à gagner.

Dès que nous fûmes seuls, elle me trouva triste, préoccupé, quoique je m'efforçasse de ne pas le paraître ; mais pour elle, toujours égale, elle était belle, brillante, enjouée et amoureuse.

Elle crut me mettre en gaieté en me faisant circonstanciellement l'historique de la nuit qu'elle avait passée avec C. C. et leur ami; mais elle aurait dû deviner qu'elle frappait à gauche. C'est une erreur commune à tout le monde : elle vient de l'esprit ; car on croit trouver dans les autres la disposition dans laquelle on se trouve soi-même.

J'étais sur les épines et je me tournais de cent manières pour biaiser sur le chapitre et faire tomber la conversation sur un autre sujet; car les détails voluptueux qu'elle se plaisait à me faire me dépitaient, et, le dépit amenant la froideur, je craignais de faire une triste figure dans les combats que nous devions nous livrer ; et quand un amoureux doute de sa force, il peut presque toujours compter qu'il fera faux bond.

Le souper fini, nous allâmes nous coucher dans l'alcôve, où la beauté, les charmes du corps et de l'esprit, les grâces et le feu de ma belle nonne chassèrent ma mauvaise humeur et me mirent dans la meilleure disposition. Les nuits étant plus courtes, nous passâmes nos deux heures dans les plus doux ébats, et nous nous séparâmes contents et amoureux. Avant de nous quitter, M. M. me pria d'aller prendre de l'argent à son casino et de jouer en la mettant de moitié. Je le fis; je pris tout l'or que je trouvai, et jouant à la martingale, toujours en doublant la mise, je gagnai tous les jours pendant tout le reste du carnaval. J'eus le bonheur de ne jamais perdre la sixième carte, et si je l'avais perdue, je n'aurais plus eu de fonds pour jouer, car j'avais sur le coup deux mille sequins. Je me félicitai d'avoir augmenté le trésor de ma chère maîtresse, qui m'écrivit que l'honnêteté voulait que nous soupassions en partie carrée le lundi gras : j'y consentis.

Ce souper fut le dernier que j'aie fait de ma vie avec C. C. Elle y fut fort gaie ; mais, ayant pris mon parti et ne m'occupant que de M. M., elle m'imita sans la moindre gêne et ne s'occupa que de son nouvel amant.

Prévoyant que nous nous gênerions inévitablement un peu plus tard, je priai M. M. de disposer les choses de manière à être séparés, et elle arrangea tout à merveille.

Après souper, l'ambassadeur proposa une partie de pharaon que nos belles ne connaissaient pas, car aux redoutes on ne jouait qu'à la bassette, et ayant fait venir des cartes et mis cent doubles louis sur la table, il tailla et eut soin de faire gagner toute cette somme à C. C. C'était pour payer les épingles qu'il croyait lui devoir.

Cette jeune personne, éblouie, et ne sachant que faire de tant d'or, pria sa chère amie de s'en charger jusqu'à ce qu'elle sortit du couvent pour se marier.

Quand la partie fut achevée, M. M. dit qu'elle avait mal de tête, et qu'elle irait se coucher dans l'alcôve : elle me pria d'aller l'endormir. Ainsi nous laissâmes les nouveaux amoureux libres de s'égayer ensemble. Six heures après, quand le carillon nous eut prévenus qu'il était temps de nous séparer, nous les trouvâmes endormis dans les bras l'un de l'autre. Quant à moi, je passai une nuit amoureuse et tranquille, satisfait de M. M., sans penser un seul instant à C. C.

CHAPITRE VI

M. de Bernis part en me cédant ses droits sur son casino. — Sages conseils qu'il me donne ; combien peu je les suis. — Danger de périr avec M. M. — M. Murray, ministre d'Angleterre. — Nous n'avons plus de casino et nos rendez-vous cessent. — Grave maladie de M. M. — Zorzi et Condulmer. — Tonine.

Quoique les infidélités de C. C. me la fissent regarder d'un autre œil que je ne la voyais auparavant, et qu'il ne pût plus être question d'en faire la compagne de mes jours, je ne pouvais m'empêcher de considérer qu'il n'aurait tenu qu'à moi de l'arrêter sur le bord du fossé, et par conséquent je trouvais qu'il était de mon devoir de lui rester toujours attaché comme ami.

Si j'avais bien raisonné, mes résolutions à l'égard de cette jeune personne auraient été sans doute de toute autre nature. Je me serais dit : « Je lui ai donné l'exemple de l'infidélité après l'avoir séduite ; je lui ai ordonné de suivre aveuglément les conseils de son amie, quand je savais que les conseils et l'exemple de M. M. devaient aboutir à sa perte ; je lui ai fait en sa présence les outrages les plus forts que l'on puisse faire à une amante délicate, et après tout cela comment partager l'injustice du commun des hommes en exigeant d'une femme faible plus que l'homme, qui se targue de force, n'est en état d'accorder ! » Je me serais condamné moi-même et je n'aurais point changé à son égard ; mais je croyais fouler aux pieds tous les préjugés, et j'étais l'esclave du plus avilissant, celui qui n'emploie la force que pour opprimer la faiblesse.

Le lendemain du mardi gras, étant allé au casino de Muran, j'y trouvai une lettre de M. M. qui me donnait deux mauvaises nouvelles ; l'une que C. C. avait perdu sa bonne mère, ce qui mettait cette pauvre fille au désespoir ; la seconde, que la sœur converse, étant guérie de son rhume, était revenue prendre sa place, ce qui forçait son amie à la quitter dans un moment où elle aurait pu lui prodiguer les consolations dont cette jeune personne avait le plus grand besoin. C. C. était allée partager l'appartement de sa tante, parce que cette religieuse qui l'aimait beaucoup, en avait obtenu l'agrément de la supérieure. Cet événement privait l'ambassadeur du plaisir de souper encore avec elle, et j'aurais été ravi que le hasard eût fait naître cet obstacle quelques jours plus tôt.

Tous ces malheurs me paraissaient peu de chose auprès de celui que je redoutais, car C. C. pouvait porter la peine de ses plaisirs, et je me considérais assez comme la cause première de son malheur pour que je me fusse cru obligé à ne jamais l'abandonner, ce qui aurait pu me causer de terribles embarras.

CHAPITRE VI

M. M. m'invitait à souper pour le lundi prochain avec son ami; j'y fus et je les trouvai fort tristes l'un et l'autre : lui d'avoir perdu sa nouvelle maîtresse, elle de n'avoir plus avec elle une amie qui lui rendait la clôture du couvent agréable.

Vers minuit, M. de Bernis nous quitta en nous disant d'un air fort triste qu'il craignait d'être obligé d'aller passer quelques mois à Vienne pour une négociation importante. En même temps nous fixâmes nos soupers pour tous les vendredis.

Quand nous fûmes seuls, M. M. me dit que l'ambassadeur me saurait gré de n'aller au casino que deux heures plus tard. Je compris que cet homme d'esprit, libertin aimable, avait le préjugé fort naturel de ne pouvoir se livrer à l'expression de la tendresse que quand il avait la certitude d'être seul.

M. de Bernis vint exactement à nos soupers jusqu'à son départ pour Vienne, et nous quitta toujours à minuit. Il ne s'agissait plus de la cachette, car nous ne couchions plus que dans l'alcôve; d'ailleurs, ayant eu le temps de faire l'amour avant mon arrivée, il n'avait pas des désirs de reste. M. M. me trouvait toujours amoureux, même avec quelque augmentation d'ardeur; car, comme je ne pouvais plus la voir que tous les huit jours, et que je lui étais fidèle, la moisson était toujours abondante. Les lettres de C. C. qu'elle m'apportait m'attendrissaient jusqu'aux larmes, car elle me disait qu'après le malheur qu'elle avait eu de perdre sa mère, elle ne devait plus compter sur l'amitié d'aucun de ses parents. Elle m'appelait son unique ami, son seul protecteur ; et, me parlant de la peine qu'elle ressentait de ne pouvoir plus espérer de me voir tant qu'elle resterait au couvent, elle me suppliait de rester toujours fidèlement attaché à sa chère amie.

Le vendredi saint, en arrivant au casino, je trouvai le couple plongé dans la tristesse. On servit le souper, mais, l'œil fixe, abattu, l'ambassadeur ne mangeait pas, ne disait presque pas le mot, et M. M. avait l'air d'une statue qui se serait mue de temps en temps par la force de quelque ressort. La discrétion et les convenances m'empêchaient de leur faire la moindre question ; mais M. M. nous ayant laissés seuls, M. de Bernis me dit qu'elle était affligée et qu'elle pouvait avoir raison de l'être, parce qu'il était obligé de partir pour Vienne quinze jours après Pâques. « Je puis vous confier, ajouta-t-il, que je crois qu'il ne me sera point facile de revenir ; mais il ne faut point le lui dire, car elle en serait au désespoir. » M. M. revint quelque temps après, mais il était facile de voir qu'elle avait pleuré.

M. de Bernis, après quelques propos insignifiants, voyant M. M. toujours triste, dit :

« Ne vous affligez pas, ma chère amie ; mon départ est indispensable, mais mon retour est certain aussitôt que j'aurai fini l'importante affaire qui m'appelle à Vienne. Le casino vous restera ; mais, ma chère, l'amitié et la prudence m'engagent à vous conseiller de ne pas y venir pendant mon absence ; car dès que je ne serai plus ici, je ne pourrai plus compter sur la fidélité des gondoliers qui me servent, et je doute que notre ami puisse se flatter d'en trouver d'incorruptibles. Je vous dirai même que j'ai de fortes raisons de soupçonner que notre commerce est connu des inquisiteurs d'Etat qui dissimulent par politique ; mais je ne répondrai pas que ce secret ne soit bientôt dévoilé quand je ne serai plus ici, et que la religieuse qui protège votre sortie du couvent saura que ce n'est plus pour moi que vous sortez. Les seules personnes dont je puisse vous répondre sont le concierge et sa femme. Je leur ordonnerai avant de partir de regarder notre ami comme un autre moi-même, et vous vous entendrez ensemble. J'espère que tout ira bien jusqu'à mon retour, si vous vous conduisez avec prudence. Je vous écrirai par le canal de mon concierge ; sa femme vous fera tenir mes lettres comme elle l'a fait jusqu'à présent, et vous vous servirez de la même voie pour me répondre. Je dois partir, ma tendre amie ; mais mon cœur vous reste, et je vous laisse jusqu'à mon retour entre les mains d'un ami que je me félicite d'avoir connu. Il vous aime, il a du cœur et de l'expérience ; il ne vous laissera pas faire de faux pas. »

Ce discours avait tellement frappé M. M., qu'elle nous pria de la laisser partir, parce qu'elle se sentait le besoin d'être seule et de se coucher. Au moment de son départ, nous convînmes de souper ensemble le jeudi suivant.

Dès que nous fûmes seuls, l'ambassadeur me démontra l'indispensable nécessité de lui cacher qu'il partait pour ne plus revenir.

« Je vais, me dit-il, travailler avec le cabinet autrichien à un traité qui fera parler toute l'Europe. Je vous prie de m'écrire en ami et sans aucune réserve, et si vous aimez notre commune amie, ayez soin de son honneur, et surtout, s'il le faut, ayez la force de vous opposer à tout ce qui pourrait vous exposer à des malheurs qu'on peut prévoir et qui vous seraient également funestes. Vous savez ce qui est arrivé à Mme de Riva, religieuse au couvent de S.... On la fit disparaître dès qu'on sut qu'elle était grosse, et M. de Frulai, mon prédécesseur, devint fou peu de temps après et mourut. J.-J. Rousseau m'a dit que ce fut par l'effet d'un poison ; mais c'est un visionnaire qui voit tout en noir. Moi, je crois qu'il mourut de chagrin de ne pouvoir rien faire pour cette malheureuse, que le pape a depuis dispensée de ses vœux, et qui, après s'être mariée, vit actuellement à Parme sans estime ni considération.

« Faites que les sentiments d'une amitié loyale et prudente fassent taire les sentiments de l'amour. Voyez M. M. quelquefois au parloir, mais abstenez-vous de la voir ici, car les barcarols vous trahiront. La certitude où nous sommes qu'elles sont dans un état satisfaisant diminue de beaucoup la peine que j'éprouve ; mais convenez que vous avez été bien imprudent! Vous avez bravé un malheur terrible : réfléchissez au parti extrême que vous vous seriez vu forcé de prendre ; car je suis certain que vous ne l'auriez pas abandonnée. Elle croyait qu'avec des emménagogues on pouvait détruire le danger, mais je l'ai désabusée. Au nom de Dieu, soyez sage à l'avenir, et écrivez-moi tout, car je m'intéresserai toujours à son sort par devoir et par sentiment. »

Nous revînmes ensemble à Venise, où nous nous séparâmes, et je passai le reste de la nuit dans une grande agitation. Le lendemain j'écrivis une lettre à notre belle affligée, et tout en lui prodiguant les expressions que je croyais les plus propres à la soulager, je tâchais de lui insinuer la nécessité où nous nous trouvions de nous soumettre à un système de prudence et d'éviter tous les écarts qui pourraient nous rendre complètement malheureux.

Le jour après, je reçus sa réponse, et chaque ligne exprimait le plus profond désespoir. La nature l'avait douée d'un tempérament que la jouissance avait développé d'une manière à lui rendre le cloître insupportable, et je prévoyais les combats que j'aurais à soutenir.

Nous nous vîmes le jeudi après Pâques, et je l'avais prévenue que je ne me rendrais au casino qu'à minuit. Elle avait eu le temps de passer avec son ami quatre heures dans les plaintes et les regrets, pendant lesquelles elle avait souvent maudit sa cruelle destinée et le coup de tête qui lui avait fait prendre le voile. Nous soupâmes en trio, et quoique le souper fût somptueux et délicat, nous n'y fîmes pas honneur. Dès qu'il fut achevé, l'ambassadeur partit en me priant de rester, ce que je fis sans penser le moins du monde aux plaisirs d'un tête-à-tête; car l'amour ne saurait allumer son flambeau entre deux amants dont le cœur est fortement préoccupé et en proie à une grande douleur. M. M. avait maigri, et l'état où je la voyais excitait ma compassion en excluant tout autre sentiment. Je la tins longtemps serrée entre mes bras, la couvrant de baisers tendres et affectueux, mais je ne fis paraître aucune intention de la distraire par quelques instants d'égarement auxquels son âme n'aurait pu prendre part. Elle me dit avant de nous séparer que je venais de lui prouver que je l'aimais véritablement, et elle me pria avec une expression divine de réfléchir qu'elle n'avait plus de protecteur et d'ami que moi.

La semaine ensuite, nous étant réunis comme de coutume, M. de Bernis appela le concierge un instant avant souper, et me fit en sa présence un acte qu'il lui fit signer. Par cet écrit, il me transmettait tous ses droits sur tout ce qui se trouvait dans le casino, et lui ordonna de me considérer en tout comme lui-même.

Nous nous promîmes de souper ensemble deux jours après pour nous faire nos adieux; mais en arrivant je trouvai M. M. seule, debout, et pâle comme la mort, ou plutôt blanche comme une statue de marbre de Carrare.

« Il est parti, me dit-elle, et il me recommande à toi. Homme fatal, que je suis peut-être condamnée à ne plus revoir, et que je croyais n'aimer que comme un ami ! maintenant que je te perds, je m'aperçois de mon erreur. Avant de le connaître, je n'étais pas heureuse, mais je ne me croyais pas malheureuse, et je sens que je le suis maintenant. »

Je passai toute la nuit auprès d'elle, m'évertuant par les attentions les plus délicates à calmer sa douleur, sans pouvoir y réussir. Le caractère de son âme aussi transportée pour le plaisir quand elle se croyait heureuse, qu'abandonnée à la douleur quand le bonheur lui échappait, se dévoila tout entier à mes regards pendant cette longue et pénible nuit. Elle me donna l'heure à laquelle je devais aller au parloir le lendemain, et je fus enchanté en y arrivant de la trouver moins triste. Elle me montra une petite lettre que son ami lui avait écrite de Trévise, puis elle me dit que je devais l'aller voir deux fois par semaine, en me prévenant qu'elle descendrait tantôt avec une religieuse et tantôt avec une autre; car elle prévoyait que mes visites ne tarderaient pas à devenir la grande nouvelle du couvent dès qu'on saurait que j'étais le même individu qui allait à la messe à leur église. Par conséquent, elle me dit de m'annoncer sous un autre nom pour ne faire naître aucun soupçon dans la tête de la tante de C. C. « Cependant, ajouta-t-elle, cela ne m'empêchera pas de venir seule quand j'aurai quelque chose de particulier à te dire. Promets-moi, mon ami, de souper et de coucher au casino au moins une fois par semaine, et écris-moi chaque fois une petite lettre que la concierge aura soin de me remettre. » Je n'eus pas de peine à lui faire cette promesse.

Nous passâmes ainsi quinze jours assez tranquillement, jusqu'à ce qu'elle eût repris son enjouement, et que ses inclinations amoureuses se fussent remises en vigueur. Pendant ce temps elle me donna une nouvelle qui me fit le plus grand bien; c'est que C. C. était hors de tout danger.

Toujours amoureux et n'ayant que l'irritante satisfaction de nous voir au travers d'une grille importune, nous mettions notre esprit à la torture pour trouver le moyen de nous voir seuls, en liberté et sans danger.

« Je suis toujours sûre, me disait-elle, de la fidélité de la jardinière ; je puis sortir et rentrer sans nulle crainte d'être vue, car la petite porte attenante au couvent ne peut être découverte d'aucune fenêtre ; d'ailleurs, elle passe pour condamnée. Personne ne peut me voir quand je traverse le jardin pour arriver à la petite rive que l'on croit impraticable. Il ne nous faudrait qu'une gondole à une rame, et il me semble impossible qu'à force d'or tu ne puisses trouver un barcarol dont nous puissions être sûrs. »

Je pénétrais dans tous ces propos qu'elle me soupçonnait de refroidissement, et ce soupçon me perçait le cœur.

« Écoute, lui dis-je, je serai moi-même le batelier, je descendrai à la grève, j'entrerai par la petite porte et tu me conduiras dans ta chambre, où je passerai la nuit avec toi et même tout le jour suivant, si tu crois pouvoir me cacher.

— Ce projet, me dit-elle, me fait frissonner ; je frémis du danger auquel tu pourrais être exposé. Non, je serais trop malheureuse si j'allais être la cause de ton malheur ; mais, puisque tu sais voguer, viens dans le bateau, fais-moi savoir l'heure le plus exactement possible ; la femme fidèle se tiendra aux aguets, et je ne te ferai pas attendre quatre minutes. J'entrerai dans le bateau, nous irons à notre cher casino, et là nous serons heureux sans appréhension.

— Je te promets d'y réfléchir. »

Voici comment je m'y pris pour la satisfaire. J'achetai un petit bateau, et sans l'en prévenir, j'allai la nuit tout seul faire le tour de l'île pour reconnaître les murs du couvent du côté de la lagune. Je découvris avec peine une petite porte et je jugeai que c'était la seule par où elle pouvait sortir; mais pour aller de là au casino, le tour qu'il fallait faire de la moitié de l'île n'était pas peu de chose, car on était obligé de prendre au large, et allant à une seule rame, je ne pouvais faire le trajet en moins d'un quart d'heure et qu'avec beaucoup de fatigue.

Cependant, certain d'en venir à bout, je communiquai mon projet à ma belle religieuse, et jamais nouvelle n'a peut-être été accueillie avec plus de joie. Nous mîmes nos montres d'accord et nous fixâmes notre rendez-vous au vendredi prochain.

Au jour fixé, une heure avant le coucher du soleil, je me rendis à Saint-François de la Vigne, lieu où je tenais mon bateau dans une *cavane* que je louais, et après l'avoir appareillé et m'être vêtu en costume de barcarol, je montai en poupe et je portai droit à la petite porte, qui s'ouvrit à l'instant de mon arrivée. M. M. en sortit, et, quelqu'un l'ayant refermée sur elle, enveloppée dans son mantelet, elle monta dans mon frêle esquif, et dans un quart d'heure nous arrivâmes au casino. M. M. se hâta d'entrer, mais moi je restai pour amarrer mon bateau avec une chaîne et un cadenas pour le garantir des voleurs qui, la nuit, s'amusent à en voler le plus qu'ils peuvent.

Quoique j'eusse ramé avec facilité, j'étais tout en nage; mais cela n'empêcha pas mon adorable maîtresse de me sauter au cou : la reconnaissance semblait défier l'amour, et moi, glorieux de mon exploit, je jouissais de ses transports.

N'ayant pas songé que j'aurais besoin de changer de linge, je n'en avais pas pris, mais elle y trouva bien vite remède, car après m'être déshabillé, elle m'essuya avec tendresse, ensuite elle me passa une de ses chemises, et je me trouvai à merveille.

Nous avions été sevrés trop longtemps de la jouissance de nous-mêmes pour penser à souper avant d'avoir abondamment sacrifié à l'amour. Nous passâmes deux heures dans la plus douce ivresse, nos plaisirs nous semblant plus vifs que la première fois. Malgré mes feux, malgré l'ardeur de ma maîtresse, je fus assez maître de moi même pour la tromper au moment du danger ; car j'avais trop présent à l'esprit le tableau que notre ami m'avait fait. M. M., gaie et folâtre, me trouvant nouveau en barcarol, anima nos plaisirs par les saillies les plus amoureuses ; mais il était inutile qu'elle cherchât à ajouter à mon ardeur, car je l'aimais plus que moi-même.

Les nuits étaient courtes, car elle devait retourner au couvent à six heures[1], et il sonnait quatre heures quand nous nous mîmes à table. Pour comble de malheur, un orage survint pendant que nous soupions. Nos cheveux se dressèrent sur nos têtes ! nous n'eûmes d'espérance que dans la nature de ces orages qui durent rarement plus d'une heure. Nous espérions aussi qu'il ne laisserait pas après lui un vent trop fort, ce qui arrive quelquefois ; car, quoique je fusse déterminé et vigoureux, j'étais loin pourtant d'avoir l'adresse et l'habitude d'un barcarol de métier.

En moins d'une demi-heure l'orage éclate, les éclairs se succèdent avec rapidité, le tonnerre gronde et le vent est d'une violence extrême. Cependant, après une grosse pluie et en moins d'une heure, le ciel s'éclaircit, mais point de lune : nous étions au lendemain de l'Ascension. Cinq heures sonnent, je mets la tête à la fenêtre, mais je sens un vent très fort et qui m'était contraire.

---

1. Environ trois heures du matin.

Ma tiranno del mar Libecchio resta.

Ce *libecchio*, que l'Arioste appelle avec raison tyran de la mer, est le vent du sud-ouest qu'à Venise on a coutume d'appeler *garbin*. Je ne le disais pas, mais il m'effrayait. Je dis à mon amie qu'il était indispensable que nous fissions le sacrifice d'une heure de plaisir, que la prudence l'exigeait. Partons à l'instant, car si le vent venait à augmenter, il me serait impossible de doubler la pointe de l'île. Elle sentit la nécessité de se rendre à mon conseil, et, prenant la clef de son coffre-fort où elle avait besoin de prendre de l'argent, elle fut enchantée de trouver son trésor quadruplé. Elle me remercia de ne lui en avoir rien dit, m'assura qu'elle ne voulait que mon cœur, et m'ayant suivi, elle entra dans mon bateau et s'y coucha de tout son long pour ne point gêner le mouvement. Je me mis en poupe, plein de courage et de peur, et en cinq minutes j'eus le bonheur de doubler la pointe. Mais c'était là que le tyran m'attendait ! je ne fus pas longtemps à sentir que la force continuée du vent ne tarderait pas à épuiser la mienne. Je ramais avec toute la vigueur possible, mais tout ce que j'obtenais était d'empêcher ma petite embarcation de reculer. Il y avait une demi-heure que j'étais dans cet état de détresse, et je me sentais défaillir sans oser dire un mot. J'étais hors d'haleine, mais comment penser à me reposer ; le moindre moment de relâche m'aurait poussé bien loin en arrière, et c'eût été un malheur irréparable. M. M. se tenait immobile dans un profond silence, car elle sentait que je devais être incapable de lui répondre. Je commençais à nous voir perdus.

J'aperçois de loin une barque qui venait rapidement vers nous. Quel bonheur ! J'attends qu'elle me dépasse, car sans cela je n'aurais pu faire entendre ma voix ;

mais dès que je la vois à ma gauche, à deux toises de distance, je crie d'une voix forte : *Au secours pour deux sequins*.

On baisse la voile, on vient à moi à quatre rames, on m'accroche et je ne demande qu'un homme qui me mène à la pointe opposée de l'île. On me demande un sequin d'avance, je le donne et je promets de payer l'autre à l'homme qui monterait en poupe pour m'aider à gagner la pointe. En moins de dix minutes je me vis devant la petite rive du couvent; mais le secret m'était trop cher pour le risquer. Dès que nous fûmes à la pointe, je paye mon sauveur et je le renvoie. De là, le vent m'étant favorable, je rebrousse chemin et j'arrive facilement à la petite porte, où M. M. descend en me disant : « Va dormir au casino. » Je trouvai son conseil très sage et je le suivis. J'avais le vent en poupe, j'arrivai sans fatigue, et je dormis jusqu'au haut du jour. Dès que je fus levé, j'écrivis à ma chère amante que je me portais bien et que nous nous reverrions à la grille. Ayant ensuite ramené mon bateau à Saint-François, je me masquai et j'allai au Liston.

Le lendemain, M. M. vint seule à la grille, et nous fîmes toutes les réflexions que l'événement de la veille pouvait faire naître; mais, au lieu de prendre la détermination que la prudence devait nous suggérer, c'est-à-dire celle de ne plus nous exposer au danger, nous crûmes faire un grand effort de raison en nous promettant, en cas que nous fussions de nouveau menacés par l'orage, de tout quitter à l'instant même que nous le verrions naître. Nous dûmes cependant convenir que si l'amour ou le hasard ne nous eût amené la barque protectrice, nous aurions dû retourner au casino, car M. M. ne pouvait point retourner au couvent, et comment y serait-elle rentrée après! J'aurais dû quitter Venise avec elle, et cela pour n'y plus revenir. Alors ma vie se serait trouvée irrévocablement liée à la sienne, et sans doute les combinaisons qui à l'âge de soixante-douze ans me font écrire ces mémoires à Dux n'auraient jamais eu lieu.

Nous poursuivîmes pendant trois mois à nous voir de la même manière une fois par semaine, toujours amoureux et jamais troublés par le moindre accident.

M. M. ne pouvait s'empêcher de rendre compte à l'ambassadeur de tout ce qui nous arrivait : j'avais également promis de lui écrire et d'être rigoureusement vrai dans mes rapports. Il nous répondit en nous félicitant sur notre bonheur, mais il nous présageait des malheurs inévitables si nous n'avions pas la prudence de cesser.

M. Murray, ministre résident d'Angleterre, bel homme, plein d'esprit, savant et grand amateur du beau sexe, de Bacchus et de la bonne chère, entretenait la célèbre Ancilla, laquelle m'ayant trouvé à Padoue me fit faire sa connaissance. Ce brave homme devint bientôt mon ami à peu près dans le même goût que M. de Bernis, avec la seule différence que le Français aimait à être spectateur et que l'Anglais au contraire aimait à donner le spectacle. Je n'étais jamais de trop dans ses ébats amoureux, où il était brave, et la voluptueuse Ancilla était enchantée de m'avoir pour témoin. Je ne leur ai jamais donné le plaisir de me mêler à leur lutte. J'aimais M. M.: mais je dois avouer que ma fidélité pour cette belle personne ne tenait pas entièrement à l'amour que je nourrissais pour elle. Ancilla, quoique belle, m'inspirait de la répugnance, car elle était toujours enrouée et elle se plaignait continuellement d'une douleur aiguë au gosier; et, quoique son amant se portât bien, je craignais, et non sans raison, car la maladie qui termina les jours de François Ier, roi de France, la conduisit au tombeau pendant l'automne suivant. Un quart d'heure avant qu'elle rendît l'âme, son intrépide Breton, cédant aux lubriques instances de cette nouvelle Messaline, lui fit le dernier sacrifice, en ma présence, malgré une large plaie au visage qui la rendait hideuse.

Cet acte de cynisme vraiment héroïque fut connu de toute la ville, et ce fut Murray qui le publia lui-même, me citant comme témoin du fait.

Cette fameuse courtisane, dont la beauté avait été justement célèbre, se sentant rongée par un mal intérieur, promit cent louis à un médecin nommé Lucchesi, qui à force de mercure s'engagea à la guérir ; mais Ancilla spécifia sur le billet qu'elle lui fit qu'elle ne lui payerait cette somme qu'après que le dit Lucchesi aurait fait avec elle un sacrifice amoureux. Le docteur, ayant fait son ministère aussi bien que possible, voulut être payé sans se soumettre à la conclusion du traité ; mais Ancilla tint bon, et l'affaire fut portée devant le magistrat. En Angleterre où toute convention est exécutoire, Ancilla aurait gagné son procès ; mais à Venise elle le perdit. Le juge dans sa sentence déclara qu'une condition criminelle non tenue ne préjudiciait point à la validité du contrat. Sentence remplie de sagesse particulièrement dans le cas.

Deux mois avant que cette femme fût devenue révoltante, M. Memmo, mon ami, devenu plus tard procurateur de Saint-Marc, me pria de le conduire chez elle. Dans le plus beau de la conversation, voilà une gondole qui arrive, et nous en voyons descendre le comte de Rosemberg, ambassadeur de Vienne. M. Memmo, épouvanté — car un noble Vénitien ne doit se trouver nulle part avec un ministre étranger, sans que par cela seul il ne devienne coupable de trahison envers l'État — sort en toute hâte de la chambre d'Ancilla, et je le suis ; mais, à l'escalier il rencontre l'ambassadeur, qui, voyant son embarras, part d'un éclat de rire et continue son chemin. Je monte à l'instant dans la gondole de M. Memmo, et nous allons tout de suite chez M. Cavalli, secrétaire des inquisiteurs d'État. M. Memmo n'avait pas de meilleur parti à prendre pour éviter les suites fâcheuses que cette fatale rencontre aurait pu avoir ; et il était bien aise que je fusse avec lui pour rendre témoignage de la simplicité de l'événement et mettre ainsi son innocence à couvert.

M. Cavalli reçut M. Memmo en souriant, et lui dit qu'il avait très bien fait d'aller se confesser sans perdre de temps. M. Memmo, fort étonné de cet accueil, lui narra la courte histoire de sa rencontre, et le secrétaire lui répondit de l'air le plus sérieux qu'il ne doutait pas de la vérité de son récit, puisque les circonstances se rapportaient parfaitement à ce qui lui en était connu.

Nous sortimes fort intrigués de la réponse de M. le secrétaire, et nous raisonnâmes beaucoup à ce sujet ; mais le résultat de nos réflexions fut que M. Cavalli n'avait positivement rien pu savoir avant notre entrée chez lui, et qu'il ne nous avait parlé ainsi que par cette habitude qu'ont les inquisiteurs de vouloir faire accroire que rien ne leur demeure un instant caché.

Après la mort d'Ancilla, M. Murray resta sans maîtresse en titre ; mais, voltigeant comme un papillon, il avait alternativement les plus jolies filles de Venise. Cet aimable épicurien partit deux ans après pour Constantinople, et il a été pendant vingt ans ministre du cabinet de Saint-James à la Sublime Porte. Il retourna à Venise en 1778 dans l'intention d'y finir ses jours loin des affaires ; mais il mourut au lazaret huit jours avant d'avoir achevé la quarantaine de rigueur.

La fortune continuait à me favoriser au jeu ; mes entrevues avec M. M. ne pouvaient être découvertes, puisque j'étais devenu notre propre nocher et que les religieuses qui étaient dans le secret étaient trop intéressées à le garder ; je menais donc une vie fort joyeuse ; mais je prévoyais qu'aussitôt que M. de Bernis se déciderait de faire savoir à M. M. qu'il ne retournerait plus à Venise, il rappellerait les gens qu'il y avait laissés à ses gages, et qu'alors nous n'aurions plus de casino. Je savais en outre que quand la mauvaise saison serait arrivée, il me serait impossible de continuer seul nos courses dans une frêle bateau.

Le premier lundi d'octobre, jour de l'ouverture des théâtres et de la prise du masque, j'allai à Saint-François prendre mon bateau, avec lequel j'allai à Muran prendre mon amante, et ensuite je voguai vers le casino. Les nuits étant assez longues pour pouvoir donner assez de temps au plaisir, nous commençâmes par faire un excellent souper, ensuite nous allâmes nous livrer à Cupidon et à Morphée. Tout à coup, au milieu d'une douce extase, un bruit que j'entends du côté du canal éveille mes soupçons ; je vole à la fenêtre. Quelle fut ma surprise et ma rage en apercevant un gros bateau qui traînait le mien à la remorque ! Cependant, maître de mon premier mouvement, je crie aux voleurs que s'ils veulent me faire le plaisir de me rendre mon batelet, je leur donnerai dix sequins.

Ils ne me répondent que par des éclats de rire, et, ne me croyant pas, ils continuent à fuir. Que pouvais-je faire ! crier au voleur ? que le ciel m'en préservât ! courir après les ravisseurs ? je n'avais pas la faculté de marcher à pied sec sur les eaux. J'étais désolé, et M. M. pour le coup montra de la frayeur, car elle ne prévoyait pas comment je pourrais remédier à ce malheur.

Je m'habille à la hâte, ne pensant plus à l'amour et ne me consolant que par l'idée que j'avais deux heures devant moi pour me procurer un bateau, eût-il dû me coûter cent sequins. Je n'aurais pas été embarrassé si j'avais pu prendre une gondole ; mais les barcarols n'auraient pas manqué de publier dès le lendemain dans tout Muran qu'ils avaient reconduit une religieuse à tel couvent, et tout aurait été perdu.

Il ne me restait donc que le moyen de me procurer un bateau à prix d'argent ou en imitant les gredins qui m'avaient ravi le mien. Je mets mes pistolets et mon poignard dans mes poches ; je prends de l'or, et muni d'une rame et d'une fourche, me voilà en campagne.

Les voleurs avaient limé la chaîne de mon bateau avec une lime sourde : ce moyen me manquait, et je ne pouvais compter que sur la bonne fortune d'en trouver un amarré simplement avec des cordes.

J'arrive au grand pont, je vois des bateaux en quantité ; mais il y avait du monde sur le quai ; je ne pouvais pas m'exposer à la tentative d'en enlever un. Je courais comme un forcené, quand au bout du quai j'aperçois un cabaret ouvert. J'entre et je demande s'il y a des bateliers : le garçon me répond qu'il y en avait deux, mais qu'ils étaient ivres. Je m'approche d'eux, et je leur dis :

« Qui veut gagner quatre livres pour me mener à Venise.

— Moi, moi ! »

Et les voilà à se disputer pour la préférence. Je les apaise en donnant quarante sous au plus ivre, et je sors avec l'autre.

Dès que nous fûmes en chemin :

« Tu es trop ivre pour me mener, lui dis-je ; prête-moi ton bateau, je te le rendrai demain.

— Je ne te connais pas.

— Je vais te laisser dix sequins ; mais ton bateau ne vaut pas cela ; qui me répondra de toi ?

— Venez, monsieur. »

Il me reconduit au cabaret, et le garçon se rend caution pour lui. Fort satisfait, je mène mon homme au bateau ; il le munit de deux fourches et d'une seconde rame, et me laisse fort content de m'avoir trompé et moi d'avoir voulu l'être. J'avais mis une heure à réparer le mal, et je rentrai dans le casino, où ma chère M. M. était dans les angoisses. Dès qu'elle me vit le visage rayonnant, toute sa gaieté reparut sur le sien. Je la conduisis au couvent; ensuite j'allai à Saint-François, où l'homme qui me louait la cavane eut l'air de me croire fou quand je lui dis que j'avais troqué mon bateau contre celui que je ramenais. M'étant masqué, je me hâtai de me rendre chez moi et de me mettre au lit ; car cette tracasserie m'avait excédé.

Vers ce même temps, la fatalité me fit faire connaissance avec le patricien Marc-Antoine Zorzi, homme d'esprit et célèbre dans l'art d'écrire des couplets en langue vénitienne. Ambitionnant l'honneur de sacrifier à Thalie, Zorzi, qui aimait passionnément le théâtre, fit une comédie que le public prit la liberté de siffler ; mais, s'étant mis en tête que sa pièce n'était tombée que par l'effet des cabales de l'abbé Chiari, poète du théâtre Saint-Ange, il se déclara persécuteur et contempteur de toutes les pièces de cet abbé.

Il me fut facile de devenir membre de la société de M. Zorzi, car il avait un excellent cuisinier et une femme charmante. Il savait que je n'aimais pas Chiari en qualité d'auteur, et M. Zorzi payait des gens qui, sans miséricorde comme sans rime ni raison, sifflaient toutes les pièces de l'abbé comique. Mon amusement consistait à les critiquer en vers *martelliers*, sorte de mauvais vers qui étaient alors fort en vogue ; et Zorzi avait grand soin de distribuer la copie de mes critiques. Ce mauvais manège me fit un ennemi puissant dans M. Condulmer, qui m'en voulait en outre parce que j'avais tout l'air de posséder les bonnes grâces de Mme Zorzi, à laquelle, avant mon apparition, il faisait une cour assidue. Ce M. Condulmer, au reste, était excusable de m'en vouloir, car étant le maître d'une bonne partie du théâtre de Saint-Ange, la chute des pièces de l'abbé poète lui faisait du tort, car on ne pouvait louer les loges qu'à très bas prix : et l'intérêt est presque pour tout le monde une clause *sine qua non*.

Ce cher M. Condulmer avait soixante ans, mais vert encore, il aimait les femmes, le jeu et l'argent ; il était même usurier, mais il avait le secret de passer pour un petit saint, car il avait soin de se faire voir tous les matins à la messe de Saint-Marc et ne manquait jamais de pleurer devant le crucifix. On le fit conseiller l'année suivante, et, en cette qualité, il fut pendant huit mois inquisiteur d'Etat. Dans cette place éminente et diabolique, il ne lui fut pas difficile d'insinuer à ses deux collègues qu'il fallait me mettre sous les Plombs en qualité de perturbateur du repos public.

Lecteur, attendez encore neuf mois, et vous verrez.

Au commencement de l'hiver, on apprit l'étonnante nouvelle du traité d'alliance conclu entre les maisons de France et d'Autriche, traité qui changeait totalement le système politique de l'Europe, et auquel les puissances européennes ne pouvaient ajouter foi, tant la chose avait paru impossible. L'Italie entière dut se réjouir de cette alliance, car elle mettait ce beau pays à l'abri de devenir le théâtre de la guerre au moindre différend qui pouvait survenir entre ces deux puissances. Ce qui démontait les têtes les plus pensantes était que ce merveilleux traité eût été conçu et conclu par un jeune ministre qui, jusqu'alors, n'avait encore figuré que comme bel esprit. Il avait été ourdi dans le secret, en 1750, entre Mme de Pompadour, le comte de Kaunitz, qui fut fait prince, et M. l'abbé de Bernis, qui ne fut connu que l'année suivante, lorsque le roi le nomma ambassadeur à Venise. Il y avait deux cent quarante ans que la maison de Bourbon et celle de Habsbourg étaient ennemies quand ce fameux traité parut ; mais il ne fut pas de longue durée, car il ne dura que quarante ans ; et il n'est pas probable que jamais traité dure plus longtemps entre deux cours si essentiellement différentes.

L'abbé de Bernis fut ministre des affaires étrangères quelque temps après la conclusion du traité ; trois ans après, il rétablit le parlement, ensuite il fut fait cardinal, puis disgracié, ensuite placé à Rome où il mourut. *Mors ultima linea rerum est*[1].

Ce que j'avais facilement prévu arriva, car neuf mois après son départ de Venise, il annonça à M. M. son rappel, mais de la manière la plus délicate. Malgré cela, M. M. y fut si sensible qu'elle aurait bien pu succomber à ce rude coup, si longtemps à l'avance je ne l'y avais préparée avec tous les ménagements possibles. M. de Bernis m'adressa toutes les instructions. Il voulut que tout ce qui était dans le casino fût vendu et que le produit en fût remis à M. M. en toute propriété, à l'exception des livres et estampes que le concierge fut chargé de lui rapporter à Paris. C'était un fort joli bréviaire pour un cardinal ; mais plût à Dieu qu'ils n'en eussent pas de plus dangereux pour la société.

Tandis que M. M. se livrait à la douleur, j'exécutais les ordres de M. de Bernis, et à la moitié de janvier de 1755 nous n'eûmes plus de casino. Elle garda près d'elle deux mille sequins et ses bijoux, se réservant de les vendre plus tard pour s'en faire une rente viagère, et elle me

---

1. La mort est la dernière ligne du livre de la vie.

laissa la caisse du jeu, devant continuer à jouer de moitié. J'avais alors trois mille sequins, et nous ne pouvions plus nous voir qu'à la grille. Bientôt, consumée de chagrin, elle tomba dangereusement malade, et je la vis le 2 février portant sur ses traits les symptômes d'une mort prochaine. Elle me remit son écrin avec tous ses diamants, et tout son argent, à l'exception d'une petite somme, tous les livres scandaleux qu'elle avait et toutes ses lettres, en me disant que si elle ne mourait pas, je lui rendrais le tout, mais que tout m'appartiendrait si, comme elle le croyait, elle succombait à la maladie qu'elle allait faire. Elle me dit encore que C. C. m'informerait de son état, et me pria d'avoir pitié d'elle et de lui écrire, ne pouvant attendre quelque consolation que de mes lettres, qu'elle espérait avoir la force de lire jusqu'à son dernier soupir.

Je fondais en larmes, car je l'aimais avec idolâtrie, et je lui promis d'habiter Muran jusqu'à ce qu'elle eût recouvré sa santé.

Ayant tout fait placer dans une gondole, je me rendis au palais Bragadin pour mettre tout en sûreté, ensuite je retournai à Muran pour engager Laure à me trouver une chambre meublée où je pusse demeurer en liberté.

« Je connais, me dit-elle, un joli logement avec une cuisine; vous y serez parfaitement tranquille et à bon marché, et, si vous voulez payer le loyer d'avance, vous n'aurez même pas besoin de dire qui vous êtes. Le vieillard à qui le logement appartient demeure au rez-de-chaussée, il vous donnera toutes les clefs, et vous pourrez ne voir personne, si vous le désirez. » Elle me donna l'adresse, je m'y rendis sur-le-champ, et ayant trouvé tout à ma convenance, je payais un mois d'avance et l'affaire fut faite. C'était une maisonnette au bout d'une rue morte qui aboutissait au canal. Je retournai chez

Laure pour lui dire que j'avais besoin d'une servante qui allât me chercher mes repas et qui pût faire ma chambre : elle me la promit pour le lendemain.

Ayant tout arrangé pour mon nouveau séjour, je revins à Venise, et je fis ma malle comme si j'avais été disposé à faire un long voyage. Après souper, je pris congé de M. de Bragadin et de ses deux amis, en leur disant que, pour une affaire importante, j'allais m'absenter pour quelques semaines.

Le lendemain, m'étant rendu à mon nouveau domicile, je fus fort surpris d'y trouver Tonine, fille de Laure, jolie, n'ayant que quinze ans et qui me dit en rougissant, mais avec une sorte d'esprit que je ne lui soupçonnais pas, qu'elle aurait le courage de me servir avec autant de zèle que sa mère même pourrait en avoir.

Je me sentais trop affligé pour savoir gré à Laure de ce joli cadeau, et je décidai même que la chose n'irait pas comme elle avait dû le penser, sa fille ne pouvant pas rester à mon service. On verra quelle est d'ordinaire la force de ces résolutions. En attendant, je traitai cette jeune fille avec douceur :

« Je suis sûr, lui dis-je, de ta bonne volonté, mais il faut que je parle à ta mère. J'ai besoin d'être seul, ajoutai-je, car je dois écrire toute la journée, et je ne prendrai rien que ce soir. Tu auras soin de me prendre ce qu'il faut pour mon souper. »

Elle me remit alors une lettre, en me demandant pardon de ne pas me l'avoir remise plus tôt.

« Il ne faut jamais oublier, lui dis-je, de faire vos commissions ; car, si vous aviez tardé plus longtemps à me remettre cette lettre, il aurait pu m'arriver un grand malheur. »

Elle rougit, me demanda pardon et sortit. La lettre était de C. C. Elle me disait que son amie était au lit et que le médecin lui avait trouvé de la fièvre. Je passai le reste de la journée à mettre tout en ordre dans ma chambre et à écrire à C. C. et à sa souffrante amie.

Vers le soir, Tonine vint m'apporter des flambeaux et me dire que mon souper était prêt. « Sers-moi, lui dis-je. »

Voyant qu'elle n'avait mis qu'un couvert, ce dont je fus bien aise pour sa modestie, je lui dis d'en mettre un autre, voulant qu'elle me tînt toujours compagnie. Je ne me rendais pas compte du mouvement qui me faisait agir; je ne voulais que me montrer bon, et j'agissais de bonne foi. Nous verrons, lecteur, si ce n'était pas là une des ruses qu'emploie le démon pour aller à ses fins.

N'ayant point d'appétit, je mangeai peu; mais je trouvai tout bon, excepté le vin; mais Tonine me promit d'en procurer de meilleur pour le lendemain; ensuite elle alla se coucher dans l'antichambre.

Après avoir cacheté mes lettres, voulant m'assurer si la porte d'entrée était fermée, je sortis et je vis Tonine couchée, dormant paisiblement ou faisant semblant de dormir. J'aurais pu soupçonner son idée, mais je ne m'étais jamais trouvé dans une situation pareille, et je jugeai de la grandeur de mon affliction par l'indifférence avec laquelle je regardai cette fille : elle était belle, et pourtant je sentis que nous ne courions aucun risque, ni elle ni moi.

Le lendemain, éveillé de très bonne heure, je l'appelai, et elle entra tout habillée, et très décemment. Je lui remis la lettre pour C. C., dans laquelle se trouvait celle de M. M., en lui disant de la porter à sa mère et de revenir de suite pour faire mon café.

« Je dînerai à midi, Tonine; aie soin d'aller me chercher ce qu'il faut de bonne heure.

— Monsieur, c'est moi qui préparai votre souper d'hier, et si vous le voulez, je pourrai vous préparer tous vos repas.

CHAPITRE VI

— Je suis très satisfait de ton talent; continue, et voilà un sequin pour les dépenses.

— Il m'est resté seize livres de celui que vous me donnâtes hier, et cela peut suffire.

— Non, je te les donne, et j'en ferai autant chaque jour. »

Sa joie fut si grande que je ne pus l'empêcher de couvrir ma main de baisers. Je me gardai bien de la retirer et de l'embrasser, car je sentais que je n'aurais pu m'empêcher de rire, et cela aurait déshonoré ma douleur.

Cette seconde journée se passa comme la précédente. Tonine était charmée que je n'eusse plus dit que je voulais parler à sa mère; elle en tirait la preuve que ses services m'étaient agréables. Me sentant faible et craignant de me réveiller trop tard le lendemain pour envoyer ma lettre au couvent, mais ne voulant pourtant pas éveiller Tonine si elle dormait, je l'appelai doucement. S'étant levée aussitôt, elle entra, n'ayant qu'une petite jupe. Je lui donnai ma lettre, faisant en sorte de ne rien voir, et je lui ordonnai de la porter à sa mère le matin avant d'entrer dans ma chambre. Elle sortit en me disant que je serais obéi; mais, dès qu'elle fut sortie, je ne pus m'empêcher de me dire qu'elle était fort jolie, et je me sentis triste et confus en reconnaissant combien il serait facile à cette jeune fille de me consoler. Ma douleur m'était chère, et je pris la résolution d'éloigner de moi un objet qui pouvait m'en guérir. « Demain, me dis-je, je parlerai à Laure pour qu'elle me trouve dans la journée un objet moins séduisant; mais la nuit porte conseil, et le lendemain je m'armai du sophisme en me disant que cette jeune fille était innocente de ma faiblesse et que je ne devais pas l'en punir en lui causant le plus sensible déplaisir. Nous verrons, cher lecteur, où tout cela aboutira.

CHAPITRE VII

Suite du précédent. — M. M. se rétablit. — Je retourne à Venise. — Tonine me console. — Affaiblissement de mon amour pour M. M. — Le docteur Righelini. — Singulier entretien que j'eus avec lui. — Suite de cet entretien relatif à M. M. — M. Murray désabusé et vengé.

Tonine avait ce qu'on appelle du tact et du jugement, et jugeant que mon état exigeait des ménagements, elle se comporta avec beaucoup de délicatesse, ne se coucha plus qu'après avoir reçu mes lettres et s'être assurée que je n'avais plus besoin d'elle, n'entra plus chez moi que décemment vêtue et je lui en sus gré. Pendant quinze jours de suite, M. M. se trouva si mal que je m'attendais à chaque instant à recevoir la nouvelle de sa mort. Le jour du mardi-gras, C. C. m'écrivit que son amie n'avait pas eu la force de lire ma lettre et qu'elle allait recevoir l'extrême onction. Cette nouvelle me consterna au point qu'il me fut impossible de me lever. Je passai la journée à pleurer et à écrire, et Tonine ne me quitta qu'à minuit. Il me fut impossible de fermer l'œil. Le matin des Cendres je reçus une lettre dans laquelle C. C. me disait que le médecin désespérait de son amie et qu'il ne lui donnait qu'une quinzaine de jours à vivre. Une fièvre lente la consumait, elle était d'une extrême faiblesse, pouvant à peine avaler un peu de bouillon et ayant le malheur d'être harcelée par son confesseur qui lui faisait éprouver à l'avance tous les affres de la mort. Je ne pouvais soulager ma douleur qu'en écrivant, et Tonine prenait de temps en temps la liberté de me faire observer que je nourrissais ma douleur et que je serais cause de ma mort. Je sentais moi-même que j'aigrissais ma douleur, et que le lit, le défaut de nourriture et la plume finiraient par me rendre fou. J'avais communiqué mon affliction à cette pauvre fille qui ne savait plus que me dire, et dont l'emploi principal était d'essuyer mes larmes. Elle me faisait pitié.

Quelques jours plus tard, après avoir assuré C. C. que si notre amie mourait je ne lui survivrais pas, je la priai de lui dire que pour que je prisse soin de ma vie, il fallait qu'elle me fît promettre de se laisser enlever, si j'avais le bonheur qu'elle se rétablît.

« J'ai, lui disais-je, quatre mille sequins et ses diamants qui en valent six mille ; cela nous fera un capital suffisant pour nous assurer une existence honnête par toute l'Europe. »

C. C. m'écrivit le lendemain et me dit que mon amante, après avoir entendu la lecture de ma lettre, était tombée dans une sorte de délire convulsif, qu'elle avait eu le transport au cerveau et que pendant trois heures entières elle n'avait cessé de tenir un *vaniloque* en français qui aurait fait fuir toutes les religieuses présentes, si elles l'avaient compris. J'en fus au désespoir, et peu s'en fallut sans doute que je n'extravagasse comme ma pauvre nonne. Son délire dura trois jours, et dès qu'elle commença à recouvrer l'usage de ses sens, elle chargea sa jeune amie de m'écrire qu'elle était sûre de guérir si je lui promettais de lui tenir la promesse de l'enlever dès dès que sa santé lui permettrait de supporter les fatigues d'un long voyage. Je ne manquai pas de lui répondre qu'elle devait d'autant plus y compter que ma vie tenait à l'exécution de ce projet.

Ainsi trompés tous deux de bonne foi, nous guérîmes, car chaque lettre de C. C. qui m'annonçait les progrès de la convalescence de M. M. me mettait du baume dans le sang. A mesure aussi que mon esprit reprenait son calme, mon appétit reprenait son cours ; et, ma santé s'améliorant chaque jour, bientôt, à mon insu, je pris plaisir aux naïvetés de Tonine, qui s'était mise sur le pied de n'aller se coucher que quand elle me voyait endormi.

Vers la fin du mois du mars, M. M. m'écrivit elle-même qu'elle se croyait hors de danger, et que moyennant un bon régime, elle espérait sortir de sa chambre après Pâques. Je lui répondis que je ne quitterais Muran qu'après que j'aurais eu le bonheur de la voir à la grille, où, sans nous presser, nous nous concerterions pour l'exécution de notre projet.

Il y avait sept semaines que M. de Bragadin ne m'avait vu ; il devait être inquiet sur mon compte, et je résolus d'aller le voir ce même jour. Après avoir dit à Tonine que je ne rentrerais pas avant dix heures du soir, je partis pour Venise, sans manteau ; car, m'étant rendu à Muran en masque, j'avais oublié d'en prendre un. J'avais passé quarante-huit jours sans sortir de ma chambre, je les avais passés en grande partie dans les larmes et le chagrin, et j'en avais passé plusieurs sans dormir, sans prendre aucune nourriture. Je venais de faire une expérience qui flattait beaucoup mon amour-propre ; car j'avais été servi par une fille jeune, et qui dans tous les pays de l'Europe passerait à juste titre pour une beauté ; elle était douce comme un agneau, prévenante et délicate, et sans courir le risque d'être taxé de fatuité, je pouvais me flatter, sinon qu'elle fût amoureuse de moi, au moins de la trouver en tout disposée à me plaire : malgré cela, j'avais su résister à la puissance de ses jeunes attraits, et j'en étais venu à peu près à ne plus craindre leur ascendant. L'habitude de la voir avait dissipé les sensations de l'amour, et l'amitié et la recon-

CHAPITRE VII

naissnce semblaient avoir pris le dessus sur tout autre sentiment ; car j'étais forcé de reconnaître que cette charmante fille m'avait prodigué les soins les plus délicats et les plus assidus. Elle avait passé les nuits entières sur un fauteuil près de mon lit, me soignant comme si elle avait été ma mère et ne m'avait pas donné un seul motif de plainte.

Jamais je ne lui avais donné un baiser, jamais je ne m'étais permis de me déshabiller en sa présence, et elle n'était jamais entrée dans ma chambre, la première fois exceptée, sans être décemment vêtue. Malgré cela, je savais que j'avais combattu, et je me sentais glorieux d'avoir remporté la victoire. Une seule chose me déplaisait dans tout cela, c'est que j'étais à peu près certain que ni M. M. ni C. C. ne voudraient jamais croire la chose possible, si elles parvenaient à le savoir, et que Laure elle-même, à qui sa fille avait dû tout confier, n'y aurait ajouté aucune foi, lors même que par bon procédé elle aurait fait semblant de le croire.

J'arrivai chez M. de Bragadin au moment où l'on servait la soupe. Il me reçut en poussant des cris de joie, et riant d'avoir prévu que je les surprendrais ainsi. Outre mes deux autres vieux amis, il y avait à table de La Haye, Bavois et le médecin Righelini.

« Comment ! sans manteau ? me dit M. Dandolo.

— Oui, lui dis-je ; car, étant parti en masque, je n'eus pas la précaution d'en prendre un en partant. »

On rit, et sans me déconcerter, je m'assis. Personne ne me demanda où j'étais resté si longtemps ; car il était entendu que cela devait venir de moi. Cependant de La Haye, crevant dans sa peau de curiosité, ne put s'empêcher de me lancer quelques brocards :

« Vous êtes, me dit-il, devenu si maigre que le monde malin portera sur vous un jugement sinistre.

— On ne me dira pas, je l'espère, que j'ai passé mon temps chez les jésuites ?

— Vous êtes caustique. On pourra peut-être dire que vous avez passé tout ce temps dans une serre chaude sous la puissance de Mercure.

— Rassurez-vous, monsieur, car pour éviter ce jugement téméraire, je repartirai dès ce soir.

— Oh ! je suis bien certain que non.

— Croyez, monsieur, lui dis-je d'un air railleur, que je fais trop grand cas de votre jugement pour ne pas me régler en conséquence. »

Voyant que je parlais sérieusement, mes amis lui en voulurent, et l'Aristarque demeura un peu confus.

Righelini, qui était intime ami de Murray, me dit avec amitié qu'il lui tardait de lui annoncer que j'étais ressuscité, et que tout ce qu'on avait débité sur mon compte était faux. « Nous irons, lui dis-je, souper chez lui et je repartirai après souper. »

Voyant M. de Bragadin inquiet ainsi que ses deux amis, je leur promis de revenir dîner avec eux le 25 avril, jour de la fête de saint Marc.

Aussitôt que M. Murray me vit, il me sauta au cou et m'embrassa comme un bon Allemand. Il me présenta à sa femme, qui m'engagea à souper d'une manière très polie. Murray, après m'avoir conté une foule d'histoires qu'on avait forgées sur ma disparition, me demanda si je connaissais un petit roman de l'abbé Chiari qui avait paru à la fin du carnaval. Lui ayant dit que non, il m'en fit présent, en m'assurant qu'il me ferait plaisir. Il avait raison. C'était une satire qui déchirait la coterie de M. Zorzi, dans laquelle le pauvre abbé m'avait départi un pauvre rôle.

Je ne le lus que quelque temps après ; en attendant, je le mis dans ma poche. Après le souper, qui fut fort agréable, j'allai prendre une gondole au trajet et je retournai à Muran.

Il était minuit et il faisait très obscur, de sorte que je ne m'aperçus pas que la gondole était mal couverte et en fort mauvais état. Il bruinait quand je m'embarquai, et, la pluie étant devenue assez forte, je fus bientôt transpercé. Le malheur n'était pas grand, car j'étais près de ma petite demeure. Je monte à tâtons, je frappe à la porte de l'antichambre, où Tonine, qui ne m'attendait plus, s'était déjà couchée.

Réveillée en sursaut, elle vint m'ouvrir en chemise et sans lumière. Comme j'en avais besoin, je lui dis de chercher le briquet, ce qu'elle fit de suite, me prévenant d'une voix modeste et douce qu'elle n'était pas habillée. « Pourvu que tu sois couverte, lui dis-je, cela ne fait rien. » Elle ne répliqua pas et eut bientôt allumé une bougie ; mais en me voyant tout mouillé, elle ne put s'empêcher de rire.

« Je n'ai besoin de toi, ma chère enfant, que pour m'essuyer mes cheveux, » lui dis-je.

Vite elle se hâte d'aller prendre la poudre et, la houppe à la main, elle commence son ministère ; mais sa chemise était courte et très large par en haut. Je me repentis un peu tard de ne lui avoir pas donné le temps de s'habiller. Je sentis que j'étais perdu, et d'autant plus qu'ayant les deux mains occupées, elle ne pouvait tenir sa chemise et cacher à mes regards deux globes naissants plus séduisants que les pommes des Hespérides. Comment faire pour ne pas voir ? fermer les yeux ? fi donc ! Je cède à la nature et je repais mes regards avec tant d'avidité que la pauvre Tonine en rougit. « Tiens, lui dis-je, prends la gorge de ta chemise entre les dents : je ne verrai plus rien. » Mais c'était pis qu'auparavant, et je n'avais fait que jeter l'huile sur le feu, car, le voile étant fort court, je voyais la base de deux colonnes renversées et presque la frise : je jetai un cri involontaire de surprise et de volupté. Tonine, ne sachant comment faire pour dérober tout à mes regards, se laissa tomber sur le sofa, et moi, brûlant, je restais devant elle, ne pouvant me résoudre à rien.

« Eh bien ! me dit-elle, irai-je m'habiller pour achever de vous coiffer ?

— Non, viens t'asseoir sur moi et bande moi les yeux. »

Obéissant, elle vient, mais l'étincelle était partie, et n'en pouvant plus, je la serre entre mes bras, et sans plus penser à jouer à colin-maillard, je la jette sur mon lit, je la couvre de baisers, et après lui avoir juré de l'aimer toujours, elle m'ouvrit les bras de manière à me prouver qu'il y avait longtemps qu'elle désirait ce moment.

Je cueillis la rose, et comme toujours, je la trouvai supérieure à toutes celles que j'avais cueillies depuis que je moissonnais dans les champs fertiles de l'amour.

Le matin, à mon réveil, je me trouvai amoureux de Tonine comme il me paraissait ne l'avoir jamais été d'aucune femme. Elle s'était levée sans m'éveiller, et dès qu'elle m'entendit, elle vint : je lui reprochai tendrement de n'avoir pas attendu que je lui donnasse le bonjour. Sans me répondre, elle me donna la lettre de M. M. Je la reçois en la remerciant ; mais, mettant de côté la lettre, je la saisis et je la place près de moi.

« Comment ! quel miracle ! s'écria Tonine ; quoi ! vous n'êtes pas pressé de lire cette lettre ? Homme inconstant ! pourquoi n'as-tu pas voulu que je te guérisse il y a six semaines ? Que je suis heureuse ! Pluie fortunée ! Je ne te fais aucun reproche, homme chéri ; mais aime-moi comme tu aimes celle qui t'écrit chaque jour, et je serai contente.

— Sais-tu qui elle est?

— C'est une pensionnaire, belle comme un ange; mais elle est là-dedans, et je suis ici : tu es mon maître, et tu le seras aussi longtemps que tu le voudras. »

Charmé de pouvoir la laisser dans l'erreur, je lui jure que je l'aimerai toujours ; mais, pendant notre colloque, s'étant laissée glisser en bas du lit, je la priai de se recoucher; mais elle me dit qu'au contraire je devais me lever pour pouvoir bien dîner, car elle voulait me servir un repas délicat à la vénitienne.

« Qui l'a fait? lui dis-je.

— Moi, et j'y ai mis tout mon talent depuis cinq heures que je suis levée.

— Quelle heure est-il donc?

— Il est une heure passée. »

Cette intéressante fille m'étonnait. Ce n'était plus ma timide Tonine de la veille; elle avait cet air triomphant que donne le bonheur et cette satisfaction que l'amour heureux répand sur les traits d'une jeune beauté. Je ne comprenais pas comment j'avais pu ne pas rendre hommage à ses charmes la première fois que je l'avais vue chez sa mère. Mais alors j'aimais trop vivement C. C., j'étais trop affligé, et Tonine n'était pas encore formée. Je me levai, et me faisant servir une tasse de café, je la priai de suspendre le dîner d'une couple d'heures.

Je trouvai la lettre de M. M. tendre, mais moins intéressante que la veille. Je me mis à lui répondre, et je restai comme confondu en m'apercevant que pour la première fois cette besogne me semblait pénible. Cependant mon court voyage à Venise me fournit un verbiage de quatre pages.

Je fis un dîner délicieux avec ma charmante Tonine. La regardant à la fois comme ma femme, comme ma maîtresse et comme ma ménagère, je jouissais de me voir heureux à si bon marché. Nous passâmes toute la journée à table, parlant de notre amour et nous en donnant les marques par mille petites prévenances ; car il n'y a pas de matière plus abondante ni plus agréable quand les interlocuteurs sont juges et parties. Elle me dit avec une sincérité naïve et charmante que, sachant bien qu'elle ne pourrait me rendre amoureux d'elle parce que j'en aimais une autre, elle n'avait espéré me gagner que par une surprise, et qu'elle avait prévu ce moment lorsque je lui avais dit qu'il n'était pas nécessaire qu'elle s'habillât pour allumer une bougie. « Jusqu'à ce moment, ajouta-t-elle, j'ai dit à ma mère la pure vérité ; mais elle ne m'a jamais crue ; dorénavant je ne lui dirai plus rien. »

Tonine avait de l'esprit naturel, mais elle ne savait ni lire ni écrire. Elle était ravie de se voir devenue riche, car elle se croyait telle, sans que personne à Muran pût dire la moindre chose au préjudice de son honneur. Je passai avec cette charmante fille vingt-deux jours, que je compte encore aujourd'hui au nombre des plus heureux de ma vie ; et ce qui me rend la vieillesse horrible, c'est qu'avec un cœur ardent, je n'ai plus la force nécessaire pour me procurer un seul jour aussi heureux que ceux que je dus à cette charmante personne.

Vers la fin d'avril, ayant vu M. M. à la grille, maigre, fort changée, mais hors de danger, je retournai à Venise. Dans cette entrevue, aidé par l'attachement et le tendre intérêt que je lui portais, je réussis à me comporter de façon qu'il lui fût impossible de s'apercevoir du changement qu'un nouvel amour avait opéré en moi. On croira facilement, j'espère, que je ne commis point l'imprudence de lui laisser soupçonner que j'avais abandonné le projet d'évasion, sur lequel elle comptait plus que jamais. J'aurais trop craint qu'elle ne retombât malade, si je lui avais ôté cet espoir. Je gardai mon casino, qui me coûtait peu de chose, et comme j'allais voir M. M. deux fois par semaine, j'y couchais ces jours-là et j'y faisais l'amour avec ma chère Tonine.

Après avoir tenu parole à mes amis en dînant avec eux le jour de Saint-Marc, j'allai avec le docteur Righelini au parloir des Vierges à l'occasion d'une prise d'habit.

Le couvent des Vierges est de la juridiction du doge, auquel les nonnes donnent le titre de sérénissime père ; elles sont toutes des premières familles vénitiennes.

Ayant fait à M. Righelini l'éloge de la mère M. E., qui était une beauté achevée, il me dit à l'oreille qu'il se ferait fort de me la faire avoir pour de l'argent, si j'en étais curieux. Cent sequins pour elle et dix pour l'entremetteur étaient le prix voulu. Il m'assura que Murray l'avait eue et qu'il pouvait l'avoir encore. Me voyant surpris, il ajouta qu'il n'y avait point de religieuse à Venise qu'on ne pût avoir pour de l'argent, quand on savait s'y prendre. Murray eut le courage de débourser cinq cents sequins pour avoir une nonne de Muran dont la beauté est rare ; elle était alors entretenue par l'ambassadeur de France.

Quoique ma passion pour M. M. fût à son déclin, je me sentis le cœur serré comme par une main de glace, et je dus me faire la plus grande violence pour paraître indifférent. Mais, malgré cela, je n'eus pas un instant d'incertitude et je me crus assuré que ce n'était qu'une atroce calomnie ; cependant la chose m'intéressait de trop près pour que je négligeasse de tirer la chose au clair autant qu'il serait possible. Je répondis donc à Righelini de l'air le plus tranquille, qu'il était possible qu'on pût avoir quelque religieuse à prix d'argent, mais que cela devait être fort rare à cause des difficultés ordinaires dans les couvents. Quant à la religieuse de Muran, célèbre à juste titre par sa beauté, si c'est M. M., religieuse du couvent de ***, non seulement, lui dis-je, je ne crois pas que jamais Murray l'ait eue, mais je suis certain qu'elle n'a jamais été entretenue par M. de Bernis. Si l'ambassadeur de France l'a connue, ce n'a pu être qu'à la grille, où, à la vérité, j'ignore ce qu'on peut faire.

Righelini, qui avait de l'esprit et qui était honnête homme, me répondit froidement que le résident d'Angleterre était homme d'honneur et que c'était de lui-même qu'il le tenait.

« Si M. Murray, me dit-il, ne m'avait pas confié la chose sous le sceau du secret, je vous le ferais dire par lui-même. Je vous serai obligé de faire qu'il ne sache jamais que je vous en ai parlé.

— Vous pouvez compter sur ma discrétion. »

Le même soir, soupant au casino de Murray avec Righelini, ayant l'affaire à cœur, et me voyant en face des deux hommes qui pouvaient me faire arriver aux éclaircissements que je désirais, je me mis à parler avec enthousiasme de la beauté de M. E., que j'avais vue aux Vierges.

Le ministre, prenant la balle au bond :

« Entre maçons, me dit il, vous pouvez vous procurer la jouissance de ses charmes, si vous voulez faire le sacrifice d'une certaine somme, pas trop forte, au reste; mais il faut avoir la clef.

— On vous l'aura fait croire.

— Non, on m'a convaincu, et moins difficilement que vous ne pensez.

— Si on vous en a convaincu, je vous en fais mon

CHAPITRE VII

compliment, et je n'ai plus de doutes. J'envie votre bonheur, car je ne crois pas que l'on puisse trouver dans les couvents de Venise une beauté plus accomplie.

— Vous vous trompez. La mère M. M. aux *** de Muran est certainement plus belle.

— J'ai entendu parler d'elle, et je l'ai vue une fois; mais je ne crois pas qu'il puisse être possible de se la procurer à prix d'argent.

— Je crois que si, me dit-il en souriant, et quand je crois quelque chose, c'est à bonne enseigne.

— Vous m'étonnez. Malgré cela, je gagerais qu'on vous a trompé.

— Vous perdriez. Comme vous ne l'avez vue qu'une fois, vous ne la reconnaîtrez peut-être pas à son portrait?

— Pardon, car sa figure m'a fait beaucoup d'impression.

— Attendez. »

Il se lève de table, sort et revient une minute après avec une boîte qui contenait huit ou dix portraits en miniature, tous dans le même costume. C'étaient des têtes à cheveux flottants et à gorge découverte.

« Voilà, lui dis-je, de rares beautés, dont sans doute vous avez fait la connaissance de près?

— Oui, et si vous en reconnaissez quelques-unes, soyez discret.

— N'en doutez pas. En voilà trois que je connais. Celle-ci ressemble à M. M.; mais convenez qu'on peut vous avoir trompé, à moins que vous ne l'ayez eue dans le couvent même, ou en la conduisant dehors en personne; car enfin il y a des femmes qui se ressemblent.

— Comment voulez-vous qu'on m'ait trompé? je l'ai eue ici même, vêtue en religieuse, et j'ai passé toute une nuit avec elle. Ce fut à elle-même que je remis une bourse qui contenait cinq cents sequins. J'en donnai cinquante à l'honnête pourvoyeur.

— Vous lui aurez, j'imagine, fait des visites au parloir après l'avoir vue ici?

— Non, jamais, car elle craignait que son amant en titre ne vînt à le savoir. Vous savez que c'est l'ambassadeur de France.

— Mais elle ne le recevait qu'au parloir.

— Elle allait chez lui habillée en séculière toutes les fois qu'il le désirait. Je le sais du même homme qui me l'a amenée ici.

— L'avez-vous fait venir plusieurs fois?

— Une seule fois, et cela suffit; mais je puis l'avoir quand je veux pour cent sequins.

— Tout cela doit être exact; mais je gagerais cinq cents sequins qu'on vous a trompé.

— Je vous répondrai dans trois jours. »

Je le répète, je ne doutais pas que toute cette affaire ne fût une insigne tromperie; mais j'avais besoin de m'en assurer, et je frissonnais quand je venais à penser que la chose pourrait être vraie. C'eût été un crime qui m'aurait délivré de bien des obligations; mais je portais en moi une forte persuasion de son innocence; enfin, si je devais la trouver coupable, ce qui était dans les choses possibles, je me résignais volontiers à perdre cinq cents sequins pour prix de l'horrible découverte qui allait ajouter à mon expérience. J'étais dans une inquiétude déchirante, le pire peut-être des tourments de l'âme. Si cet honnête Anglais avait été victime d'une mystification, ou plutôt d'une friponnerie, l'honneur de M. M. m'ordonnait impérieusement de trouver un moyen de le désabuser sans la compromettre; et c'est bien ce que je me proposais. Voici comment la fortune me favorisa.

CHAPITRE VII

Trois ou quatre jours après, M. Murray dit au docteur qu'il désirait me voir. Nous allâmes le trouver et il m'accueillit par ces mots :

« J'ai votre fait : pour cent sequins, je suis sûr d'avoir la belle nonne.

— Eh bien ! va mes cinq cents sequins, lui dis-je.

— Non, pas cinq cents, mon cher, car j'aurais honte de vous gagner à coup sûr ; mais les cent qu'elle doit me coûter. Si je gagne, ce sera vous qui payerez mon plaisir ; si je perds, je ne lui donnerai rien.

— A quand la solution du problème ?

— Mon Mercure m'a dit qu'il faut attendre un jour de masque. Il s'agit à présent de savoir comment nous ferons pour acquérir l'un et l'autre la conviction nécessaire ; car sans cela nous ne pouvons, ni vous ni moi, nous croire obligés de payer la gageure, et cette conviction me semble difficile, car mon honneur ne me permet pas, si j'ai véritablement M. M., de lui laisser soupçonner que j'ai trahi son secret.

— Non, ce serait une noirceur impardonnable. Voici mon projet, il pourra nous satisfaire également, car après l'exécution nous nous trouverons convaincus d'avoir très loyalement gagné ou perdu. Aussitôt que vous serez en possession de la religieuse vraie ou fausse, vous la quitterez sous quelque prétexte et vous viendrez me rejoindre dans un lieu dont nous conviendrons. Nous nous rendrons ensemble au couvent, et je ferai descendre M. M. Lorsque vous l'aurez vue et que vous lui aurez parlé, serez-vous convaincu que celle que vous aurez laissée chez vous n'est qu'une friponne ?

— Oui, très convaincu, et de ma vie je n'aurai payé de gageure plus volontiers que celle-là.

— Je vous donne la même assurance. Si, quand je ferai appeler M. M. au parloir, la converse nous dit qu'elle est malade ou occupée, nous partirons, et vous aurez gagné ; vous irez souper avec la belle, et moi j'irai autre part.

— C'est à merveille. Mais, cela ne pouvant arriver que dans la nuit, il se peut que quand vous la ferez appeler, la tourière vous réponde qu'à cette heure-là elle ne fait appeler personne.

— J'aurai perdu également.

— Vous êtes donc sûr que si elle est dans le couvent, elle descendra ?

— C'est mon affaire. Je vous le répète, si vous ne lui parlez pas, je me déclare convaincu d'avoir perdu cent sequins, et mille, si vous le voulez.

— On ne peut parler plus clair que ça, mon cher ami, et je vous remercie d'avance.

— La seule chose que je vous demande, c'est d'être exact à l'heure, et qu'elle ne soit pas trop indue pour un couvent.

— Une heure après le coucher du soleil ; cela suffit-il ?

— A merveille.

— Je fais aussi mon affaire de faire rester le masque là où je le tiendrai, quand bien même ce serait la véritable M. M.

— Elle n'aura pas longtemps à attendre, si vous pouvez vous la faire conduire à un casino que j'ai moi-même à Muran et où je tiens au secret une jeune personne dont je suis amoureux. J'aurai soin qu'elle n'y soit pas ce jour-là, et je vous donnerai la clef du casino. J'aurai même soin que vous trouviez sous la main un souper froid délicat.

— C'est délicieux ; mais il faut que je puisse indiquer l'endroit au Mercure.

— C'est juste. Je vous donnerai à souper demain, et

le plus grand secret sera observé entre nous. Nous irons à mon casino en gondole, et après souper nous sortirons par la porte de la rue : de cette manière vous apprendrez à y aller par terre et par eau. Vous n'aurez besoin de montrer au conducteur que la rive et la porte, et le jour où il devra vous la conduire, vous en aurez la clef. Vous n'y trouverez qu'un vieillard qui loge en bas, qui ne verra ni les entrants ni les sortants. Ma petite ne verra rien et ne sera point vue, et tout, vous pouvez m'en croire, sera pour le mieux.

— Je commence, me dit l'Anglais, enchanté de tout cet arrangement, à croire ma gageure perdue ; mais n'importe, je vais au-devant de la perte ou du gain avec toute la gaieté de mon âme. »

Nous nous donnâmes rendez-vous pour le lendemain, et nous nous séparâmes.

Le lendemain matin, je me rendis à Muran pour prévenir Tonine que j'irais souper avec elle et que j'amènerais deux de mes amis ; et, comme notre cher Anglais était aussi ami de Bacchus que de l'amour, j'eus soin de remettre à ma petite ménagère plusieurs bouteilles d'excellent vin. Enchantée du plaisir qu'elle aurait de faire les honneurs de la table, Tonine ne me demanda autre chose, sinon si mes deux amis partiraient après souper.

« Oui, ma chère. »

Cette réponse la rendit joyeuse : elle s'attendait au dessert. En la quittant, je me rendis au couvent où je passai une heure au parloir avec M. M. Je vis avec plaisir qu'elle recouvrait chaque jour sa santé et sa beauté, et après lui en avoir fait compliment, je retournai à Venise. Le soir mes deux amis ayant été exacts au rendez-vous, nous nous rendîmes à mon petit casino à deux heures après le coucher du soleil.

Notre petit souper fut délicieux, et ma Tonine y déploya un maintien et des grâces qui me ravirent. Quel plaisir pour moi de voir Righelini enchanté et le résident muet d'admiration !

Quand j'étais amoureux, mon ton n'encourageait pas mes amis à cajoler l'objet de mon amour ; mais j'étais plein de complaisance quand le temps avait attiédi mon ardeur.

A minuit à peu près nous nous séparâmes, et après avoir conduit M. Murray jusqu'à l'endroit où je devais l'attendre le jour de l'épreuve, je rentrai pour faire à ma charmante Tonine les compliments qu'elle méritait. Elle me fit l'éloge de mes deux amis, et ne savait trop m'exprimer sa surprise d'avoir vu notre Anglais sortir frais et dispos, quoiqu'il eût vidé à lui seul six bouteilles de mon meilleur vin. Murray avait l'air d'un beau Bacchus peint par Rubens.

Le jour de la Pentecôte, Righelini vint me dire que le ministre d'Angleterre avait tout arrangé avec le prétendu Mercure de M. M. pour le surlendemain. Je lui remis les clefs de ma demeure de Muran, et je lui dis de l'assurer que je serais exact au rendez-vous.

L'impatience me causait des palpitations de cœur extrêmement pénibles, et je passai les deux nuits sans pouvoir fermer l'œil ; car, malgré la certitude où j'étais que M. M. était innocente, mon inquiétude était extrême. Mais d'où me venait donc mon inquiétude? Elle ne pouvait naître que de l'impatience de voir le résident désabusé. M. M. devait être aux yeux de cet homme une véritable prostituée, et l'instant où il se verrait forcé de s'avouer trompé par des fourbes rétablirait cette religieuse dans tout son honneur.

L'impatience de M. Murray égalait la mienne, mais avec cette différence très naturelle, que lui, trouvant l'aventure très comique, en riait de grand cœur; tandis

CHAPITRE VII

que moi, qui la trouvais horriblement tragique, j'en frémissais d'indignation.

Le mardi matin je me rendis à Muran pour dire à Tonine de préparer dans ma chambre un souper froid dont je lui prescrivis le menu, de mettre deux couverts, de préparer des bougies, et après lui avoir remis quelques bouteilles de vin, je lui ordonnai de se retirer dans la chambre du vieux maître de la maison, et de n'en sortir qu'après que les personnes qui devaient y venir en seraient reparties. Elle me promit que je serais obéi, et ne se permit aucune question. Après l'avoir quittée, je me rendis au parloir de M. M. et je la fis appeler. Ne s'attendant pas à ma visite, elle me demanda pourquoi je n'étais pas allé à la cérémonie du Bucentaure qui, le temps étant favorable, devait partir ce jour-là. Je ne sais ce que je lui répondis, mais je sais qu'elle trouva du désordre dans mes propos. J'en vins enfin au point important et je lui dis que je venais lui demander un service, dont dépendait la paix de mon âme, mais qu'elle devait me l'accorder aveuglément et sans me faire aucune question.

« Ordonne, mon cœur, me dit-elle, et sois sûr que je ne te refuserai rien de tout ce qui pourra dépendre de moi.

— Je viendrai ce soir à une heure de nuit ; je te ferai appeler à cette grille ; viens-y. Je serai avec un autre homme auquel je te prie d'adresser quelques mots de politesse, ensuite tu nous quitteras. Cherchons actuellement un prétexte pour justifier l'heure indue.

— Je te satisferai ; mais tu ne saurais te figurer combien cela est embarrassant dans ce couvent ; car à vingt-quatre heures les parloirs sont fermés, et les clefs sont chez l'abbesse. Cependant, dès qu'il ne s'agit que de cinq minutes, je dirai à l'abbesse que j'attends une lettre de mon frère et qu'on ne peut me la remettre que ce soir. Tu me remettras donc une lettre pour que la religieuse qui sera avec moi puisse affirmer que je n'en ai pas imposé.

— Tu ne viendras pas seule ?

— Non, je n'oserais pas même le demander.

— Fort bien ; mais tâche de venir avec quelque vieille à vue basse.

— Je laisserai le flambeau en arrière.

— Non, mon ange, je t'en supplie ; il faut au contraire que tu le places de manière à pouvoir être parfaitement vue.

— C'est singulier ! Mais je t'ai promis une obéissance passive, et je descendrai avec deux flambeaux. Puis-je espérer que tu m'expliqueras cette énigme à notre première entrevue ?

— Au plus tard demain, tu sauras tout dans le plus grand détail.

— La curiosité m'empêchera de dormir.

— Non, mon cœur, dors paisiblement, et compte sur ma reconnaissance. »

Le lecteur croira qu'après ce colloque mon cœur se trouva dans un calme parfait ; mais que j'en étais loin ! Je retournai à Venise tourmenté de l'appréhension que Murray ne vînt me dire le soir à la porte de la cathédrale, où je devais l'attendre, que son Mercure était allé l'avertir que la religieuse avait dû différer. Si cela était arrivé, je n'aurais précisément pas soupçonné M. M. ; mais le résident aurait pu croire que j'étais cause que l'affaire avait manqué. Il est certain qu'alors je n'aurais pas conduit mon homme au parloir, et que j'y serais allé fort tristement tout seul.

Je passai dans les tourments toute cette journée qui me parut d'une longueur démesurée, et le soir, ayant mis une lettre dans ma poche, j'allai à l'heure concertée me placer au poste d'attente.

Murray fort heureusement fut exact.

« La religieuse est-elle là, lui dis-je dès que je le vis près de moi.

— Oui, mon ami. Allons, si vous voulez, au parloir, mais vous verrez qu'on vous dira qu'elle est malade ou occupée. Dédisons-nous, si vous voulez, de la gageure.

— Que Dieu m'en préserve, mon cher ami ; je tiens beaucoup à ces cent ducats. Allons. »

Nous nous présentons à la tour, je fais demander M. M., et la tourière me rend la vie en me disant que j'étais attendu. J'entre au parloir avec mon cher Anglais, et je le vois éclairé par quatre flambeaux. Je ne puis me rappeler ces moments sans chérir la vie ! Je ne reconnus pas seulement à cela l'innocence de ma noble et généreuse amante, mais j'y vis avec admiration la pénétration de son esprit. Murray, sérieux, ne riait pas. M. M., brillante de grâce et de beauté, entre avec une sœur converse, tenant toutes deux un martinet à la main. Elle me fait en très bon français un compliment très flatteur ; je lui remets la lettre, elle en regarde l'adresse et le cachet, puis elle la met dans sa poche. Après m'avoir remercié, elle me dit qu'elle allait y répondre de suite, et, se tournant vers mon compagnon :

« Je suis peut-être cause, monsieur, que vous avez perdu le premier acte de l'opéra, lui dit-elle.

— L'honneur de vous voir un instant, madame, vaut tous les opéras du monde.

— Il me semble que monsieur est Anglais.

— Oui, madame.

— La nation anglaise est aujourd'hui la première du monde, car elle est libre et puissante. Messieurs, je suis votre très humble servante. »

Je n'avais jamais vu M. M. si belle que dans ce moment-là, et je sortis du parloir brûlant d'amour et dans une joie dont l'espèce m'était encore inconnue. Je m'acheminai à grand pas vers mon casino sans prendre garde au résident, qui n'était pas pressé de me suivre : je l'attendis à ma porte.

« Eh bien ! lui dis-je, êtes-vous maintenant convaincu que vous avez été trompé ?

— Taisez-vous ; nous aurons assez le temps d'en parler. Montons.

— Que je monte ?

— Je vous en prie. Que voulez-vous que je fasse quatre heures seul avec la créature qui m'attend là-haut ? Nous nous en amuserons.

— Mettons-la plutôt à la porte.

— Non, car son meneur doit venir la prendre à deux heures après minuit. Elle irait l'avertir, et il échapperait à ma juste vengeance. Nous les jetterons tous les deux par la fenêtre.

— Modérez-vous, car l'honneur de M. M. veut que cette affaire ne soit pas connue. Allons, montons, nous rirons. Je suis curieux de voir la laronne. »

Murray entre le premier. Dès que la fille me voit, elle met un mouchoir sur sa figure, et dit au résident que son procédé était indigne. Murray ne lui répond pas. Elle était debout, moins grande que M. M., et elle s'était exprimée en mauvais français. Son manteau et son masque étaient sur le lit ; mais elle était également vêtue en religieuse. Comme il me tardait de voir sa figure, je la priai avec douceur de me faire ce plaisir.

« Je ne vous connais pas, me dit-elle ; qui êtes-vous ?

— Vous êtes chez moi, et vous ne savez pas qui je suis ?

— Je suis chez vous parce qu'on m'a trahie. Je ne croyais pas avoir affaire à un coquin. »

À ce mot, Murray lui imposa silence en l'appelant par le nom de son honorable métier, et la drôlesse se leva pour prendre son manteau en disant qu'elle voulait s'en aller. Murray la repoussa en lui disant qu'elle devait attendre son indigne conducteur, et la prévint de ne point faire de bruit si elle avait envie de ne pas aller en prison.

« Moi en prison. »

En disant ces mots, elle porte sa main à l'ouverture de sa robe; mais je m'empresse de la lui saisir, et Murray s'empare de l'autre. Nous la poussons sur un siège et nous nous emparons des pistolets qu'elle avait dans ses poches.

Murray lui déchire le devant de la sainte robe de laine, et j'en retire un stylet de huit pouces. La fausse nonne pleurait amèrement.

« Veux-tu, lui dit le résident, te taire et te tenir tranquille jusqu'à l'arrivée de Capsucefalo, ou aller de suite en prison?

— Et quand il sera venu?
— Je te promets de te laisser aller.
— Avec lui?
— Peut-être.
— Eh bien! je resterai tranquille.
— As-tu encore des armes? »

À ces mots, la drôlesse ôte sa robe, sa jupe, et si nous l'avions laissée faire, elle se serait mise en état de nature, dans l'espoir sans doute d'obtenir de la brutalité ce qu'elle ne pouvait obtenir de notre raison.

J'étais dans un grand étonnement de ne lui trouver qu'un faux air de M. M. Je le dis au résident, qui en convint; mais, me raisonnant en homme d'esprit, il me fit convenir aussi que, prévenu comme il l'était, plus d'un à sa place aurait pu donner dans le même panneau. En effet, l'envie d'avoir en sa possession une religieuse qui, par état et par vœu, volontaire ou forcé, a fait abnégation des plaisirs de ce monde et surtout de la cohabitation avec le sexe différent du sien, ce fruit défendu est la pomme d'Ève et a un attrait qui s'augmente encore de toute la somme de la difficulté que la funeste grille présente. Il y a peu de lecteurs qui n'aient éprouvé par eux-mêmes que les plaisirs les plus doux sont ceux qui coûtent le plus à obtenir, et que le même objet pour lequel on expose sa vie par cela même qu'il est difficile de l'approcher, n'attirerait souvent pas un regard s'il venait s'offrir de lui-même.

Lecteur, au chapitre suivant vous verrez la fin de cette burlesque aventure : prenons haleine tous deux.

CHAPITRE VIII

J'affaire de la fausse nonne se termine d'une manière plaisante. — M. M. sait que j'ai une maîtresse. — Elle est vengée de l'indigne Capsucefalo. — Je me ruine au jeu ; excité par M. M., je vends peu à peu tous ses diamants pour tenter la fortune qui s'obstine à m'être contraire. — Je cède Tonine à Murray, qui lui assure un sort. — Barberine, sa sœur, la remplace.

« Comment fîtes-vous cette belle connaissance ? dis-je au résident.

— Il y a six mois, me répondit-il, que, me trouvant à la porte du couvent avec M. Smith, notre consul, avec lequel j'avais été voir je ne sais plus quelle fonction, je lui dis, en parlant d'une douzaine de nonnes que nous avions passées en revue : « Je donnerais bien cinq cents sequins pour passer quelques heures avec la mère M. M. »

Le comte Capsucefalo m'entendit, mais ne dit rien. M. Smith me dit qu'on ne pouvait la voir qu'à la grille comme l'ambassadeur de France, qui lui faisait souvent des visites. Capsucefalo vint le lendemain me dire que, si j'avais parlé tout de bon, il était sûr de me faire passer une nuit avec la religieuse dans tel endroit qu'il me plairait, pourvu qu'elle pût compter sur le secret. « Je viens, me dit-il, de lui parler, et quand je lui ai nommé votre personne, elle m'a répondu qu'elle vous avait remarqué avec M. Smith, et qu'elle souperait bien volontiers avec vous plus par inclination que pour les cinq cents sequins. Je suis, ajouta le drôle, le seul à qui elle se fie, et je la conduis à Venise au casino de l'ambassadeur de France chaque fois qu'elle veut y aller. Vous ne pouvez pas craindre d'être trompé, car ce sera à elle-même que vous remettrez la somme lorsque vous l'aurez en votre possession. » En disant cela, il tira le portrait de sa poche et me le montra. Le voici. Je le lui achetai à lui-même deux jours après avoir cru m'être trouvé toute une nuit avec cette femme charmante, et quinze jours après notre entretien. Cette belle que voilà vint en masque, vêtue en religieuse, et j'eus la sottise de me croire en possession d'un trésor. Je m'en veux de n'avoir pas au moins soupçonné la tromperie en voyant sa chevelure, car je savais que les religieuses doivent avoir les cheveux coupés. Mais, quand j'en fis l'observation à cette drôlesse, elle me dit qu'elles étaient maîtresses de les conserver sous le bonnet, et j'eus la faiblesse de la croire. »

Je savais que sous ce rapport Murray n'avait pas été trompé, mais je ne me croyais pas obligé d'en faire en ce moment-là l'observation à mon Anglais.

Je tenais à la main le portrait que Murray m'avait remis, je le considérais alternativement avec la figure que j'avais sous les yeux. Ce portrait était à gorge découverte, et comme je fis à haute voix la remarque que les peintres faisaient cette partie comme ils l'entendaient, l'effrontée saisit ce moment pour me faire voir que la copie était fidèle. Je lui tournai le dos avec une expression de mépris qui aurait dû la mortifier beaucoup, si ces sortes d'êtres pouvaient être susceptibles d'un sentiment de pudeur. Je ne pus pendant mes observations de cette nuit m'empêcher de rire de l'axiome *Quæ sunt æqualia uni tertio sunt æqualia inter se*[1], car le portrait ressemblait à M. M. comme à l'indigne courtisane qui empruntait son nom, et pourtant ces deux femmes ne se ressemblaient pas entre elles. Murray, à qui j'en fis l'observation, en convint, et nous passâmes une heure à philosopher sur la matière. Comme le substitut de M. M. s'appelait Innocente, nous éprouvâmes le désir de savoir combien son nom était d'accord avec sa profession, et nous lui demandâmes comment le fourbe s'y était pris pour l'induire à consentir à jouer le rôle qu'elle avait adopté, et voici ce qu'elle nous raconta :

« Il y a deux ans que je connais le comte Capsucefalo, et sa connaissance m'a été utile ; car, s'il ne m'a point donné de l'argent, il m'en a fait gagner beaucoup des personnes qu'il m'a fait connaître. Vers la fin de l'automne dernier, il vint un jour me dire que, si j'étais capable de contrefaire la religieuse avec les habits qu'il me procurerait et de passer comme telle la nuit avec un Anglais, je gagnerais cinq cents sequins. » Tu n'as, me dit-il, rien à craindre, car je te conduirai moi-même au casino où la dupe t'attendra, et j'irai te reprendre

---

1. Deux objets égaux à un troisième sont égaux entre eux.

vers la fin de la nuit pour te reconduire à ton prétendu couvent. » Il me fit la leçon sur la manière dont je devais me comporter et me dicta ce que je devais répondre en cas que mon amoureux me fît des questions sur le régime du couvent.

« Messieurs, cette intrigue me plut, elle me mit en gaieté, et je lui répondis que j'étais prête. D'ailleurs, ayez la bonté de considérer qu'il n'y a point de femme de mon métier qui résiste à l'attrait de gagner cinq cents sequins. Trouvant la chose et plaisante et lucrative, je le sollicitai, lui promettant de jouer mon rôle dans toutes les perfections. La chose fut faite, et il me suffit de l'instruction relative au dialogue. Il me dit que l'Anglais ne pourrait me parler que de mon couvent et par manière d'acquit des amants que je pouvais avoir; que sous ce dernier point je devais couper court, répondre en riant que je ne savais pas de quoi il me parlait, lui dire même que je n'étais religieuse que de masque et que, badinant avec esprit je pouvais lui faire voir mes cheveux. « Cela, me dit Capsucefalo, n'empêchera pas qu'il ne te croie religieuse et même la religieuse qu'il aime, car il sera persuadé que tu ne saurais être une autre. » Comprenant tout l'esprit de cette fine plaisanterie, je ne me souciai pas un moment de savoir le nom de la religieuse que je devais représenter, ni le nom du couvent dont je devais faire partie. La seule chose qui m'occupât c'étaient les cinq cents sequins. Ceci est si vrai que, quoique j'aie passé une nuit charmante avec vous et que je vous aie trouvé plus fait pour être payé que pour payer vous-même, je ne me suis pas informée comment vous vous nommez ni qui vous êtes, et je ne le sais pas au moment où je vous parle. Vous savez comment j'ai passé la nuit; je vous ai dit que je la trouvai délicieuse; et je vous assure que j'étais heureuse dans l'idée d'en passer une pareille. Vous m'avez donné cinq cents sequins ; mais je dus me contenter de cent, comme Capsucefalo me l'avait dit, et comme il m'a dit que vous m'en donneriez cent cette nuit. Vous avez tout découvert ; j'en suis fâchée, mais je ne crains rien ; car je puis me masquer comme je veux, et je ne puis pas empêcher que ceux qui ont envie de moi me prennent pour une sainte, si cela les amuse. Vous m'avez trouvé des armes ; mais il est permis à chacun d'en porter pour sa propre défense. Je ne me trouve coupable de rien.

— Me connais-tu ? lui dis-je.

— Non ; cependant je vous vois souvent passer sous mes fenêtres. Je demeure à Saint-Roch, auprès du pont. »

Le récit parfaitement filé que nous fit cette femme nous convainquit qu'elle avait fait son métier en coureuse habile ; mais Capsucefalo, malgré son titre de comte, nous parut digne du carcan. Cette fille devait avoir dix ans de plus que M. M. : elle était jolie, mais blonde, et ma belle nonne avait les cheveux d'un beau châtain cendré et était plus grande d'au moins trois pouces.

Après minuit nous nous mîmes à table et nous fîmes honneur du meilleur appétit à l'excellent ambigu que ma chère Antoinette avait préparé. Nous eûmes la barbarie de laisser là cette malheureuse sans même lui offrir un verre de vin ; mais nous crûmes ne devoir pas en agir autrement. Dans nos discours de table, mon joyeux Breton me fit en homme d'esprit des commentaires sur l'empressement que j'avais mis à le convaincre qu'il n'avait pas eu les faveurs de M. M. « Il n'est pas naturel, me dit-il, que vous ayez mis tant d'intérêt à la chose sans être amoureux de cette divine nonne. » Je lui répon-

CHAPITRE VIII

dis qu'étant condamné et borné au terrible parloir, si j'étais amoureux, j'étais fort à plaindre. « Je donnerais volontiers cent guinées par mois, me dit-il, pour avoir le privilège de lui faire des visites à la grille. » En disant cela, il me remit les cent sequins de la gageure, en me remerciant de les lui avoir gagnés ; et je les mis bravement dans ma poche.

A deux heures après-minuit nous entendîmes frapper doucement à la porte de la rue. Voilà l'ami, dis-je ; soyez sage et comptez qu'il confessera tout.

Il entre, voit Murray et la belle, et ne s'aperçoit qu'il y avait un tiers qu'en entendant fermer à la clef la porte de l'antichambre. Il se retourne, me voit, et comme il me connaissait, sans se décontenancer, il me dit :

« Ah ! c'est vous ; passe. Vous sentez la nécessité du secret. »

Murray rit, et lui dit tranquillement de s'asseoir. Il lui demande, en tenant entre les mains les pistolets de la belle, dans quel endroit il la conduirait avant qu'il fît jour.

— Chez elle.

— Il est possible que non, car il est fort possible qu'en sortant d'ici vous alliez de compagnie coucher l'un et l'autre en prison.

— Non, je ne le crains pas ; car l'affaire ferait trop de bruit, et les rieurs ne seraient pas de votre côté. Allons, dit-il à sa compagne, habillez-vous et partons. »

Le résident, toujours calme et froid comme un Anglais, lui verse un verre de chambertin, et le gredin boit à sa santé. Murray, voyant à son doigt une belle bague en brillants, la loue et, se montrant curieux de la voir, il la lui tire du doigt, l'examine, la trouve parfaite et lui demande ce qu'elle vaut. Capsucefalo, un peu déconcerté, lui dit qu'elle lui a coûté quatre cents sequins. « Je la garde pour ce prix, lui dit le résident en la mettant dans sa poche. » L'autre baisse la tête, et Murray, riant de sa modestie, dit à la fille de s'habiller et de partir avec son digne acolyte. Cela fut fait dans l'instant, et après une profonde révérence, ils partirent. « Adieu, procureur de nonnes, » lui dit le résident. Le comte ne répliqua point.

Dès qu'ils furent sortis, j'embrassai Murray en lui faisant compliment sur sa modération dont je le remerciai, car un esclandre n'aurait pu que nuire à trois innocents.

« Soyez tranquille, me dit-il, les coupables seront punis, et personne ne pourra en connaître la raison. »

Alors je fis monter Tonine, et mon Anglais lui offrit à boire, mais elle refusa avec modestie et beaucoup de grâce. Murray la regardait avec des yeux de flamme, et partit en me faisant les plus vifs remerciements.

Ma pauvre Tonine avait fait une longue épreuve d'obéissance et de résignation, et elle était autorisée à supposer que je lui avais été infidèle ; mais je lui prouvai de la manière la plus certaine que je m'étais respecté et conservé frais pour elle. Nous restâmes six heures au lit et nous nous levâmes heureux l'un et l'autre.

De suite après dîner, je m'empressai d'aller trouver ma noble M. M. et je lui contai de point en point toute l'histoire. Elle l'écouta avec une attention presque avide, laissant voir sur son visage les différentes impressions qu'elle éprouvait. La crainte, la colère, l'indignation, l'approbation de ma conduite pour éclaircir les doutes qui devaient naturellement s'insinuer dans mon esprit, la joie de me découvrir par là toujours amoureux d'elle, tout se peignit successivement et dans ses regards, et dans les mouvements de ses traits, et dans les différentes teintes dont se colorèrent ses joues et son front. Elle

CHAPITRE VIII

fut charmée d'apprendre que le masque qui m'avait accompagné au parloir était le ministre résident d'Angleterre, mais elle témoigna le plus noble dédain quand je lui dis qu'il donnerait volontiers cent guinées par mois pour avoir le privilège de pouvoir l'entretenir au parloir en lui faisant des visites au travers de l'importune grille. Elle lui en voulait d'avoir pu s'imaginer qu'elle eût été en sa puissance et de lui avoir trouvé de la ressemblance avec un portrait qui, selon elle, ne lui ressemblait pas du tout : je le lui avais remis. Elle me dit avec un sourire plein de finesse qu'elle était certaine que je n'avais pas laissé voir la fausse religieuse à ma petite, car elle aurait pu se tromper.

« Tu sais donc que j'ai une jeune servante ?

— Oui, et, qui plus est, jolie. C'est la fille de Laure ; et si tu l'aimes, j'en suis bien aise, ainsi que C. C. J'espère que tu trouveras le moyen de me la faire voir ; quant à C. C., elle la connaît déjà. »

Voyant qu'elle en savait trop pour que je pusse lui en faire accroire, je pris sur-le-champ mon parti et je lui contai en détail l'histoire de mes nouvelles amours. Elle m'en témoigna une satisfaction trop franche pour qu'elle ne fût pas sincère. Avant que je la quittasse, elle me dit que son honneur était engagé à faire assassiner Capsucefalo, car cet indigne personnage l'avait trop outragée pour lui pardonner. Pour la tranquilliser, je lui promis que si le résident ne nous débarrassait pas de lui dans la huitaine, je me chargeais moi-même du soin de notre commune vengeance.

Vers le même temps, le procurateur Bragadin, frère de mon patron, vint à mourir. Cette mort rendait M. de Bragadin assez riche ; mais, la famille allant s'éteindre, il vint envie à une femme qui avait été sa maîtresse et qui lui avait donné un fils naturel, de devenir sa femme. Ce mariage aurait légitimé ce fils et la famille aurait eu un propagateur. L'assemblée du collège aurait, pour un peu d'argent, reconnu la femme citoyenne, et tout serait allé à merveille. Elle m'écrivit un billet pour me prier de passer un instant chez elle. J'allais m'y rendre, curieux de savoir ce que pouvait me vouloir une femme que je ne connaissais ni d'Adam ni d'Ève, quand M. de Bragadin me fit appeler. Il me pria de demander à Paralis s'il devait suivre l'avis de de La Haye dans une affaire qu'il lui avait promis de ne point me confier, mais que l'oracle ne pouvait pas ignorer. L'oracle, naturellement contraire au jésuite, lui répondit qu'il ne devait suivre que son propre sentiment. Après cette opération, je me rendis chez la dame.

Cette femme commença par m'informer de tout ; elle me présenta son fils, et elle me dit que si le mariage pouvait se faire, on me ferait par-devant notaire un acte par lequel, à la mort de M. de Bragadin, je serais possesseur d'une terre qui rapportait cinq mille écus par an.

Devinant sans peine que c'était la même affaire que de La Haye devait avoir proposée à M. de Bragadin, je lui répondis sans hésiter que, puisque de La Haye s'en était occupé avant moi, il m'était impossible de m'en mêler, et là-dessus je lui tirai ma révérence.

Je ne pouvais m'empêcher de trouver singulier que ce jésuite intriguât sans cesse à mon insu pour marier mes vieux amis, car il y avait deux ans que, si je ne m'y étais pas opposé, il aurait marié M. Dandolo. Je ne me souciais aucunement que la famille Bragadin s'éteignît, mais je tenais beaucoup à la vie de mon bienfaiteur, et j'étais persuadé que le mariage aurait de beaucoup abrégé ses jours ; car il avait alors soixante-trois ans et il avait échappé à une forte attaque d'apoplexie.

J'allai dîner avec milady Murray (les Anglaises filles

de lords conservent ce titre). Après dîner le résident me dit qu'il avait communiqué à M. Cavalli toute l'histoire de la feinte religieuse, et que ce secrétaire des inquisiteurs d'État lui avait fait savoir la veille que tout avait été fait à sa satisfaction. Le comte Capsucefalo avait été envoyé à Céfalonie, sa patrie, avec défense de jamais retourner à Venise, et la courtisane avait disparu.

Ce qu'il y a de beau ou plutôt d'affreux dans ces expéditions économiques, c'est que personne n'en sait jamais la raison, et que l'arbitraire le plus atroce peut frapper l'innocent comme le coupable. M. M. fut enchantée de cet événement, et j'en fus plus content qu'elle, car j'aurais été fâché de m'être vu forcé de salir mes mains sur cet indigne comte.

Il y a dans l'existence de l'homme des périodes contraires que l'on pourrait appeler les *fastes* et les *néfastes* de la vie : je l'ai éprouvé souvent dans ma longue carrière, et par les secousses, les froissements et les oppositions dont elle a été semée, j'ai peut-être été autant qu'homme au monde en mesure d'observer la vérité de cette remarque. J'avais eu une assez longue période de bonheur : la fortune m'avait longtemps favorisé au jeu ; j'étais heureux dans mes rapports avec les hommes, et l'amour ne me laissait rien à désirer ; mais ici commence à se montrer le revers de la médaille. L'amour m'était encore favorable, mais la fortune m'avait tout à fait abandonné ; et bientôt, lecteur, tu verras que les hommes ne me traitèrent pas mieux que cette aveugle déité. Cependant comme la destinée a ses phases comme la lune, le bien succède au mal, de même que l'infortune au bonheur.

Je continuais à jouer à la martingale, mais ce fut avec tant de malheur que je ne tardai pas à me trouver sans un sequin. Jouant de moitié avec M. M., j'étais obligé de lui rendre compte de l'état de mes finances, et ce fut à sa sollicitation que peu à peu je vendis tous ses diamants, dont je perdis le produit : elle ne garda par devers elle que cinq cents sequins. Il n'était plus question d'évasion, car avec quoi aurions-nous été nous fourrer dans le monde? Je jouais encore, mais à petit jeu, taillant à des banques de petits joueurs et attendant dans la médiocrité le retour de la bonne fortune.

Un jour, le ministre d'Angleterre, après m'avoir fait souper à son casino avec la célèbre Fanny Murray, me demanda à souper à mon casino de Muran, que je ne gardais plus qu'à cause de Tonine. J'eus cette complaisance, mais sans imiter sa générosité. Il trouva ma petite maîtresse riante et polie, mais dans les bornes de la décence dont il lui aurait volontiers fait grâce. Le lendemain, il m'écrivit ce billet :

« Je suis éperdument amoureux de votre Tonine. Si vous voulez me la céder, voici le sort que je suis prêt à lui faire. Je l'établirai dans un logement convenable que je meublerai parfaitement et que je lui donnerai avec tout ce qu'il contiendra, à condition que je pourrai l'y voir quand cela me plaira et qu'elle me donnera sur elle tous les droits d'un amant heureux. Je lui donnerai une femme de chambre, une cuisinière et trente sequins par mois pour une table de deux personnes, sans compter les vins que je lui fournirai moi-même. Je lui ferai en outre une rente viagère de deux cents écus par an, dont elle sera maîtresse après qu'elle aura vécu un an avec moi. Je vous donne huit jours, mon ami, pour me faire savoir votre réponse. »

Je lui répondis de suite que je lui ferais savoir en trois jours si ma proposition pouvait être acceptée, car Tonine avait une mère qu'elle respectait et que peut-

CHAPITRE VIII

être elle ne voudrait rien faire sans son consentement : au reste, lui disais-je, si j'en juge sur les apparences, je crois la jeune personne enceinte.

L'affaire était importante pour Tonine : je l'aimais, mais enfin je savais fort bien que nous ne passerions pas notre vie ensemble, et je ne voyais pas qu'il me fût possible de lui faire un sort pareil à celui qu'on lui offrait. Je n'eus pas, en conséquence, la moindre incertitude, et dès le jour même j'allai à Muran et je lui dis tout.

« Tu veux donc me quitter, me dit-elle en pleurant.

— Je t'aime, ma chère amie, et ce que je te propose doit t'en convaincre.

— Non, car je ne puis pas être à deux.

— Tu ne seras qu'à ton nouvel amant, mon cœur. Je te prie de réfléchir que cela te vaudra une bonne dot qui pourra te procurer un bon mariage, et qu'avec tout l'amour que j'ai pour toi il m'est impossible de te faire un sort pareil.

— Laisse-moi cette journée pour pleurer et réfléchir, et viens souper avec moi demain. »

Je ne manquai pas au rendez-vous.

« Je trouve, me dit-elle, ton Anglais fort bel homme, et quand il parle vénitien, il me donne une envie de rire irrésistible. Si ma mère y consentait, je pourrais peut-être l'aimer. Dans le cas où nos humeurs ne sympathiseraient pas, au bout d'un an nous pourrons nous séparer, et je me verrai riche d'une rente de deux cents écus.

— Je suis, lui dis-je, ravi de la justesse de tes reflexions. Parles-en à ta mère.

— Je n'oserais, mon ami ; ces choses-là sont trop délicates entre une mère et sa fille ; parle-lui-en toi-même.

— Je le veux bien. »

Laure, que je n'avais point vue depuis qu'elle m'avait donné sa fille, n'eut pas besoin de me demander du

temps pour y penser ; car, joyeuse et satisfaite, elle me
dit que par cet arrangement sa fille deviendrait capable
de la soulager dans sa vieillesse et qu'elle quitterait Murano, où elle était lasse de servir. Elle me montra cent
trente sequins que Tonine avait gagnés à mon service et
qu'elle avait déposés entre ses mains.

Barberine, sœur cadette de Tonine, vint me baiser la
main. Je la trouvai charmante, et je lui donnai tout l'argent blanc que je me trouvais sur moi. Je sortis ensuite
en disant à Laure que je l'attendais chez moi. Elle ne
tarda pas à me suivre, et, donnant sa bénédiction à sa
fille en la recommandant à sainte Cathérine, elle lui dit
qu'elle ne lui demandait que trois livres par jour pour
aller vivre à Venise avec sa famille : Tonine les lui promit en l'embrassant.

Cette importante affaire étant achevée à la satisfaction
de tout le monde, j'allai voir M. M., qui me fit le plaisir
de descendre au parloir avec C. C. Je la trouvai triste,
mais embellie. Elle était en deuil, ce qui ne l'empêcha
pas d'être tendre. Elle ne put rester au parloir qu'un
quart d'heure, de crainte d'être observée, car il lui était
toujours défendu de s'y montrer. Je contai à M. M. l'histoire de Tonine, qui allait demeurer à Venise avec Murray ; elle en fut fâchée. « Car, me dit-elle, maintenant
que tu n'auras plus cet attrait à Muran, je te verrai moins
souvent encore que je ne l'ai fait jusqu'ici. » Je lui promis que je serais toujours assidu à l'aller voir ; mais, vanité des promesses ! le temps approchait où nous serions
séparés pour toujours.

Dès le soir même j'allai porter à mon ami Murray cette
bonne nouvelle. Il m'embrassa avec transport et me pria
de venir souper à son casino le surlendemain et de la lui
mener pour lui en faire la remise en forme. Je n'y manquai pas ; car, une fois la chose décidée, il me tardait

CHAPITRE VIII

d'en terminer. Il lui remit en ma présence le contrat de rente viagère de deux cents ducats de Venise sur le corps des boulangers. Par un second écrit, il lui fit don de tout ce qui se trouvait dans la demeure où il l'établit, en spécifiant la clause qu'il fallait qu'elle vécût un an avec lui. Il lui donna des instructions très libérales, lui permettant de me recevoir comme ami ainsi que sa mère et ses sœurs, qu'elle serait libre d'aller voir quand bon lui semblerait. Tonine l'embrassa, lui exprima sa reconnaissance et l'assura qu'elle ferait tout pour lui plaire. « Je verrai monsieur, dit-elle en me montrant, mais comme son amie : il n'en exigera pas davantage. » Pendant cette scène vraiment attendrissante dans son genre, elle sut retenir ses larmes ; mais moi, je n'eus pas la force de cacher les miennes. Murray fit son bonheur, mais je n'en fus pas longtemps témoin. J'en dirai les raisons un peu plus tard.

Trois jours après, Laure vint me trouver, me dit qu'elle s'était déjà établie à Venise et me pria de la conduire chez sa fille. Je devais trop à cette femme pour lui refuser ce plaisir, et je l'y menai sur-le-champ. Tonine remerciait Dieu, me remerciait aussi ; la mère faisait chorus, car elles ne savaient pas bien si c'était à Dieu ou à moi qu'elles avaient le plus d'obligation. Tonine me fit mille éloges de Murray, et ne se plaignit point que je ne fusse pas allé la voir, ce qui me plut beaucoup. Voulant m'en aller, Laure me pria de la reconduire dans ma gondole ; comme il fallait passer devant la maison où elle était allée se loger, elle me pria de lui faire le plaisir d'entrer un instant, et je ne crus pas devoir lui faire de la peine en le lui refusant. Je dois dire ici à mon honneur que j'eus cette complaisance sans réfléchir aucunement que j'allais revoir Barberine.

Cette jeune fille, aussi jolie que sa sœur, quoique dans

un autre genre, commença par exciter ma curiosité, faiblesse qui rend ordinairement inconstant l'homme habitué au vice. Si toutes les femmes avaient la même physionomie, le même caractère et la même tournure d'esprit, les hommes, non seulement ne seraient jamais inconstants, mais encore ils ne seraient jamais amoureux. On en prendrait une par instinct et on s'en tiendrait là jusqu'à la mort ; mais alors l'économie de notre monde serait tout autre qu'elle n'est. La nouveauté est le tyran de notre âme. Nous savons que ce que nous ne voyons pas est à peu près la même chose que ce que nous avons vu ; mais nous sommes curieux, nous voulons nous en convaincre, et pour en venir à bout nous faisons autant de frais que si nous avions la certitude de trouver quelque chose d'incomparable.

La jeune Barberine, qui me regardait comme une ancienne connaissance, car sa mère l'avait accoutumée à me baiser la main chaque fois que j'étais allé chez elle ; qui s'était plus d'une fois déshabillée en ma présence sans croire m'émouvoir ; qui savait que j'avais fait la fortune de sa sœur et par suite celle de la famille, et qui, comme de raison, se croyait plus jolie que Tonine parce qu'elle était plus blanche et qu'elle avait de beaux yeux noirs ; ayant envie de remplacer sa sœur, elle comprit que, pour réussir, elle devait me prendre d'emblée. Son jeune bon sens lui disait que, n'allant jamais chez elle, je ne pourrais jamais en devenir amoureux, à moins qu'elle ne me conquît d'assaut, et pour cela elle ne trouva rien de mieux que d'avoir pour moi toutes les complaisances quand l'occasion s'en présenterait, en sorte que sa conquête ne me coûtât aucune peine. Tout ce raisonnement que je lui suppose était assurément de son fait, car je suis convaincu que sa mère ne lui avait point donné la moindre instruction. Laure était une de ces mères comme il y en a plus d'une dans le monde et surtout en Italie ; elle profitait volontiers de l'industrie naturelle de ses filles, mais elle n'aurait jamais pensé à les lancer dans le sentier de la corruption. Là s'arrêtait sa vertu.

Après avoir vu ses deux chambres, sa petite cuisine, et avoir admiré la propreté qui brillait partout, la petite Barberine me demanda si je voulais voir leur petit jardin. « Volontiers, lui dis-je ; car c'est une rareté à Venise. » Sa mère lui dit de m'offrir des figues, s'il y en avait de mûres. Ce petit jardin avait une trentaine de pieds carrés, et il n'y avait que de la salade et un figuier fort beau. Il n'était pas riche en fruits et je lui dis que je n'en voyais aucun.

« J'en vois en haut, me dit Barberine, et je vais les cueillir, si vous voulez me tenir l'échelle.

— Oui, va ; je la tiendrai bien fort. »

Elle monte légèrement, et pour atteindre quelques figues un peu distantes, elle allonge un bras et met son corps hors d'équilibre en se tenant de l'autre main à l'échelle.

« Ma chère Barberine, si tu savais ce que je vois !

— Ce que vous avez vu souvent à ma sœur.

— C'est vrai ; mais tu es plus jolie qu'elle. »

La petite ne répond pas ; mais, comme si elle n'avait pu atteindre au fruit, elle met le pied sur une branche élevée et m'offre le tableau le plus séduisant possible. J'étais ravi ! Barberine, qui s'en aperçoit, ne se presse pas. Enfin, je l'aide à descendre, et, fourvoyant ma main, je lui demande si le fruit que je tenais avait été cueilli. Elle me fixe avec un doux sourire et me donne tout le temps de m'assurer qu'elle était toute neuve. Je la reçois dans mes bras, et, déjà dans ses fers, je la presse amoureusement contre mon cœur, en imprimant sur ses lèvres un baiser de flamme qu'elle me rendit dans toute la joie de son cœur.

« Veux-tu, ma chère, me donner le fruit que je t'ai pris ?

— Ma mère ira demain à Muran, et elle y restera toute la journée ; si vous venez, je ne vous refuserai rien. »

Lorsqu'un langage aussi naturel sort d'une bouche encore innocente, l'homme auquel il s'adresse doit être heureux; car les désirs ne sont que des tourments, des peines positives, et on ne chérit la jouissance que parce qu'elle en délivre. Ceci démontre que ceux qui préfèrent un peu de résistance à une entière facilité manquent de jugement ; mais la trop grande facilité annonce trop souvent la dépravation, et c'est ce que les hommes n'aiment point, quelque dépravés qu'ils soient, du reste.

Nous rentrons, et en présence de Laure j'embrasse tendrement Barberine, en disant à la mère qu'elle avait là un véritable bijou : ce compliment la fit rire de plaisir. Je donnai dix sequins à cette charmante fille, et je sortis en me félicitant, mais en maudissant la fortune qui ne me permettait pas de faire pour le moment à la charmante Barberine un sort pareil à celui de sa sœur.

Tonine m'avait dit que, par bon procédé, il fallait que j'allasse une fois souper avec elle ; j'y allai le même soir, et j'y trouvai Righelini avec Murray. Le souper fut charmant et j'admirai l'accord parfait qui régnait déjà entre les nouveaux amants. Je fis compliment au résident d'avoir perdu un de ses goûts, et il me dit qu'il serait bien fâché d'une semblable perte, car cela lui ferait envisager son déclin.

« Mais, lui dis-je, vous aimiez à sacrifier à l'amour sans voiler ses mystères.

— Ce n'était pas moi qui l'aimais, mais bien Ancilla ; et comme j'aimais son plaisir autant que le mien, je me soumettais facilement à son goût.

— Votre réponse me fait plaisir, car je vous avoue

qu'il m'en coûterait d'être témoin de vos exploits avec Tonine. »

Ayant dit, je ne sais comment, que je n'avais plus de logement à Muran, Righelini me dit que si je voulais, il m'en ferait avoir un charmant et à bon marché sur le *Tondamente nuovo*.

Ce quartier exposé au nord, aussi agréable en été que désagréable en hiver, étant en face de Muran, où je devais aller une couple de fois la semaine, je dis au docteur que je verrais volontiers ce logement.

A minuit je pris congé du riche et heureux résident, et devant passer la journée avec ma nouvelle conquête, j'allai me coucher pour être frais et en état de fournir une honorable carrière.

Je me rendis chez Barberine d'assez bonne heure, et dès qu'elle me vit arriver :

« Ma mère, me dit-elle, ne reviendra que ce soir, et mon frère dîne à l'école. Nous serons donc parfaitement tranquilles. Voici une poularde, du jambon, du fromage et deux flacons de vin de Scopolo ; nous dînerons à la militaire quand vous voudrez.

— Tu m'étonnes, ma charmante amie ; car comment as-tu pu te procurer un si bon dîner ?

— Nous le devons à ma mère ; ainsi à elle les éloges.

— Tu lui as donc dit ce que nous allions faire?

— Oh non ! pas tout à fait ; car je n'en sais rien ; mais je lui ai dit que vous viendriez me voir, et je lui ai en même temps donné les dix sequins.

— Et que t'a dit ta mère ?

— Qu'elle ne serait pas fâchée que vous m'aimassiez comme vous avez aimé ma sœur.

— Je veux t'aimer davantage, quoique je l'aime beaucoup.

— Vous l'aimez? pourquoi l'avez-vous donc quittée ?

— Je ne l'ai point quittée, car nous avons soupé ensemble hier au soir ; seulement, ma chère amie, nous ne vivons plus en amoureux. Je l'ai cédée à un ami riche qui a fait sa fortune.

— C'est bien, quoique je ne comprenne pas trop cela. Je vous prie de dire à Tonine que c'est moi qui la remplace, et je serai bien aise que vous lui disiez que vous êtes bien certain que vous êtes le premier homme que j'ai aimé.

— Et si cette nouvelle lui fait de la peine ?

— Oh ! tant mieux. Me ferez-vous ce plaisir ? C'est le premier que je vous demande.

— Je te le promets. »

Après ce rapide dialogue, nous déjeunâmes, puis dans un accord parfait, nous allâmes nous coucher, ayant plutôt l'air d'aller sacrifier à l'hymen qu'à l'amour.

Le jeu était nouveau pour Barberine ; ses transports, ses idées vertes et naïves qu'elle me communiquait sans fard, son inexpérience ou plutôt sa gaucherie m'enchantaient. Il me semblait que pour la première fois je touchais à l'arbre précieux de la science et que jamais je n'avais goûté de fruit aussi savoureux. Ma petite nymphe aurait été honteuse de me laisser apercevoir la douleur que lui causait la première épine, et pour me convaincre qu'elle ne savourait que la rose, elle s'évertuait à me persuader qu'elle avait plus de plaisir qu'il n'était possible de lui en supposer pour une première épreuve toujours plus ou moins douloureuse. Elle n'était pas encore grande fille : les roses de ses seins naissants n'étaient encore que des boutons imperceptibles, et la puberté parfaite n'était encore que dans son cœur.

Après plus d'un assaut livré et soutenu avec ardeur, nous nous levâmes pour dîner, et après nous être restaurés, nous nous remîmes sur l'autel de l'amour, où

CHAPITRE VIII

nous restâmes jusqu'au soir. Laure, à son retour, nous trouva habillés et contents. Je fis à Barberine un nouveau présent de vingt sequins, je lui jurai de l'aimer toujours et je partis. Je n'avais assurément pas alors l'intention d'être infidèle à mes serments ; mais ce que la destinée me préparait ne pouvait point se combiner avec des promesses qui coulent de source dans un moment d'effervescence.

Le lendemain Righelini me mena voir le logement dont il m'avait parlé ; il me plut, et je le louai de suite, payant le premier quartier d'avance. La maison appartenait à une veuve qui avait deux filles, et on venait de saigner l'aînée. Righelini était son médecin, et il la soignait depuis neuf mois sans pouvoir la guérir. Comme il allait lui faire une visite, j'entrai avec lui et je me crus en présence d'une belle statue de cire. La surprise m'arracha ces mots : « *Elle est belle, mais le statuaire doit lui donner des couleurs.* » La statue fit alors un sourire qui aurait été divin s'il avait traversé des lèvres de rose. « Sa pâleur, me dit Righelini, ne doit pas vous étonner, car on vient de la saigner pour la cent quatrième fois. » Je fis un mouvement de surprise bien naturel.

Cette belle personne avait dix-huit ans, sans que la nature eût encore pu opérer ses bénéfices mensuels, de manière qu'elle se sentait mourir trois ou quatre fois par semaine, et le seul moyen de la soulager était de lui ouvrir la veine. « Je veux, dit le docteur, l'envoyer à la campagne, où un air plus pur et plus beau, surtout plus d'exercice, opéreront mieux que toutes les drogues. » Après avoir dit qu'on me préparât mon lit pour le même soir, je sortis avec Righelini, qui me dit que le seul remède qui pût opérer efficacement la guérison de cette fille serait un amant robuste.

« Mais, mon cher docteur, lui dis-je, ne pourriez-vous pas être son apothicaire comme vous êtes son médecin?

— Je jouerais trop gros jeu, car je pourrais me voir obligé à l'épouser, et je crains le mariage comme le feu. »

Quoique je ne fusse pas plus disposé à me marier que mon ami le docteur, j'étais trop près du feu pour ne pas me brûler, et le lecteur verra dans le chapitre suivant comment j'opérai le miracle qui rendit les couleurs de la santé à cette belle décolorée.

CHAPITRE IX

La belle malade ; je la guéris. — Trame qu'on ourdit pour me perdre. — Événement chez la jeune comtesse Bonafede. — L'Erberia. — Visite domiciliaire. — Mon entretien avec M. de Bragadin. — Je suis arrêté par ordre des inquisiteurs d'État.

J'allai souper chez M. de Bragadin en quittant le docteur Righelini, et je procurai à ce digne et généreux vieillard une soirée de bonheur. C'était toujours le cas ; je le rendais heureux ainsi que ces deux vertueux amis toutes les fois que je prenais mes repas avec eux.

Les ayant quittés de bonne heure, je me rends à mon logement, et je fus tout surpris de trouver le balcon de ma chambre à coucher occupé. Une demoiselle de la plus belle taille se lève en me voyant et avec beaucoup de grâce me demande pardon de la liberté qu'elle avait prise.

« Je suis, me dit-elle, la statue de ce matin. Nous n'allumons pas les flambeaux le soir pour éviter les cousins ; mais, quand vous voudrez vous aller coucher, nous fermerons et nous nous en irons. Je vous présente ma sœur cadette : ma mère est déjà couchée. »

Je lui répondis que le balcon serait toujours à son service, et qu'étant encore de bonne heure, je les priais de me permettre de me mettre en robe de chambre et de leur tenir compagnie. Sa conversation était charmante ; elle me fit passer deux heures très agréablement et ne me quitta qu'à minuit. Sa jeune sœur m'alluma une bougie, elles me saluèrent et partirent en me souhaitant une bonne nuit.

J'allai me coucher, l'imagination pleine de cette belle personne, et je ne pouvais me persuader qu'elle fût malade. Elle parlait avec vigueur, elle était gaie, cultivée et remplie d'esprit et d'aménité. Je ne comprenais pas par quelle fatalité, si sa maladie ne dépendait que du remède que Righelini appelait unique, elle pût n'en être pas guérie dans une ville comme Venise ; car, malgré sa pâleur, elle me paraissait très digne de captiver un amant, et je lui croyais assez d'esprit pour se déterminer d'une façon ou d'autre à prendre le remède le plus agréable qu'il soit possible à la faculté d'ordonner.

Le lendemain, je sonne pour me lever, et je vois entrer la jeune sœur, qui me dit que, n'ayant point de domestique, elle venait pour le moment me faire ce dont j'aurais besoin. Je ne voulais pas me faire servir par mon domestique hors de la maison de M. de Bragadin, parce que je me trouvais plus libre. Après m'être fait rendre quelques petits services, je lui demandai comment se portait sa sœur.

« Fort bien, me dit-elle, car les pâles couleurs ne sont pas une maladie, et elle ne se trouve incommodée que quand la respiration lui manque. Elle a fort bon appétit et elle dort aussi bien que moi.

— Qui entends-je jouer du violon ?

— C'est le maître de danse qui donne leçon à ma sœur. »

Je me hâte d'achever ma toilette pour aller la voir, et je la trouve charmante, car elle était animée, quoique son vieux maître lui laissât porter ses pieds en dedans. Il ne manquait à cette jeune et belle fille que l'étincelle de Prométhée, la couleur de la vie : sa blancheur ressemblait trop à la neige ; elle affligeait le regard.

Le maître de danse me pria de danser un menuet avec son élève, et j'acceptai, en le priant de le jouer *larghissimo*. « Il fatiguera trop la signorina, » dit-il. Mais elle s'empressa de lui répondre qu'elle n'était point faible et qu'elle le danserait volontiers. Elle dansa fort bien, mais à la fin elle fut obligée de se jeter sur un fauteuil. « A l'avenir, mon cher maître, dit-elle à son vieux, je ne veux danser que comme ça, car je crois que ce mouvement rapide me fera du bien. »

Le maître étant sorti, je lui dis que ses leçons étaient trop courtes et que son maître lui laissait prendre de mauvaises habitudes. Je lui plaçai alors les pieds, les épaules et les bras ; je lui appris à donner la main avec grâce, à plier les genoux en mesure ; enfin je lui donnai pendant une heure une leçon en forme, et, la voyant un peu fatiguée, je la priai de s'asseoir, et je sortis pour aller faire une visite à M. M.

Je la trouvai fort triste, car, le père de C. C. étant mort, on était venu la retirer du couvent avec l'intention de la marier à un avocat. Avant de la quitter, C. C. lui avait laissé une lettre pour moi dans laquelle elle me disait que si je voulais lui promettre de l'épouser quand je le trouverais à propos, elle m'attendrait et qu'elle refuserait tout autre parti. Je lui répondis sans détour que j'étais sans état et sans perspective ; je la laissais libre, lui conseillant même de ne pas refuser quelqu'un qu'elle jugerait propre à faire son bonheur.

Malgré cette espèce de congé, C. C. n'épousa N....

qu'après ma fuite des Plombs, lorsque personne n'espérait plus me revoir à Venise. Je ne l'ai revue que dix-neuf ans après, mais j'eus la douleur de la retrouver veuve et malheureuse. Si maintenant j'étais à Venise, je ne l'épouserais pas, car à mon âge l'hymen n'est qu'une effronterie ; mais il est certain que je partagerais avec elle le peu que j'ai et que je vivrais avec elle comme avec une tendre sœur.

Si, quand j'entends certaines femmes traiter de perfides des hommes qu'elles accusent d'inconstance, je les entendais assurer que ces hommes pensaient à les tromper lorsqu'ils leur faisaient des promesses d'une constance éternelle, je dirais qu'elles ont raison, et j'unirais volontiers mes plaintes aux leurs ; mais aucune ne le peut, parce qu'en général, à l'instant où l'on aime, on ne promet que ce que le cœur dicte, et par conséquent leurs lamentations n'excitent en moi que le besoin de rire. Hélas ! nous aimons sans consulter la raison, et nous cessons d'aimer sans qu'elle s'en mêle davantage.

Je reçus vers ce temps-là une lettre de l'abbé de Bernis, qui en écrivait une autre à M. M. dans le même goût de la mienne. Il me disait que je devais m'attacher à mettre l'esprit de notre nonne à la raison, me détaillant tous les dangers que je courrais à l'enlever et à la conduire à Paris, où toute son influence ne pourrait pas nous assurer la sécurité sans laquelle on ne saurait se promettre de bonheur. Je vis M. M., nous nous communiquâmes nos lettres ; elle versa des larmes amères, et sa tristesse m'alla au fond du cœur. Cette charmante malheureuse inspirait véritablement le plus vif intérêt. J'avais encore pour elle un amour ardent, malgré les infidélités que je lui faisais chaque jour ; et, quand je pensais aux instants brillants où je l'avais vue en proie au bonheur de la volupté, je ne pouvais que la plaindre et soupirer sur son sort, en réfléchissant aux jours de désespoir qui l'attendaient. Mais bientôt un petit événement nous fit faire de salutaires réflexions. Un jour que j'étais allé la voir :

« On vient, me dit-elle, d'enterrer une religieuse, morte avant-hier de la consomption et en odeur de sainteté : elle n'avait que vingt-huit ans. Elle s'appelait *Maria Concetta*. Elle te connaissait et elle dit ton nom à C. C. lorsque tu venais à la messe les jours de fête. C. C. crut devoir la prier d'être discrète, mais la religieuse lui dit que tu étais un homme fort dangereux et dont une jeune fille devait redouter la présence. C. C. me dit tout cela après la mascarade de Pierrot qui te fit connaître.

— Comment s'appelait cette sainte quand elle était dans le monde?

— Marthe S.

— J'y suis. »

Je contai alors à M. M. toute l'histoire de mes amours avec Nanette et Marton, en finissant par la lettre qu'elle m'avait écrite et dans laquelle elle me disait qu'elle me devait indirectement le salut éternel qu'elle espérait parvenir à mériter. »

En huit ou dix jours, mes conversations avec la fille de mon hôtesse, conversations sur le balcon et qui généralement se prolongeaient jusqu'à minuit, et la leçon que je lui donnais tous les matins, produisirent deux effets immanquables et fort naturels : le premier, c'est que la respiration ne lui manquait plus, et le second, c'est que je devins amoureux d'elle. Le remède naturel n'était pas encore venu, mais elle n'avait plus besoin du secours de la saignée. Righelini venait la visiter à son ordinaire, et, voyant qu'elle se portait mieux, il lui pronostiqua avant l'automne le bienfait de la nature sans lequel sa vie ne pouvait se soutenir que par artifice. Sa

CHAPITRE IX

mère me regardait comme un ange que Dieu lui avait envoyé pour guérir sa fille, et celle-ci éprouvait une reconnaissance qui, chez les femmes, n'est qu'à un pas de l'amour. Je lui avais fait congédier son vieux maître de danse, et je l'avais rendue une très jolie danseuse.

Au bout de ces dix ou douze jours, au moment où j'allais lui donner sa leçon, la respiration lui manqua tout à coup, elle tomba entre mes bras comme morte. J'en fus effrayé ; mais sa mère, qui était habituée à la voir dans cet état, envoya de suite chercher le chirurgien, et sa sœur vint la délacer. La fermeté de sa gorge, qui n'avait pas besoin de couleur pour être tout ce qu'il y avait de plus parfait, m'enchanta. Je la lui couvris en lui disant que le chirurgien manquerait son coup s'il la voyait ainsi découverte ; mais, sentant que j'y reposais ma main avec délice, elle me repoussa avec douceur en me regardant d'un œil mourant qui me fit la plus grande impression.

Le chirurgien vint, il la saigna au bras, et presqu'à l'instant elle revint à la vie. On ne lui avait tout au plus tiré que quatre onces de sang, et, sa mère m'ayant dit qu'on ne lui en tirait jamais davantage, je vis que le prodige n'était pas aussi grand que Righelini le disait ; car, en la saignant ainsi deux fois par semaine, il lui tirait trois livres de sang par mois : c'était la quantité qu'elle aurait perdue d'une manière naturelle, si les vaisseaux dans cette partie n'avaient pas été obstrués ; et la nature, toujours attentive à se conserver, la menaçait de la mort, si par un moyen artificiel on ne parvenait bien vite à rétablir l'équilibre.

Le chirurgien fut à peine sorti, qu'elle me dit, à mon grand étonnement, que si je voulais attendre un moment dans la salle, elle allait revenir pour danser. Elle revint effectivement et dansa comme s'il n'avait été question de rien.

Sa gorge, dont deux de mes sens pouvaient rendre un sûr témoignage, avait achevé de m'enflammer. Je revins à l'entrée de la nuit, et je la trouvai dans sa chambre avec sa sœur. Elle me dit qu'elle attendait son parrain, qui, ayant été l'ami intime de son père, venait tous les soirs passer une heure avec elle depuis dix-huit ans.

« Quel âge a-t-il ?
— Il a passé la cinquantaine.
— Est-il marié ?
— Oui ; c'est le comte S. Il m'aime comme un tendre père : il a la même affection qu'il m'a montrée dans mon enfance. Sa femme même vient quelquefois me voir et m'invite à dîner. L'automne prochain, j'irai à la campagne avec elle, et j'espère que l'air qu'on y respire me fera du bien. Mon parrain sait que vous êtes chez nous, et il en est content. Il ne vous connaît pas ; mais, si vous le voulez, vous ferez sa connaissance. »

Ce discours me fit plaisir, car il me mit au fait de tout sans que j'eusse besoin de faire des questions indiscrètes. L'amitié de ce Grec tenait visiblement de l'amour. C'était le mari de la comtesse S., qui m'avait conduit au couvent de Muran deux ans avant cette époque.

Je trouvai le comte fort poli. Il me remercia d'un ton de père de l'amitié que je témoignais à sa filleule, et il me pria de lui faire le plaisir d'aller dîner chez lui avec elle le lendemain, me disant qu'il aurait l'honneur de me présenter à sa femme. J'acceptai avec plaisir, car, aimant les coups de théâtre, ma rencontre avec la comtesse m'en promettait un fort intéressant. Cette invitation annonçait un galant homme, et je ravis d'aise ma belle écolière quand, après son départ, je lui en fis l'éloge. « Mon parrain, me dit-elle, est dépositaire de tous les documents nécessaires pour retirer de la maison Persico l'héritage de ma famille, qui consiste en quarante mille écus. Le quart de cette somme m'appartient, et ma mère nous a promis à ma sœur et à moi de nous partager sa dot. » Je vis que cette fille porterait à celui qui l'épouserait quinze mille ducats courants de Venise.

Je devinai que cette jeune personne voulait m'intéresser par sa fortune et me rendre amoureux en se montrant avare de ses faveurs ; car, lorsque je me permettais quelques licences, elle m'opposait des remontrances auxquelles je n'osais point répondre. Je me promis de lui faire adopter un autre système.

Le lendemain je la conduisis chez son parrain, sans la prévenir que je connaissais la comtesse. Je croyais que cette dame ferait semblant de ne pas me connaître ; mais je me trompais, car elle me fit le plus bel accueil et tel qu'on a coutume d'en faire à une ancienne connaissance. Cela surprit sans doute M. le comte, mais il avait trop d'usage du monde pour montrer sa surprise. Il lui demanda cependant où elle avait fait ma connaissance, et elle, en femme experte, lui répondit sans le moindre embarras que nous nous étions vus à la Mire il y avait une couple d'années. Tout fut dit, et nous passâmes la journée fort gaiement.

Vers le soir, ayant pris une gondole, je reconduisis la demoiselle chez nous ; mais, voulant abréger le chemin, je me permis quelques caresses. Je fus piqué de me voir répondre par des reproches, et cela fit que dès qu'elle eut mis pied à terre chez elle, au lieu de débarquer, je me rendis chez Tonine, où, le résident étant venu très tard, je passai presque toute la nuit. Le lendemain, m'étant levé fort tard, il n'y eut point de leçon, et quand je voulus lui en demander excuse, elle me dit que je ne devais pas me gêner. Le soir, j'eus beau être sur le balcon fort avant dans la nuit, la belle n'y vint point. Piqué de cet air d'indifférence, le lendemain je me levai de bonne heure et je sortis, ne rentrant qu'à la nuit. Elle était sur le balcon ; mais, me tenant à une respectueuse distance, je ne lui dis que des choses indifférentes. Le matin je fus éveillé par un grand bruit ; je me lève, et, ayant passé ma robe de chambre à la hâte, j'entre pour voir ce que c'était : je la trouve mourante. Je n'eus pas besoin de feindre pour lui montrer de l'intérêt ; j'en ressentais un bien tendre. Comme nous étions au commencement de juillet, la chaleur était très forte, et ma belle malade n'était couverte que d'un mince drap de lit. Elle ne pouvait me parler que des yeux ; mais, malgré leur abattement, il y avait quelque chose de si tendre ! Je lui demande si elle a des palpitations, et, mettant ma main sur son cœur, mes lèvres impriment sur son sein un baiser de feu. Ce fut l'étincelle électrique, car sa bouche poussa un soupir qui lui fit du bien. Elle n'avait pas la force de repousser ma main que je pressais amoureusement sur son cœur. Enhardi, je colle mes lèvres ardentes sur sa bouche mourante, je la rechauffe de mon haleine, et ma main audacieuse descend jusqu'au sanctuaire du bonheur. Elle fait un effort pour me repousser, et son œil, à défaut de sa voix, me dit combien elle se sentait offensée. Je me retire, et au même instant le chirurgien entre. La veine à peine ouverte, elle respire, et l'opération achevée, elle veut se lever. Je la supplie de rester au lit, et sa mère se joint à moi ; enfin, je la persuade en lui disant que je ne la quitterais pas un instant et que je me ferais servir mon dîner auprès de son lit. Elle passe alors un corset et prie sa sœur de mettre sur elle une couverture de taffetas, car on la voyait comme à travers un voile de crêpe.

Brûlant d'amour et ayant donné mes ordres pour mon

CHAPITRE IX

dîner, je m'assis à son chevet, et, lui prenant la main que je couvre de baisers. je lui dis que j'étais certain qu'elle guérirait, si elle pouvait aimer.

« Hélas ! dit-elle, qui pourrais-je aimer, n'étant pas sûre d'être aimée ?

Je ne laisse point tomber la réponse, et, animant les propos galants. je surprends un soupir et un regard amoureux. Je mets ma main sur son genou, la priant de me laisser là et lui promettant de n'exiger plus rien ; mai peu à peu je touche au centre et je cherche à lui causer une sensation agréable.

« Ah ! laissez-moi, me dit-elle d'un ton de sentiment et en se retirant ; c'est peut-être là la cause de ma maladie.

— Non, mon amie, non, lui dis-je avec feu ; cela ne saurait être. »

Et ma bouche arrête sur ses lèvres l'objection qu'elle allait me faire.

J'étais ravi dans mon cœur, car cette confidence me mettait sur la voie, et je prévoyais l'instant du bonheur, me sentant certain de la guérir, si le docteur ne se trompait pas sur la nature du remède. Je ménageai sa pudeur en lui épargnant des questions indiscrètes ; mais je me déclarai son amant, en lui promettant de ne rien exiger d'elle au delà de ce qu'elle croirait propre à nourrir ma tendresse.

On me servit un très bon dîner. et elle y fit honneur ; ensuite, me disant qu'elle était tout à fait bien, elle se leva, et j'allai m'habiller pour sortir. Le soir, étant rentré de bonne heure. je la trouvai sur mon balcon. Là, assis tout près et vis-à-vis d'elle, parlant tour à tour le langage des yeux et celui des soupirs, plongeant des regards avides sur ses charmes que la lumière de Phébé rendait encore plus intéressants, je lui communiquai l'ardeur qui me consumait, et, la pressant amoureusement contre mon sein, elle me rendit heureux avec tant de feu et d'abandon qu'il me fut facile de juger qu'elle croyait recevoir une faveur plutôt que de m'en accorder une. J'immolai la victime sans ensanglanter l'autel.

Sa sœur étant venue lui dire qu'il était tard : « Va te coucher, lui répondit-elle ; la fraîcheur me fait du bien; je veux encore en jouir. » Dès que nous fûmes seuls, nous nous couchâmes comme si nous n'avions fait que cela depuis un an, et nous passâmes une nuit délicieuse : moi animé par l'amour et le désir de la guérir ; elle, par la volupté la plus ardente et la reconnaissance la plus tendre. Au point du jour, m'ayant embrassé avec un sentiment profond et les yeux humides de bonheur, elle se leva et alla se reposer dans son lit. J'avais besoin de repos comme elle, et ce jour-là il ne fut pas question de leçon de danse. Malgré le feu de la jouissance et les transports dont cette charmante fille était animée, je n'oubliai pas un seul instant la prudence. Nous continuâmes à passer des nuits délicieuses pendant trois semaines de suite, et j'eus le bonheur de la voir radicalement guérie. Je l'aurais sans doute épousée si, vers la fin du même mois, il ne me fût survenue l'accident qu'on va lire.

Vous vous souviendrez, mon cher lecteur, d'un roman de l'abbé Chiari, roman satirique que m'avait remis M. Murray et dans lequel l'auteur me traitait assez mal. Cet abbé Chiari ne valait pas mieux que la plupart de ses confrères, ou même valait encore moins. Je n'avais pas lieu d'être content de lui, et je m'en étais expliqué de façon que M. l'abbé, qui craignait la bastonnade, se tenait sur ses gardes. Vers ce même temps, je reçus une lettre anonyme dans laquelle on me disait qu'au lieu de penser à faire châtier l'abbé, je ferais beaucoup mieux de penser à moi-même, car j'étais menacé d'un malheur imminent. On doit mépriser ceux qui écrivent des lettres anonymes, mais on doit quelquefois savoir tirer parti des avis qu'on nous donne de la sorte. Je n'en fis rien, et j'eus grand tort.

Dans le même temps, un nommé Manuzzi, metteur en œuvre de son premier métier et alors espion, vil suppôt des inquisiteurs d'Etat, et qui m'était parfaitement inconnu, trouva le moyen de faire ma connaissance en m'offrant de me faire avoir des diamants à crédit, ce qui m'engagea à le recevoir chez moi. Regardant plusieurs livres que j'avais par-ci, par-là, il s'arrêta à des manuscrits qui traitaient de la magie. Jouissant sottement de sa surprise, je lui fis voir ceux qui apprenaient à faire connaissance avec tous les esprits élémentaires. Mes lecteurs me feront bien la grâce de croire que je n'ajoutais pas la moindre foi à tous ces grimoires ; mais je les avais et je m'en amusais comme on s'amuse des mille sottises qui sont sorties de la cervelle des penseurs creux. Quelques jours après, le traître vint me voir et me dit qu'un curieux, qu'il ne pouvait pas me nommer, était prêt à me donner mille sequins de mes cinq livres, mais qu'auparavant il voulait les voir pour savoir s'ils étaient authentiques. S'étant engagé à me les rendre vingt-quatre heures après, et dans le fond n'en faisant aucun cas, je les lui confiai. Il ne manqua pas de me les rendre le lendemain, en me disant que l'amateur les croyait falsifiés. Quelques années après, j'ai su qu'il les avait portés chez le secrétaire des inquisiteurs d'État, qui, par ce moyen, surent que j'étais un insigne magicien.

Tout dans le courant de ce mois fatal se réunissait pour m'accabler, car Mme Memmo, mère de MM. André, Bernard et Laurent Memmo, s'étant mis dans la tête que je portais ses fils à l'athéisme, se recommanda au vieux chevalier Antoine Mocenigo, oncle de M. de Bragadin, qui m'en voulait parce que, disait-il, j'avais séduit son neveu au moyen de ma cabale. La matière était sérieuse, et un *auto-da-fé* était fort possible, car elle regardait le Saint-Office, sorte de bête féroce avec laquelle il ne fait pas bon avoir maille à partir. Cependant, comme il était difficile de me faire enfermer dans les prisons ecclésiastiques de la sainte Inquisition, on se détermina à porter l'affaire devant les inquisiteurs d'État, qui se chargèrent provisoirement d'éclairer ma conduite.

M. Antoine Condulmer, mon ennemi en sa qualité d'ami de l'abbé Chiari, était alors inquisiteur d'État rouge : il saisit l'occasion de me faire considérer comme perturbateur du repos public. Un secrétaire d'ambassade, que j'ai connu quelques années après, m'a dit qu'un dénonciateur à gages, assisté de deux témoins, sans doute aussi à la solde du redoutable tribunal, m'avait accusé de ne croire qu'au diable, comme si cette croyance absurde, si elle pouvait exister, n'emporterait pas de toute nécessité la croyance en Dieu ! Ces trois honnêtes gens certifièrent avec serment que quand je perdais mon argent au jeu, moment dans lequel tous les croyants blasphèment, on ne m'entendait jamais faire des exécrations contre le diable. J'étais en outre accusé de manger gras tous les jours, de n'aller qu'aux belles messes, et on avait de véhéments soupçons que j'étais attaché à la franc-maçonnerie. On ajoutait à tout cela que je fréquentais des ministres étrangers, et que, demeurant avec trois patriciens, il était certain que je révélais pour les grosses sommes qu'on me voyait perdre tous les secrets d'État que j'avais l'art de leur arracher.

Tous ces griefs, dont aucun n'avait de fondement, servirent de prétexte au redoutable tribunal pour me traiter comme ennemi de la patrie, comme conspirateur au premier chef. Depuis quelques semaines, des personnes auxquelles je devais avoir de la confiance, me conseillaient d'aller faire un voyage à l'étranger, puisque le tribunal s'occupait de moi. C'était m'en dire assez ; car à Venise les seules personnes qui puissent vivre en paix sont celles dont le fatal tribunal ignore l'existence ; mais je m'obstinais à mépriser toutes les inductions. Si j'avais écouté les avis indirects qu'on me donnait, j'aurais été inquiet, et j'étais ennemi de toute inquiétude. Je me disais : Je n'ai pas de remords, je ne suis donc pas coupable, et si je suis innocent, je ne dois concevoir aucune crainte. J'étais un sot ; je raisonnais comme un homme libre. Je ne puis nier aussi que ce qui, en grande partie, m'empêchait de penser à un malheur possible était le malheur réel qui m'opprimait soir et matin. Je perdais tous les jours ; j'avais des dettes partout ; j'avais mis en gage tous mes bijoux, mêmes les boîtes à portraits, que pourtant j'avais eu la prudence d'en ôter, et que j'avais confiés à Mme Manzoni, qui me gardait aussi tous mes papiers importants et toutes mes correspondances amoureuses. Je m'apercevais qu'on me fuyait. Un vieux sénateur me dit un jour qu'on savait que la jeune comtesse Bonafede était devenue folle par l'effet des drogues que je lui avais données pour la rendre amoureuse. Elle était encore à l'hôpital, et dans ses accès de folie elle prononçait sans cesse mon nom en me chargeant de malédictions. Je dois faire connaître cette courte histoire à mes lecteurs.

Cette jeune comtesse Bonafede à laquelle j'avais donné quelques sequins peu de jours après mon retour à Venise, crut pouvoir m'engager à continuer mes visites, parce qu'elle en aurait retiré beaucoup d'utilité. Importuné par ses billets, j'avais encore été la voir quelquefois, et je lui avais toujours laissé quelques sequins ; mais, la première fois exceptée, je n'avais jamais eu la complaisance de lui faire des tendresses. Il y avait un an que ma froideur rendait vaines toutes ses tentatives, lorsqu'elle prit un parti criminel, dont, à la vérité, je n'ai jamais pu la convaincre, mais dont j'ai tout lieu de la croire coupable.

Elle m'écrivit une lettre dans laquelle elle me priait instamment d'aller la voir à certaine heure pour une affaire importante. La curiosité autant que le désir de lui être utile m'y conduisit à l'heure indiquée; mais dès qu'elle me vit paraître elle me sauta au cou, en me disant que l'affaire importante était l'amour : j'en ris de bon cœur, et je fus satisfait de la trouver plus propre, ce qui sans doute me la fit trouver plus jolie. Elle me remit sur le chapitre du fort Saint-André et sut si bien m'animer que je me trouvai sur le point de la satisfaire. J'ôte mon manteau et je lui demande si son père était à la maison : « Il est sorti, » me dit-elle. Ayant besoin de sortir un instant, en rentrant je me trompe de porte et j'entre dans la chambre voisine où je suis fort surpris de me trouver en face du comte et de deux hommes de fort mauvaise mine.

« Mon cher comte, lui dis-je, votre fille vient de me dire que vous n'étiez pas à la maison.

— C'est moi qui lui ai donné cet ordre, parce que j'ai avec ces messieurs une affaire que je finirai un autre jour. »

Je voulus sortir, mais il m'arrêta, et renvoyant les deux hommes, il me dit qu'il était ravi de me voir, et se mit à me conter l'histoire de ses misères ; car elles étaient de plus d'une espèce. Les inquisiteurs d'État lui avaient retiré la modique pension dont il jouissait, et il était à la veille de se voir chassé de son logement avec toute sa famille et de demander l'aumône pour se procurer du pain. Il me dit que depuis trois ans il n'avait rien pu donner à son propriétaire, mais que s'il pouvait seulement lui payer un trimestre, il en obtiendrait un répit, ou que dans le cas où il persisterait à le faire sortir, il délogerait pendant la nuit et qu'il irait se loger quelque autre part. Comme il ne s'agissait que de vingt ducats courants, je tirai six sequins de ma poche et je les lui donnai. Il m'embrassa en pleurant de joie ; puis, prenant son pauvre manteau, il appela sa fille, lui dit de me tenir compagnie et sortit.

Resté seul avec la comtesse, j'examine la porte de communication avec la chambre où je m'étais trouvé avec elle et je la vois entr'ouverte. « Votre père, lui dis-je, m'aurait surpris, et il est aisé de deviner ce qu'il aurait fait avec les deux sbires qui étaient avec lui. Le complot est évident, et je n'y ai échappé que par le plus heureux des hasards. Elle nie, pleure, jure ses grands dieux, se jette à genoux ; je détourne la tête et, prenant mon manteau, je pars sans lui rien dire. Elle continua à m'écrire, mais ses billets restèrent sans réponse, et je ne la revis plus. C'était en été : la chaleur, la passion, la faim, la misère, lui firent tourner la tête, et elle devint folle au point qu'un jour, à midi, elle sortit toute nue, courant dans la place Saint-Pierre et demandant à ceux qui l'arrêtaient de la conduire chez moi. Cette misérable histoire courut toute la ville et m'ennuya beaucoup. On enferma cette pauvre malheureuse, qui ne recouvra la raison que cinq ans après. En sortant de l'hôpital, elle se vit dans la triste nécessité de demander l'aumône dans les rues ainsi que tous ses frères, excepté l'aîné, que je trouvai douze ans après à Madrid, simple cadet dans les gardes du roi d'Espagne.

A l'époque dont je parle, il y avait déjà un an que ce fait était arrivé ; mais, comme le trop ne pouvait nuire aux desseins atroces de mes ennemis, on l'exhuma de l'oubli, on l'embellit de tous les attraits de la fiction, et on en grossit les nuages d'où devait partir la foudre qui devait m'écraser.

Au mois de juillet 1755, l'odieux tribunal ordonna au *messer-grande* de s'assurer de moi, mort ou vif. C'était la formule furibonde de tous les décrets de prise de corps qui sortaient de ce redoutable triumvirat ; car on n'annonce jamais le moindre de ses ordres que sous peine de mort pour l'infracteur.

Trois ou quatre jours avant la fête de saint Jacques, mon patron, M. M. me fit présent de plusieurs aunes de dentelles d'argent pour me garnir un habit de taffetas que je devais mettre la veille de ma fête. Je fus la voir vêtu de mon bel habit, et je lui dis que je la reverrais le lendemain pour la prier de me prêter de l'argent, car je ne savais plus où donner de la tête pour en trouver. Elle avait encore les cinq cents sequins qu'elle avait mis de côté lorsque j'avais vendu ses diamants.

Sûr de recevoir de l'argent le lendemain, je passai la nuit à jouer, et je perdis cinq cents sequins sur parole. Au point du jour, ayant besoin de me calmer, j'allai à l'*Erberia*, endroit sur le quai du grand canal qui traverse la ville. C'est le marché aux herbes, aux fruits et aux fleurs.

Les personnes de la bonne compagnie qui vont se promener à l'Erberia d'un peu bon matin sont convenues de dire que c'est pour jouir du plaisir de voir arriver des centaines de barques chargées de légumes, de fruits et de fleurs, qui viennent des nombreuses îles qui avoisinent la ville ; mais tout le monde sait qu'il n'y a que les jeunes gens et les jeunes femmes qui ont passé la nuit dans les plaisirs de Cythère, dans les excès de la table, ou qui, désespérés par la fortune et victimes de l'imprudence, ont perdu leur dernier espoir au jeu, qui aillent dans cet endroit pour respirer un air plus libre et calmer leur agitation Le goût de cette promenade prouve combien le caractère d'une nation peut changer. Les Vénitiens d'autrefois, aussi mystérieux en galanterie qu'en politique, sont effacés par les modernes, dont le goût prédominant est de ne faire mystère de rien. Les hommes qui y vont en compagnie des femmes veulent exciter l'envie de leurs égaux en affichant leurs bonnes fortunes. Ceux qui y vont seuls cherchent à faire des découvertes ou à faire naître des jalousies : les femmes n'y vont guère que pour s'y faire voir, bien aises que tout le monde sache qu'elles ne se gênent pas. Au reste, il ne saurait en cet endroit être question de coquetterie, vu le délabrement de la parure. Il semblerait, au contraire, que les femmes se sont donné le mot pour s'y montrer sous les enseignes du désordre, afin de fournir à ceux qui les voient matière à conjectures. Quant aux hommes qui leur donnent le bras, leur peu de soin et leur air de nonchalance doivent montrer l'ennui d'une complaisance usée et faire deviner que le désordre de leurs compagnes est la preuve de leur triomphe. Enfin c'est une sorte de bon ton à cette promenade matinale d'avoir l'air abattu et de montrer le besoin d'aller se mettre au lit.

Cette description très vraie, mon cher lecteur, ne vous donnera pas une très haute idée des mœurs de mes chers concitoyens; mais à mon âge pourquoi ne serais-je pas vrai? d'ailleurs Venise n'est pas au bout du monde; c'est un endroit assez connu des étrangers que la curiosité attire en Italie; et chacun peut dire si mes tableaux sont chargés.

Après m'être promené une demi-heure, je me retire, et croyant tout le monde couché, je tire ma clef de ma poche pour ouvrir ma porte; mais à ma grande surprise cette précaution me fut inutile, car je trouvai la porte ouverte, et qui plus est, la serrure brisée. Je monte, j'entre et je trouve tout le monde debout et mon hôtesse exhalant des plaintes amères.

« Messer-grande, me dit-elle, accompagné d'une bande de sbires, est entré de force dans ma maison. Il a mis tout sens dessus dessous, disant qu'il cherchait une malle qui devait être remplie de sel, objet d'une contrebande très criminelle. »

Il savait qu'une malle avait été débarquée la veille ; ce qui était vrai ; mais cette malle était au comte S., et ne contenait que du linge et des habits. Messer-grande, après l'avoir vue, était parti sans rien dire. Il avait aussi visité ma chambre.

Elle me dit qu'absolument elle voulait une satisfaction, et jugeant qu'elle avait raison, je lui promis d'en parler le jour même à M. de Bragadin. Ayant grand besoin de repos, je me couche ; mais, éprouvant une sorte de tourment que j'attribuais à l'irritation causée par la perte que j'avais faite au jeu, je me levai trois ou quatre heures après et je me rendis chez M. de Bragadin, auquel je racontai toute l'affaire en le priant d'en presser une éclatante réparation. Je lui représentai vivement toutes les raisons que mon honnête hôtesse avait de vouloir une satisfaction proportionnée à l'offense, puisque les lois garantissaient la tranquillité de toute famille dont la conduite était irréprochable.

Mon discours attrista profondément les trois amis, et le sage vieillard, d'un air calme, mais pensif, me dit qu'il me répondrait après le dîner.

De La Haye dîna avec nous ; mais pendant le dîner, qui fut fort triste, il ne prononça pas un seul mot. Son silence aurait dû me paraître significatif, si je n'avais été sous l'empire d'un mauvais génie qui m'empêchait de faire usage de ma raison ordinaire : quant à la tristesse de mes trois amis, je l'attribuais à l'amitié qu'ils me portaient.

CHAPITRE IX

Ma liaison avec ces trois hommes respectables avait toujours été un sujet d'étonnement pour toute la ville, et, étant convenu que la chose ne pouvait pas être naturelle, il fallait que ce fût par l'effet de quelque sortilège. Ces trois messieurs étaient vertueux et dévots à outrance ; je n'étais rien moins que dévot, et il n'y avait pas à Venise de libertin plus déterminé que moi. « La vertu, disait-on, peut être indulgente pour le vice ; mais elle ne saurait faire alliance avec lui. »

Le dîner fini, M. de Bragadin me mena dans son cabinet avec ses deux amis, qui n'étaient jamais de trop. Il me dit avec beaucoup de sang-froid qu'au lieu de penser à tirer vengeance de l'affront que messer-grande avait fait à la maison que j'habitais, je devais penser à me mettre en lieu de sûreté.

« La malle, mon cher ami, remplie de sel ou d'or n'est que le prétexte ; c'est toi sans doute que l'on cherchait et que l'on croyait trouver. Puisque ton bon génie a fait qu'on t'a manqué, sauve-toi : demain peut-être il ne sera plus temps. J'ai été huit mois inquisiteur d'État et je connais le style des captures que le tribunal ordonne. On n'abat pas une porte pour la recherche d'une caisse remplie de sel. Il est possible aussi que, te sachant dehors, on soit allé chez toi précisément pour te donner le temps de t'enfuir. Crois-moi, mon cher fils, pars à l'instant pour Fusine et de là rends-toi le plus promptement possible à Florence, où tu resteras jusqu'à ce que je t'écrive que tu peux revenir sans danger. Si tu es sans argent, je vais te donner cent sequins en attendant. Songe que la prudence veut que tu partes. »

Aveugle, je lui réponds que, ne me sentant coupable de rien, je ne pouvais pas craindre le tribunal, et que par conséquent, quoique je reconnusse son conseil très prudent, je ne pouvais pas le suivre.

« Le tribunal redoutable, me dit-il, peut te reconnaître coupable de crimes vrais ou supposés, dont il ne te rendra pas compte. Demande à ton oracle si tu dois ou non suivre mon conseil. »

Je m'en dispensai, parce que j'en connaissais le ridicule ; mais, pour colorer mon refus, je lui dis que je ne l'interrogeais que quand j'étais dans le doute. Enfin, pour dernière raison, je lui alléguai qu'en partant je donnerais une marque de crainte par laquelle je me déclarerais coupable ; car un innocent, ne pouvant avoir des remords, ne pouvait pas raisonnablement avoir des craintes.

« Si le silence lui dis-je, est l'âme de ce redoutable tribunal, après mon départ il vous sera impossible de savoir si j'ai bien ou mal fait de m'enfuir. La même prudence qui, selon Votre Excellence, m'ordonne de partir, m'empêchera de revenir. Faut-il donc que je dise un éternel adieu à ma patrie et à tout ce qui m'est cher ?

Alors, pour dernière ressource, il tâcha de me persuader de passer au moins le jour et la nuit suivante au palais. Je suis encore honteux d'avoir refusé ce plaisir à ce digne vieillard, auquel je devais tant d'amour et de reconnaissance ; car le palais d'un patricien est sacré pour les archers, qui n'oseraient jamais en franchir le seuil sans un ordre spécial du tribunal, ordre qu'on ne donne jamais : j'aurais évité un grand malheur et j'aurais épargné à ce digne vieillard une peine bien sensible.

Je fus ému en voyant M. de Bragadin pleurer, et peut être allais-je accorder à ses larmes ce que j'avais obstinément refusé à ses prières et à la raison.

« De grâce, lui dis-je, épargnez-moi la vue déchirante de vos larmes. »

Rappelant à l'instant toute sa force, il fit quelques légères réflexions ; puis, avec un sourire plein de bonté, il m'embrassa en me disant :

CHAPITRE IX

« Peut-être, mon ami, suis-je destiné à ne plus vous voir; mais *fata viam inveniunt*[1]. »

Je l'embrassai tendrement et je partis, mais sa prédiction s'avéra, car je ne l'ai plus revu : il mourut onze ans après. Je me trouvai dehors sans éprouver la moindre crainte; mais j'avais beaucoup de chagrin à cause de mes dettes. Je n'eus pas le cœur d'aller à Muran prendre à M. M. ses derniers cinq cents sequins, que j'aurais dû payer de suite à celui qui me les avait gagnés pendant la nuit; je préférai de l'aller prier d'attendre huit jours, et je fis bien. Après cette démarche pénible, je rentrai chez moi, et ayant consolé l'hôtesse par toutes les raisons qu'il me fut possible de trouver, j'embrassai sa fille et je me couchai. C'était au commencement de la nuit, le 25 de juillet 1755.

Le lendemain à la pointe du jour, voilà le terrible messer-grande qui entre dans ma chambre. Me réveiller le voir et l'entendre me demander si j'étais Jacques Casanova ne fut que l'affaire d'un moment. A mon : « Oui, je suis Casanova, » il m'ordonne de me lever, de m'habiller, de lui remettre tout ce que j'avais en écritures de moi ou d'autres, et de le suivre.

« De la part de qui me donnez-vous cet ordre?

— De la part du tribunal. »

---

[1]. Le destin sait nous conduire.

CHAPITRE X

Sous les Plombs. — Tremblement de terre.

Quel est l'empire que certains mots exercent sur l'âme, et qui pourrait en préciser la source? Moi qui, la veille encore, me targuais tant de mon courage appuyé sur mon innocence, le mot de « tribunal » me pétrifia et ne me laissa que la faculté matérielle pour obéir passivement.

Mon secrétaire était ouvert ; tous mes papiers étaient sur une table qui me servait de bureau : « Prenez, dis-je à l'émissaire de l'horrible tribunal, en lui montrant de la main les papiers qui couvraient la table. » Il en remplit un sac, qu'il remit à un sbire, et me dit ensuite qu'il fallait que je lui livrasse des manuscrits reliés que je devais avoir. Je lui montrai l'endroit où ils étaient, et cela m'ouvrit les yeux. Je vis clairement que j'avais été trahi par l'indigne Manuzzi, qui, comme je l'ai dit, s'était introduit chez moi sous prétexte de me faire vendre ces livres. C'était la *Clavicule de Salomon*, le *Zecor-ben*, un *Picatrix*, une ample *Instruction sur les heures planétaires*, et les conjurations nécessaires pour avoir le colloque avec les démons de toutes les classes. Ceux qui savaient que j'avais ces livres me croyaient un grand magicien, et je n'en étais pas fâché.

Messer-grande me prit aussi les livres que j'avais sur ma table de nuit, tels que Pétrarque, Arioste, Horace, le *Philosophe militaire*, manuscrit que Mathilde m'avait donné, le *Portier des Chartreux*, et l'Arétin, que Manuzzi avait dénoncé ; car messer-grande me le demanda aussi.

CHAPITRE X

Cet espion avait l'air d'un honnête homme ; qualité nécessaire pour le métier qu'il faisait. Son fils fit fortune en Pologne en épousant une dame Opeska, qu'il fit mourir, à ce qu'on prétend, car je n'en ai pas eu les preuves ; et je pousse même la charité chrétienne jusqu'à ne pas le croire, quoiqu'il en fût très capable.

Tandis que messer-grande moissonnait ainsi mes manuscrits, mes livres et mes lettres, je m'habillais machinalement, ni vite ni lentement ; je fis ma toilette, je me rasai, me peignai ; je mis une chemise à dentelle et mon bel habit, tout cela sans y penser, sans dire le mot et sans que messer-grande, qui ne me perdait pas un instant de vue, trouvât mauvais que je m'habillasse comme si j'avais dû aller à une noce.

En sortant, je fus surpris de voir une quarantaine d'archers dans l'antichambre : on m'avait fait l'honneur de les croire nécessaires pour s'assurer de ma personne, tandis que, selon l'axiome *Ne Hercules quidem contra duos*, il n'en fallût que deux. Il est singulier qu'à Londres, où tout le monde est brave, on n'emploie qu'un homme pour en arrêter un autre, tandis que dans ma chère patrie, où l'on est fort poltron, on en emploie trente. C'est peut-être parce que le poltron transformé en assaillant doit avoir plus peur que le poltron assailli, ce qui peut parfois faire un brave de circonstance d'un lâche d'habitude. Il est certain qu'on voit souvent à Venise un seul homme se défendre contre vingt sbires et finir par leur échapper après les avoir rossés. Je me souviens d'avoir aidé un de mes amis à Paris à s'échapper des mains de quarante pousse-culs, et que nous mîmes toute cette vile canaille en fuite.

Messer-grande me fit entrer dans une gondole, où il se plaça auprès de moi avec une escorte de quatre hommes. Arrivé chez lui, il m'offrit du café, que je refusai ; puis il m'enferma dans une chambre. J'y passai quatre heures à dormir, me réveillant tous les quarts d'heure pour lâcher de l'eau ; phénomène extraordinaire, car j'étais loin d'être affecté de la strangurie, la chaleur était excessive et je n'avais pas soupé la veille. J'avais autrefois fait l'expérience que la surprise causée par l'oppression faisait sur moi l'effet d'un puissant narcotique ; mais je vis à l'époque dont je parle que la surprise à un haut degré est diurétique. J'abandonne cette découverte aux physiciens ; peut-être quelque savant parviendra-t-il à la faire servir au soulagement de l'humanité. Je me rappelle qu'à Prague j'ai bien ri, il y a six ans, en apprenant que quelques dames fort délicates, ayant lu ma fuite sous les Plombs que j'avais déjà publiée, s'étaient formalisées du récit que je fais de ce fait et qu'elles avaient jugé que j'aurais bien pu l'omettre. Je l'aurais omis peut-être en parlant à une dame ; mais le public n'est pas une jolie femme que je veuille ménager : mon but est de l'instruire. Au reste, je ne vois rien d'inconvenant dans le fait que je rapporte ; car hommes et femmes, tout y est soumis, comme au boire et au manger ; et si quelque chose peut choquer des nerfs trop irritables, ce ne peut être que l'idée pénible, pour l'amour-propre, que nous avons cela de commun avec les vaches et les pourceaux.

Il est probable qu'en même temps que mon esprit effrayé donnait des marques de défaillance par l'assoupissement de sa faculté pensante, mon corps, comme s'il se fût trouvé dans un pressoir, devait distiller une forte partie des fluides qui, par une circulation continuelle, donnent l'action à nos facultés pensantes. Et voilà comment une forte surprise peut causer une mort subite et nous envoyer en paradis par un chemin beaucoup trop court.

Vers les trois heures, le chef des archers entra et me

CHAPITRE X

dit qu'il avait ordre de me conduire *sous les Plombs*. Sans mot dire, je le suis. Nous descendîmes dans une gondole, et après mille détours par les petits canaux, nous entrâmes dans le Grand-Canal et nous descendîmes au quai des prisons. Après avoir monté plusieurs escaliers, nous traversâmes un pont fermé qui fait la communication des prisons avec le palais ducal par-dessus le canal qu'on appelle *rio di Palazzo*. Au delà de ce pont se trouve une galerie que nous passâmes ; ensuite nous traversâmes une chambre pour entrer dans une autre, où il me présenta à un individu revêtu de la robe de patricien, lequel, après m'avoir toisé des yeux, lui dit :
« *E quello, mettetelo in deposito*[1]. »

Cet homme était le secrétaire des inquisiteurs, le *prudent Dominique Cavalli*, qui, apparemment, eut honte de parler vénitien en ma présence, car il prononça mon arrêt en langue toscane.

Messer-grande me remit alors au gardien des Plombs, qui était là tenant un énorme trousseau de clefs et qui, suivi de deux archers, me fit monter deux petits escaliers, au haut desquels nous suivîmes une galerie, puis une seconde séparée par une porte fermée à clef, puis une autre galerie au bout de laquelle il ouvrit une autre porte qui donnait dans un sale galetas, long de six toises, large de deux, mal éclairé par une lucarne très élevée. Je pris ce galetas pour ma prison, mais j'étais dans l'erreur ; car, prenant une énorme clef, le geôlier ouvrit une grosse porte doublée en fer, haute de trois pieds et demi, ayant au milieu un trou rond de huit pouces de diamètre, et il m'ordonna d'entrer, au moment où j'étais très occupé à considérer une machine de fer, solidement enchâssée dans la forte cloison. Cette machine avait

---

1. Mettez-le en dépôt.

la forme d'un fer à cheval, épaisse d'un pouce et ayant environ cinq pouces de diamètre d'un bout à l'autre. Je réfléchissais à l'usage de cette horrible machine, lorsque le geôlier me dit en souriant :

« Je vois, monsieur, que vous voudriez savoir à quoi cela sert, et je puis vous satisfaire. Lorsque Leurs Excellences ordonnent qu'on étrangle quelqu'un, on le fait asseoir sur un tabouret, le dos tourné contre ce collier, et on lui place la tête de façon qu'il vienne à garnir la moitié de son cou. Une masse de soie qui lui garnit l'autre moitié passe par ce trou et les deux bouts vont aboutir à l'axe d'un moulinet auquel on les assujettit; et un homme tourne la roue jusqu'à ce que le patient ait rendu l'âme à Notre Seigneur, car le confesseur, Dieu merci, ne le quitte pas qu'il ne soit expiré.

— C'est fort ingénieux, et je pense, monsieur, que c'est vous qui êtes chargé de l'honneur de tourner le moulinet. »

Il ne me répondit pas, et m'ayant fait signe d'entrer, ce que je fis en me courbant de la moitié du corps, il m'enferma; ensuite il me demanda par le trou grillé de la porte ce que je voulais manger. « Je n'y ai pas encore pensé, » lui répondis-je. Et il partit, refermant toutes les portes avec soin.

Accablé et abasourdi, je mets les coudes sur la hauteur d'appui de la grille. Elle avait deux pieds en tous sens, croisée par six barreaux de fer d'un pouce d'épaisseur, qui formaient seize trous carrés de cinq pouces. Cette ouverture aurait rendu mon cachot assez clair, si une poutre quadrangulaire, maîtresse d'œuvre du comble, ayant dix-huit pouces de large et qui entrait dans le mur au-dessous de la lucarne que j'avais obliquement vis-à-vis, n'eût intercepté la lumière qui entrait dans l'affreux galetas. Ayant fait le tour de cette triste demeure, tenant la tête inclinée, car le cachot n'avait que cinq pieds et demi de hauteur, je trouvai, presqu'à tâtons qu'elle formait les trois quarts d'un carré de deux toises. Le quatrième quart contigu qui lui manquait était une espèce d'alcôve capable de contenir un lit; mais je ne trouvai ni lit, ni table, ni chaise, ni meuble d'aucune espèce, excepté un baquet dont le lecteur peut deviner l'usage, et une planche assujettie au mur, large d'un pied et élevé à quatre pieds du plancher. Ce fut là-dessus que je plaçai mon manteau de pou-de-soie, mon bel habit mal étrenné et mon chapeau bordé à point d'Espagne et garni d'une belle plume blanche. La chaleur était extrême, et machinalement l'instinct me porta vers la petite grille, seul lieu où je pusse me reposer sur mes coudes. Je ne pouvais pas voir la lucarne, mais je voyais la lumière qui éclairait le galetas et des rats d'une épouvantable grosseur qui s'y promenaient tout à leur aise; car ces hideux animaux, dont j'abhorre la vue, venaient jusque sous ma grille sans montrer la moindre frayeur. A cette désagréable vue, je me hâtai de fermer, avec un volet intérieur, le trou rond qui était au milieu de la porte, car leur visite m'aurait glacé le sang. Tombé dans la rêverie la plus profonde, mes bras toujours croisés sur la hauteur d'appui, je passai là huit heures dans le silence et sans faire aucun mouvement.

Au son de l'horloge qui sonna vingt et une heures, je commençai à me réveiller, et j'éprouvai quelque inquiétude de ne voir paraître personne pour me porter à manger et les effets et meubles dont j'avais besoin pour me coucher. Il me semblait qu'au moins on aurait dû m'apporter une chaise, du pain et de l'eau. Je n'avais point d'appétit : mais devait-on le savoir? et de ma vie je n'avais eu la bouche aussi sèche et aussi amère. Je me tenais cependant pour sûr qu'avant la fin du jour quelqu'un paraîtrait ; mais, lorsque j'entendis sonner la vingt-quatrième heure, je devins furieux, heurtant, frappant des pieds, pestant et accompagnant de hauts cris tout le vain tapage que mon étrange situation m'excitait à faire. Après plus d'une heure de ce furieux exercice, ne voyant personne, n'ayant pas le moindre indice que quelqu'un pût avoir entendu mes cris, enveloppé dans les ténèbres, je ferme la grille de crainte que les rats ne sautassent dans mon cachot, et je me jette tout de mon long sur le plancher. Un abandon aussi cruel ne me semblait pas naturel, et je décidai en moi-même que les barbares inquisiteurs avaient juré ma mort. L'examen de ce que je pouvais avoir fait pour mériter un pareil traitement ne pouvait pas être long, car dans l'investigation la plus scrupuleuse de mes actions, je ne trouvais rien qui pût me fixer. J'étais libertin, joueur, hardi parleur, et je ne pensais d'habitude qu'à bien jouir de l'actualité de la vie ; mais dans tout cela je ne voyais pas de crime d'État. Néanmoins, me voyant traiter en criminel, la rage et le désespoir m'inspiraient contre l'horrible despotisme qui m'opprimait des expressions que la pudeur m'engage à laisser deviner à mes lecteurs, mais que je ne dois point répéter ici. Cependant l'irritation de mon esprit, la faim qui commençait à se faire sentir, la soif qui me dévorait et la dureté du plancher sur lequel j'étais étendu, n'empêchèrent point la nature épuisée de réclamer ses droits, et je m'endormis.

Ma constitution robuste avait besoin de sommeil ; et dans un individu jeune et bien portant, ce besoin impérieux fait taire tous les autres, et c'est dans ce sens surtout que l'on peut appeler le sommeil le bienfaiteur des hommes.

La cloche de minuit m'éveilla. Que le réveil est affreux quand il fait regretter les illusions du néant ! Je ne pou-

CHAPITRE X

vais point me figurer que j'eusse passé trois heures sans éprouver aucune douleur. Couché sur le côté gauche, sans me bouger, j'allonge le bras droit pour prendre mon mouchoir que je me rappelais avoir mis de ce côté-là. Je tâtonne : Dieu! quelle surprise quand ma main en saisit une autre froide comme glace! L'effroi m'électrisa de la tête aux pieds, et mes cheveux se dressèrent sur ma tête.

Jamais de ma vie je n'ai eu l'âme saisie d'une pareille frayeur et je ne m'en suis jamais cru susceptible. Je passai trois ou quatre minutes dans une sorte d'anéantissement, non seulement immobile, mais incapable de penser. Rendu un peu à moi-même, je me fis la grâce de croire que la main que j'avais cru toucher pouvait n'être qu'un effet de mon imagination troublée, et dans cet espoir j'allonge de nouveau le bras et je retrouve la même main. Transi et frémissant d'horreur, je jette un cri perçant, et repoussant la main que je tenais, je retire mon bras en frissonnant.

Bientôt, devenu un peu plus calme et me croyant capable de réfléchir, je décide que pendant que je dormais on était venu déposer près de moi un cadavre : j'étais sûr qu'en me couchant il n'y était pas. Ce sera, me dis-je, le corps de quelque malheureux qu'on aura étranglé, et on veut me prévenir ainsi du sort qui m'est réservé. Cette pensée m'exaspère, je deviens féroce, et, toute ma frayeur faisant place à la rage, je porte une troisième fois mon bras vers la main glacée, je m'en saisis pour m'assurer de toute l'atrocité du fait, et voulant me lever, je m'appuie sur mon coude gauche et je sens que c'est mon autre main que je tiens! Amortie par le poids de mon corps et par la dureté du plancher qui me servait d'édredon, elle avait perdu la chaleur, le mouvement et la sensibilité.

Cette aventure, malgré ce qu'elle avait de comique, ne m'égaya point ; elle donna cours au contraire aux réflexions les plus noires. Je m'aperçus que j'étais dans un endroit où, si le faux paraissait vrai, la vérité devait paraître fausse ; où l'entendement devait perdre la moitié de ses privilèges, et où la fantaisie altérée devait rendre la raison victime ou de l'espérance chimérique ou d'un affreux désespoir. Je pris la résolution de me mettre sur mes gardes sur cet article, et pour la première fois de ma vie, à l'âge de trente ans, j'appelai à mon secours la philosophie, dont j'avais tous les germes dans l'âme, mais dont je n'avais pas encore eu besoin de faire usage.

Je crois que la plupart des hommes meurent sans avoir jamais pensé, et ce n'est pas tant faute d'esprit et de sens que parce que le choc nécessaire à l'érection de la faculté pensante n'a jamais été produit par un événement extraordinaire en opposition à leurs habitudes journalières.

Après l'émotion que je venais d'éprouver, il ne pouvait plus être question de sommeil ; et pourquoi me serais-je levé, puisque je ne pouvais point me tenir debout ? Je pris donc le seul parti raisonnable dans la circonstance, celui de rester assis. Je me tins sur mon séant jusqu'à huit heures : le crépuscule du nouveau jour commençait à paraître ; le soleil devait se lever à neuf heures, et il me tardait de voir ce jour, car un pressentiment que je tenais pour infaillible m'avertissait qu'on me renverrait chez moi. Je brûlais de désirs de vengeance ; je ne me le dissimulais pas. Je me voyais à la tête du peuple prêt à exterminer le gouvernement qui m'opprimait : je massacrais sans pitié tous les aristocrates. Tout devait être pulvérisé. J'avais la fièvre du délire ; je connaissais les auteurs de mon mal, et mon imagination en détruisait la source. Je ramenais l'exercice du droit naturel qu'ont tous les hommes de n'obéir qu'à la loi et de n'être justiciables que de leurs pairs en force des lois qu'ils ont consenties : enfin je faisais des *châteaux en Espagne*. Tel est l'homme abandonné au mouvement d'une grande passion : il ne se doute pas que ce qui le meut ainsi n'est pas la raison, mais bien sa plus grande ennemie : la colère.

J'attendis moins que je ne m'étais disposé à attendre : ce fut un premier motif de calme. A huit heures et demie le silence profond de ces lieux, enfer de l'humanité vivante, fut rompu par le bruit criant des verrous dans les vestibules des corridors qu'il fallait traverser pour venir jusqu'à moi.

« Avez-vous eu le temps de penser à ce que vous voulez manger ? me cria mon geôlier d'une voix rauque au travers du guichet. »

On est bien heureux quand l'insolence d'un être infâme ne se montre que sous le masque de la raillerie ! Je lui répondis que je désirais une soupe au riz, du bouilli, du rôti, du pain, du vin et de l'eau. Je m'aperçus que le butor était étonné de ne pas entendre les plaintes auxquelles il s'attendait. Il s'en alla et revint un quart d'heure après me dire qu'il s'étonnait que je ne voulusse pas un lit et les meubles nécessaires :

« Car, ajouta-t-il, si vous vous flattez qu'on ne vous ait fait mettre ici que pour une nuit, vous vous trompez.

— Portez-moi donc tout ce que vous me croirez nécessaire.

— Où faut-il que j'aille ? Voilà un crayon et du papier : écrivez tout. »

Je lui indique par écrit l'endroit où il devait m'aller chercher des chemises, des bas, des hardes de toute espèce, un lit, table, chaise ; enfin les livres que messer-grande m'avait pris, du papier, des plumes, etc. A la lecture que je lui fis de tous ces articles, car le butor ne savait pas lire :

« Rayez, rayez, monsieur, me dit-il, rayez livres, papier, plumes, miroir, rasoirs; car tout cela est ici du fruit défendu : ensuite donnez-moi de l'argent pour acheter votre dîner. »

J'avais trois sequins ; je lui en donnai un, et il sortit. Il passa une heure dans les corridors, occupé, comme je l'ai su par la suite, à servir sept autres prisonniers détenus dans des cachots éloignés les uns des autres pour empêcher toute communication.

Vers midi le geôlier reparut, suivi de cinq archers destinés à servir les prisonniers d'État. Il ouvrit le cachot pour y introduire les meubles que j'avais demandés et mon dîner. On plaça le lit dans l'alcôve, on mit mon dîner sur une petite table et mon couvert consistant en une cuiller d'ivoire qu'il avait achetée avec mon argent : fourchettes, couteaux et tout instrument tranchant étaient défendus. « Ordonnez, me dit-il, ce que vous voudrez manger demain, car je ne puis venir ici qu'une fois par jour au lever du soleil. L'illustrissime signor secrétaire m'a ordonné de vous dire qu'il vous enverra des livres convenables ; mais que ceux que vous désirez sont défendus.

— Remerciez-le de la grâce qu'il m'a faite de me mettre seul.

— Je ferai ce que vous désirez ; mais vous faites mal de vous moquer ainsi.

— Je ne me moque pas, car il vaut mieux être seul, je crois, que d'être avec les scélérats qui doivent être ici.

— Comment, monsieur ! des scélérats ? j'en serais bien fâché. Il n'y a ici que d'honnêtes gens, qu'il faut

CHAPITRE X 201

cependant séparer de la société par des raisons que Leurs seules Excellences savent. On vous a mis tout seul pour vous punir davantage, et voulez-vous que je remercie de votre part?

— Je ne savais pas cela. »

Cet ignorant avait raison, et je ne tardai pas à m'en apercevoir. J'ai reconnu qu'un homme enfermé seul est dans l'impossibilité de s'occuper ; que, seul dans un endroit obscur, où il ne voit et ne peut voir qu'une fois par jour celui qui lui porte à manger, où il ne peut pas marcher sans se courber, il est le plus malheureux des êtres. Il désire l'enfer, s'il y croit, pour être en compagnie. Ce sentiment est si impérieux, que j'allai jusqu'à désirer celle d'un assassin, d'un malade infect, d'un ours. La solitude sous les verrous est désespérante ; mais pour y croire peut-être faut-il le savoir par expérience, et cette expérience, je ne la désirerais pas même à mes ennemis. Qu'un homme de lettres dans ma situation reçoive de l'encre et du papier, son malheur diminue des neuf dixièmes ; mais les bourreaux qui me persécutaient étaient loin de songer à m'accorder des adoucissements.

Après le départ du geôlier, je plaçai ma table près du trou pour me procurer un peu de lumière, et je m'assis pour dîner ; mais il ne me fut possible d'avaler que quelques cuillerées de soupe. A jeun depuis près de quarante-huit heures, il n'était pas étonnant que je fusse malade. Je passai la journée assis dans mon fauteuil, sans fureur, et accommodant mon esprit à la lecture des livres qu'on m'avait fait la grâce de me promettre. Je ne fermai pas l'œil de toute la nuit, empêché par l'horrible fracas que faisaient les rats et par le bruit assourdissant de l'horloge de Saint-Marc, que je croyais avoir dans ma chambre. Ce double tourment n'était pas le plus grand que j'eusse à supporter, et je doute que beaucoup de mes lecteurs aient une véritable idée de celui dont je veux parler : c'étaient des milliers de puces qui s'en donnaient à cœur joie sur tout mon corps. Ces petits insectes me suçaient le sang avec un acharnement et une avidité inexprimables : leurs piqûres incessantes me donnaient des convulsions, me causaient des contractions spasmodiques, empoisonnaient tout mon sang.

A la pointe du jour, Laurent (c'était le nom du geôlier) vint, fit faire mon lit, balayer, nettoyer et un de ses sbires me présenta de l'eau pour me laver. Je voulais sortir dans le galetas, mais Laurent me dit que cela n'était pas permis. Il me donna deux gros livres que je m'abstins d'ouvrir, n'étant pas sûr de pouvoir modérer un premier mouvement d'indignation qu'ils auraient pu me causer et ce que l'espion n'aurait pas manqué de répéter à ses maîtres. Il partit après m'avoir laissé ma mangeaille et deux citrons coupés.

Resté seul, je me hâtai de manger ma soupe afin de l'avoir chaude ; ensuite je m'approchai de la lucarne avec un livre, et je vis avec plaisir qu'il me serait possible d'y lire. Je regarde le titre et je vois : *la Cité mystique de sœur Marie de Jésus, appelée d'Agrada*. Je n'en avais aucune idée. Le second était d'un jeune jésuite nommé *Caravita*. Ce cafard, comme le sont tous ses pareils, établissait une nouvelle *adoration au sacré cœur de Notre Seigneur Jésus-Christ*. De toutes les parties humaines de notre divin médiateur, c'était celle-là que, selon l'auteur, on devait particulièrement adorer : idée singulière d'un fou ignorant, dont la lecture me révolta à la première page, car le cœur ne me paraissait pas un viscère plus respectable que le poumon, l'estomac ou toute autre partie. *La Cité mystique* m'intéressa un peu.

Je lus tout ce que peut enfanter l'extravagance de l'imagination exaltée d'une vierge espagnole, extravagamment dévote, mélancolique, cloîtrée, ayant des directeurs de conscience ignorants, faux et dévots. Toutes ces visions chimériques, fantastiques et monstrueuses étaient décorées du nom de *révélations*. Amoureuse et amie très intime de la Sainte Vierge, elle avait reçu ordre de Dieu même d'écrire la vie de sa divine mère : les instructions nécessaires, et que personne ne pouvait avoir lues nulle part, lui avaient été fournies par le Saint-Esprit.

Elle commençait la vie de Marie, non pas du jour de sa naissance, mais bien de celui de son immaculée conception dans le sein de sa mère Anne. Cette sœur Marie d'Agrada était supérieure d'un couvent de Cordelières fondé par elle-même chez elle. Après avoir narré en détail tout ce que sa divine héroïne fit dans les neuf mois qu'elle passa dans le sein maternel, elle nous apprend qu'à l'âge de trois ans elle balayait la maison, aidée par neuf cents domestiques, tous anges que Dieu lui avait destinés et qui étaient commandés par leur propre prince Michel, qui allait et venait d'elle à Dieu et de Dieu à elle pour leur correspondance réciproque.

Ce qui frappe dans ce livre, c'est l'assurance où le lecteur judicieux doit se trouver qu'il n'y a rien que l'auteur, plus que fanatique, ait pu croire avoir inventé : l'invention ne peut pas aller jusque-là ; tout est dit de bonne foi avec pleine conviction. Ce sont les visions d'une cervelle sublimée qui, sans aucune ombre d'orgueil, ivre de Dieu, croit ne révéler que ce que l'Esprit divin lui inspire.

Ce livre était imprimé avec la permission de la très sainte et très horrible Inquisition. Je ne pouvais revenir de mon étonnement ! Bien loin que cet ouvrage excitât ou augmentât dans mon esprit une ferveur, un simple zèle de religion, il m'excitait à traiter de fabuleux tout ce que nous avions de mystique et même de dogmatique.

L'esprit de ce livre et de tous ses pareils doit entraîner des conséquences ; car, par exemple, un lecteur d'un esprit plus susceptible et plus que le mien affecté du merveilleux risque en les lisant de devenir visionnaire et graphomane comme cette pauvre vierge.

Le besoin de m'occuper à quelque chose me fit passer une semaine sur ce chef-d'œuvre de déraison, fruit d'une cervelle sublimée. Je me gardais bien de rien dire au geôlier touchant ce bel ouvrage ; mais je commençais à me sentir obsédé. Dès que je succombais au sommeil, je m'apercevais de la peste que sœur d'Agrada communiquait à mon esprit affaibli par la mélancolie, par la mauvaise nourriture, le défaut d'air et de mouvement, et par l'horrible incertitude sur le sort qu'on me réservait. Mes rêves extravagants me faisaient rire, lorsque, éveillé, je les rappelais à mon souvenir. Si j'avais eu les matériaux nécessaires, je les aurais écrits, et peut-être aurais-je produit dans mon cachot un ouvrage encore plus fou que celui que le sieur Cavalli m'avait si ingénieusement choisi.

Cela m'a mis à même de juger combien se trompent ceux qui attribuent à l'esprit de l'homme une certaine force positive : elle n'est que relative, et l'homme qui s'étudierait bien ne trouverait en lui-même que de la faiblesse. Je vis que, quoique l'homme devienne rarement fou, la chose est cependant possible ; car notre raison est comme la poudre qui, quoique très facile à s'enflammer, ne s'enflamme cependant jamais sans le contact d'une étincelle. Le livre de cette Espagnole a toutes les propriétés pour fêler le timbre d'un homme, mais pour que ce poison fasse cet effet, il faut l'isoler, le mettre sous les Plombs, et le priver de toute autre occupation.

Au mois de novembre 1767, allant de Pampelune à Madrid, Andrea Capello, mon voiturier, s'arrêta pour dîner dans une ville de la Vieille-Castille. Je la trouvai si triste et si laide, qu'il me vint envie d'en savoir le nom. Oh! que je ris de bon cœur quand on me dit que c'était Agrada! « C'est donc ici, me dis-je, que la tête de cette sainte folle est accouchée du fameux chef-d'œuvre que, sans M. Cavalli, je n'aurais jamais connu! Un vieux prêtre, qui conçut de moi la plus haute estime aussitôt que je l'eus interrogé sur cette historienne véridique de la Mère du Christ, me montra le lieu même où elle avait écrit, et m'assura que le père, la mère, la sœur et toute la famille de la bienheureuse biographe avaient tous été de très grands saints. Il me dit, et c'était vrai, que l'Espagne sollicitait à Rome sa canonisation avec celle du vénérable Palafox. Ce fut peut-être cette *Cité mystique* qui donna au père Malagrida le talent nécessaire pour écrire la Vie de sainte Anne, que le Saint-Esprit lui dicta aussi; mais le pauvre diable de jésuite dut en souffrir le martyre : raison de plus pour lui procurer la canonisation, si jamais l'horrible société ressuscite et parvient à la puissance universelle qui est le but secret de son institution.

Au bout de neuf ou dix jours, je me trouvai sans argent. Laurent m'en demanda.

« Je n'en ai point.

— Où dois-je en aller prendre?

— Nulle part. »

Ce qui en moi déplaisait à cet homme ignorant, avide, bavard et curieux, c'étaient mon silence et mon laconisme.

Le lendemain il me dit que le tribunal m'assignait cinquante sous par jour, qu'il devait en être le caissier, mais qu'il m'en rendrait compte tous les mois et qu'il ferait de mes épargnes l'usage que je voudrais.

« Tu m'apporteras deux fois par semaine la *Gazette de Leide*.

— Impossible ; cela n'est pas permis. »

Soixante-quinze livres par mois étaient plus qu'il ne me fallait, puisque je ne pouvais plus manger : l'extrême chaleur et l'inanition causée par le défaut de nourriture m'avaient énervé. Nous étions dans la canicule : la force des rayons du soleil qui dardaient d'aplomb sur ma prison me tenait comme dans une étuve, au point que la sueur qui découlait de mon pauvre corps mouillait le plancher à droite et à gauche du fauteuil sur lequel j'étais forcé de me tenir tout nu.

Il y avait quinze jours que je languissais dans cet enfer, et je n'avais pas encore eu une seule sécrétion alvine. Au bout de ce temps presque incroyable, la nature ayant besoin de reprendre son cours, je crus que ma dernière heure était venue. Les veines hémorroïdales s'étaient tellement gonflées que leur pression me causait des douleurs aiguës insupportables. Je dus à ce funeste séjour le développement de cette cruelle infirmité dont je n'ai jamais pu parvenir à me guérir depuis. Les mêmes douleurs, en se reproduisant de temps en temps, quoique avec moins de force, m'en rappellent la cause et ne contribuent pas à m'en rendre le souvenir agréable. Si la physique ne nous enseigne pas des remèdes pour guérir de tous les maux, elle nous fournit les moyens sûrs d'en acquérir de plus d'une espèce. Cette maladie m'a valu des compliments en Russie, où l'on en fait un si grand cas que je n'osais pas m'en plaindre lorsque j'y fus dix ans plus tard. Il m'était arrivé la même chose à Constantinople, où, ayant un rhume de cerveau et m'en plaignant en présence d'un Turc, je lui fis penser qu'un chien de chrétien n'était pas digne d'un tel bonheur.

Le même jour je fus atteint d'une violente fièvre et je gardai le lit. Je n'en dis rien à Laurent ; mais le surlendemain, trouvant intact tout ce qu'il m'avait apporté pour ma nourriture, il me demanda comment je me portais :

« Fort bien.

— Ce n'est pas possible, monsieur, car vous ne mangez pas. Vous êtes malade, et vous verrez la magnificence du tribunal, qui vous fournira gratis médecin, chirurgien et médicaments. »

Il sortit et revint trois heures après, sans satellite, tenant une bougie à la main et précédant un grave personnage : c'était le médecin. J'étais dans l'ardeur de la fièvre qui ne m'avait pas quitté depuis trois jours. Il s'approcha de moi, m'interrogea. Je lui dis qu'à mon confesseur et à mon médecin je ne parlais jamais que seul à seul. Le docteur dit à Laurent de sortir, mais, cet argus s'y étant refusé, il partit en disant que j'étais en danger de mort. C'était ce que je désirais ; car la vie, telle qu'elle était pour moi, n'était pas le suprême bien. Au reste, j'éprouvais quelque satisfaction en pensant que par là mes impitoyables persécuteurs seraient peut-être forcés de réfléchir à l'inhumanité de l'horrible traitement qu'ils exerçaient sur moi.

Quatre heures après, j'entendis de nouveau le bruit des verrous, et le médecin entra, tenant lui-même un flambeau. Laurent resta dehors. Je me trouvais dans une si grande langueur qu'elle me procurait un véritable repos. La nature bienfaisante a exempté l'homme réellement malade des tourments de l'ennui. J'étais charmé de voir mon infâme gardien dehors, car depuis son explication du collier de fer je l'avais en horreur.

Il ne me fallut pas un quart d'heure pour informer le docteur de tout.

« Si vous voulez, me dit-il, recouvrer la santé, il faut bannir la tristesse.

— Écrivez-m'en la recette et portez-la au seul apothicaire qui puisse en faire la manipulation. M. Cavalli est le mauvais physicien qui m'a donné *le Cœur de Jésus* et *la Cité mystique.*

— Ces deux drogues peuvent fort bien vous avoir donné la fièvre et les hémorroïdes : je ne vous abandonnerai pas. »

Il s'en alla après m'avoir fait lui-même une fort longue limonade, dont il m'engagea à boire souvent. Je passai la nuit assoupi et rêvant mille sottises mystiques.

Le lendemain il revint avec Laurent et un chirurgien qui me saigna. Il me laissa une médecine qu'il me dit de prendre le soir et une bouteille de bouillon.

« J'ai obtenu, me dit-il, la permission de vous faire transporter dans le galetas où la chaleur est moins forte et l'air moins étouffé qu'ici.

— Je renonce à cette grâce, car j'abhorre les rats, que vous ne connaissez pas et qui certainement viendraient dans mon lit.

— Quelle misère ! J'ai dit à M. Cavalli qu'il a manqué de vous tuer avec ses livres : il m'a chargé de les lui rendre et de vous donner Boëce. Le voici.

— Je vous en suis bien obligé ; il vaut mieux que Sénèque : il me fera du bien.

— Je vous laisse ici de l'eau d'orge et un instrument très nécessaire : amusez-vous à vous raffraîchir. »

Il me fit quatre visites et me tira d'affaires : mon tempérament fit le reste et mon appétit revint. Au commencement de septembre, je me portais tout à fait bien, je n'endurais d'autre mal réel qu'une extrême chaleur, la vermine et l'ennui ; car je ne pouvais pas toujours lire Boèce.

Un jour Laurent me dit que j'avais la permission de sortir de mon cachot pour me laver pendant qu'on ferait mon lit et qu'on balayerait. Je profitai de cette grâce pour me promener pendant dix minutes que durait l'opération, et, comme je me promenais avec violence, les rats épouvantés n'osaient pas se montrer. Ce jour-là même, Laurent me rendit compte de mon argent, et il se trouva mon débiteur de trente livres qu'il ne m'était pas permis de mettre dans ma poche. Je les lui laissai en disant de m'en faire dire des messes, persuadé qu'il en ferait un tout autre usage, et il me remercia d'un ton de satisfaction qui me prouva qu'il serait lui-même le prêtre. J'en usai de même tous les mois, et je n'ai jamais vu de quittance d'aucun diseur de messes. Laurent fit bien de célébrer le sacrifice au cabaret : l'argent fut au moins utile à quelqu'un.

Je vivais au jour la journée, me flattant chaque soir que le jour suivant on me rendrait la liberté ; mais, trompé chaque jour dans mon attente, je décidai dans ma pauvre tête que ce serait immanquablement au premier d'octobre, jour où commençait le règne des nouveaux inquisiteurs. D'après ce beau calcul, ma détention devait durer aussi longtemps que les inquisiteurs actuels, et c'était la raison pour laquelle je n'avais jamais vu le secrétaire qui, sans cela, serait sans doute venu me voir pour m'interroger, m'examiner et me convaincre de mes crimes ; enfin, pour m'annoncer ma condamnation. Tout cela me paraissait sans réplique, parce que c'était naturel ; mais cet argument était faux sous les Plombs, où rien ne se fait selon l'ordre naturel. Je me figurais que les inquisiteurs devaient avoir reconnu mon innocence et leur injustice, et qu'ils ne me retenaient en prison que pour la forme et pour ne pas entacher leur réputation d'une souillure d'injustice ; de là je concluais qu'ils me rendraient la liberté en déposant le sceptre de leur exorbitant pouvoir. Mon esprit était dans un état de calme si parfait que je me sentais capable de leur pardonner et d'oublier l'injure que j'en avais reçue. « Comment, me disais-je, ces messieurs pourraient-ils me laisser ici à la merci de leurs successeurs, auxquels ils n'auraient rien pu transmettre de suffisant à ma condamnation ? » Je trouvais impossible qu'ils eussent pu me condamner et écrire ma sentence sans me l'avoir communiquée, sans m'en avoir dit la raison. Mon bon droit me paraissait incontestable, et je raisonnais en conséquence ; mais ce n'était pas d'après la raison que je devais raisonner envers un tribunal qui se distingue de tous les tribunaux de la terre par l'arbitraire et le bon plaisir. Il suffit que les inquisiteurs procèdent contre quelqu'un pour qu'il soit coupable ; et alors quel besoin a-t-on de lui parler ? et quand il l'a condamné, qu'est-il besoin de lui annoncer sa sentence ? Son consentement n'est pas nécessaire, et ils pensent qu'il vaut mieux laisser au malheureux le sentiment de l'espérance ; car, quand bien même on l'instruirait de tout, il n'en resterait pas une seule heure de moins en prison. Celui qui est sage ne rend compte de ses affaires à personne, et les affaires du tribunal vénitien ne sont que de juger et de condamner. Le coupable est une machine qui n'a pas besoin de se mêler de l'affaire pour y coopérer : c'est un clou qui, pour entrer dans le mur, ne demande qu'à être frappé.

Je connaissais en partie les usages du colosse sous les pieds duquel j'étais ; mais il y a sur la terre des choses qu'on ne peut se flatter de bien savoir que lorsqu'on en

CHAPITRE X

a fait l'expérience. Si parmi mes lecteurs il s'en trouve quelques-uns auxquels ces règles semblent injustes, je leur pardonne, parce que je sais qu'elles en ont parfaitement l'apparence ; mais qu'ils souffrent que je leur dise qu'étant d'institution, elles deviennent nécessaires, parce qu'un tribunal de cette trempe ne saurait subsister que par elles. Ceux qui les maintiennent en vigueur sont des sénateurs choisis entre les plus qualifiés et qui ont la réputation d'hommes vertueux.

Le dernier de septembre, je passai la nuit blanche, et j'étais dans une extrême impatience de voir paraître le nouveau jour, tant je me sentais sûr de recouvrer ce jour-là ma liberté. Le règne des scélérats qui m'en avaient privé expirait ; mais le jour parut, Laurent vint à son ordinaire et ne m'annonça rien de nouveau. Je fus pendant cinq à six jours dans la rage et le désespoir,.et alors je me figurais que, pour des raisons qu'il m'était impossible de deviner, on avait résolu de me tenir enfermé pour le reste de mes jours. Cette idée affreuse me fit rire, car je me sentais maître de ne rester esclave que très peu de temps, aussitôt qu'au péril de mes jours j'aurais pris le parti de faire cesser ma détention. Je savais que je réussirais à m'échapper ou à me faire tuer, *deliberata morte ferocior*[1].

Au commencement de novembre je formai sérieusement le projet de sortir par la force d'un lieu où l'on me retenait par la violence, et cette pensée devint mon idée unique. Je commençai à me creuser le cerveau pour trouver un moyen d'exécuter mon projet, et j'en conçus cent plus hardis les uns que les autres ; mais toujours un nouveau moyen me faisait rejeter celui auquel je venais de donner la préférence. Pendant ce laborieux travail de

---

1. Devenu plus terrible par la résolution de mourir.

mon imagination, il arriva un événement singulier qui me fit sentir le triste état où mon esprit se trouvait.

J'étais debout dans le galetas regardant en haut vers la lucarne, et mes regards se portaient également vers la grosse poutre. Tout à coup je vois cette poutre, non pas branler, mais se tourner vers son côté droit et, par un mouvement contraire, mais lent et interrompu, se replacer aussitôt dans sa position première. Ayant en même temps perdu mon aplomb, je reconnus que c'était une secousse de tremblement de terre. Laurent et les sbires, qui sortirent en cet instant de mon cachot, dirent qu'ils avaient également éprouvé un mouvement d'oscillation. Telle était la disposition de mon esprit, que cet événement me causa un mouvement de joie que je renfermai en moi sans proférer le mot. Quatre ou cinq secondes après, le même mouvement se reproduisit, et je ne pus m'empêcher de m'écrier : « *Un'altra, un'altra, gran Dio! ma più forte!*[1] ». Les archers, effrayés de ce qui leur semblait l'impiété d'un fou désespéré, s'enfuirent avec horreur.

Après leur départ, réfléchissant sur moi-même, je trouvai que je calculais entre les événements possibles l'écroulement du palais ducal compatible avec le recouvrement de ma liberté : cet immense édifice, en s'écroulant, devait me jeter sain et sauf et par conséquent libre sur la place Saint-Marc, où au pis aller j'aurais été écrasé sous l'énorme masse de ses décombres. Dans la situation où je me trouvais, on compte la liberté pour tout et la vie pour rien, ou pour bien peu de chose, et, dans le fond, je commençais à devenir fou.

Cette secousse de tremblement de terre fut une suite de celle qui dans le même temps détruisit Lisbonne.

---

1. Une autre, une autre, grand Dieu ! mais plus forte.

CHAPITRE XI

Divers incidents. — Compagnons. — Je prépare mon évasion. — Changement de cachot.

Pour que le lecteur puisse comprendre ma fuite d'un endroit tel que les Plombs, il faut que je lui en fasse connnaître le local.

Les Plombs, prisons destinées à renfermer les criminels d'Etat, ne sont autre chose que les greniers du palais ducal, et c'est des larges plaques de plomb dont ce palais est recouvert que ces prisons tirent leur nom. On ne peut y parvenir qu'en passant par les portes du palais, ou par le bâtiment des prisons, ou enfin par le pont dont j'ai déjà parlé, et qu'on nomme le *pont des Soupirs*. On ne peut monter à ces cachots qu'en passant dans la salle où les inquisiteurs d'Etat s'assemblent, et le secrétaire en a seul la clef, qu'il ne confie au geôlier que pendant le peu de temps qui lui est nécessaire, de grand matin, pour faire le service des prisonniers. Ce service se fait à la pointe du jour, parce que plus tard les archers, allant et venant, seraient trop vus de tous ceux qui ont affaire aux chefs du conseil de Dix ; or, ce conseil s'assemble chaque jour dans une salle contiguë appelée la *Bussola*, et les archers sont obligés de la traverser chaque fois qu'ils doivent aller sous les Plombs.

Ces prisons se trouvent divisées sous les combles des deux faces du palais : trois sont au couchant, la mienne était de ce nombre, et quatre au levant. La gouttière du toit du côté du couchant donne dans la cour du palais : l'autre donne perpendiculairement sur le canal qu'on appelle *rio di Palazzo*. De ce côté les cachots sont très clairs, et on peut s'y tenir debout, ce qui n'a pas lieu à la prison où j'étais et qu'on distingue par le nom de *trave*, dénomination qui vient de l'énorme poutre qui me privait de la lumière. Le plancher de mon cachot était positivement au-dessus du plafond de la salle des inquisiteurs, où ordinairement ils ne s'assemblent que la nuit, après la séance journalière du conseil de Dix, dont tous les trois sont membres.

Connaissant parfaitement le local et les habitudes uniformes des inquisiteurs, le seul moyen de me sauver, le seul du moins que je jugeai susceptible de réussite, était de percer le plancher de ma prison ; mais il fallait avoir des instruments, et c'était une chose difficile dans un lieu où toute correspondance au dehors était défendue, où l'on ne permet ni visite, ni commerce épistolaire avec personne. Pour corrompre un archer, il m'aurait fallu beaucoup d'argent, et je n'en avais point. En supposant que le geôlier et les deux archers eussent consenti à se laisser étrangler, car je n'avais d'autre arme que mes mains, un troisième archer se tenait toujours en faction à la porte de la galerie, qu'il fermait à clef et qu'il n'ouvrait que lorsque le camarade qui voulait sortir lui donnait le mot de passe. Malgré tous les obstacles, la seule pensée qui m'occupât était celle de m'enfuir, et comme je n'en trouvais pas le moyen dans Boèce, je ne le lisais plus ; cependant, comme j'étais persuadé que je ne pourrais parvenir à en trouver un qu'à force d'y songer, je ne me livrais pas à la moindre pensée qui n'y eût rapport.

J'ai toujours cru que lorsqu'un homme se met dans la tête de venir à bout de quelque chose et qu'il ne s'occupe que de la poursuite de son dessein, il doit y parvenir, malgré toutes les difficultés : cet homme deviendra grand visir, pape; il bouleversera une monarchie. pourvu qu'il s'y prenne de bonne heure et qu'il ait l'esprit et la persévérance nécessaires; car l'homme arrivé à l'âge méprisé par la fortune ne parvient plus à rien, et sans son secours on ne peut rien espérer. Il faut, pour réussir, compter sur la bonne fortune et mépriser les revers; mais c'est un calcul politique des plus difficiles.

Vers la mi-novembre, Laurent me dit que messergrande avait entre les mains un détenu, et que le nouveau secrétaire, nommé Businello, lui avait ordonné de le mettre dans le plus mauvais cachot et que par conséquent c'était avec moi qu'il allait le mettre. Il m'assura que, lui ayant représenté que j'avais regardé comme une grâce d'avoir été mis seul, il lui avait répondu que je devais être devenu plus sage depuis quatre mois que j'étais là. Cette nouvelle ne me fit pas de peine, et je ne trouvai pas désagréable celle qui m'annonçait le changement de secrétaire. Ce M. Pierre Businello était un brave homme que j'avais connu à Paris lorsqu'il allait à Londres en qualité de résident de la république.

Dans l'après-midi de ce jour, j'entendis gronder les verrous, et Laurent, suivi de deux archers, menant un jeune homme tout en larmes, après lui avoir ôté les menottes, l'enferma avec moi et s'en alla sans lui dire un seul mot. J'étais sur mon lit où il ne pouvait me voir. Sa surprise m'amusa. Ayant le bonheur d'avoir sept ou huit pouces de moins que moi, il pouvait se tenir debout, et il se mit à considérer mon fauteuil, qu'il crut sans doute destiné à son usage. Portant ses yeux sur la hauteur d'appui de la grille, il voit Boèce, le prend, l'ouvre et le rejette avec une sorte de dépit, sans doute parce qu'étant en latin, il ne pouvait en faire aucun usage. Continuant l'inspection du cachot, il va à gauche, tâtonne et est tout surpris de trouver des hardes : il s'approche de l'alcôve et allongeant la main, il me touche et me demande respectueusement pardon. Je l'invite à s'asseoir, et voilà notre connaissance faite.

« Qui êtes-vous ? lui dis-je.

— Je suis Maggiorin de Vicence. Mon père, cocher dans la maison Poggiana, m'a tenu à l'école jusqu'à l'âge de onze ans, où j'ai appris à lire et à écrire ; ensuite j'ai été apprenti chez un perruquier pendant cinq ans, et j'ai bien appris ce métier. En sortant de là, je suis entré valet de chambre chez le comte X. Il y avait deux ans que je servais ce seigneur, quand sa fille unique sortit du couvent. On me chargea de la coiffer, et peu à peu j'en devins amoureux et je lui inspirai une passion égale à la mienne. Après nous être jurés cent fois de n'être jamais que l'un à l'autre, nous livrant à l'impérieux besoin de nous donner des marques de tendresse, il en est résulté que l'état de la jeune comtesse a dévoilé notre union. Une servante de la maison, vieille et dévote, fut la première qui découvrit notre intelligence et l'état de ma maîtresse, et elle lui dit qu'en conscience elle était obligée d'en prévenir son père ; cependant ma jeune amie parvint à l'engager à se taire en l'assurant que dans la semaine elle lui ferait tout savoir par son confesseur. Elle m'avertit de tout, et, au lieu d'aller à confesse, nous prîmes nos mesures pour nous enfuir. Elle s'est emparée d'une bonne somme d'argent et de quelques diamants de feu sa mère, et nous devions partir cette nuit pour aller à Milan. Mais hier, après dîner, le comte m'appela, et, me donnant une lettre, il me dit que je devais partir de suite pour la remettre à la personne à laquelle elle s'adressait, à Venise. Il me parla avec tant de bonté et si tranquillement, que je n'aurais jamais pu concevoir le moindre soupçon du sort qu'il me préparait. J'allai prendre mon manteau, et, en passant, je dis adieu à ma petite femme en l'assurant que je serais bientôt de retour. Plus pénétrante que moi et pressentant peut-être mon malheur, elle se trouva mal. Arrivé ici en toute hâte, je me suis empressé de remettre la fatale lettre. On m'a fait attendre pour me donner la réponse et dès que je l'ai eue, je me suis rendu dans un cabaret pour y prendre quelque chose, voulant de suite repartir pour rejoindre ma chère femme; mais, comme je sortais du cabaret, on m'arrêta et on me mena à la garde, où j'ai été gardé jusqu'au moment où l'on m'a conduit ici. Je crois, monsieur, que je puis bien considérer la jeune comtesse comme ma femme?

— Vous vous trompez.

— Mais la nature....

— La nature, quand on écoute qu'elle, mène l'homme à faire des sottises jusqu'à ce qu'on le mette sous les Plombs.

— Je suis donc sous les Plombs?

— Comme moi. »

Mon pauvre jeune homme se mit à répandre des larmes amères. C'était un très joli garçon, sincère, honnête et amoureux à toute outrance. Je pardonnais intérieurement à la comtesse, et je condamnais fortement le comte son père d'exposer sa fille à la tentation d'un jeune homme jeune, joli et sensible. Un berger qui met le loup dans la bergerie ne doit pas se plaindre de la dévastation de son troupeau. Dans ses pleurs et ses lamentations, rien ne se rapportait à lui; tous ses sentiments étaient à son amie. Il croyait que le geôlier reviendrait pour lui porter un lit et à manger; mais je le désabusai et lui offris mes provisions. Il avait le cœur trop gros pour pouvoir prendre aucune nourriture. Le soir je lui donnai ma paillasse sur laquelle il passa la nuit ; car, quoiqu'il fût visiblement propre, je ne voulus pas le faire coucher avec moi, craignant les effets des rêves d'un amoureux. Il ne sentait ni sa faute, ni le besoin qu'avait le comte qu'on lui infligeât une punition publique pour mettre à couvert l'honneur de sa fille et celui de sa famille.

Le lendemain, on lui porta une paillasse et un dîner de quinze sous que le tribunal lui passait en qualité de grâce ou par charité ; car le mot justice paraît étranger à l'organisation de ce corps affreux. Je dis au geôlier que mon dîner suffirait pour tous les deux, et qu'il pouvait employer ce que l'on accordait à ce jeune homme à lui faire dire des messes à sa manière. Il s'en chargea volontiers, et, après lui avoir fait compliment de ce qu'il était avec moi, il nous dit que nous pouvions nous promener dans le galetas pendant une demi-heure. Je trouvai cette promenade excellente pour ma santé et pour mon projet d'évasion, que je ne pus mettre à exécution que onze mois après. Au bout de ce repaire de rats, je vis une quantité de vieux meubles jetés sur le plancher à droite et à gauche de deux grandes caisses, et devant un gros tas de papiers cousus en cahiers. J'en pris une douzaine pour m'amuser à les lire, et je vis que c'étaient des procès criminels, dont je trouvai la lecture très divertissante ; car il m'était permis de lire ce qui dans son temps avait certainement été très secret. Je vis des réponses singulières à des interrogations suggestives sur des séductions de vierges, des galanteries poussées trop loin par des hommes employés à des conservatoires de filles, des faits vis-à-vis des confesseurs qui avaient abusé de leurs pénitentes, des maîtres d'école convaincus de pédérastie avec leurs élèves, et des tuteurs qui avaient trompé leurs pupilles : il y en avait qui dataient de deux ou trois siècles, dont le style et les mœurs me procurèrent quelques heures de plaisir. Entre les meubles qui étaient par terre, je vis une bassinoire, une chaudière, une pelle à feu, des pincettes, de vieux chandeliers, des pots de terre et jusqu'à une seringue. Cela me fit juger que quelque illustre prisonnier avait été distingué par la permission de faire usage de tous ces objets. Mais ce qui m'intéressa le plus, ce fut un verrou tout droit, gros comme le pouce et long d'un pied et demi. Je ne touchai à rien, car le temps n'avait pas assez mûri mes projets pour jeter un dévolu spécial sur quelque chose.

Un matin, vers la fin du mois, on vint m'enlever mon camarade, et Laurent me dit qu'il avait été condamné aux prisons appelées *les Quatre*. Ces prisons sont dans l'enceinte du bâtiment des prisons ordinaires et appartiennent aux inquisiteurs d'État. Les prisonniers qui y sont enfermés ont le privilège de pouvoir appeler le geôlier quand ils en ont besoin. Elles sont obscures, mais il y a une lampe à l'huile au moyen de laquelle les prisonniers sont éclairés : on n'y craint pas le feu, car tout est en marbre. J'ai su longtemps après que le pauvre Maggiorin y passa cinq ans et que lorsqu'il en sortit, il fut envoyé à Cérigo pour dix. J'ignore s'il en est jamais sorti. Il m'avait tenu bonne compagnie, et je m'en aperçus dès qu'il fut parti, car je ne tardai pas à retomber dans la tristesse. J'eus le bonheur qu'on ne me priva point du privilège de ma demi-heure de promenade dans le galetas. Je me mis à examiner plus attentivement tout ce qu'il renfermait. L'un des caissons était rempli de beau papier, de cartons, de plumes non taillées et de pelotons de ficelle ; l'autre était cloué. Un morceau de marbre noir, poli, épais d'un pouce, long de six et large de trois, attira mes regards ; je m'en emparai sans savoir encore ce que j'en ferais, et je le cachai dans ma prison, ayant soin de le couvrir avec mes chemises.

Huit jours après le départ de Maggiorin, Laurent me dit que selon toute apparence je ne tarderais pas à me retrouver en compagnie. Cet homme qui, au fond, n'était qu'un bavard, commença à s'impatienter de voir que je ne lui faisais jamais aucune question. Par devoir, il aurait dû ne pas l'être ; mais où trouver des êtres d'une perfection infâme ? Il en est, mais heureusement peu, et encore n'est-ce pas dans les basses classes qu'il faut les chercher. Ainsi donc mon geôlier, ne pouvant faire briller sa réserve, s'imagina que si je ne l'interrogeais jamais, c'est que je supposais qu'il ne savait rien, et cela piqua son amour-propre : voulant me prouver que je me trompais, il commença à jaser sans que je le questionnasse.
« Je crois, monsieur, me dit-il, que vous aurez souvent des visites, car les autres six cachots contiennent chacun six personnes qui ne sont pas faites pour être envoyées aux *Quatre*. » Ne lui faisant aucune réponse, il reprit quelques instants après : « Aux *Quatre*, on met pêle-mêle toutes sortes de gens dont la condamnation, à eux inconnue, est écrite. Les prisonniers qui, comme vous, sont confiés à mes soins sous les Plombs, sont tous des gens de la plus grande distinction, et ne sont criminels que de choses dont les curieux ne peuvent rien savoir. *Si vous saviez, monsieur, quels sont les compagnons de votre sort ! vous vous étonneriez, car il est vrai qu'on dit que vous êtes un homme d'esprit : mais vous me pardonnerez…. Vous savez que ce n'est rien qu'avoir de l'esprit pour être traité ici…. Vous m'entendez. Cinquante sous par jour, c'est quelque chose…. On donne trois livres à un citoyen, quatre à un gentilhomme et huit à un comte étranger : je dois le savoir, je pense, car tout passe par mes mains.* »

Ici il se mit à me faire son propre éloge, tout composé de qualités négatives : « Je ne suis ni voleur, ni traître, ni menteur, ni avare, ni méchant, ni brutal comme mes prédécesseurs, et quand j'ai bu une pinte de plus, je n'en deviens que meilleur. Si mon père m'avait envoyé à l'école, j'aurais appris à lire et à écrire, et je serais peut-être aujourd'hui messer-grande ; mais ce n'est pas ma faute. M. André Diedo m'estime, et ma femme, qui n'a que vingt-quatre ans et qui vous fait tous les jours à manger, va lui parler quand elle veut, et il la fait entrer sans façon, même quand il est au lit ; grâce qu'il ne fait à aucun sénateur. Je vous promets que vous aurez ici tous les nouveaux venus, mais toujours pour peu de temps ; car dès que le secrétaire a relevé de leur propre bouche ce qu'il lui importe de savoir, il les envoie à leur destination, soit aux *Quatre*, dans quelque fort ou au Levant : s'ils sont étrangers, on les mène hors des frontières ; car le gouvernement ne se croit pas le maître de disposer des sujets d'un autre prince, à moins qu'ils ne soient au service de la république. La clémence du tribunal, monsieur, est sans exemple, et il n'y en a aucun qui procure au monde à ses prisonniers plus de douceurs. On trouve cruel qu'il ne permette ni d'écrire, ni de recevoir des visites ; c'est une folie, car écrire et voir du monde, c'est perdre son temps. Vous me direz que vous n'avez rien à faire ; mais nous ne pouvons pas dire cela, nous autres. »

Telle fut à peu près la première harangue dont ce bourreau m'honora, et, je dois l'avouer, il m'amusa. Je vis que cet homme, s'il eût été un peu moins bête, aurait certes été plus méchant. Je résolus de mettre à profit sa bêtise.

Le lendemain on m'amena un nouveau commensal, qu'on traita le premier jour comme on avait traité Maggiorin, et cela m'apprit qu'il était nécessaire que je me fisse acheter une autre cuiller d'ivoire ; car, le premier jour, le nouveau venu ne recevant rien, je devais lui faire les honneurs de la maison.

Mon nouveau campagnon me fit une profonde révérence, car ma barbe, qui avait déjà quatre pouces de long, imposait plus encore que ma taille. Laurent me prêtait souvent des ciseaux pour me faire les ongles, mais il lui était défendu sous des peines sévères de me permettre de toucher à ma barbe. J'en ignore la raison, mais j'avais à m'habituer à ma barbe comme on s'habitue à tout.

Le nouveau venu était un homme de cinquante ans, à peu près de ma taille, un peu courbé, maigre, à grande bouche et ayant une vilaine denture. Il avait de petits yeux gris sous deux épais sourcils rouges, ce qui lui donnait l'air d'un chat-huant, et tout cela était relevé par une petite perruque de crin noir qui répandait une odeur d'huile fort désagréable, et par un habit de gros drap gris. Il accepta mon dîner, mais il se tint sur la réserve et ne me dit pas le mot de toute la journée ; j'imitai son silence, persuadé qu'il ne tarderait pas à retrouver la parole, ce qui effectivement arriva le lendemain.

On lui apporta de bonne heure un lit qui lui appartenait et un sac plein de linge. Le geôlier lui demanda, comme il l'avait fait à moi, ce qu'il voulait pour son dîner, et l'argent pour le payer.

« Je n'ai point d'argent.

— Comment ! un richard comme vous, point d'argent ?

— Je n'ai pas le sou.

— Fort bien ! dans ce cas je vais vous porter du biscuit de munition et de l'eau. C'est dans l'ordre. »

Il sortit et revint un instant après avec une livre et demie de biscuit, une cruche d'eau, mit le tout auprès du prisonnier, et, ayant refermé la porte, il partit.

Resté seul avec ce spectre, je l'entends soupirer, la pitié me gagne et je romps le silence.

« Ne soupirez pas, monsieur, vous dînerez avec moi.

Mais il me semble que vous avez commis une grande faute en venant ici sans argent ?

— J'en ai, mais il ne faut pas le dire à ces harpies.

— Belle sagacité qui vous condamne au pain et à l'eau ! Savez-vous la raison de votre détention ?

— Oui, monsieur, je le sais et je vais en peu de mots vous la faire connaître :

« Je m'appelle Squaldo-Nobili. Mon père était un paysan qui me fit apprendre à lire et à écrire et qui, à sa mort, me laissa sa petite maison et le peu de terrain qui en dépendait. Je suis du Frioul, à une journée de marche d'Udine. Un torrent qu'on appelle *Corno*, endommageant souvent ma petite possession, me fit prendre la résolution de la vendre et de venir m'établir à Venise, ce que j'ai fait il y a dix ans. J'en retirai huit mille livres en beaux sequins, et sachant que dans cette bienheureuse république tout le monde jouissait d'une honnête liberté, je me persuadai que je pourrais m'y procurer une petite aisance en utilisant mon capital, et je me mis à prêter sur gages. Sûr de mon économie, de mon jugement et de mon savoir-vivre, je me déterminai à faire ce métier de préférence à tout autre. Je louai une petite maison dans le quartier du Canal-Royal, je l'ai meublée, et, y vivant seul et fort tranquille, dans l'espace de deux ans je me trouvai riche de mille livres en sus de mon capital, quoique, voulant bien vivre, j'en eusse dépensé deux mille pour mes besoins. En continuant de la sorte, je me voyais en bon chemin pour m'assurer une honnête fortune avec le temps ; mais, un jour, ayant prêté à un juif deux sequins sur plusieurs livres, j'en trouvai un dans le nombre intitulé *la Sagesse de Charon*. Je vis alors combien il était heureux de savoir lire, car ce livre, monsieur, que vous ne connaissez peut-être pas, vaut à lui seul tous les livres, car il contient tout ce qu'il importe à l'homme de connaître. Il le purge de tous les préjugés contractés dans l'enfance. Avec Charon, adieu l'enfer et toutes ces vaines terreurs d'une vie future : on ouvre les yeux, on connaît le chemin du bonheur, on est savant. Procurez-vous cette lecture, et moquez-vous des sots qui vous diront que ce trésor est défendu. »

Ce discours singulier me fit connaître mon homme. Quant à Charon, je l'avais lu, mais j'ignorais qu'il fût traduit en italien. Charon, grand admirateur de Montaigne, crut aller au delà de son modèle, mais il y travailla en vain. Il a classé méthodiquement plusieurs choses de Montaigne, ou les mêmes sujets que l'on trouve jetés sans ordre dans ce grand philosophe ; mais prêtre et théologien, Charon mérita la condamnation dont il fut l'objet. Il n'a pas au reste été beaucoup lu, malgré la prohibition qui aurait dû lui donner la vogue. Le sot italien qui l'a traduit n'a pas même su que la traduction du mot *sagesse* était *sapienza*. Charon eut l'impertinence de donner à son livre le titre de celui de Salomon ; et cela ne prouve pas en faveur de sa modestie. Mon compagnon poursuivit ainsi :

« Délivré par Charon des scrupules que je pouvais avoir encore, et des fausses impressions dont on a bien de la peine à se défaire, je poussai mon commerce de façon qu'en six ans je me vis maître de dix mille sequins. Il ne faut pas vous étonner de cela, car dans cette ville riche le jeu, la débauche et la fainéantise mettent tout le monde dans le désordre et dans un constant besoin d'argent ; les sages profitent de ce que les fous dissipent.

« Il y a trois ans qu'un comte Sériman vint me prier de lui prendre cinq cents sequins, de les mettre dans mon commerce et de lui donner la moitié des bénéfices que je ferais sur cette somme. Il n'exigea qu'une simple

CHAPITRE XI

quittance, par laquelle je m'engageai à lui remettre la même somme à sa réquisition. Au bout d'un an, je lui remis soixante-quinze sequins, ce qui faisait un intérêt de quinze pour cent: il m'en donna quittance, mais il se montra mécontent. Il avait tort ; car, ne manquant point d'argent, je ne m'étais pas servi du sien pour le négocier. La seconde année, j'en fis de même par pure générosité; mais nous en vînmes à des propos offensants, et il me demanda la restitution des cinq cents sequins. « Volontiers, lui dis-je, mais j'en rabattrai cent-cinquante « que vous avez reçus ». Cela l'ayant mis en colère, il me fit signifier par un huissier le payement de la somme totale. Un habile procureur prit ma défense et sut me faire gagner deux ans. Il y a trois mois qu'on me parla d'un accommodement, et je m'y refusai ; mais, craignant quelque violence, je m'adressai à l'abbé Justiniani, homme d'affaires du marquis de Montalègre, ambassadeur d'Espagne, et moyennant un petit profit, il me loua une petite maison sur la Liste, où l'on est à l'abri des surprises. Je voulais bien rendre l'argent au comte Sériman, mais je prétendais en retenir cent sequins que son procès m'avait fait dépenser. Il y a huit jours que mon procureur et celui du comte vinrent chez moi ; je leur fis voir deux cent cinquante sequins dans une bourse, et je leur dis que j'étais prêt à les leur remettre, mais pas un sou de plus. Ils me quittèrent sans mot dire, ayant l'un et l'autre l'air fort peu content, mais je m'en souciai peu. Il y a trois jours que l'abbé Justiniani me fit dire que l'ambassadeur avait trouvé bon de permettre aux inquisiteurs d'État d'envoyer leurs archers chez moi pour y faire des perquisitions. Je croyais la chose impossible sous l'égide d'un ambassadeur étranger, et au lieu de prendre les précautions en usage en pareil cas, ayant seulement mis mon argent en lieu de sûreté, j'attendis résolûment la visite annoncée. A la pointe du jour messergrande vint chez moi, me demanda trois cent cinquante sequins, et, sur ma réponse que je n'avais pas le sou, il me saisit, et me voici. »

Je frémissais, moins encore de me voir en compagnie d'un être infâme que de voir qu'il me jugeait son égal ; car, s'il avait eu une autre idée de moi, il ne m'aurait certainement pas gratifié de sa longue narration, dans la supposition sans doute que je l'applaudirais. Dans tous les sots propos qu'il me tint pendant les trois jours qu'il fut avec moi, me parlant sans cesse de Charon, je vérifiai la vérité du proverbe italien : *Guardati da colui che non ha letto che un libro solo*[1]. La lecture de l'ouvrage de ce prêtre perverti l'avait rendu athée, et il s'en vantait à tout propos. Dans l'après-midi, Laurent vint lui dire de descendre avec lui pour parler au secrétaire. Il s'habilla à la hâte, et, au lieu de ses souliers, il prit les miens sans que je m'en aperçusse. Il revint une demi-heure après en pleurant, et tira de ses souliers deux bourses où il avait trois cent cinquante sequins, et précédé du geôlier il alla les porter au secrétaire. Peu d'instants après, il revint, et ayant pris son manteau, il partit. Laurent me dit qu'on l'avait mis en liberté. Je pensai et avec fondement que, pour lui faire accuser sa dette et la lui faire payer, le secrétaire l'avait menacé de la torture ; et si elle n'était employée que pour obtenir des résultats pareils, moi qui en abhorre le principe et le créateur, je serais le premier à en proclamer l'utilité.

Le jour de l'an 1756, je reçus mes étrennes. Laurent m'apporta une robe de chambre doublée en peau de renard, une couverture de soie ouatée et un sac en peau d'ours pour y mettre mes jambes ; ce que je reçus avec

---

1. Méfie-toi de celui qui n'a lu qu'un seul livre.

joie, car il faisait un froid aussi difficile à supporter que la chaleur que j'avais eue à souffrir au mois d'août. Il me dit aussi que le secrétaire me faisait savoir que je pouvais disposer de six sequins par mois, que je pouvais en acheter tels livres que je voudrais et recevoir la gazette, et que ce présent me venait de M. de Bragadin. Je demandai à Laurent un crayon et j'écrivis sur un morceau de papier : « *Je suis reconnaissant à la générosité du tribunal et à la vertu de M. de Bragadin.* »

Il faut s'être trouvé dans une situation pareille à la mienne pour sentir tout ce que cette aventure réveilla dans mon âme. Dans le premier élan de ma sensibilité, je pardonnai à mes oppresseurs et je fus sur le point d'abandonner le projet de m'enfuir, tant l'homme est pliant lorsque le malheur l'accable et l'avilit. Laurent me dit que M. de Bragadin s'était présenté aux trois inquisiteurs, que les larmes aux yeux et prosterné à genoux, il leur avait demandé en grâce de me faire parvenir cette marque de son constant amour, si j'étais encore au nombre des vivants; et que les inquisiteurs émus n'avaient pu lui refuser.

J'écrivis sur-le-champ les titres des ouvrages que je voulais.

Un beau matin, en me promenant dans mon galetas, mes yeux s'arrêtèrent sur le verrou dont j'ai déjà parlé, et je vis qu'il pouvait parfaitement devenir une arme offensive et défensive. Je m'en saisis, et l'ayant caché sous ma robe de chambre, je l'emportai dans mon cachot. Dès que je fus seul, je pris le morceau de marbre noir, dont j'ai déjà fait mention, et je reconnus bientôt que c'était un excellente pierre de touche; car ayant quelque temps frotté le verrou avec cette pierre, je vis que j'avais obtenu une facette très bien faite.

Devenu curieux de ce rare ouvrage auquel j'étais tout

nouveau, et au moyen duquel je me promettais de posséder un meuble qui devait être entièrement prohibé sous les Plombs ; poussé peut-être par la vanité de parvenir à faire une arme sans posséder aucun instrument nécessaire à cela, et irrité même par les difficultés, car je devais frotter le verrou presqu'à l'obscur sur la hauteur d'appui, sans pouvoir assujettir la pierre autrement qu'à la main gauche et sans une goutte d'huile pour l'humecter et amollir le fer que je voulais rendre pointu, je me décidai à tenter cette rude besogne. Je me servis de ma salive en guise d'huile, et je travaillai huit jours pour affiler huit facettes pyramidales, dont l'extrémité se trouva une pointe parfaite : les facettes avaient un pouce et demi de longueur. Mon verrou ainsi effilé formait un stylet octangulaire aussi bien proportionné qu'il aurait été possible de l'exiger d'un bon taillandier. On ne saurait se figurer la peine et la fatigue que j'eus à endurer, ni la patience qu'il me fallut pour exécuter cette désagréable besogne sans autre instrument qu'une pierre volante : ce fut pour moi une sorte de tourment d'une espèce inconnue aux tyrans de tous les siècles. J'en avais contracté dans le bras droit une raideur telle qu'il m'était presque impossible de le mouvoir. J'avais la paume de la main comme macérée et couverte d'une large plaie, suite des nombreuses ampoules que m'avaient occasionnées la dureté et la longueur du travail. On devinerait difficilement les douleurs que j'endurai pour l'achever.

Tout fier de mon ouvrage, sans que j'eusse encore pensé à la manière de m'en servir, mon premier soin fut de tâcher de le cacher de manière à pouvoir le dérober même à une exacte perquisition. Après avoir combiné mille moyens tous sujets à caution, je jetai les yeux sur mon fauteuil et je parvins à l'y cacher de manière à ne donner aucun soupçon. C'est ainsi que la Providence m'aidait à préluder à une évasion qui devait être admirable, sinon prodigieuse. Je m'en avoue vain : mais ma vanité ne vient pas de la réussite, car le bonheur y eut une forte part ; elle vient de ce que je jugeai la chose possible et que j'eus le courage de l'entreprendre, malgré toutes les chances défavorables qui, en faisant échouer mes desseins, auraient infiniment empiré ma situation et rendu peut-être impossible mon retour à la liberté.

Après trois ou quatre jours de réflexions sur l'usage que je ferais de mon verrou devenu esponton, gros comme une canne et long de vingt pouces, je jugeai que le plus simple était de faire un trou au plancher sous mon lit.

J'étais certain que la chambre sous mon cachot ne pouvait être que celle où j'avais vu M. Cavalli ; je savais qu'on ouvrait cette chambre tous les matins et je ne doutais pas que, dès que le trou serait fait, je ne pusse facilement y descendre au moyen de mes draps, que j'aurais transformés en corde et que j'aurais assujettis au pied du lit. Là je me serais tenu caché sous la grande table du tribunal, et le matin. aussitôt que la porte aurait été ouverte, je serais sorti, et, avant qu'on eût pu me suivre, je me serais mis en lieu de sûreté. Je réfléchis qu'il était possible que l'on plaçât dans cette salle un archer pour garde, mais mon esponton devait vite m'en débarrasser. Le plancher pouvait être double, triple même ; grand embarras ; car comment empêcher les archers de balayer pendant deux mois que pourrait durer mon ouvrage ? En le leur défendant, j'éveillais les soupçons, d'autant plus que, pour me délivrer des puces, j'avais exigé qu'ils le balayassent tous les jours ; et le balai même leur aurait décélé mon travail. Il fallait trouver moyen d'obvier à cet inconvénient.

Je commençai par défendre qu'on balayât sans dire

pourquoi. Huit jours après, Laurent m'en demanda la raison. J'alléguai l'incommodité de la poussière qui me faisait tousser avec violence et qui pouvait me causer quelque accident funeste.

« Je ferai arroser le plancher, monsieur, me dit-il.

— Ce serait pire, monsieur Laurent, car cette humidité pourrait produire la pléthore. »

Cela me valut une semaine de répit, mais au bout de ce temps, le butor ordonna qu'on balayât. Il fit porter le lit dans le galetas, et sous prétexte de faire balayer avec plus de soin, il alluma une chandelle. Cela me fit connaître que le drôle avait conçu quelque soupçon; mais j'eus l'art de me montrer indifférent à cette démarche, et loin de renoncer à mon projet, je ne songeai qu'à le fortifier. Le lendemain matin, m'étant fait une piqûre au doigt, j'ensanglantai tout mon mouchoir et j'attendis Laurent dans mon lit. Dès qu'il vint, je lui dis que j'avais eu une toux si violente que je m'étais rompu quelque vaisseau et que cela m'avait fait rendre tout le sang qu'il voyait. « Faites-moi venir un médecin. » Le docteur vint, m'ordonna une saignée et m'écrivit une ordonnance. Je lui dis que Laurent était cause de mon malheur parce qu'il avait absolument voulu faire balayer. Il lui en fit des reproches, et comme si je l'en avais prié, il nous conta qu'un jeune homme venait de mourir pour la même raison et dit que rien n'était si dangereux que la poussière aspirée. Laurent jura tous ses dieux qu'il n'avait fait balayer que dans l'intention de me rendre service, et il promit que cela n'arriverait plus. Je riais en moi-même, car le docteur n'aurait pas mieux fait quand bien même je lui aurais donné le mot. Les archers présents furent dans la joie et se promirent bien de ne balayer que les cachots de ceux qui les feraient enrager ou qui les maltraiteraient.

Quand le médecin fut parti, Laurent me demanda pardon et m'assura que tous ses autres prisonniers se portaient bien, quoiqu'il fît balayer chez eux assez régulièrement. « Mais l'article est important, et je vais les en prévenir, car je les considère tous comme mes enfants. »

La saignée me fit du bien, car elle me rendit le sommeil et me guérit des contractions spasmodiques qui quelquefois commençaient à m'effrayer. J'avais gagné de l'appétit et je prenais chaque jour des forces; mais le moment de me mettre à l'ouvrage n'était pas encore venu : le froid était trop fort, et mes mains ne pouvaient tenir quelque temps l'esponton sans se raidir. Mon entreprise exigeait beaucoup de prévoyance. Il fallait que j'évitasse tout ce qui pouvait être facilement prévu. Il me fallait de la hardiesse et de l'intrépidité pour me livrer à tout ce qui pouvait être prévu et à tout ce que le hasard pouvait amener de fortuit. La situation d'un homme qui doit en agir comme moi est fort malheureuse; mais il diminue de moitié ce qu'il y a de pénible et d'affreux en risquant le tout pour le tout.

Les longues nuits de l'hiver me désolaient, car j'étais obligé de passer dix-neuf mortelles heures dans les ténèbres; et dans les jours nébuleux qui à Venise ne sont pas rares, la lumière qui entrait par la fenêtre n'était pas suffisante pour que je pusse lire. N'ayant l'esprit occupé d'aucune pensée étrangère, je retombais sans cesse sur celle de mon évasion, et une cervelle sans cesse occupée d'un même objet peut facilement devenir monomane. La possession d'une misérable lampe de cuisine m'aurait rendu heureux; mais comment faire pour me procurer cette jouissance! O noble prérogative de la pensée! que je me sentis heureux lorsque je crus avoir trouvé le moyen de m'assurer ce trésor! Pour faire cette lampe, j'avais besoin des ingrédients qui devaient la composer : un vase, des mèches, de l'huile, une pierre à feu, un briquet, de l'amadou et des allumettes. Le vase pouvait être une écuelle, et j'avais celle où l'on me faisait cuire des œufs au beurre. Sous prétexte que l'huile ordinaire m'incommodait, je me fis acheter de l'huile de Lucques pour ma salade ; ma courte-pointe de coton pouvait me fournir des mèches. Ayant fait semblant d'être tourmenté de douleur de dents, je dis à Laurent qu'il me fallait de la pierre ponce ; mais, ne sachant ce que je lui demandais, je lui dis qu'une pierre à fusil ferait le même office en la mettant pendant un jour dans du vinaigre ; qu'ensuite, appliquée sur la dent, elle calmerait mes douleurs. Laurent me dit que mon vinaigre était excellent, que je pourrais y mettre une pierre moi-même, et il m'en jeta trois ou quatre qu'il tira de sa poche. Une forte boucle d'acier que j'avais à la ceinture devait me tenir lieu de briquet. Il me restait à obtenir du soufre et de l'amadou, et ces deux objets mettaient toutes mes facultés aux champs. La fortune vint enfin à mon aide.

J'avais eu une espèce de rougeole qui, en se desséchant, m'avait laissé sur les bras des taches rouges qui me causaient parfois des démangeaisons. Je dis à Laurent de demander au médecin un remède, et le lendemain il m'apporta un billet que le secrétaire avait lu, et dans lequel le médecin ordonnait : « *Un jour de diète et quatre onces d'huile d'amandes douces, et la peau guérira ; ou une onction de fleur de soufre ; mais ce topique est dangereux.* » « Je me moque du danger, dis-je à Laurent. Achetez-moi de cet onguent, ou apportez-moi du soufre, car j'ai ici du beurre et je me ferai de l'onguent moi-même : avez-vous des allumettes ? donnez-m'en. »

Il se trouva en avoir dans ses poches ; il me les donna.

CHAPITRE XI

Qu'il faut peu de chose dans la détresse pour causer de la joie et des consolations ! Mais, dans ma situation, ces allumettes n'étaient pas peu de chose ; elles étaient un véritable trésor.

Je fus ensuite plusieurs heures à me frotter le cerveau pour trouver un moyen de remplacer l'amadou, seul ingrédient qui me manquât, et que je ne savais sous quel prétexte demander, quand je me rappelai que j'avais dit à mon tailleur d'en mettre sous les aisselles de mon habit pour éviter que la transpiration me gâtât l'étoffe. Cet habit tout neuf était devant moi, et mon cœur palpitait ; mais le tailleur pouvait n'en avoir pas mis — je balançais entre l'espoir et la crainte. Je n'avais qu'à faire un pas pour m'en assurer ; mais ce pas était décisif, et je n'osais le faire. Enfin je m'en approche, et me sentant presque indigne de cette grâce, je tombe à genoux et je demande à Dieu avec ferveur que le tailleur n'eût pas oublié mon ordre. Après cette chaleureuse prière, je prends l'habit, je découds la toile et je trouve — l'amadou ! Ma joie fut du délire. Il était tout naturel que je remerciasse Dieu, puisque c'était plein de confiance en lui que j'avais eu le courage de chercher mon amadou, et ce fut ce que je fis avec effusion de cœur.

Un peu plus tard, réfléchissant à cette action de grâce, je me suis félicité d'avoir suivi l'impulsion de mon cœur reconnaissant, mais j'ai ri de pitié en pensant à ma sottise quand j'avais supplié le souverain de toutes choses de me faire trouver l'amadou. Je n'aurais pas fait cette ridicule prière avant d'aller sous les Plombs, et je ne la ferais pas aujourd'hui ; mais la privation de la liberté du corps dénature les facultés intellectuelles. On doit prier Dieu d'accorder des grâces naturelles, et non de bouleverser l'ordre de la nature par des miracles. Si le tailleur n'avait pas mis l'amadou sous les aisselles, j'aurais dû être sûr de ne pas l'y trouver; et s'il l'y avait mis, je pouvais compter que rien ne l'avait fait disparaître. Que voulais-je donc du maître de la nature? L'esprit de ma première prière peut se traduire par ces mots : « Mon Dieu, que le tailleur ait ou n'ait pas mis de l'amadou sous les aisselles, faites que j'y en trouve. » Sans doute plus d'un théologien et maintes bonnes gens pourraient trouver ma prière pieuse, car elle leur paraîtrait basée sur la foi; et ils auraient raison; mais j'ai raison moi-même de la trouver absurde et même coupable; car, de bonne foi, demander à Dieu quelque chose qui sort de l'ordre naturel établi, c'est vouloir le rendre complice de nos passions. Mais ayant remercié Dieu de ce que mon tailleur n'avait pas manqué de mémoire, je me trouvai d'accord avec une saine philosophie.

Ayant tous les ingrédients, j'eus bientôt une lampe. Qu'on se figure la satisfaction que j'éprouvai d'avoir, pour ainsi dire, créé la lumière au sein des ténèbres, et celle non moins douce de transgresser les ordres de mes infâmes oppresseurs! Il n'y avait plus de nuits pour moi, mais aussi plus de salade; car, quoique je l'aimasse beaucoup, le besoin de conserver l'huile pour m'éclairer m'en fit aisément faire le sacrifice. Je fixai alors le premier lundi de carême pour commencer l'opération difficile de la rupture du plancher; car dans les désordres du carnaval, je redoutais trop les visites, et ma prévision fut sage.

Le dimanche gras à midi, j'entends le bruit des verrous et je vois Laurent suivi d'un gros homme que je reconnus pour le juif Gabriel Schalon, connu par son habileté de faire trouver de l'argent aux jeunes gens en leur faisant faire de mauvaises affaires.

Nous nous connaissions, ainsi nos compliments furent

de saison. Sa compagnie ne pouvait m'être agréable ; mais on ne me consultait pas. Il dit à Laurent d'aller chez lui pour prendre son dîner, un lit et tout ce qui lui était nécessaire : mais le geôlier lui répondit qu'il serait temps de parler de cela le lendemain.

Ce juif était un évaporé, bavard, ignorant et bête, excepté dans son métier. Il commença par me féliciter de ce qu'on m'avait préféré à tout autre pour me donner sa société. Pour toute réponse, je lui offris la moitié de mon dîner, qu'il refusa en me disant qu'il ne mangeait que du pur et qu'il attendrait pour mieux souper chez lui.

« Quand ?

— Ce soir. Vous voyez bien que quand j'ai demandé mon lit, il m'a dit que nous en parlerions demain. Il est évident que cela veut dire que je n'en ai pas besoin. Trouvez-vous vraisemblable qu'on puisse laisser sans manger un homme comme moi ?

— On m'en a fait autant.

— Passe ; mais entre nous il y a quelque différence ; et puis, sans que cela aille plus loin, les inquisiteurs ont fait un faux pas en me faisant arrêter : ils sont, j'en suis certain, embarrassés pour réparer leur faute.

— Ils vous feront peut-être une pension ; car un homme de votre importance est à ménager.

— Vous raisonnez juste : il n'y a pas à la bourse de courtier plus utile au commerce que moi, et les cinq sages ont beaucoup profité des avis que je leur ai donnés. Ma détention est un événement singulier qui, par hasard, aura fait votre bonheur.

— Eh ! comment ? je vous prie.

— Il ne se passera pas un mois que je vous ferai sortir d'ici. Pour cela, je sais à qui parler et de quelle façon.

— Je compte donc sur vous.

— Vous le pouvez. »

Ce fripon imbécile se croyait quelque chose. Il voulut m'informer de ce qu'on disait de moi dans la ville ; mais, ne me rapportant que les sots entretiens des ignorants de sa sorte, il m'ennuya, et, pour ne plus l'entendre, je pris un livre. Le butor eut l'effronterie de me prier de ne pas lire, car sa passion était de parler : mais il ne parlait que de lui-même.

Je n'osai point allumer ma lampe en présence de cet animal, et, la nuit s'approchant, il se décida à accepter du pain et du vin de Chypre ; puis il fut réduit à s'accommoder de ma paillasse, qui était devenue le lit banal de tous les nouveaux arrivants.

Le lendemain il eut un lit et des aliments de chez lui. J'eus ce malheureux fardeau pendant deux mois, car avant de le condamner aux *Quatre*, le secrétaire eut besoin de lui parler plusieurs fois pour éclaircir diverses friponneries et l'obliger à défaire bon nombre de contrats illicites. Il me confessa lui-même qu'il avait acheté à M. Domenico Micheli des rentes qui ne pouvaient appartenir à l'acquéreur qu'après la mort du père du vendeur. « Il est vrai, me dit-il, qu'il a consenti à y perdre cinquante pour cent, mais il faut considérer que si le vendeur était mort avant le père, l'acheteur aurait perdu le tout. »

Voyant à la fin que ce maudit compagnon ne s'en allait pas, je me déterminai à rallumer ma lampe, après lui avoir fait promettre le secret. Il ne tint sa promesse qu'autant qu'il fut avec moi ; car Laurent le sut ; mais, heureusement, il n'y mit aucune importance.

Ce malotru m'était réellement à charge, d'abord parce qu'il m'empêchait de travailler à ma fuite, ensuite parce qu'il m'empêchait de lire. Il était exigeant, ignorant, superstitieux, fanfaron, timide et parfois désespéré. Il aurait voulu que je jetasse les hauts cris dès que la peur lui faisait verser des larmes, et il ne cessait de répéter que sa détention le perdait de réputation. Sur ce point je le rassurais avec une ironie qu'il ne comprenait pas, en l'assurant que sa réputation était dès longtemps trop bien établie pour avoir rien à craindre de ce nouvel échec : il prenait cela pour un compliment. Il ne voulait point convenir qu'il fût avare, mais je l'y forçai un jour en lui faisant avouer que si les inquisiteurs voulaient lui donner cent sequins pour chaque jour de détention, il consentirait à passer sa vie entière sous les Plombs.

Il était *talmudiste*, comme tous les juifs qui existent aujourd'hui, et il cherchait à me faire croire qu'il était très savant dans sa religion et qu'il y était très attaché ; mais je lui arrachai un souris d'approbation un jour que je lui dis qu'il abjurerait Moïse si le pape voulait le faire cardinal. Fils de rabbin, il était docte dans le cérémonial de sa religion ; mais, ainsi que je l'ai observé dans la plupart des hommes, il croyait que l'essentiel de la religion consistait dans la discipline.

Extrêmement gras, ce juif passait les trois quarts de sa vie dans son lit, et comme il ronflait souvent le jour, il s'impatientait de ne pas pouvoir dormir la nuit, et d'autant plus qu'il m'entendait dormir d'un profond sommeil. Il lui arriva une fois de m'éveiller au plus beau de mon repos.

« Que voulez-vous ? lui dis-je en me réveillant en sursaut.

— Mon cher ami, je ne puis pas dormir, ayez pitié de moi, et causons un peu.

— Et vous m'appelez votre ami, homme exécrable ! Je crois que votre insomnie est un vrai tourment ; mais si vous vous avisez une autre fois de me ravir le seul bien dont je jouisse, je me lèverai pour vous étrangler. »

Je prononçai ces mots avec une sorte de rage.

« Pardonnez-moi, de grâce, et comptez que cela ne m'arrivera plus. »

Il se peut que je ne l'eusse pas étranglé ; mais il est certain qu'il m'en fit venir la tentation. Un prisonnier qui a le bonheur de dormir d'un profond sommeil cesse pendant tout ce temps d'être esclave, et le malheureux captif qui dort ne sent pas le poids de ses chaînes. Un prisonnier doit donc regarder l'indiscret qui l'éveille comme un archer qui vient le priver de sa liberté pour le replonger dans la misère, puisque le réveil lui rend tous les sentiments de son malheur. Ajoutons qu'ordinairement le détenu qui dort rêve qu'il est en liberté, de même que le malheureux qui meurt de faim se voit en rêve assis à un banquet somptueux.

Je me félicitais beaucoup de n'avoir point commencé mon grand travail avant son arrivée, d'autant plus qu'il voulait qu'on balayât. La première fois qu'il le demanda, les archers servants me firent rire en lui disant que cela me faisait mourir. Il finit par l'exiger, et j'en fus quitte par faire semblant d'être malade : mon intérêt exigeait que je fusse complaisant.

Le mercredi de la semaine sainte, Laurent nous prévint que le secrétaire viendrait dans l'après-midi nous faire la visite de coutume à l'occasion des fêtes de Pâques, dans l'objet de mettre la tranquillité dans l'âme de ceux qui veulent bien recevoir le sacrement de l'Eucharistie, comme pour savoir s'ils n'ont rien à dire contre le geôlier. « Ainsi, messieurs, ajouta Laurent, si vous avez à vous plaindre de moi, plaignez-vous. Habillez-vous complétement, car telle est l'étiquette. » J'ordonnai de me faire venir un confesseur pour le lendemain.

Je m'habillai de tout point, et le juif suivit mon exem-

CHAPITRE XI

ple, toutefois en prenant d'avance congé de moi, tant il se croyait sûr que le secrétaire lui rendrait sa liberté aussitôt qu'il lui aurait parlé.

« Mon pressentiment, me dit-il, est de l'espèce de ceux qui ne m'ont jamais trompé.

— Je vous en félicite ; mais ne comptez pas sans l'hôte. »

Il ne me comprit pas.

M. le secrétaire vint en effet, et dès que le cachot fut ouvert, le juif sortit et se précipita à ses pieds à deux genoux. Je n'entendis que ses pleurs et ses cris pendant quatre ou cinq minutes ; car le secrétaire ne lui dit pas le mot. Il rentra, et Laurent me dit de sortir. Avec ma barbe de huit mois et un habit fait pour les amours et pour le mois d'août, par le froid qu'il faisait, je devais offrir un assez plaisant personnage. Je grelottais, ce qui me déplaisait fort, dans la crainte que le secrétaire ne s'imaginât que je tremblais de peur. Obligé de m'incliner profondément pour sortir de mon trou, la révérence se trouva toute faite, et, me redressant, je le regardai d'un air calme, sans affecter une fierté hors de saison ; j'attendis qu'il m'adressât la parole. Le secrétaire gardait aussi le silence, de sorte que nous étions en face l'un de l'autre comme deux statues. Au bout de deux minutes, voyant que je ne lui disais rien, M. le secrétaire me fit une légère inclination de tête et partit. Je rentrais dans mon cachot, et me déshabillant à la hâte, je me mis dans mon lit pour me réchauffer. Le juif fut étonné de ce que je n'avais point parlé au secrétaire, tandis que mon silence avait été bien plus expressif que ses lâches cris. Un prisonnier de mon espèce ne devait ouvrir la bouche devant son juge que pour répondre à des interrogatoires.

Le jour du jeudi saint un jésuite vint me confesser, et le surlendemain un prêtre de Saint-Marc vint m'administrer la sainte communion. Ma confession paraissant trop laconique au cher enfant d'Ignace, il trouva bon de me faire des remontrances avant de m'absoudre.

« Priez-vous Dieu ? me dit-il.

— Du matin jusqu'au soir, et du soir jusqu'au matin, car dans la situation où je me trouve, tout ce qui se passe en moi, mes agitations, mes impatiences, tout, jusqu'aux égarements de mon esprit, ne peut être que prière aux yeux de la divine sagesse qui seule voit mon cœur. »

Le jésuite fit un léger sourire et me répondit par un discours plus métaphysique que moral et qui ne cadrait nullement avec le mien. Je l'aurais réfuté de tout point, s'il ne m'eût étonné par une prophétie qui m'en imposa.

« Puisque c'est de nous, me dit-il, que vous avez appris la religion, pratiquez-la comme nous, priez comme nous, et *sachez que vous ne sortirez d'ici que le jour de la fête du saint dont vous portez le nom.* »

Après ces paroles, il me donna l'absolution et me quitta. L'impression que cet homme me laissa est incroyable ; j'eus beau faire, mais il me fut impossible de m'en débarrasser. Je me mis en devoir de passer en revue tous les saints du calendrier.

Ce jésuite était le directeur de conscience de M. Flaminio Corner, vieux sénateur, alors inquisiteur d'État. Cet homme d'État était homme de lettres célèbre, grand politique, très dévot et auteur d'ouvrages pieux et ascétiques écrits en latin. Sa réputation était sans tache.

Informé que je devais sortir de ma prison le jour de la fête de mon patron, et pouvant supposer que l'homme qui m'en avait instruit le savait de science certaine, je me réjouis d'en avoir un. « Mais quel est-il ? » me suis-je demandé. Le jésuite même n'aurait pu me le dire. Ce ne pouvait être saint Jacques de Compostelle, dont je portais le nom ; car c'était précisément le jour de la fête de ce saint que messer-grande était venu briser ma porte. Je pris l'almanach, et en examinant le plus voisin, je trouvai saint Georges, saint de quelque réputation, mais auquel je n'avais jamais pensé. Je m'attachai donc à saint Marc, dont la fête tombait le vingt-cinq du mois et dont, en qualité de Vénitien, je pouvais réclamer la protection. Je me mis à lui adresser mes vœux ; mais en vain ; car sa fête se passa, et je restais reclus. Je pris alors saint Jacques, frère de Jésus-Christ, qui vient avant saint Philippe ; mais, m'étant trompé de nouveau, je m'attachai à saint Antoine, qui fait, à ce qu'on dit à Padoue, treize miracles par jour. Il n'en fit pas un pour moi. Je passai ainsi de l'un à l'autre, et insensiblemnet je m'habituai à n'espérer en la protection des saints que comme on espère en toute chose qu'on désire, mais sans y ajouter aucune foi, et je finis par n'avoir de véritable confiance que dans mon saint *Esponton* et dans la force de mes bras. Cependant la promesse du jésuite s'avéra, car je sortis des Plombs le jour de la Toussaint, et il est certain que si j'en avais un pour moi, il fallait qu'il se trouvât du nombre de ceux qu'on fête ce jour-là, puisqu'on les fête tous.

Une quinzaine de jours après les Pâques, on me délivra de mon incommode israélite, et ce pauvre diable, au lieu d'être renvoyé chez lui, fut condamné à passer deux ans aux *Quatre* ; lorsqu'il en sortit, il alla s'établir à Trieste, où il finit ses jours.

Aussitôt que je me vis seul, je me mis à l'ouvrage avec activité. Il fallait que je me dépêchasse, de crainte qu'il ne me vînt quelque nouvel hôte aussi incommode qui, comme le juif, aurait exigé qu'on balayât. Je commençai par retirer mon lit, et après avoir allumé la lampe, je me jetai à plate ventre sur le plancher, mon esponton à la main, ayant une serviette près de moi pour y recueillir les débris des planches à mesure que je les rongerais. Il s'agissait de détruire la planche à force d'y enfoncer la pointe de mon instrument. D'abord les morceaux que j'en détachais n'étaient pas plus gros qu'un grain de froment, mais bientôt ils augmentèrent de volume.

La planche était de bois de mélèze de seize pouces de largeur. Je commençai à l'entamer à l'endroit où elle se joignait à une autre planche, et comme il n'y avait ni clou ni ferrure quelconque, mon ouvrage était tout uni. Après six heures de travail, je nouai ma serviette et je la mis de côté pour la vider le lendemain derrière le tas de papiers qui était dans le galetas. Les fragments de la rupture formaient un volume quatre ou cinq fois plus grand que le trou d'où je les avais tirés. La courbe pouvait être de trente degrés et son diamètre de dix pouces à peu près. Je remis mon lit à sa place, et le lendemain, en vidant ma serviette, je m'assurai que mes fragments ne seraient point aperçus.

Le lendemain, ayant rompu la première planche, que je trouvai de deux pouces d'épaisseur, je me trouvai arrêté par une seconde que je jugeai pareille à la première. Tourmenté par la crainte d'avoir de nouvelles visites, je redoublais d'efforts, et en trois semaines je me vis au bout de trois planches dont le plancher se composait, mais alors je me crus perdu ; car je me trouvai en face d'une couche de petites pièces de marbre connu à Venise sous le nom de *terrazzo marmorin*. C'est le pavé ordinaire des appartements de toutes les maisons vénitiennes, excepté de celles des pauvres ; car les grands seigneurs mêmes préfèrent le *terrazzo* aux plus beaux parquets. Je fus consterné en voyant que mon verrou ne mordait pas sur ce mastic. Cet accident faillit m'abattre tout à fait et me décourager. Je me souvins alors d'Annibal qui, selon Tite-Live, s'était ouvert un passage à travers les Alpes, en brisant les rochers à coups de haches ou d'autres instruments, après les avoir ramollis avec du vinaigre. Je croyais qu'Annibal avait réussi à cela, non par *aceto*, mais *aceta*, ce qui dans le latin de Padoue pouvait bien être le même qu'*ascia* : au reste, qui peut garantir les erreurs d'un copiste ? Je n'en versai pas moins dans ma cavité une bouteille de fort vinaigre que j'avais, et le lendemain, soit effet du vinaigre, soit que, rafraîchi par le repos, je misse plus de force et de patience au travail, je vis que je viendrais à bout de cette nouvelle difficulté ; car il ne s'agissait pas de briser les marbres, mais de pulvériser avec la pointe de mon outil le ciment qui les unissait. Bientôt, au reste, je m'aperçus avec beaucoup de joie que la grande difficulté n'était qu'à la superficie. En quatre jours toute cette mosaïque fut détruite sans que la pointe de mon esponton fût endommagée le moins du monde.

Sous le pavé, je trouvai une autre planche, mais je m'y étais attendu. Je jugeai que ce devait être la dernière, c'est-à-dire la première dans l'ordre du comble de tout appartement dont les poutres soutiennent le plafond. Je l'entamai avec quelque difficulté, parce que, mon trou ayant dix pouces de profondeur, je maniais mon esponton avec beaucoup de gêne. Je me recommandais mille fois à la miséricorde de Dieu. Les esprits forts qui disent que la prière n'est bonne à rien, ne savent ce qu'ils disent ; et je sais par expérience qu'après avoir prié Dieu, je me trouvais toujours plus fort, et cela suffit pour en prouver l'utilité, soit que l'augmentation de vigueur vienne immédiatement de Dieu, soit qu'elle ne provienne que de la confiance qu'on a en lui.

Le 25 juin, jour pendant lequel la seule république de Venise célèbre la prodigieuse apparition de saint Marc sous la forme emblématique d'un *lion ailé* dans l'église ducale, apparition qu'on est persuadé avoir eu lieu vers la fin du onzième siècle et qui indiqua à la haute sagesse du sénat et de ce siècle de lumière qu'il était temps de mettre à la réforme saint Théodore, qui n'avait guère plus de crédit pour l'aider dans ses vues d'agrandissement, et de prendre à sa place le disciple de saint Pierre et de saint Paul, ou du premier seulement, selon saint Eusèbe ; ce même jour, dis-je, vers les trois heures après midi, au moment où dans l'état de nature et grondant de sueur, je travaillais à plat ventre à l'achèvement de mon trou, ayant ma lampe allumée à côté de moi pour éclairer mon travail, j'entends avec un effroi mortel le bruit du glapissant verrou et celui de la porte du premier corridor. Quel moment affreux ! je souffle la lampe, et, laissant mon esponton dans le trou, j'y jette la serviette avec les copeaux qu'elle contenait, et vite je me hâte de remettre mon lit en ordre du mieux qu'il me fut possible, et je m'y jetai comme mort au moment où la porte de mon cachot s'ouvrit. Deux secondes plus tôt, Laurent m'aurait surpris. Il allait me marcher sur le corps, quand je l'en empêchai en poussant un cri douloureux qui le fit reculer en s'écriant :

« Mon Dieu ! monsieur, je vous plains bien, car on étouffe ici comme dans une fournaise. Levez-vous et remerciez Dieu qui vous envoie une excellente compagnie.
— Entrez, entrez, illustrissime, » dit-il au malheureux qui le suivait.

Ce butor, sans prendre garde à ma nudité, fait entrer l'illustrissime seigneur, qui, me voyant dans cet état, cherche à m'éviter, tandis que je cherchais vainement ma chemise.

Ce nouveau crût entrer dans l'enfer, et il s'écria : « Où suis-je ? où me met-on ? grand Dieu ! Quelle chaleur ! Quelle puanteur ? Avec qui suis-je ? »

CHAPITRE XI

Laurent, l'ayant fait sortir, me pria de mettre une chemise et de sortir un instant dans le galetas. Il ajouta, en s'adressant au nouveau prisonnier, qu'ayant ordre de lui aller chercher un lit et tous les objets nécessaires, il nous laissait dans le galatas jusqu'à son retour; que pendant ce temps le cachot se purgerait de la mauvaise odeur, qui n'était que d'huile. Quelle surprise pour moi de lui entendre prononcer ces derniers mots! J'avais négligé dans la précipitation de moucher la mèche après l'avoir éteinte. Laurent ne me faisant aucune question à ce sujet, je jugeai qu'il devait tout savoir, et le malheureux juif avait seul pu me trahir. Que je me félicitai qu'il n'eût pas pu lui en apprendre davantage !

Mais dans ce moment je sentis s'évanouir l'horreur que j'avais conçue contre Laurent.

Ayant passé une chemise et mis ma robe de chambre, je sortis, et je trouvai mon nouveau compagnon occupé à écrire au crayon ce que le geôlier devait lui apporter. Dès qu'il eût jeté les yeux sur moi, il s'écria : « Ah! c'est Casanova. » Je reconnus de suite l'abbé comte Fenarolo, Bressan, homme d'une cinquantaine d'années, aimable, riche et chéri de la bonne société. Il m'embrassa, et lorsque je lui eus dit que je me serais attendu à voir là-haut tout Venise plutôt que lui, il ne put retenir ses larmes, ce qui me fit pleurer d'attendrissement.

Dès que nous fûmes seuls, je lui dis qu'aussitôt que son lit serait arrivé, je lui offrirais l'alcôve, mais que je le priais de ne point l'accepter. Je le priais aussi de ne point demander qu'on balayât, me réservant de lui en dire la raison. Après m'avoir promis le plus profond secret sur tout, il me dit qu'il s'estimait heureux qu'on l'eût mis avec moi. Il me dit que comme tout le monde ignorait le crime pour lequel j'étais sous les Plombs, chacun voulait le deviner. Les uns prétendaient que j'étais chef d'une nouvelle secte ; d'autres, que Mme Memmo avait persuadé les inquisiteurs que j'induisais ses fils à l'athéisme ; d'autres prétendaient enfin qu'Antoine Condulmer, inquisiteur d'État, m'avait fait enfermer comme perturbateur du repos public, puisque je sifflais les comédies de l'abbé Chiari et que j'avais formé le projet d'aller à Padoue exprès pour le tuer.

Toutes ces accusations avaient quelque fondement qui leur donnait un air de vraisemblance ; mais, au fait, toutes étaient parfaitement fausses. Je n'étais pas assez soucieux en matière de religion pour me creuser le cerveau à l'établissement d'une nouvelle. Les fils de la bonne femme Memmo, p'eins d'esprit, étaient plus faits pour séduire que pour être séduits, et le sieur Condulmer aurait eu trop à faire s'il avait voulu faire enfermer tous ceux qui sifflaient l'abbé Chiari ; et, pour ce qui est de cet abbé ex-jésuite, je lui avais pardonné, car le fameux père Origo, également ancien jésuite, m'avait appris à m'en venger en en disant du bien dans toutes les sociétés, ce qui excitait les malins assistants à prononcer contre lui mille satires : je me trouvais vengé de la sorte sans m'incommoder.

Vers le soir on apportait bon lit, beau linge, eaux de senteur, bon souper et vins excellents. L'abbé paya le tribut ordinaire ; c'est-à-dire qu'il ne mangea rien : je soupai parfaitement pour deux.

Dès que Laurent nous eut souhaité le bon soir et qu'il nous eut enfermés jusqu'au lendemain, j'allai déterrer ma lampe, que je trouvai vide, car la serviette en avait pompé toute l'huile. J'en ris beaucoup ; car, voyant que le lumignon aurait pu allumer la serviette et causer un incendie, l'image du bouleversement que cela aurait causé excitait mon hilarité. Je fis part de mes rêveries à mon compagnon, qui en rit comme moi ; puis, ayant rallumé mon luminaire, nous passâmes la nuit à causer fort agréablement. Voici l'histoire de sa détention :

« Hier à trois heures de l'après-midi, nous montâmes dans une gondole, Mme Alessandri, le comte Martinengo et moi. Nous arrivâmes à Padoue pour voir l'opéra dans l'intention de revenir ici de suite après. Au second acte, mon mauvais génie me fit passer un instant dans la salle du jeu, où j'eus le malheur de voir le comte de Rosenberg, ambassadeur de Vienne, masque levé, et à dix pas de lui Mme Ruzzini, dont le mari va partir pour Vienne en qualité d'ambassadeur de la république. Je les saluai l'un et l'autre, et j'allais sortir, lorsque l'ambassadeur me dit à haute voix : « Vous êtes bien heu« reux de pouvoir faire votre cour à une si aimable « dame. Dans ces moments, le personnage que je repré« sente ici fait que le plus beau pays du monde devient « pour moi une galère. Dites-lui, je vous prie, que les « lois qui m'empêchent de lui parler ici seront sans force « à Vienne, ou je la verrai l'année prochaine, et qu'alors « je lui ferai la guerre. » Madame Ruzzini, qui vit qu'on parlait d'elle, me demanda ce que le comte avait dit, et je le lui rendis mot pour mot. « Répondez-lui, me dit« elle, que j'accepte la déclaration de guerre et que nous « verrons qui de nous deux la fera le mieux. » Je ne crus pas commettre un crime en rendant cette réponse qui, au fait, n'était qu'un compliment. Après l'opéra, ayant pris un léger souper, nous repartîmes et nous sommes arrivés à minuit. J'allais me coucher lorsqu'un messager m'a remis un billet qui contenait l'ordre de me rendre à la *Bussola* à une heure, le signor Businello, secrétaire du conseil des Dix, ayant à me parler. Etonné d'un pareil ordre, toujours de mauvais augure, et fâché de devoir obéir, je me suis rendu à l'heure précise au lieu indiqué, et M. le secrétaire, sans m'honorer d'un seul mot, a ordonné qu'on vînt me mettre ici.

Certes, rien n'était moins criminel que la faute que M. le comte Fenarolo avait commise, mais il y a des lois qu'on peut violer innocemment, et qui ne rendent pas les transgresseurs moins punissables. Je le félicitai de ce qu'il connaissait son crime, et je lui dis qu'après huit jours de réclusion on le ferait sortir, en le priant d'aller passer six mois dans le Brescian. « Je ne crois pas, me dit-il, qu'on me laisse ici huit jours. » Je le laissai dans cette idée, mais il en passa par ma prophétie. Je me résolus à lui tenir bonne compagnie, afin de lui adoucir l'amertume que lui causait sa détention, et je m'identifiai si bien à sa situation que j'en oubliai parfaitement la mienne.

Le lendemain, à la pointe du jour, Laurent apporta du café et un panier rempli de tout ce qui était nécessaire pour faire un bon dîner. L'abbé fut fort surpris, car il ne concevait pas que l'on pût supposer que l'on pouvait manger à cette heure-là. On nous laissa nous promener une heure dans le galetas, ensuite on nous enferma de nouveau, et tout fut dit pour la journée. Les puces qui nous tourmentaient furent cause qu'il me demanda pourquoi je ne faisais pas balayer. Il me fut impossible de lui laisser croire que je pusse me plaire dans cette malpropreté, ni que ma peau fût plus dure que la sienne : je lui dis tout, et je lui fis tout voir. Il se sentit mortifié de m'avoir comme forcé à lui faire cette importante confidence; mais il m'encouragea à poursuivre avec ardeur et à terminer, s'il était possible, l'ouverture dans la journée; voulant m'aider à descendre et retirer ensuite la corde; ne voulant pas, pour ce qui le regardait, empirer son affaire par une fuite. Je lui fis voir le modèle d'une machine au moyen de laquelle j'étais sûr d'attirer à moi le drap qui m'aurait servi de corde : c'était une petite baguette attachée par un bout par une longue ficelle. Mon drap ne devait être assujetti au chevalet de mon lit que par cette baguette, et la ficelle pendant jusqu'au parquet de la chambre des inquisiteurs, dès que je l'aurais eu atteint, j'aurais retiré la baguette et les draps seraient tombés. Il s'assura de l'effet et m'en félicita, d'autant plus que cette précaution était indispensable, puisque, si le drap avait dû rester suspendu, il aurait été le premier indice qui m'eût découvert. Mon noble compagnon fut convaincu que je devais suspendre mon travail, car je devais craindre la surprise, ayant besoin de plusieurs jours pour achever le trou qui devait coûter la vie à Laurent. La pensée de racheter ma liberté aux dépens d'un pareil être pouvait-elle me faire reculer ! J'en aurais agi de même quand bien même ma fuite aurait dû coûter la vie à tous les archers de la république et même certes à tous les inquisiteurs. L'amour de la patrie même, le plus sacré de tous, peut-il prévaloir dans le cœur de l'homme qu'elle opprime?

Ma bonne humeur n'empêchait pas mon compagnon de tomber dans des quarts d'heure de tristesse. Il était amoureux de Mme Alessandri, qui avait été chanteuse et qui était maîtresse ou femme de son ami Martinengo, et il devait être heureux ; mais, plus un amant est heureux, plus il devient malheureux dès qu'on l'arrache à l'objet qu'il aime. Il soupirait, il versait des pleurs, et il convenait qu'il aimait une femme qui réunissait toutes les vertus. Je le plaignais, et je ne m'avisais pas, pour le consoler, de lui dire que l'amour n'est qu'une bagatelle, consolation désolante que les sots donnent aux amoureux : il n'est pas même vrai que l'amour ne soit qu'une bagatelle.

Les huit jours que je lui avais annoncés se passèrent bien vite. Je perdis ce cher compagnon, mais je ne m'amusai pas à le regretter : il recouvrait sa liberté, c'en était assez pour que je fusse content. Je n'eus garde de lui recommander la discrétion ; le moindre doute à cet égard aurait offensé sa belle âme. Pendant les huit jours qu'il passa avec moi, il ne se nourrit que de soupe, de fruits, de vin des Canaries : ce fut moi qui fis bonne chère pour lui et à sa grande satisfaction. Avant de nous quitter, nous nous jurâmes la plus tendre amitié.

Le lendemain, Laurent m'ayant rendu compte de mon argent, je me trouvai avoir quatre sequins de reste, et je l'attendris en lui disant que j'en faisais présent à sa femme. Je ne lui dis pas que c'était pour le loyer de ma lampe, mais il fut libre de le penser.

Ayant repris mon travail et le poursuivant sans relâche, je le vis parfait le 25 d'août. Cette longueur fut causée par un accident très naturel. En creusant la dernière planche, toujours avec la plus grande circonspection pour la rendre très mince, parvenu à la surface, je mis l'œil à un petit trou par lequel je devais voir la chambre des inquisiteurs. Je la vis en effet, mais en même temps j'aperçus à côté une surface perpendiculaire d'environ huit pouces. C'était ce que j'avais toujours craint, une des poutre qui soutenaient le plafond. Cela me força à étendre mon ouverture du côté opposé, car la poutre aurait rendu le passage si étroit que ma personne d'assez forte stature n'aurait jamais pu y passer. Je l'agrandis donc d'un quart, flottant entre la crainte et l'espérance ; car il pouvait se faire que l'espace entre les deux solives ne fût pas suffisant. Après l'ampliation, un second petit trou me permit de m'assurer que Dieu avait béni mon ouvrage. Je rebouchai soigneusement les petits trous pour empêcher que rien ne tombât dans la salle, ni qu'aucun rayon de ma lampe ne pût être aperçu, ce qui m'aurait découvert et perdu.

CHAPITRE XI

Je fixai le moment de mon évasion à la nuit de la veille de la Saint-Augustin, parce que je savais qu'à l'occasion de cette fête le grand conseil s'assemblait et que par conséquent il n'y aurait pas de monde à la Bussola, contiguë à la chambre par laquelle je devais nécessairement passer en me sauvant.

Ce devait être le 27 ; mais le 25 à midi il m'arriva un malheur dont je frissonne encore quand j'y pense, quoique tant d'années séparent cet événement du moment actuel.

A midi précis j'entendis le bruit des verrous, et je crus mourir ; car un violent battement de cœur, qui battait à trois ou quatre pouces au-dessous de ce viscère, me fit craindre que mon dernier moment ne fût venu. Eperdu, je me jette sur mon fauteuil et j'attends. Laurent, en entrant dans le galetas, mit la tête à la grille et me cria d'un ton joyeux : « Je vous félicite, monsieur, de la bonne nouvelle que je vous apporte. » Croyant d'abord que c'était ma mise en liberté, car je n'en imaginais pas d'autre, je frémis, car je sentais que la découverte du trou aurait fait révoquer ma grâce.

Laurent entre et me dit de le suivre.

« Attendez, que je m'habille.

— N'importe, puisque vous ne faites que passer de ce vilain cachot à un autre clair et tout neuf, où par deux fenêtres vous verrez la moitié de Venise ; et vous pourrez vous y tenir debout........ »

Je n'en pouvais plus, je me sentais défaillir.

« Donnez-moi du vinaigre, lui dis-je, et allez dire à M. le secrétaire que je remercie le tribunal de cette grâce et que je le supplie de me laisser ici.

— Vous me faites rire, monsieur ; êtes-vous devenu fou ? On veut vous tirer de l'enfer pour vous mettre en paradis, et vous refusez ! Allons, allons ; il faut obéir :

levez-vous. Je vous donnerai le bras, et je vous ferai porter vos hardes et vos livres. »

Voyant que la résistance était inutile, je me lève, et je ressentis un grand soulagement en lui entendant donner l'ordre à un archer servant de m'apporter mon fauteuil, car mon esponton allait me suivre, et l'espérance avec lui. J'aurais bien voulu pouvoir emporter mon beau trou, objet de tant de peines et d'espoir perdus. Je puis dire qu'en sortant de cet horrible lieu de douleur, mon âme y resta tout entière.

Appuyé sur l'épaule de Laurent qui, par ses sottes plaisanteries, croyait ranimer ma gaieté, je passai deux corridors étroits, et après avoir descendu trois degrés, j'entrai dans une salle très claire, et, à son extrémité à gauche, il me fit entrer par une petite porte dans un autre corridor de deux pieds de large et d'environ douze de long, et dans le coin était mon nouveau cachot. Il y avait une fenêtre grillée qui donnait sur deux fenêtres également grillées, qui éclairaient le corridor, et par là on pouvait jouir de la belle vue jusqu'au Lido. Je n'étais pas disposé à me réjouir de cela dans ce triste moment. Cependant je vis plus tard avec plaisir que par cette fenêtre, quand elle était ouverte, on recevait un vent doux et frais qui tempérait l'insoutenable chaleur, ce qui était un véritable baume pour le malheureux obligé d'y respirer, et surtout dans la saison.

Le lecteur croira facilement que toutes ces observations eurent lieu plus tard. Dès que je fus entré dans le nouveau cachot, Laurent y fit placer mon fauteuil, et s'en alla en me disant qu'il allait me faire apporter le reste de mes effets.

Le stoïcisme de Zénon, l'ataraxie des pyrrhoniens offrent au jugement des images fort extraordinaires. On les célèbre, on les tourne en dérision, on les admire, on s'en moque, et les sages n'accordent leur possibilité qu'avec des restrictions. Je pense, moi, que tout homme appelé à juger de possibilité ou d'impossibilité morales a droit de ne partir que de lui-même ; car, quand on est de bonne foi, on ne peut admettre une force intérieure dont on ne sent pas le germe en soi-même. Ce que je trouve en moi sur cette matière, est que l'homme, par une force acquise, par une grande étude, peut parvenir à s'abstenir de crier dans les douleurs et à se maintenir fort contre l'impulsion des premiers mouvements. Mais voilà tout. L'*abstine* et le *sustine* caractérisent un bon philosophe ; mais les douleurs physiques qui affligent un bon stoïcien, ne seront pas moindres que celles qui tourmentent l'épicurien, et les chagrins seront plus cuisants pour celui qui les dissimule que pour celui qui se procure un soulagement réel par la plainte. Celui qui veut paraître indifférent à un événement qui décide de son état, n'en a que l'air, à moins d'être imbécile ou enragé, et celui qui se vante d'une tranquillité parfaite, ment, n'en déplaise à Socrate. Je puis croire Zénon lorsqu'il me dit qu'il a trouvé le secret d'empêcher la nature de pâlir, de rougir, de rire, de pleurer.

Je me tenais sur mon fauteuil immobile comme une statue et attendant l'orage, mais sans le craindre. Ce qui causait ma stupeur était l'idée accablante que toutes les peines que j'avais eues, toutes les combinaisons que j'avais prises étaient perdues ; cependant je n'en éprouvais que du regret et nullement de repentir, et je m'efforçais à ne point penser à l'avenir, comme la seule consolation que je pusse me procurer.

Élevant ma pensée vers Dieu, je ne pouvais m'empêcher de considérer le nouveau malheur qui m'accablait comme une punition qui me venait de Dieu même, pour avoir négligé de me sauver aussitôt que mes moyens d'évasion avaient été prêts. Cependant, tout en reconnaissant que j'aurais pu me sauver trois jours plus tôt, je ne pouvais le faire, à moins de trouver la punition trop forte, d'autant plus que je n'avais différé que par des motifs de prudence, ce qui me semblait digne de récompense ; car, s'il ne s'était agi que de céder aux mouvements de mon impatience, j'aurais bravé tous les dangers. Pour brusquer la raison qui m'avait fait remettre ma fuite au 27 d'août, il aurait fallu une sorte de révélation, et la lecture de Marie d'Agrada ne m'avait pas rendu assez fou.

CHAPITRE XII.

Prisons souterraines appelées les Puits. — Vengeance de Laurent. — J'entre en correspondance avec un autre prisonnier, le père Balbi ; son caractère. — Je concerte ma fuite avec lui ; comment. — Stratagème dont je me sers pour lui faire parvenir mon esponton. — Succès. — On me donne un infâme compagnon ; son portrait.

J'étais dans cet état d'anxiété et de désespoir lorsque deux sbires vinrent m'apporter mon lit. Ils ressortirent aussitôt pour aller chercher le reste, et il s'écoula plus de deux heures avant que je revisse personne, quoique la porte de mon nouveau cachot fût restée ouverte. Ce retard, qui n'était point naturel, me faisait naître une foule de pensées ; mais je ne pouvais me fixer sur rien. Je savais seulement que j'avais tout à craindre, et cette certitude me portait à faire mes efforts pour mettre mon esprit dans un état de tranquillité capable de résister à tous les malheurs qui me menaçaient.

Outre les *Plombs* et les *Quatre*, les inquisiteurs d'État

possèdent encore *dix-neuf* prisons affreuses, sous terre, dans le même palais ducal, cachots horribles, destinés à des malheureux qu'on ne veut point condamner à mort, quoique leurs crimes les en fassent juger dignes.

Tous les juges souverains de la terre ont toujours pensé faire une grande grâce à certains criminels en leur laissant la vie quand leurs actions leur avaient mérité la mort ; mais souvent on substitue à cette douleur momentanée la situation la plus horrible, et quelquefois telle que chaque instant de cette souffrance sans cesse renouvelée est pire que la mort. En considérant la chose religieusement et philosophiquement, ces commutations de peines ne peuvent être considérées comme une grâce qu'autant que le malheureux qui en est l'objet la regarde ainsi ; mais il est bien rare que l'on consulte le criminel, et alors cette soi-disant grâce est une véritable injustice.

Ces prisons souterraines ressemblent parfaitement à des tombeaux, mais on les appelle les *Puits*, parce qu'il y a toujours deux pieds d'eau qui y pénètre de la mer par la même grille au travers de laquelle ils reçoivent un peu de lumière ; cette grille n'a qu'un pied carré. A moins que le malheureux condamné à vivre dans ces cloaques impurs ne veuille prendre un bain d'eau salée, il est obligé de se tenir toute la journée assis sur un tréteau où se trouve une paillasse et qui lui sert de garde-manger. Le matin on lui donne une cruche d'eau, une pauvre soupe et une ration de pain de munition, qu'il est obligé de manger de suite, s'il ne veut qu'il devienne la proie des gros rats de mer qui abondent dans ces horribles demeures. D'ordinaire les malheureux que l'on met aux Puits sont condamnés à y finir leurs jours, et quelquefois il y en a qui atteignent une haute vieillesse. Un scélérat, qui mourut dans le temps où j'étais sous les

Plombs, y avait passé trente-sept ans et il en avait quarante-quatre lorsqu'on l'y mit. Persuadé d'avoir mérité la mort, il se peut que sa commutation de peine lui ait paru une grâce, car il y a des êtres qui ne craignent que la mort. Il s'appelait Béguelin. Né Français, il avait servi en qualité de capitaine dans les troupes de la république pendant la dernière guerre contre les Turcs en 1716. Il était sous les ordres du maréchal comte de Schulembourg, qui obligea le grand visir à lever le siège de Corfou. Ce Buégelin servait d'espion au maréchal : il se déguisait en Turc et se rendait ainsi au camp des musulmans ; mais en même temps qu'il servait le comte de Schulembourg, il servait aussi le grand visir ; et, ayant été convaincu de ce double espionnage, il est certain qu'on lui fit une grâce en l'envoyant mourir dans les Puits. Il n'a pu que s'y ennuyer et y avoir faim ; mais avec un caractère infâme, il a peut-être souvent répété : *Dum vita superest, bene est* [1].

J'ai vu au Spiegelberg, en Moravie, des prisons bien autrement affreuses : la clémence y mettait les criminels condamnés à mort, et jamais aucun n'a pu y résister un an. Quelle clémence !

Pendant les deux mortelles heures d'attente, livré à toutes les pensées sombres, à toutes les combinaisons malheureuses, il ne pouvait manquer que je me figurasse qu'on allait me plonger dans un de ces horribles trous ; lieux affreux où le malheureux se nourrit d'espérances chimériques, où il doit être dévoré de craintes paniques déraisonnées. Le tribunal, maître des extrémités du palais, aurait bien pu envoyer en enfer quelqu'un qui aurait tenté d'échapper au purgatoire.

J'entendis enfin des pas précipités, et bientôt je vis de-

---

[1]. Tandis que la vie reste, nous sommes bien.

vant moi Laurent tout défiguré par la colère, écumant de rage et blasphémant Dieu et tous les saints. Il commença par m'ordonner de lui remettre la hache et les outils dont je m'étais servi pour percer le plancher, et de lui déclarer quel était le sbire qui me les avait fournis. Je lui répondis sans me bouger et avec beaucoup de sang-froid que j'ignorais de quoi il me parlait. A cette réponse, il ordonne qu'on me fouille ; mais, me levant d'un air résolu, je menace les coquins, et, me mettant tout nu : « Faites votre métier, » leur dis-je, mais qu'aucun ne me touche.

On visite mes matelas, on vide ma paillasse, on manie les coussins de mon fauteuil; on ne trouve rien.

« Vous ne voulez pas me dire où sont les instruments avec lesquels vous avez fait l'ouverture, mais on trouvera les moyens de vous faire parler.

— S'il est vrai que j'aie fait un trou quelque part, je dirai que c'est vous qui m'en avez fourni les moyens et que je vous ai tout rendu. »

A cette menace qui fit sourire d'approbation tous les gens qui le suivaient et qu'il avait probablement irrités par quelques mauvais propos, il frappa du pied, s'arracha les cheveux et sortit comme un possédé. Ses gens revinrent, et m'apportèrent tous mes effets, à l'exception de ma pierre et de ma lampe. Avant de quitter le corridor et après avoir fermé mon cachot, il ferma les deux croisées par lesquelles je recevais un peu d'air. Je me trouvai alors confiné dans un étroit espace, sans pouvoir y recevoir le moindre brin d'air d'aucune part. Cependant ma situation ne me frappa que médiocrement, car j'avoue que je me trouvai quitte à bon marché. Malgré l'esprit de son métier, il ne lui vint point heureusement dans l'idée de renverser le fauteuil, et me trouvant encore possesseur de mon verrou, j'en rendis grâce à la Providence, et je crus qu'il m'était encore permis de le considérer comme l'instrument fortuné qui devait me procurer tôt ou tard ma délivrance.

Je passai la nuit sans fermer l'œil, tant à cause de la chaleur que par suite de l'altération que j'avais éprouvée. A la pointe du jour, Laurent vint et m'apporta du vin insoutenable et de l'eau qu'il n'était pas possible de boire. Tout le reste était à l'avenant, salade desséchée, viande puante et pain plus dur que du biscuit anglais. Il ne fit point nettoyer, et lorsque je le priai d'ouvrir les fenêtres, il n'eut pas l'air de m'écouter ; mais un archer muni d'une barre de fer se mit à frapper partout, contre les parois, sur le plancher et particulièrement sous mon lit. Je vis cela d'un air impassible, mais je ne laissai pas d'observer que l'archer ne frappa point le plafond. C'est par là, me dis-je, que je sortirai de cet enfer. Cependant, pour que ce projet pût réussir, il fallait des combinaisons qui ne dépendaient pas de moi, car je ne pouvais rien faire qui ne fût exposé à la vue. Le cachot était tout neuf ; la moindre égratignure aurait sauté aux yeux de mes gardiens.

Je passai une cruelle journée, car la chaleur était étouffante comme dans une fournaise, et de plus il me fut impossible de faire aucun usage des aliments qu'on m'avait apportés. La sueur et le défaut de nourriture me causaient tant de faiblesse qu'il m'était impossible de lire ni de me promener. Le lendemain mon dîner fut le même : l'odeur putride du veau que le coquin m'apporta me fit reculer au premier abord. « As-tu, lui dis-je, reçu l'ordre de me faire mourir de faim et de chaud ? » Il referma mon cachot et ne me répondit pas. Le troisième jour, même traitement. Je demande du crayon et du papier pour écrire au secrétaire : point de réponse.

Désespéré, je mange ma soupe, et puis, trempant du

CHAPITRE XII

pain dans un peu de vin de Chypre, je me résous à me donner des forces pour pouvoir le lendemain me venger de Laurent en lui enfonçant mon esponton dans la gorge. Conseillé par la fureur, il me paraissait que je n'avais pas d'autre parti à prendre. La nuit me calma, et le lendemain, dès que le bourreau parut, je me contentai de lui dire que je le tuerais aussitôt que l'on m'aurait rendu la liberté. Il ne fit que rire de ma menace, et partit encore sans desserrer les lèvres.

Je commençais à croire qu'il en agissait ainsi par ordre du secrétaire, auquel il devait avoir tout déclaré. Je ne savais que faire : je luttais entre la patience et le désespoir ; ma position était terrible ; je me sentais mourir d'inanition. Enfin, le huitième jour, d'une voix foudroyante, la rage dans le cœur et les archers présents, je lui ordonnai, en lui donnant la noble qualification d'infâme bourreau, de me rendre compte de mon argent. Il me répondit seulement que je l'aurais le lendemain. Alors, comme il se préparait à partir, je prends le baquet, et je me mets en posture de l'aller verser dans le corridor. Prévenant mon dessein, il ordonna à un archer de le prendre, et pour chasser l'infection pendant cette dégoûtante opération, il ouvrit une fenêtre, qu'il referma dès que l'affaire fut faite, et je restai dans cette peste malgré mes cris. Jugeant que j'avais dû le dégoûtant mais indispensable service aux injures que je lui avais dites, je me disposai à le traiter encore plus mal le lendemain ; mais dès qu'il parut ma fureur se calma, car, avant de me présenter mon compte, il me remit un panier de citrons que M. de Bragadin m'envoyait, ainsi qu'une grosse bouteille d'eau que je jugeai bonne, et un beau poulet rôti très appétissant ; en outre, l'un des archers ouvrit de suite les deux fenêtres. Lorsqu'il me présenta mon compte, je ne jetai les yeux que sur la somme, et je lui dis de donner le reste à sa femme, à l'exception d'un sequin que je lui ordonnai de donner aux archers qui étaient avec lui pour le service. Cette petite générosité me captiva ces malheureux, qui m'en remercièrent avec beaucoup d'expression.

Laurent, étant exprès resté seul avec moi, m'adressa ainsi la parole :

« Vous m'avez déjà dit, monsieur, que c'est de moi-même que vous avez reçu les objets nécessaires pour faire l'énorme trou : ainsi je n'en suis plus curieux ; mais voudriez-vous en grâce me dire qui vous a procuré les choses nécessaires pour vous faire une lampe ?

— Vous-même.

— Oh ! pour le coup je suis confondu, car je ne croyais pas que l'esprit consistât dans l'effronterie.

— Je ne mens pas. C'est vous qui, de vos propres mains, m'avez donné tout ce qui m'était nécessaire, huile, pierre à feu, allumettes : je possédais le reste.

— Vous avez raison ; mais pourriez-vous me convaincre avec autant de facilité que je vous ai fourni les instruments pour faire le trou ?

— Assurément, car je n'ai rien reçu que de vous.

— Miséricorde ! qu'entends-je ! dites-moi donc comment je vous ai donné une hache.

— Je vous dirai tout, et je dirai vrai, mais ce ne sera qu'en présence du secrétaire.

— Je ne veux plus rien savoir, et je vous crois sur tout. Je vous demande le silence, car songez que je suis un pauvre homme et que j'ai des enfants. »

Il s'en alla en se tenant la tête entre les mains.

Je me félicitai de tout mon cœur d'avoir trouvé le moyen de me faire craindre de ce maraud, auquel il était décidé que je devais coûter la vie. Je vis que son propre intérêt l'obligeait à ne rien faire connaître à ses maitres de ce qui s'était passé.

J'avais ordonné à Laurent de m'acheter les œuvres de Maffei : cette dépense lui déplaisait, et il n'osait pas me le dire. Il me demanda quel besoin je pouvais avoir de livres, puisque j'en avais beaucoup.

« J'ai tout lu, lui dis-je, il me faut du nouveau.

— Je vous ferai prêter des livres par quelqu'un qui est ici, si vous voulez en prêter des vôtres. Par là vous épargnerez votre argent.

— Ce sont peut-être des romans, et je ne les aime pas.

— Ce sont des livres scientifiques ; et si vous croyez être la seule bonne tête qui se trouve ici, vous vous trompez.

— Je le veux bien ; nous verrons. Voici un livre que je prête à la bonne tête ; apportez-m'en un autre. »

Je lui avais donné le *Rationarium* de Petau ; quatre minutes après il me rapporta le premier volume de Wolff. Assez content, je lui dis que je me passerais de Maffei, et cela lui causa une grande joie.

Moins ravi de m'amuser à cette savante lecture que de l'opportunité d'entamer une correspondance avec quelqu'un qui pût me seconder dans mon projet de fuite, projet que j'avais ébauché dans ma tête, j'ouvris le livre dès que Laurent fut parti, et ma joie fut extrême en lisant sur une feuille la paraphrase de ces mots de Sénèque : *Calamitosus est animus futuri anxius* [1], faite en six bons vers. J'en fis six autres à l'instant, et voici l'expédient que j'appelai à mon aide pour parvenir à les écrire. J'avais laissé croître l'ongle de mon petit doigt pour m'en servir en guise de cure-oreille ; il était fort long : je le coupai en pointe et j'en fis une plume. Je n'avais point

[1]. L'homme qui s'occupe des malheurs à venir est bien malheureux.

d'encre, et je pensais à me faire une piqûre pour écrire avec mon sang, quand je pensai que le jus de mûres me tiendrait facilement lieu d'encre, et j'en avais. Outre les six vers, j'écrivis le catalogue des livres que j'avais et je le plaçai dans le dossier du même livre. Il est bon de savoir qu'en Italie les livres généralement sont reliés en parchemin et de manière que le dossier, en l'ouvrant, forme une poche. A l'endroit du titre j'écrivis : *Latet*[1]. J'étais impatient de recevoir une réponse ; aussi le lendemain, dès que Laurent parut, je lui dis que j'avais lu le livre, et que je priais la personne de m'en envoyer un autre. J'eus le second volume un instant après.

Aussitôt que je fus seul, j'ouvris le livre, et j'y trouvai une feuille volante écrite en latin qui contenait ces mots :

« Nous sommes deux dans la même prison, et nous éprouvons le plus grand plaisir de voir que l'ignorance d'un geôlier avare nous procure un privilège sans exemple en ces lieux. Moi qui vous écris, je suis Marin Balbi, noble vénitien, régulier somasque, et mon compagnon est le comte André Asquin d'Udine, capitale du Frioul. Il me charge de vous faire savoir que tous les livres qu'il possède, et dont vous trouverez la note au dos de ce volume, sont à votre service ; mais nous vous prévenons, monsieur, que nous avons besoin de toutes les précautions possibles pour cacher à Laurent notre petit commerce. »

Dans la situation où nous nous trouvions, il n'était pas étonnant que nous eussions eu la même idée, celle de nous adresser réciproquement le catalogue de notre mince bibliothèque et de choisir pour cela le dossier du livre : cette idée résultait du simple bon sens ; mais je trouvai singulière la recommandation de la précaution faite dans une feuille volante. Il paraissait impossible

---

1. Caché.

que Laurent n'ouvrît pas le livre ; alors il aurait vu la feuille, et comme il n'aurait pas su la lire, il l'aurait mise dans sa poche pour s'en faire dire le contenu par quelqu'un : tout aurait été découvert dès sa naissance. Cela me fit supposer que mon correspondant était un franc étourdi.

Après avoir lu le catalogue, j'écrivis qui j'étais, comment j'avais été arrêté, l'ignorance où j'étais sur le crime dont on me punissait et l'espérance que j'avais de me voir bientôt libre. Balbi m'écrivit ensuite une lettre de seize pages. Le comte Asquin ne m'écrivit point. Le moine me fit l'histoire de toutes ses infortunes. Il y avait quatre ans qu'il était détenu et c'était parce qu'il avait eu les faveurs de trois jeunes filles desquelles il avait eu trois enfants qu'il avait eu la bonhomie de faire baptiser sous son nom. La première fois, il en avait été quitte pour une semonce de son supérieur ; la seconde fois, on l'avait menacé d'un châtiment, et la troisième, enfin, on l'avait fait enfermer. Le père supérieur de son couvent lui envoyait son dîner tous les matins. Il me disait dans sa lettre que le supérieur et le tribunal étaient des tyrans. car ils n'avaient aucune autorité sur sa conscience ; qu'étant persuadé que les trois enfants étaient de lui, il avait jugé qu'en honnête homme il n'avait pas dû les priver de l'avantage qu'ils pouvaient retirer de son nom. Il concluait en me disant qu'il n'avait pas pu se dispenser de reconnaître publiquement ses enfants, afin que la calomnie ne les attribuât point à d'autres, ce qui aurait nui à la réputation des trois honnêtes filles dont il les avait eus ; que, d'ailleurs, il n'avait pu étouffer le cri de la nature qui lui parlait en faveur de ces innocentes créatures. Il finissait par ces mots : « Il n'y a pas de risque que mon supérieur tombe dans la même faute, car sa tendresse n'est active qu'envers ses élèves. »

C'en était assez pour me faire connaître mon homme. Original, sensuel, mauvais raisonneur, méchant, sot, imprudent, ingrat; tout cela se montrait dans son écrit; car, après m'avoir dit qu'il se trouverait fort malheureux sans le comte Asquin, qui avait soixante-dix ans, des livres et de l'argent, il employait deux pages à m'en dire du mal, en me peignant ses défauts et ses ridicules. Dans le monde, je n'aurais pas répondu à un homme de ce caractère; mais sous les Plombs j'avais besoin de tirer parti de tout. Je trouvai dans le dossier du livre du crayon, des plumes et du papier, ce qui me mit en état d'écrire tout à mon aise.

Il me faisait aussi l'histoire de tous les prisonniers qui étaient sous les Plombs et de ceux qui y avaient été depuis les quatre ans qu'il y vivait. Il me dit que Nicolas était l'archer qui, en secret, lui achetait tout ce qu'il voulait, qui lui disait le nom des prisonniers et ce qu'il en savait, et, pour m'en convaincre, il me rapportait tout ce qu'il lui avait dit de mon trou. Il me disait qu'on m'avait retiré de mon cachot pour y loger le patricien Priuli, et que Laurent avait mis deux heures à faire réparer le dégât que j'avais fait, qu'il avait intimé le secret au menuisier, au serrurier et à tous les archers sous peine de la vie. Un jour de plus, avait ajouté l'archer, Casanova se serait échappé d'une manière ingénieuse qui aurait fait pendre Laurent; car, quoique celui-ci ait témoigné une grande surprise à la vue du trou, il n'est pas douteux que ce ne soit lui qui lui ait fourni les instruments nécessaires pour exécuter un travail aussi difficile. « Nicolas m'a dit, ajoutait mon correspondant, que M. de Bragadin lui a promis mille sequins s'il peut vous faciliter les moyens de vous évader; mais que Laurent, sachant cela, se flatte de gagner la récompense sans s'exposer, en obtenant par sa femme votre élargissement de M. Diedo. Aucun des archers n'ose parler de ce qui s'est passé, de crainte que, si Laurent venait à se tirer d'affaire, il ne se vengeât en le faisant congédier. » Il me priait de lui conter en détail l'événement, de lui dire comment je m'étais procuré les instruments, et de compter sur sa discrétion.

Je ne doutais pas de sa curiosité, mais beaucoup de sa discrétion, d'autant plus que sa demande même le déclarait le plus indiscret des hommes. Je jugeai cependant que je devais le ménager, car il me paraissait d'une trempe à entreprendre tout ce que je lui dirais pour m'aider à recouvrer ma liberté. Je me mis à lui répondre, mais il me vint un soupçon qui me fit suspendre l'envoi de ce que j'avais écrit. Je m'imaginai que cette correspondance pouvait n'être qu'un artifice de Laurent pour parvenir à savoir qui m'avait fourni les instruments et ce que j'en avais fait. Pour le satisfaire sans me compromettre, je lui écrivis que j'avais fait l'ouverture au moyen d'un fort couteau que j'avais, et que je l'avais placé sur la hauteur d'appui de la fenêtre du corridor. En moins de trois jours, cette fausse confidence mit mon esprit en paix, car Laurent ne visita point la hauteur d'appui, ce qu'il n'aurait pas manqué de faire, si la lettre avait été interceptée. D'ailleurs, le père Balbi m'écrivit qu'il savait que je pouvais avoir ce gros couteau, car Laurent lui avait dit qu'on ne m'avait pas fouillé avant de m'enfermer. Laurent n'en avait pas reçu l'ordre, et cette circonstance l'aurait peut-être sauvé si j'étais parvenu à m'enfuir, car il prétendait qu'en recevant un homme des mains du chef des archers, il devait le supposer visité. De son côté, messer-grande aurait dit que m'ayant vu sortir de mon lit, il était sûr que je n'avais point d'armes, et ce conflit aurait pu les tirer d'affaire l'un et l'autre. Le moine finissait par me prier de lui envoyer mon couteau par Nicolas, à qui je pouvais me fier.

La légèreté de ce moine me paraissait inconcevable. Je lui écrivis que je ne me sentais aucune disposition à me fier à Nicolas, et que mon secret était tel que je ne pouvais pas le confier au papier. Ses lettres cependant m'amusaient. Dans l'une d'elles, il m'informa de la raison pour laquelle on retenait sous les Plombs le comte Asquin, malgré son état impotent, car il était d'une corpulence énorme, et comme il avait eu la jambe cassée et mal raccommodée, il ne pouvait presque pas se mouvoir. Il me disait que ce comte, n'étant pas riche, exerçait à Udine l'état d'avocat et que comme tel il défendait l'ordre des paysans dans le conseil de la ville contre la noblesse qui, usurpatrice par instinct, voulait le priver du droit de suffrage dans les assemblées provinciales. Les prétentions des paysans troublaient la paix publique, et pour les mettre à la raison par le droit du plus fort, les nobles s'adressèrent aux inquisiteurs d'État, qui ordonnèrent au comte avocat d'abandonner ses clients. Le comte répondit que le code municipal l'autorisait à défendre la constitution, et ne voulut point obéir : les inquisiteurs le firent enlever malgré le code, et depuis cinq ans il respirait l'air salutaire des Plombs. Il avait comme moi cinquante sous par jour, mais il avait la disposition de son argent. Le moine, qui n'avait jamais le sou, me disait beaucoup de mal de son camarade, touchant son avarice. Il m'apprit aussi que dans le cachot de l'autre côté de la salle il y avait deux gentilshommes des *Sept-Communes* qui étaient également détenus pour désobéissance, que l'un était devenu fou et qu'on le tenait attaché ; enfin, il m'informait que dans un autre cachot il y avait deux notaires.

Mes soupçons étant tout à fait dissipés, voici comment je raisonnai.

CHAPITRE XII

« Je veux à tout prix me procurer la liberté. L'esponton que j'ai est excellent, mais il est impossible que je m'en serve, car tous les matins on sonde mon cachot à coups de barre, excepté le plafond. Si je veux sortir d'ici, c'est donc par le plafond qu'il faut que j'en sorte, mais pour en venir à bout, il me faut un trou et je ne saurais l'entreprendre d'en bas avec succès ; car ce n'est pas l'affaire d'un jour. Il me faut un aide ; il pourra se sauver avec moi. »

Je n'avais pas l'embarras du choix, et mon idée ne pouvait tomber que sur le moine. Il avait trente-huit ans, et quoiqu'il ne fût pas riche en bon sens, je pensai que l'amour de la liberté, ce premier des besoins de l'homme, lui donnerait assez de résolution pour exécuter les instructions que je lui donnerais. Il fallait commencer par me résoudre à lui tout confier, et puis à imaginer un moyen pour lui faire parvenir mon instrument. C'étaient deux points difficiles.

Je commençai d'abord par lui demander s'il désirait la liberté, et s'il se sentait disposé à tout entreprendre pour se la procurer avec moi. Il me répondit que son camarade et lui étaient capables de tout pour rompre leurs chaînes ; mais il ajoutait qu'il était inutile de se casser la tête à faire des projets inexécutables. Il remplit quatre longues pages des impossibilités qui s'offraient à son pauvre esprit ; car le malheureux ne voyait aucun côté qui pût présenter la moindre chance de succès. Je lui répondis que les difficultés générales ne m'occupaient point, et qu'en faisant mon plan, je n'avais songé qu'aux difficultés particulières ; que celles-là seraient vaincues, et je finissais en lui donnant ma parole d'honneur de le rendre libre, s'il voulait s'engager à exécuter à la lettre tout ce que je lui prescrirais.

Il me le promit.

Je lui marquai que je possédais un esponton de vingt

pouces de longueur ; qu'au moyen de cet instrument il percerait le plafond de son cachot pour en sortir, qu'ensuite il percerait le mur qui nous séparait, que par cette ouverture il arriverait sur moi, qu'il briserait le plafond, et que, cela fait, il m'aiderait à sortir par le trou. « Quand nous en serons là, votre tâche sera faite, et la mienne commencera : je vous mettrai en liberté, vous et le comte Asquin. »

Il me répondit que lorsqu'il m'aurait tiré hors du cachot, je n'en serais pas moins en prison, et que notre situation alors ne différerait de notre situation actuelle que par l'espace, que nous serions tout simplement dans les galetas, lesquels étaient fermés par trois fortes portes.

« Je le sais, mon révérend père, lui répondis-je, mais ce n'est point par les portes que nous nous sauverons. Mon plan est fait et je suis sûr du succès. Je ne vous demande que de l'exactitude dans l'exécution et abstinence d'objections. Songez seulement au moyen le plus convenable pour que je puisse vous faire tenir l'instrument de notre délivrance, sans que le porteur puisse en concevoir aucun soupçon. En attendant, faites acheter par le geôlier une quarantaine d'images de saints, assez grandes pour tapisser toute la surface de votre cachot. Ces images religieuses n'inspireront aucun soupçon à Laurent, et elles vous serviront à couvrir l'ouverture que vous ferez au plafond. Vous aurez besoin de quelques jours pour pratiquer cette ouverture, et Laurent le matin ne pourra point voir l'ouvrage que vous aurez fait la veille, puisque vous le recouvrirez avec l'image. Si vous me disiez pourquoi je ne fais pas cela, je vous dirais que je ne le puis pas, parce que je suis suspect à notre gardien, et l'objection, sans doute, vous paraîtrait raisonnable. »

Quoique je lui recommandasse de songer au moyen le plus propre à lui envoyer mon esponton, je m'occupais sans cesse à le trouver moi-même, et il me vint une idée heureuse que je m'empressai de saisir. Je dis à Laurent de m'acheter une Bible in-folio qui venait de paraître ; c'était la Vulgate et la version des Septante. J'espérai pouvoir placer mon esponton au dos de la reliure de ce grand volume et l'envoyer ainsi au moine ; mais quand je l'eus, je vis que mon instrument dépassait de deux pouces la longueur du livre.

Mon correspondant m'avait déjà écrit que son cachot était tapissé d'images, et je lui avais communiqué mon idée sur la Bible et la difficulté que son défaut de longueur me présentait. Heureux de pouvoir faire briller son génie, il me railla sur la sécheresse de mon imagination, en me disant que je n'avais qu'à lui envoyer mon esponton enveloppé dans ma pelisse de peau de renard. Il me disait que Laurent leur avait parlé de cette belle pelisse, et que le comte Asquin ne causerait aucun soupçon en demandant à la voir pour s'en faire acheter une pareille. « Vous n'avez, me disait-il, qu'à me l'envoyer toute pliée ; Laurent ne la dépliera pas. » J'étais sûr du contraire, d'abord parce qu'une pelisse pliée est plus embarrassante à porter que quand elle ne l'est pas ; cependant, pour ne pas le décourager et le convaincre en même temps que j'étais moins étourdi que lui, je lui écrivis qu'il n'avait qu'à la faire prendre. Le lendemain Laurent me l'ayant demandée, je la lui donnai pliée, mais sans le verrou, et un quart d'heure après il me la rapporta, en me disant que ces messieurs l'avaient trouvée fort belle.

Le moine m'écrivit une lettre dolente, dans laquelle il s'avouait coupable de m'avoir donné un mauvais conseil ; mais il ajoutait que j'avais eu tort de le suivre. L'esponton, selon lui, était perdu, car Laurent avait porté la pelisse toute dépliée. Après ce malheur tout espoir était perdu. Je le consolai en le désabusant, et je le priai d'être à l'avenir moins hardi dans ses conseils. Il fallait en venir à une fin, et je pris la ferme résolution d'envoyer mon verrou sous la protection de la Bible, en employant un moyen accessoire pour empêcher le porteur de le découvrir en regardant les extrémités de l'énorme volume. Voici ce que je fis.

Je dis à Laurent que je voulais célébrer le jour de la Saint-Michel avec du macaroni au fromage, mais que, voulant reconnaître l'honnêteté de la personne qui avait la bonté de me prêter des livres, je voulais lui en faire un grand plat et que je voulais le préparer moi-même. Laurent me dit que ce monsieur désirait lire le grand livre qui coûtait trois sequins. C'était une affaire arrangée. « Fort bien, lui dis-je, je le lui enverrai avec les macaroni ; apportez-moi seulement le plus grand plat que vous ayez à la maison ; car je veux faire la chose en grand. »

Il me promit de me servir à souhait. J'enveloppai mon esponton dans du papier, et je le plaçai au dos de la reliure de la Bible, observant qu'il dépassât autant d'un côté que de l'autre. En posant sur la Bible un grand plat de macaroni bien rempli de beurre fondu, j'étais sûr que Laurent ne pourrait point regarder aux extrémités, parce que son regard serait concentré sur les rebords du plat, pour éviter de répandre la graisse sur le livre. J'avertis le père Balbi de tout, en lui recommandant d'être adroit en recevant le plat, et d'avoir soin surtout de prendre les deux objets ensemble et non l'un après l'autre.

Au jour marqué, Laurent vint plus matin que de coutume avec une chaudière pleine de macaroni tout bouillant et tous les ingrédients nécessaires pour l'assaisonner. Je fis fondre une quantité de beurre, et après avoir disposé les macaroni dans le plat, je répandis du beurre dessus

CHAPITRE XII

jusqu'à ce qu'il touchât les bords. Le plat était énorme et dépassait de beaucoup la grandeur du livre sur lequel je l'avais placé. Tout ceci se faisait à la porte de mon cachot, et Laurent était en dehors.

Quand tout fut prêt, j'élevai avec soin la Bible et le plat, ayant soin de placer le dos du côté du porteur, et je dis à Laurent d'allonger les bras et d'étendre ses mains ; d'avoir soin de ne point verser la graisse sur le livre, et d'aller vite porter le tout à sa destination. En lui consignant cet important fardeau, je tenais les yeux fixés sur les siens, et je vis avec le plus grand plaisir qu'il ne détournait pas ses regards de dessus le beurre qu'il craignait de verser. Il me dit qu'il vaudrait mieux porter d'abord le plat, et qu'ensuite il reviendrait prendre le livre ; mais je lui répondis que le présent perdrait de son prix, et que tout devait aller ensemble. Il se plaignit alors que j'avais mis trop de beurre et me dit d'un air bouffon que s'il en répandait, il ne serait pas responsable du dommage.

Dès que je vis la Bible sur les bras du butor, je me sentis certain du succès, car les bouts de l'esponton étaient inapercevables à moins de faire un grand mouvement de côté, et je ne voyais aucune raison qui pût l'engager à détourner ses regards de dessus le plat qu'il devait s'efforcer de tenir parallèle. Je le suivis des yeux jusqu'à ce que je l'eus vu entrer dans l'avant-cachot du moine, lequel se mouchant à trois reprises, me donna le signal convenu que tout était arrivé à bon port ; ce que Laurent vint me confirmer l'instant d'après.

Le père Balbi ne tarda pas à mettre la main à l'œuvre, et en huit jours il parvint à faire au plafond une ouverture suffisante, qu'il masquait avec une image qu'il collait avec de la mie de pain. Le 8 octobre, il m'écrivit qu'il avait passé toute la nuit à travailler au mur qui nous séparait, et qu'il n'avait pu en enlever qu'un seul carreau. Il m'exagérait la difficulté de séparer des briques unies par un fort ciment ; mais il me promettait de poursuivre, tout en me disant que nous ne réussirions qu'à empirer notre situation. Je lui répondis que j'étais sûr du contraire, qu'il devait m'en croire et persévérer.

Hélas ! je n'étais sûr de rien ; mais il fallait en agir ainsi, ou abandonner le tout. Je voulais sortir de l'enfer où me tenait enfermé la plus horrible tyrannie : c'est tout ce que je savais, et je ne pensais qu'à faire des pas en avant, résolu d'atteindre le succès ou de ne m'arrêter que lorsque j'aurais rencontré le point insurmontable. J'avais lu et appris dans le grand livre de l'expérience qu'il ne faut point consulter les grandes entreprises, mais qu'il fallait les exécuter, sans contester à la fortune l'empire qu'elle a sur toutes les entreprises humaines. Si j'avais communiqué au père Balbi ces hauts mystères de la philosophie morale, il aurait dit que j'étais fou.

Son travail ne fut difficile que la première nuit ; car plus il travaillait, plus il trouvait de facilité, et à la fin il trouva qu'il avait enlevé trente-six briques.

Le 16 octobre, à dix heures du matin, au moment où j'étais occupé à traduire une ode d'Horace, j'entendis au-dessus de ma tête un trépignement et trois petits coups. C'était le signal concerté pour nous assurer que nous ne nous étions pas trompés. Il travailla jusqu'au soir, et le lendemain il m'écrivit que si mon toit n'était que de deux rangs de planches, son travail serait achevé le même jour. Il m'assura qu'il aurait soin de faire le trou circulaire comme je le lui avais recommandé, et qu'il ne percerait pas le plancher. Ceci était surtout nécessaire, car l'apparence de la moindre effraction nous aurait décelés.

« L'excavation, me disait-il, sera telle, qu'il ne faudra

qu'un quart d'heure de travail pour l'achever. » J'avais fixé ce moment au surlendemain pour sortir de mon cachot pendant la nuit et pour n'y plus rentrer ; car avec un compagnon, je me sentais assuré de faire en trois ou quatre heures un trou au grand toit du palais ducal, d'y passer pour me placer dessus et d'employer alors tous les moyens que le hasard m'offrirait pour descendre jusqu'à terre.

Je n'en étais pas encore à ce point, car ma mauvaise fortune me réservait plus d'une difficulté à vaincre. Ce même jour, c'était un lundi, à deux heures après midi, pendant que le père Balbi travaillait, j'entendis ouvrir la porte de la salle contiguë à mon cachot. Je sentis tout mon sang se glacer ; mais j'eus assez de présence d'esprit pour frapper deux coups, marque d'alarme convenue, à laquelle le père Balbi devait vite repasser par le trou du mur, rentrer dans son cachot et mettre tout en ordre. Moins d'une minute après, Laurent ouvre mon cachot, et me demande pardon de venir me mettre en compagnie d'un très mauvais sujet. C'était un homme de quarante à cinquante ans, petit, maigre, laid, mal vêtu, portant une perruque noire et ronde, et que deux archers dégarrottèrent pendant que je l'examinais. Je ne pouvais douter que ce ne fût un coquin, puisque Laurent me l'annonçait comme tel en sa présence, sans que ces mots lui fissent aucune impression visible. « Le tribunal, répondis-je, est bien le maître de faire ce qu'il veut. » Laurent, lui ayant fait apporter une paillasse, lui dit que le tribunal lui accordait dix sous par jour, ensuite il nous enferma ensemble.

Désolé par ce fatal contretemps, je regardais ce coquin, que sa plate physionomie décelait. Je pensais à le faire parler, lorsqu'il commença lui-même en me remerciant de lui avoir fait donner une paillasse. Voulant le gagner, je lui dis qu'il mangerait avec moi; il me baisa la main en me demandant si, malgré cela, il pourrait toucher les dix sous que le tribunal lui passait. Je lui dis que oui. A ces mots, il se mit à genoux et, tirant de sa poche un énorme chapelet, il promena ses yeux dans tous les recoins du cachot.

« Que cherchez-vous ?

— Vous me pardonnerez, monsieur ; mais je cherche quelque image de la sainte Vierge, car je suis chrétien : s'il y avait seulement un pauvre petit crucifix ; car je n'ai jamais eu tant besoin de me recommander à saint François d'Assise, dont je porte le nom indignement. »

J'eus de la peine à m'empêcher de rire ; non pas à cause de sa piété chrétienne, car la conscience et la foi sont des propriétés qu'il n'est donné à personne de contrôler, mais à cause de la tournure de sa remontrance. Je jugeai qu'il me prenait pour un juif, et pour le désabuser, je me hâtai de lui donner l'office de la sainte Vierge, dont il baisa l'image, et en me le rendant il me dit d'un ton modeste que son père, alguazil de galère, avait négligé de lui apprendre à lire. « Je suis, ajouta-t-il, dévot du saint rosaire ; » et il se mit à me raconter une foule de miracles que j'écoutai avec une patience d'ange. Il me pria de lui permettre de réciter son rosaire en regardant l'image de la Vierge. Dès qu'il eut fini, je lui demandai s'il avait dîné : il me dit qu'il se mourait de faim. Je lui donnai tout ce que j'avais, et il dévora plutôt qu'il ne mangea, but tout le vin que j'avais, et, lorsqu'il fut gris, il commença à pleurer, ensuite à parler sur tout à tort et à travers. Lui ayant demandé la cause de son malheur, voici ce qu'il me narra :

« Mon unique passion fut toujours la gloire de Dieu et de cette sainte république, et l'exacte obéissance à ses lois. Toujours attentif aux malversations des fripons,

dont le métier est de tromper, de frustrer de ses droits
leur prince et de tenir leurs démarches cachées, j'ai constamment tâché de découvrir leurs secrets et j'ai toujours
fidèlement rapporté à messer-grande tout ce que j'ai pu
découvrir. Il est vrai qu'on m'a toujours payé; mais
l'argent qu'on m'a donné ne m'a jamais causé autant de
plaisir que la satisfaction que j'éprouvais d'être utile à la
gloire du bienheureux saint Marc. Je me suis toujours
moqué du préjugé de ceux qui attachent une mauvaise
honte au métier d'espion. Ce nom ne sonne mal qu'aux
oreilles de ceux qui n'aiment pas le gouvernement; car
un espion est l'ami du bien de l'État, le fléau des criminels et le fidèle sujet du prince. Lorsqu'il s'est agi de
mettre mon zèle à l'épreuve, le sentiment de l'amitié,
qui peut avoir quelque force sur d'autres, n'en a jamais
eu sur moi, encore moins ce qu'on appelle reconnaissance. J'ai souvent juré de me taire, pour arracher à
quelqu'un un secret important que j'ai religieusement
révélé à l'instant. Je pouvais le faire en toute confiance;
car mon confesseur, qui était un saint jésuite, m'avait
assuré que je pouvais le révéler, non seulement parce
que je n'avais pas eu l'intention de garder le secret,
mais encore parce que, lorsqu'il s'agit du bien public, il
n'y a serment qui tienne. Je sens qu'esclave de mon
zèle, j'aurais trahi mon père et que j'aurais fait taire la
nature. Il y a trois semaines que j'observai à Isola, petite
île où je demeurais, une union particulière entre quatre
ou cinq personnes notables de la ville. Je savais qu'elles
étaient mécontentes du gouvernement à cause d'une
contrebande surprise et confisquée que les plus notables
d'entre ces messieurs avaient dû expier par la prison.
Le premier chapelain, né sujet de l'Autriche, était de ce
complot. Ils s'assemblaient le soir dans une chambre du
cabaret où il y avait un lit; là ils buvaient et causaient,

ensuite ils s'en allaient. Décidé à découvrir le complot qu'ils méditaient, j'eus le courage de me cacher sous ce lit un jour où j'étais sûr de n'avoir pas été observé. Vers le soir, mes gens arrivèrent et se mirent à parler; ils dirent entre autres que la ville d'Isola n'était pas de la juridiction de Saint-Marc, mais bien de celle de la principauté de Trieste, car elle ne pouvait aucunement être considérée comme une partie de l'Istrie vénitienne. Le chapelain dit au principal du complot, qui est un certain Pietro Paolo, que s'il voulait signer un écrit ainsi que les autres, il irait en personne chez l'ambassadeur impérial, et que l'impératrice non seulement s'emparerait de la ville, mais qu'elle leur accorderait une récompense. Tous dirent qu'ils étaient prêts, et le chapelain s'engagea à porter l'écrit le lendemain et à partir de suite après pour venir le remettre ici à l'ambassadeur.

« Je décidai de faire aller cet infâme projet en fumée, quoique l'un des conjurés fût mon compère, et que cette parenté spirituelle lui donnât un titre plus sacré, que s'il avait été mon propre frère.

« Après le départ des conspirateurs, j'eus tout le temps de m'évader, et je ne crus pas nécessaire de m'exposer à me cacher une seconde fois; j'en avais assez découvert. Je partis la même nuit dans un bateau, et le lendemain avant midi j'arrivai ici. Je me fis écrire les noms des six rebelles et je vins les porter au secrétaire du tribunal en lui faisant le récit de tout ce que j'avais entendu. Il m'ordonna de me rendre le lendemain de bonne heure chez messer-grande, lequel me donnerait un homme avec lequel je retournerais à Isola et que je lui ferais connaître la figure du chapelain, qui probablement ne serait point parti. « Cela fait, ajouta l'illustre secré-
« taire, vous ne vous mêlerez plus de rien. » J'exécutai

son ordre, et après avoir fait connaître le chapelain à l'homme de Messer-Grande j'ai été vaquer à mes affaires.

« Après dîner, mon compère me fit appeler pour le raser, car je suis barbier, et après que j'eus fait mon office, il me donna un excellent verre de *refosco* avec quelques tranches de saucisson, et il goûta avec moi en bonne amitié. Mon affection de compère s'est alors emparée de mon âme, je lui ai pris la main, et, pleurant de bon cœur, je lui ai conseillé d'abandonner la connaisance du chanoine et surtout de bien se garder de signer l'écrit qu'il savait. Il me dit qu'il n'était pas ami du chapelain plus que d'un autre et me jura qu'il ne savait pas de quel écrit je voulais parler. Je me mis à rire en lui disant que je badinais, et je sortis bien fâché d'avoir écouté un mouvement de tendresse qui m'avait fait commettre une si grande faute. Le lendemain je ne vis plus ni l'homme ni le chapelain, et huit jours après, m'étant rendu ici, j'allai faire visite à messer-grande, qui, sans façon, me fit enfermer, et me voilà avec vous, mon cher maître. Je remercie saint François de me trouver en la compagnie d'un bon chrétien qui est ici pour des raisons que je ne me soucie pas de savoir, car je ne suis pas curieux. Mon nom est Soradaci, et ma femme est une Legrenzi, fille d'un secrétaire du conseil des Dix, qui, se moquant du préjugé, voulut m'épouser en dépit de tout. Elle sera au désespoir de ne pas savoir ce que je suis devenu ; mais j'espère n'être ici que peu de jours, car je ne puis y être que pour la commodité du secrétaire qui m'aura fait enfermer pour m'examiner plus à son aise. »

Je frémissais de voir à quel monstre j'étais associé ; mais, sentant que ma position était délicate et que je devais le ménager, je jouai jésuitiquement la sensibilité, et je le plaignis, et, faisant l'éloge de son patriotisme, je lui prédis la liberté sous peu de jours. Quelques instants après, il s'endormit, et je profitai de son sommeil pour tout raconter au père Balbi, lui faisant sentir la nécessité où nous étions de suspendre notre travail jusqu'à une opportunité plus favorable. Le lendemain je dis à Laurent de m'acheter un crucifix de bois, une image de la sainte Vierge, le portrait de saint François, et de m'apporter deux bouteilles d'eau bénite. Soradaci lui demanda ses dix sous, et Laurent d'un air de mépris lui en donna vingt. Je lui ordonnai de m'acheter quatre fois plus de vin, de l'ail et du sel ; régal qui faisait les délices de mon odieux compagnon. Après le départ du geôlier, je retirai adroitement du livre la lettre que m'écrivait Balbi, et dans laquelle il me peignait sa frayeur. Il croyait que tout était perdu, et ne cessait de se récrier sur le bonheur que nous avions que Laurent eût mis Soradaci dans mon cachot. « Car, disait-il, s'il était venu le mettre dans le nôtre, il ne m'aurait pas trouvé, et les Puits auraient peut-être été notre partage, pour récompense de notre tentative. »

Le récit de Soradaci ne me laissait point douter qu'il ne dût subir des interrogatoires ; car il me semblait évident que le secrétaire ne l'avait fait enfermer que sur le soupçon de calomnie. Je me résolus sur cela à lui confier deux lettres, lesquelles, remises à leur adresse, ne pouvaient me faire ni bien ni mal, mais qui devaient m'être favorables, si, comme je n'en doutais pas, le traître les remettait au secrétaire pour lui donner une preuve de sa fidélité.

Je mis deux heures à écrire ces deux lettres au crayon. Le lendemain Laurent me porta le crucifix, les deux images et l'eau bénite, et après avoir bien nourri mon coquin, je lui dis que j'attendais de lui un service dont dépendait mon bonheur.

CHAPITRE XII

« Je compte, lui dis-je, sur votre amitié et sur votre courage : voici deux lettres que je vous prie de remettre à leur adresse aussitôt que vous serez en liberté. Mon bonheur dépend de votre fidélité ; mais il faut que vous cachiez ces lettres, car, si on vous les trouvait en sortant d'ici, nous serions perdus l'un et l'autre. Il faut que vous me juriez sur ce crucifix et sur ces saintes images que vous ne me trahirez pas.

— Je suis prêt, mon cher maître, à jurer tout ce que vous voudrez ; et je vous ai trop d'obligation pour que je puisse vous trahir. »

Là-dessus, force pleurs, des lamentations et des plaintes : il se disait malheureux de pouvoir être soupçonné de trahison envers un homme pour lequel il aurait donné sa vie. Je savais à quoi m'en tenir, mais je jouais la comédie. Ainsi, après lui avoir donné une chemise et un bonnet, je me mis tête nue ; puis, ayant arrosé le cachot d'eau bénite et l'avoir grandement et longuement ondoyé du même liquide, je lui fis prononcer un serment terrible au milieu d'imprécations qui n'avaient pas le sens commun, et qui par cela même étaient plus propres à porter la terreur dans son âme. Après qu'au milieu de cette burlesque cérémonie il se fut engagé par serment à mettre mes lettres à leur adresse, je les lui remis. Ce fut lui-même qui voulut les coudre au dos de sa veste, entre le dessus et la doublure : je le laissai faire.

J'étais moralement sûr qu'il livrerait mes lettres au secrétaire à la première occasion ; aussi avais-je mis tout l'art possible pour que mon style ne décelât point ma ruse ; elles ne pouvaient me valoir que l'estime du tribunal et peut-être son indulgence. L'une était adressée à M. de Bragadin, l'autre à l'abbé Grimani ; et je leur disais de n'être point inquiets sur mon sort, car j'avais tout lieu d'espérer d'être bientôt libre ; qu'ils trouveraient à ma sortie que cette punition m'avait fait plus de bien que de mal, puisqu'il n'y avait à Venise personne qui eût plus que moi besoin de réforme.

Je priais M. de Bragadin d'avoir la bonté de m'envoyer des bottes fourrées pour l'hiver, mon cachot étant assez haut pour que je pusse m'y tenir debout et m'y promener. Je me gardai bien de laisser soupçonner à Soradaci que mes lettres fussent aussi innocentes, car il aurait pu alors lui prendre envie de faire une action honnête, de les porter; et ce n'est pas ce que je voulais. Vous verrez, mon cher lecteur, dans le chapitre suivant, si les serments avaient quelque empire sur l'âme atroce de l'horrible compagnon qu'on m'avait donné, et si je vérifiai bien ce dicton : *In vino veritas*. Cet être vil s'était point tel qu'il était dans le récit que j'ai rapporté plus haut.

CHAPITRE XIII

Trahison de Soradaci. — Moyens que j'emploie pour l'hébéter. — Le père Balbi achève heureusement son travail. — Je sors de mon cachot. — Réflexions intempestives du comte Asquin. — Moment du départ.

Il y avait deux ou trois jours que Soradaci avait mes lettres, quand Laurent vint, dans l'après-midi le prendre, pour le mener au secrétaire. Comme il fut plusieurs heures absent, j'espérais ne plus le revoir ; mais, à ma grande surprise, on me le ramena vers le soir. Dès que Laurent fut parti, mon affreux compagnon me dit que le secrétaire le soupçonnait d'avoir averti le chapelain, puisque ce prêtre n'avait jamais été chez l'ambassadeur et qu'on n'avait trouvé aucun écrit sur lui. Il ajouta qu'après un très long interrogatoire on l'avait mis dans une très étroite prison où on l'avait laissé plusieurs heures ; qu'ensuite on l'avait garrotté de nouveau, que, dans cet état on l'avait reconduit devant le secrétaire, qui voulait qu'il confessât qu'il avait dit à quelqu'un, à Isola, que le prêtre n'y retournerait plus ; mais qu'il n'avait pu faire un tel aveu, n'ayant dit cela à personne. Fatigué, le secrétaire avait sonné les archers, et on l'avait reconduit auprès de moi.

Ce récit me pénétra de tristesse, car je vis clairement que ce malheureux resterait longtemps avec moi. Devant informer le père Balbi de ce funeste contretemps, je lui écrivis pendant la nuit, et, ayant été obligé de le faire plus d'une fois, je contractai l'habitude d'écrire à l'obscurité avec assez d'exactitude.

Le lendemain, voulant m'assurer que je ne m'étais pas trompé dans mes soupçons, je dis à l'espion de me remettre la lettre que j'avais écrite à M. de Bragadin, pour que je pusse y ajouter quelque chose :

« Vous pourrez, ajoutai-je, la recoudre ensuite.

— C'est dangereux, me répondit-il, car le geôlier pourrait venir pendant ce temps, et nous serions perdus.

— Cela ne fait rien ; rendez-moi mes lettres. »

Ce monstre alors se jeta à mes pieds et me jura qu'à sa seconde apparition devant le redoutable secrétaire, il lui avait pris un si grand tremblement, et qu'il avait senti au dos, à l'endroit même où il avait mes lettres, une pesanteur si insupportable, que le secrétaire lui en ayant demandé la raison, il n'avait pas eu la force de lui cacher la vérité ; qu'alors, le secrétaire ayant sonné, Laurent était entré, qu'après l'avoir dégarrotté et lui avoir ôté sa veste, il avait décousu la doublure, et que le secrétaire, après avoir lu les deux lettres, les avait mises dans un tiroir de son bureau. « M. le secrétaire m'a dit, ajouta cet infâme, que si j'avais porté ces lettres on l'aurait su, et que cela m'aurait coûté la vie. »

Je fis semblant de me trouver mal, et couvrant mon visage de mes mains, je me jetai près du lit à genoux devant l'image de la Vierge, et je lui demandai d'un ton solennel vengeance du scélérat qui m'avait trahi en violant le plus redoutable des serments. Après cela je me couchai sur mon lit, le visage tourné vers la muraille, et j'eus la constance de me tenir dans cette position toute la journée sans faire le moindre mouvement, sans articuler le moindre mot, faisant semblant de ne pas entendre les pleurs, les cris et les protestations de repentir de cet infâme. Je jouai à merveille mon rôle pour une comédie dont j'avais tout le plan dans ma tête. Pendant la nuit, j'écrivis au père Balbi de venir à dix-neuf heures précises, pas une minute plus tôt ni plus tard, pour achever son travail, et de ne travailler que quatre heures, et non une minute de plus.

« Notre liberté, lui disais-je, dépend de cette rigoureuse exactitude, et vous n'avez rien à craindre. »

Nous étions au 25 octobre, et le temps pendant lequel je devais exécuter mon projet ou l'abandonner sans retour n'était pas éloigné. Les inquisiteurs d'Etat, ainsi que le secrétaire, allaient tous les ans passer les trois premiers jours de novembre en quelque village de la terre ferme. Laurent, profitant de l'absence de ses maîtres, ne manquait aucun soir d'être ivre, et dormant plus tard que de coutume, il ne paraissait que tard sous les Plombs.

Sachant cela, la prudence voulait que je choisisse ce temps pour m'enfuir, persuadé que ma fuite n'aurait été remarquée que fort tard le matin. Une autre raison de l'empressement qui me fit prendre cette résolution dans un temps où je ne pouvais plus douter de la scélératesse de mon horrible compagnon me paraît assez importante pour que je n'en prive pas mes lecteurs.

Le plus grand soulagement que puisse avoir un homme qui est dans la peine est l'espoir d'en sortir bientôt. Il soupire après le moment où il verra la fin de son malheur ; il croit le hâter par ses vœux, et il ferait tout au monde pour connaître l'heure fixe qui doit faire cesser son tourment ; mais personne ne peut savoir en quel instant arrivera un fait dépendant de la volonté de quelqu'un, à moins que ce quelqu'un ne l'ait dit. Néanmoins l'homme qui souffre, devenant impatient et faible, se trouve comme à son insu enclin à la superstition. *Dieu*, se dit-il, doit connaître l'instant qui doit mettre un terme à ma peine ; *Dieu* peut permettre que cet instant me soit révélé, n'importe comment. Dès qu'il en est à ce raisonnement, il n'hésite guère plus à consulter le sort, n'importe la manière que lui indique sa fantaisie, qu'il soit plus ou moins disposé à donner croyance aux révélations de l'oracle qu'il choisit. Cet esprit ne diffère pas beaucoup de celui de la majeure partie de ceux qui consultaient la Pythie ou les chênes de la forêt de Dodone ; de ceux qui de nos jours interrogent encore les cabales et qui vont chercher la révélation qu'ils désirent ou dans un verset de la Bible, ou dans un vers de Virgile, ce qui a rendu si célèbres les Virgilianes, dont tant d'auteurs nous parlent ; ou enfin de ceux qui sont fermement persuadés de trouver l'éclaircissement de tous leurs doutes dans la combinaison fortuite ou calculée d'un misérable jeu de cartes.

J'étais dans cet état mental ; mais, ne sachant de quelle méthode me servir pour obliger la destinée à me révéler par la Bible le sort qui m'était destiné, c'est-à-dire l'instant où je recouvrerais ce bien à nul autre comparable, la liberté, je me déterminai à consulter le divin poème de *Roland furieux* de messer Lodovico Ariosto, que j'avais lu cent fois, que je savais par cœur et qui là-haut faisait encore mes délices. J'idolâtrais le génie de ce grand poète et je le croyais beaucoup plus propre que Virgile à me prédire mon bonheur.

Dans cette idée, j'écrivis une question que j'adressais à la prétendue intelligence, en lui demandant dans quel chant de l'Arioste se trouverait la prédiction du jour de ma délivrance. Après cela je formai une pyramide à rebours composée des nombres résultant des paroles de l'interrogation, et par la soustraction du nombre neuf de chaque couple de chiffres, je trouvai pour nombre final *neuf*. Je fixai alors que la prédiction que je cherchais se trouvait dans le neuvième chant. Je suivis la même méthode pour savoir dans quel vers et dans quelle stance se trouvait l'oracle, et j'obtins le nombre *sept* pour la stance et le nombre *un* pour le vers.

Je prends le poème, et le cœur palpitant comme si j'avais ajouté à cet oracle une confiance entière, j'ouvre, je feuillette le livre et je trouve :

Fra il fin d'ottobre e il capo di novembre [1].

La précision de ce vers et l'à-propos me parurent si admirables que je ne dirai pas que j'y ajoutai entièrement foi ; mais le lecteur me pardonnera si je me disposai de tous mes efforts à vérifier l'oracle. Ce qu'il y a de singulier dans le fait, c'est qu'entre *la fin d'octobre et le commencement de novembre* il n'y a que l'instant de minuit, et ce fut précisément au son de la cloche de minuit du 31 octobre que je sortis de mon cachot, comme le lecteur le verra bientôt.

---

1. Entre la fin d'octobre et le commencement de novembre.

CHAPITRE XIII

Je le prie, au reste, malgré cette explication, de vouloir bien ne pas me croire plus superstitieux qu'un autre ; car il se tromperait. Je raconte la chose parce qu'elle est vraie, parce qu'elle est extraordinaire, et parce que, si je n'y avais pas fait attention, je ne me serais peut-être pas sauvé. Ce fait instruit tous ceux qui ne sont pas encore devenus savants que, sans les prédictions, plusieurs faits remarquables qui sont arrivés n'auraient jamais eu lieu. Le fait rend à la prédiction le service de la vérifier. Si le fait n'arrive pas, la prédiction devient nulle ; mais je renvoie mon lecteur débonnaire à l'histoire générale, où il trouvera beaucoup d'événements qui ne seraient jamais arrivés s'ils n'avaient été prédits. Je demande qu'on veuille bien me passer cette digression.

Voici comment je passai la matinée jusque vers midi pour frapper l'esprit de ce méchant sot animal, pour porter la confusion dans sa frêle raison, pour l'hébéter enfin par des images étonnantes et le rendre impuissant à me nuire.

Dès que Laurent nous eut quittés, je dis à Soradaci de venir manger la soupe. L'infâme était couché, et il avait dit à Laurent qu'il était malade. Il n'aurait pas osé venir à moi, si je ne l'eusse point appelé. Il se leva et, se jetant à plat ventre à mes pieds, il me les baisa, et me dit en pleurant à chaudes larmes qu'à moins que je ne lui pardonnasse, il se voyait mort dans la journée, car il sentait déjà l'effet de la malédiction de la vengeance de la sainte Vierge que j'avais conjurée contre lui. Il éprouvait des tranchées qui lui déchiraient les entrailles et il avait la bouche couverte d'ulcères. Il me la montra, et je vis qu'elle était remplie d'aphtes : je ne sais s'il l'avait ainsi la veille. Je ne me souciai pas beaucoup de l'examiner pour voir s'il me disait la vérité ; mon intérêt était de faire semblant de le croire et de lui faire espérer grâce. Il fallait commencer par le faire manger et boire. Le traître avait peut-être l'intention de me tromper ; mais, décidé comme je l'étais à le tromper moi-même, il s'agissait de voir lequel des deux serait le plus habile. Je lui avais préparé une attaque contre laquelle il était dificile qu'il se défendît.

Prenant une physionomie d'inspiré : « Assieds-toi, lui dis-je, et mange ce potage ; après quoi je t'annoncerai ton bonheur ; car sache que la Vierge du Rosaire m'est apparue au point du jour et qu'elle m'a ordonné de te pardonner. Tu ne mourras pas et tu sortiras d'ici avec moi. »

Tout ébahi et se tenant à genoux faute de siège, il mangea la soupe avec moi, puis il s'assit sur la paillasse pour m'écouter. Voici à peu près mon discours :

« Le chagrin que m'a causé ton horrible trahison m'a fait passer toute la nuit sans dormir, parce que mes lettres doivent me faire condamner à passer ici le reste de mes jours. Mon unique consolation, je le confesse, était la certitude que tu mourrais ici, sous mes yeux, avant trois jours. La tête pleine de ce sentiment, indigne d'un chrétien, car Dieu nous commande de pardonner, la fatigue m'a procuré un assoupissement, et pendant cet heureux sommeil j'ai eu une vision véritable. J'ai vu cette sainte Vierge, cette mère de Dieu, dont tu vois là l'image, je l'ai vue vivante devant moi, ouvrir la bouche et me parler en ces termes :

« Soradaci est dévot de mon saint rosaire je le
« protège ; je veux que tu lui pardonnes : alors la
« malédiction qu'il s'est attirée cessera d'agir. En
« récompense de ton acte généreux, j'ordonnerai à un
« de mes anges de prendre une figure humaine, de des-
« cendre du ciel pour rompre le toit de ta prison et de
« t'en retirer dans cinq ou six jours. Cet ange commen-

« cera son ouvrage aujourd'hui à dix-neuf heures précises,
« et il travaillera jusqu'à vingt-trois et demie [1], car il doit
« remonter au ciel en plein jour. En sortant d'ici, accom-
« pagné de mon ange, tu emmèneras Soradaci et tu
« prendras soin de lui, à condition qu'il abjure le métier
« d'espion. Tu lui diras tout. »

« A ces mots, la sainte Vierge a disparu, et je me suis réveillé. »

Gardant toujours mon sérieux et le ton d'un inspiré, j'observais la physionomie du traître, qui paraissait pétrifié. Je pris alors mon livre d'heures, j'arrosai d'eau bénite tout le cachot, et je commençai à faire semblant de prier Dieu en baisant de temps en temps l'image de la Vierge. Une heure après, cet animal, qui n'avait pas ouvert la bouche jusqu'alors, me demanda de but en blanc à quelle heure l'ange descendrait du ciel et si nous entendrions le bruit qu'il ferait pour rompre le cachot.

« Je suis certain qu'il viendra à dix-neuf heures, que nous l'entendrons travailler, et qu'il s'en ira à l'heure que la sainte Vierge a dite.

— Vous pouvez avoir rêvé.

— Je suis sûr que non. Te sens-tu capable de me jurer de quitter le métier d'espion ? »

Au lieu de me répondre, il s'endormit et ne se réveilla que deux heures après pour me demander s'il pouvait différer à prêter le serment que je lui demandais.

« Vous pouvez différer, lui dis-je, jusqu'à ce que l'ange entre ici pour me délivrer; mais si alors vous ne renoncez pas par serment à l'infâme métier qui est cause que vous êtes ici et qui finira par vous mener à la potence, je vous laisserai ici ; car tel est l'ordre de la Mère de Dieu, qui vous retirera sa protection. »

1. Demi-heure avant le coucher du soleil.

Comme je l'observais, je lus sur sa laide physionomie la satisfaction qu'il éprouvait, car il se croyait sûr que l'ange ne viendrait pas. Il avait l'air de me plaindre. Il me tardait d'entendre sonner l'heure : cette comédie m'amusait extrêmement, car j'étais certain que l'arrivée de l'ange donnerait des vertiges à sa misérable raison. J'étais sûr que la chose ne pouvait manquer, à moins que Laurent n'eût oublié de remettre le livre, ce qui n'était pas possible.

Une heure avant l'instant fixé, je voulus dîner; je ne bus que de l'eau, et Soradaci but tout le vin, mangea au dessert tout l'ail que j'avais, c'était pour lui la confiture de prédilection, et cela ne servit pas mal à augmenter son irritation. Au moment où j'entendis le premier coup de dix-neuf heures, je me jetai à genoux, en lui ordonnant d'un ton de voix terrible d'en faire autant. Il m'obéit en me regardant d'un œil égaré. Lorsque j'entendis le petit bruit du passage du mur : « L'ange vient, » dis-je ; et, me couchant à plat ventre, je lui donnai un vigoureux coup de poing pour le forcer à prendre la même position. Le bruit de la fraction était fort, et il y avait un quart d'heure que j'avais la patience de me tenir dans ma gênante position, et, si j'avais été dans tout autre cas, j'aurais ri de bon cœur de voir mon animal immobile ; mais je ne riais pas, car je n'oubliais pas l'intention méritoire de rendre cet animal tout à fait fou, ou pour le moins énergumène. Son âme perverse ne pouvait être ramenée dans le cercle de l'humanité qu'en l'inondant de terreur. Dès que je me fus relevé, je me mis à genoux, lui permettant de m'imiter, et je passai trois heures et demie à lui faire répéter le rosaire. Il s'endormait de temps en temps, fatigué plus par sa position que par la monotonie de la prière ; mais jamais il ne m'interrompait. Quelquefois il se hasardait à porter vers le plafond un œil furtif, et, la stupeur peinte sur ses traits, il faisait des gestes de tête vers l'image de la Vierge, et tout cela était du dernier comique. Lorsque j'entendis sonner vingt-trois heures et demie :

« Prosterne-toi, lui dis-je d'un ton moitié solennel, moitié dévot; l'ange va partir. »

Balbi redescendit dans son cachot, et nous n'entendîmes plus rien. En me relevant, ayant fixé ce misérable, je vis sur sa physionomie le trouble et l'effroi : j'en fus ravi. Je m'amusai un instant à lui parler, pour voir comment il raisonnerait. Il versait des larmes en abondance, et ses propos étaient d'une extravagance inexprimable, ses idées n'ayant ni suite ni liaison. Il parlait de ses péchés, de ses dévotions particulières, de son zèle pour saint Marc, de ses devoirs envers la république, et c'est à ces mérites qu'il attribuait la grâce dont il était l'objet de la part de Marie.

Il me fallut bien souffrir avec un air de componction un long récit des miracles du rosaire que sa femme, dont le confesseur était un jeune dominicain, lui avait contés. Il me disait qu'il ne voyait pas ce que je pourrais faire d'un ignorant tel que lui.

« Tu seras à mon service et tu auras tout ce qui te sera nécessaire, sans que tu sois obligé de faire le dangereux métier d'espion.

— Mais nous ne pourrons plus rester à Venise ?

— Non, certainement ; l'ange nous conduira dans un État qui n'appartiendra pas à saint Marc. Êtes-vous disposé à me jurer de quitter votre vilain métier ? et si vous jurez, deviendrez-vous parjure une seconde fois ?

— Si je jure, certainement je serai fidèle à mon serment : cela est bien sûr ; mais convenez que sans mon parjure, vous n'auriez pas obtenu de la sainte Vierge la grâce qu'elle vous a faite. Mon manque de foi est la cause de votre bonheur ; vous devez donc m'aimer et être content de ma trahison.

— Aimes-tu Judas qui a trahi Jésus-Christ?

— Non.

— Tu vois donc qu'on déteste le traître et qu'on adore en même temps la Providence qui sait faire sortir le bien du mal. Jusqu'à présent tu n'as été qu'un scélérat, tu as offensé Dieu et la Vierge sa Mère, et je ne recevrai tes serments qu'autant que tu expieras tes péchés.

— Quel péché ai-je fait?

— Vous avez péché par orgueil, Soradaci, en pensant que je vous devais de l'obligation de m'avoir trahi en remettant mes lettres au secrétaire.

— Comment pourrai-je expier ce péché?

— Le voici. Demain quand Laurent viendra, tu te tiendras couché sur ta paillasse, la face contre le mur et sans faire le moindre mouvement, sans jeter les yeux sur Laurent. S'il te parle, tu lui répondras, sans le regarder, que tu n'as pas pu dormir, et que tu as besoin de repos. Me promets-tu sans restriction?

— Je vous promets de faire exactement tout ce que vous me dites.

— Fais-en le serment devant cette sainte image, vite.

— Je vous promets, très sainte Mère de Dieu, qu'à l'arrivée de Laurent je ne le regarderai pas et que je ne bougerai pas de dessus ma paillasse.

— Et moi, très sainte Vierge, je vous jure, par les entrailles de votre divin Fils, que si je vois Soradaci faire le moindre mouvement et regarder Laurent, je me jetterai aussitôt sur lui et que je l'étranglerai sans pitié en votre honneur et gloire. »

Je comptais pour le moins autant sur l'effet de cette menace que sur son serment. Voulant cependant acquérir toute la certitude morale possible, je lui demandai s'il n'avait pas quelque opposition à faire à ce serment; et après un instant de réflexion, il me répondit que non, et qu'il en était parfaitement content. Très satisfait moi-même, je lui donnai à manger; ensuite je lui ordonnai de se coucher, car j'avais besoin de sommeil.

Dès qu'il fut endormi, je me mis à écrire pendant deux heures. Je contai à Balbi toute l'histoire et je lui dis que si l'ouvrage était assez avancé, il n'avait plus besoin de venir sur le toit de mon cachot que pour y abattre la planche et y entrer. Je lui marquai que nous devions sortir la nuit du 31 octobre et que nous serions quatre en comptant son camarade et le mien. Nous étions au 28.

Le lendemain le moine m'écrivit que le petit canal était fait et qu'il n'avait plus besoin de monter sur mon cachot que pour abattre la dernière couche, ce qui serait fait en quatre minutes. Soradaci fut fidèle à son serment, faisant semblant de dormir, et Laurent ne lui adressa pas même la parole. Je ne le perdis pas un instant de vue, et je crois que je l'aurais étranglé s'il avait fait le moindre mouvement de tête vers Laurent; car pour me trahir, il lui aurait suffi d'un clin d'œil délateur.

Tout le reste de la journée fut consacré à des discours sublimes, à des phrases exagérées que je prononçais avec le plus de solennité qu'il m'était possible; et je jouissais de le voir se fanatiser de plus en plus. A l'appui de mes mystiques discours j'avais soin d'appeler les fumées du vin, dont de temps en temps je lui faisais avaler de fortes doses et je ne le laissai que quand je le vis tomber d'ivresse et de sommeil.

Quoique sa tête fût étrangère à toute spéculation métaphysique, et qu'il n'eût jamais exercé ses facultés pensantes que pour inventer des ruses d'espion, cette brute m'embarrassa un instant en me disant qu'il ne concevait pas comment un ange avait besoin de tant de travail pour ouvrir notre cachot. Mais, après avoir porté mes regards vers le ciel, ou plutôt vers le plafond de mon triste cachot :

« Les voies de Dieu, lui dis-je, sont inconnues aux mortels ; et puis l'employé du ciel ne travaille pas en sa qualité d'ange, car alors un souffle lui suffirait ; il travaille en qualité d'homme, dont sans doute il a pris la forme, parce que nous ne sommes pas dignes de supporter sa présence dans sa forme céleste. Au reste, je prévois, ajoutai-je en vrai jésuite qui sait tirer parti de tout, que l'ange, pour nous punir de ta pensée malicieuse qui a offensé la sainte Vierge, ne viendra pas aujourd'hui. Malheureux ! tu penses toujours, non comme un honnête homme, pieux et dévot, mais comme un malin pêcheur qui croit traiter avec messer-grande et des sbires. »

J'avais voulu le désespérer ; j'y avais réussi. Il se mit à pleurer à chaudes larmes, et ses sanglots le suffoquaient quand il eut entendu sonner dix-neuf heures et qu'il n'entendit point le bruit de l'ange. Bien loin de le calmer, je tâchai d'augmenter son désespoir en poussant des plaintes amères. Le lendemain, il ne manqua pas à l'obéissance, car, Laurent l'ayant interrogé sur sa santé, il lui répondit sans bouger la tête. Il se comporta de même le jour suivant, jusqu'à ce qu'enfin je vis Laurent pour la dernière fois le 31 octobre au matin. Je lui donnai le livre pour Balbi, et je prévenais le moine de venir à dix-sept heures[1] pour abattre le plafond. Pour le coup, je ne craignais plus aucun contretemps, ayant appris de la bouche de Laurent même que les inquisiteurs et le secrétaire étaient déjà partis pour la campagne. Je ne pouvais plus redouter l'arrivée de quelque

---

1. Vers midi.

nouveau compagnon, et je n'avais plus besoin de ménager mon infâme coquin.

Comme il serait possible que ces mémoires tombassent entre les mains de quelques-uns de ces lecteurs casuistes qui s'échauffent à froid sur les moindres choses, et qui pourraient fort bien me damner pour l'abus que je fis des saints mystères, et surtout pour avoir fait accroire à mon méchant imbécile que la sainte Vierge m'était apparue : or, comme je ne veux pas être plus damné qu'un autre, au moins dans l'opinion des honnêtes gens, dont l'intelligence n'est pas bornée par une conscience méticuleuse, je dois ici faire une sorte d'apologie, que je prie mes lecteurs de vouloir bien me passer.

Mon but étant de rapporter l'histoire de mon évasion avec toutes ses circonstances, je me suis cru obligé de ne rien omettre de tout ce qui a concouru à la réussite de mon projet. Je ne dirai pas que je me confesse, car je ne me sens oppressé par aucun repentir ; mais je suis loin aussi d'en tirer vanité, car ce ne fut qu'à contrecœur que je me servis de l'imposture, et, si j'avais eu à opter entre ce moyen et un autre plus noble, on me fera la grâce de croire que je n'aurais pas hésité dans mon choix. Au reste, pour regagner ma liberté, je ferais aujourd'hui la même chose, et peut-être beaucoup plus.

La nature me poussait vers l'obtention de ma liberté, et la religion ne pouvait me prescrire de rester esclave. Je n'avais pas de temps à perdre, et il fallait mettre un espion dans l'impuissance morale de me nuire en faisant connaître à Laurent qu'on brisait le toit du cachot ; or, j'avais d'autant plus à le craindre que j'en avais déjà été trahi. Que fallait-il que je fisse pour cela ? Je n'avais que deux moyens, ou faire ce que je fis, en enchaînant par la terreur l'âme de ce maraud, ou l'étouffer, comme tout homme raisonnable et courageux, mais plus cruel que moi, l'aurait fait. Cela m'aurait été beaucoup plus facile, et n'offrait aucun danger; car j'aurais dit qu'il était mort de sa mort naturelle, et certes on faisait sous les Plombs trop peu de cas de la vie d'un être de son espèce pour qu'on eût recherché si je disais vrai ou non. Se trouvera-t-il un lecteur qui puisse penser que j'aurais mieux fait de l'étrangler? s'il s'en trouve un seul, fût-il même jésuite, et jésuite de bonne foi, ce qui est chose difficile, je prie Dieu de l'éclairer : sa religion ne sera jamais la mienne. Je crois avoir fait mon devoir, et la victoire qui couronna mon exploit peut être une preuve que la Providence ne désavoua pas les moyens dont je me servis pour l'obtenir. Quant au serment que je fis faire au scélérat, il était sans conséquence, puisqu'il était sans conscience; et, quant à celui que je lui fis d'avoir toujours soin de lui, il m'en délivra de lui-même, et je n'ai pas à rechercher si je l'aurais tenu, ce que je ne crois pas : il n'eut pas le courage de me suivre et de se sauver avec moi. L'homme pervers est rarement courageux. D'ailleurs, je pouvais naturellement être certain que l'exaltation de son esprit ne durerait que jusqu'à l'apparition du père Balbi, qui, n'ayant pas du tout les traits d'un ange, lui montrerait parfaitement que je l'avais trompé. Cela devait lui faire perdre toute confiance en moi. Enfin, pour en finir, je dirai que je crois que l'homme a beaucoup plus de raison de tout immoler à sa propre conservation que les souverains n'en ont d'immoler la minime partie de leurs États à la leur.

Après le départ de Laurent, je dis à Soradaci que l'ange viendrait faire une ouverture dans le toit de notre cachot à dix-sept heures [1].

---

1. Vers les onze heures du matin.

CHAPITRE XIII

« Il portera des ciseaux, lui dis-je, et vous nous couperez la barbe à moi et à l'ange.

— Est-ce que l'ange a de la barbe?

— Oui, vous le verrez. Après cette opération, nous sortirons et nous irons rompre le toit du palais, et nous descendrons dans la place Saint-Marc, d'où nous irons en Allemagne. »

Il ne répondit pas. Il mangea seul, car j'avais l'esprit et le cœur trop occupés pour avoir la faculté de manger. Je n'avais pas même pu dormir.

L'heure fixée sonne : voilà l'ange. Soradaci voulait se prosterner, mais je lui dis que cela n'était pas nécessaire. En trois minutes, le canal fut enfoncé ; le morceau de planche tomba à mes pieds et le père Balbi se coula dans mes bras.

« Voilà, lui dis-je, vos travaux terminés, et les miens commencent. »

Nous nous embrassâmes, et il me remit l'esponton et une paire de ciseaux. Je dis à Soradaci de nous faire la barbe, mais il me fut impossible de m'empêcher de rire en voyant cet animal, la bouche béante, contempler le singulier ange qui ressemblait à un diable. Quoique tout hors de lui-même, il nous coupa la barbe en perfection.

Impatient de voir le local, je dis au moine de rester avec Soradaci, car je ne voulais pas le laisser seul, et je sortis. Je trouvai le trou du mur étroit, mais enfin j'y passai. J'étais sur le toit du cachot du comte, j'y entrai et j'embrassai cordialement ce respectable vieillard. Je vis un homme d'une taille qui n'était pas propre à aller au-devant de toutes les difficultés, en s'exposant à une pareille fuite sur un toit d'une pente rapide et tout couvert de lames de plomb. Il me demanda quel était mon projet et me dit qu'il croyait que j'avais agi un peu légèrement.

« Je ne demande, lui dis-je, qu'à faire des pas en avant jusqu'à ce que je trouve la liberté ou la mort.

— Si vous pensez, me dit-il en me serrant la main, à aller percer le toit et à chercher un chemin sur les Plombs d'où il faudra descendre, je ne vois point que vous puissiez réussir, à moins que vous n'ayez des ailes ; et je n'ai pas le courage de vous accompagner : je resterai ici, et je prierai Dieu pour vous. »

Je ressortis pour aller visiter le grand toit, en m'approchant autant que je pus des bords latéraux du grenier. Parvenu à toucher le dessous du toit au plus étroit de l'angle, je m'assis entre les œuvres de comble, dont les greniers de tous les grands palais sont remplis. Je tâtai les planches avec le bout de mon verrou et j'eus le bonheur de les trouver à demi vermoulues. A chaque coup d'esponton, tout ce que je touchais tombait en poussière. Me voyant sûr de faire un trou assez ample en moins d'une heure, je retournai dans mon cachot et j'employai quatre heures à couper draps, couvertures, matelas et paillasse pour en faire des cordes. J'eus soin de faire les nœuds moi-même et de m'assurer de leur solidité ; car un seul nœud mal fait aurait pu nous coûter la vie. A la fin je me vis possesseur de cent brasses de corde.

Il y a dans les grandes entreprises des articles qui décident de tout, et sur lesquels le chef qui mérite de réussir ne se fie à personne. Quand la corde fut faite, je fis un paquet de mon habit, de mon manteau de bourre de soie, de quelques chemises, bas et mouchoirs, et nous passâmes tous trois dans le cachot du comte. Ce brave homme fit d'abord compliment à Soradaci de ce qu'il avait eu le bonheur d'être mis avec moi, et d'être sitôt sur le point de recouvrer sa liberté. Son air interdit me donnait envie de rire. Je ne me gênais plus, car

CHAPITRE XIII

j'avais jeté le masque de tartufe, qui m'avait terriblement incommodé depuis que ce coquin m'avait obligé de le prendre. Je le voyais convaincu que je l'avais trompé, mais il n'y comprenait rien; car il ne pouvait pas deviner comment j'avais eu une correspondance avec le prétendu ange pour le faire aller et venir à heures fixes. Il écoutait avec attention le comte qui nous disait que nous allions nous perdre, et en véritable lâche, il roulait dans sa tête le dessein de se dispenser de ce dangereux voyage. Je dis au moine de faire son paquet pendant que j'irais faire le trou au bord du grenier.

A deux heures de la nuit, sans avoir eu besoin d'aucun secours, mon ouverture se trouvait parfaite : j'avais pulvérisé les planches, et la rupture avait deux fois plus d'ampleur qu'il n'en fallait. Je touchais à la plaque de plomb tout entière. Je ne pouvais la soulever seul, parce qu'elle était rivée : le moine m'aida, et à force de pousser l'esponton entre la gouttière et la plaque, je parvins à la détacher; ensuite à tour d'épaule, nous la pliâmes au point où il fallait pour que l'ouverture par laquelle nous devions passer fût suffisante. Mettant alors la tête hors du trou, je vis avec douleur la grande clarté du croissant qui entrait à son premier quartier. C'était un contretemps qu'il fallait supporter avec patience, et attendre pour sortir l'heure de minuit, temps où la lune serait allée éclairer nos antipodes. Pendant une nuit superbe, toute la bonne société devant se promener dans la place Saint-Marc, je ne pouvais m'exposer sur le toit; notre ombre, se prolongeant sur la place, aurait fait porter les yeux vers nous, et le spectacle extraordinaire que nous aurions offert n'aurait pas manqué d'exciter la curiosité générale, et surtout celle de messer-grande et de sa bande de sbires, qui sont la seule garde de Venise; et notre beau projet aurait bientôt été dérangé par leur horrible activité. Je décidai donc impérieusement que nous ne sortirions de là-haut qu'après le coucher de la lune. J'invoquais l'aide de Dieu, et je ne demandais pas des miracles. Exposé aux caprices de la fortune, je devais lui donner le moins de prise qu'il m'était possible ; et si mon entreprise venait à échouer, je devais me mettre à l'abri du reproche d'avoir fait le moindre faux pas. La lune devait se coucher à cinq heures, et le soleil se lever à treize et demie ; il nous restait sept heures de parfaite obscurité pendant lesquelles nous pouvions agir ; et, quoique nous eussions une forte besogne, en sept heures nous devions en venir à bout.

Je dis au père Balbi que nous pouvions passer trois heures à causer avec le comte Asquin, et d'aller d'abord le prévenir que j'avais besoin qu'il me prêtât trente sequins qui pourraient m'être nécessaires autant que mon esponton me l'avait été pour faire tout ce que j'avais fait. Il fit ma commission ; et, quatre minutes après, il vint me dire d'y aller moi-même, parce que le comte voulait me parler sans témoins. Ce pauvre vieillard commença par me dire avec douceur que, pour m'enfuir, je n'avais pas besoin d'argent, qu'il n'en avait pas, qu'il avait une nombreuse famille, que si je périssais l'argent qu'il me donnerait serait perdu ; enfin il ajouta une foule d'inutilités de la même espèce pour déguiser son avarice ou la répugnance qu'il avait à se défaire de son argent. Ma réponse dura une demi-heure. Raisons excellentes, mais qui, depuis que le monde existe, n'eurent jamais de force, parce que toutes les figures oratoires s'émoussent contre l'acier de la plus indestructible des passions. C'est le cas de *nolenti baculus*[1], mais je n'étais pas assez cruel pour user de violence envers un mal-

---

1. Au désobéissant le bâton.

CHAPITRE XIII

heureux vieillard. Je finis par lui dire que, s'il voulait s'enfuir avec moi, je le porterais sur mes épaules, comme Énée portait Anchise ; mais que, s'il voulait rester pour prier Dieu de nous servir, je l'avertissais que sa prière serait inconséquente, puisqu'il prierait Dieu de faire réussir une chose à laquelle il n'aurait pas voulu contribuer par les moyens les plus ordinaires.

Il me répondit en versant des larmes, dont je fus ému. Il me demanda si deux sequins pouvaient me suffire ; je lui répondis que tout devait m'être suffisant. Il me les donna en me priant de les lui rendre si, après avoir fait un tour sur le toit, je voyais que le plus sage parti était de rentrer dans mon cachot. Je le lui promis, un peu surpris qu'il supposât que je pourrais me déterminer à retourner sur mes pas. Il ne me connaissait point, et j'étais bien sûr de mourir plutôt que de rentrer dans un lieu d'où je ne serais plus sorti.

J'appelai mes compagnons, et nous mîmes tout notre équipage près du trou. Je divisai en deux paquets les cent brasses de corde que j'avais préparée, et nous passâmes deux heures à causer et à nous rappeler, non sans plaisir, les vicissitudes de notre entreprise. La première preuve que le père Balbi me donna de son noble caractère fut de me répéter dix fois que je lui avais manqué de parole, puisque je l'avais assuré que mon plan était fait, qu'il était sûr, tandis qu'il n'en était rien. Il me disait effrontément que, s'il avait prévu cela, il ne m'aurait pas tiré hors du cachot. Le comte, avec une gravité de soixante-dix ans, me disait aussi que mon plus sage parti était de ne pas poursuivre une entreprise téméraire, dont la réussite était impossible et dont le danger de perdre la vie était évident. Comme il était avocat, voici la harangue qu'il me fit : je devinais facilement que ce qui l'animait était les deux sequins que j'aurais dû lui remettre s'il m'avait persuadé de rester.

« La déclivité du toit, me disait-il, garni de plaques de plomb, ne vous permettra pas d'y marcher, car à peine pourrez-vous vous y tenir debout. Ce toit est garni de sept à huit lucarnes, mais elles sont toutes grillées en fer, et inaccessibles pour s'y tenir devant de pied ferme, puisqu'elles sont toutes éloignées des bords. Les cordes que vous avez seront inutiles, parce que vous ne trouverez pas un endroit propre à les fixer ; et quand même vous le trouveriez, un homme descendant de si haut ne peut ni se tenir, ni se conduire jusqu'au bas. Un de vous trois devrait donc lier à travers le corps, un à la fois, les deux autres, et les descendre comme on descend un seau ou un fagot ; et celui qui ferait cet ouvrage devrait rester et rentrer dans son cachot. Quel est celui de vous trois qui se sente porté à faire cette charitable et dangereuse action ? et en supposant que l'un de vous ait l'héroïsme de la faire, dites-moi de quel côté vous descendrez. Ce ne sera pas du côté des colonnes, vers la place, car on vous verrait ; du côté de l'église, impossible, car vous vous trouveriez enfermés ; et du côté de la cour, il n'y a pas à y penser, car vous tomberiez dans les mains des *arsenalotti*, qui y font constamment la ronde. Vous ne pouvez donc descendre que du côté du canal, et y avez-vous une gondole, un bateau, qui vous y attende ? Non, vous serez donc obligés de vous jeter à l'eau et de vous sauver à la nage jusqu'à Sainte-Apollonie, où vous arriverez dans un état déplorable, ne sachant où aller pour fuir plus loin. Songez que sur les plombs on glisse et que si vous tombez dans le canal, sussiez-vous nager comme des requins, vous n'éviteriez pas la mort, vu la hauteur de la chute et le peu de profondeur des eaux. Vous mourrez écrasés, car trois ou quatre pieds d'eau ne forment pas un volume fluide assez fort pour détruire l'effet de la pesanteur des corps qui y tombent de si haut. Enfin votre moindre malheur sera de vous trouver en bas avec les bras et les jambes brisés. »

Ce discours, fort imprudent dans la circonstance, me faisait bouillir le sang ; j'eus cependant le courage de l'écouter avec une patience qui ne me ressemblait pas. Les reproches du moine, lancés sans aucun ménagement, m'indignaient et m'excitaient à les repousser durement ; mais je sentais que ma position était délicate, que j'allais ruiner mon ouvrage ; car j'avais affaire à un lâche capable de me répondre qu'il n'était pas assez désespéré pour défier la mort, et que par conséquent je n'avais qu'à m'en aller tout seul ; et tout seul, je ne pouvais pas me flatter de réussir. Je me fis donc violence, et, prenant un ton de douceur, je leur dis que j'étais sûr du succès de mon entreprise, quoiqu'il ne me fût pas possible de leur en communiquer les détails. « Votre sage raisonnement, dis-je au comte Asquin, fera que je me réglerai avec prudence ; mais d'ailleurs la confiance que j'ai en Dieu et en mes propres forces me fera vaincre toutes les difficultés. »

De temps en temps j'allongeais la main pour m'assurer si Soradaci était là, car il ne disait jamais un mot. Je riais en songeant à ce qu'il pouvait rouler dans sa tête, alors qu'il était bien sûr que je l'avais trompé. A quatre heures et demie[1], je lui dis d'aller voir dans quel endroit du ciel était le croissant. Il obéit et revint me dire que dans une heure et demie on ne le verrait plus, et qu'un brouillard très épais devait rendre les plombs fort dangereux.

« Il me suffit, lui dis-je, que le brouillard ne soit

1. Vers les dix heures et demie.

pas de l'huile. Mettez votre manteau en paquet avec une partie de nos cordes, que nous devons également partager. »

A ces mots, je fus singulièrement surpris de sentir cet homme à mes genoux, prendre mes mains, les baiser et me dire en pleurant qu'il me suppliait de ne pas vouloir sa mort. « Je suis sûr, disait-il, de tomber dans le canal : je ne puis vous être d'aucune utilité. Hélas ! laissez-moi ici, et je passerai la nuit à prier saint François pour vous. Vous êtes le maître de me tuer ; mais je ne me déterminerai jamais à vous suivre. »

Le sot ne savait pas combien il allait au-devant de mes vœux ! « Vous avez raison, lui dis-je, restez ; mais à condition que vous prierez saint François, et allez d'abord prendre tous mes livres que je veux laisser à M. le comte. » Il obéit sans réplique, et sans doute avec beaucoup de joie. Mes livres valaient au moins cent écus. Le comte me dit qu'il me les rendrait à mon retour.

« Vous ne me verrez plus ici, répliquai-je, vous pouvez y compter. Ils vous couvriront du débours de vos deux sequins. Quant à ce maraud, je suis ravi qu'il n'ait pas le courage de me suivre ; il m'embarrasserait, et d'ailleurs ce misérable n'est pas digne de partager avec le père Balbi et moi l'honneur d'une si belle fuite.

— C'est vrai, me dit le comte, pourvu que demain il n'ait pas à s'en féliciter. »

Je demandai au comte plume, encre et papier, qu'il possédait malgré la défense ; car les lois prohibitives n'étaient rien pour Laurent qui, pour un écu, aurait vendu saint Marc lui-même. J'écrivis alors la lettre ci-après, que je remis à Soradaci, et que je ne pus relire, l'ayant écrite à l'obscur. Je la commençai par une devise de tête sublimée, que je mis en latin et que je rendrai en français par ces mots :

CHAPITRE XIII

« Je ne mourrai pas, je vivrai, et je chanterai
les louanges du Seigneur.

« Nos seigneurs les inquisiteurs d'État doivent tout faire pour tenir par force un coupable sous les Plombs : le coupable, heureux de n'être pas prisonnier sur parole, doit faire aussi tout son possible pour se procurer la liberté. Leur droit a pour base la justice ; le droit du coupable est la nature ; et de même qu'ils n'ont pas eu besoin de son consentement pour l'enfermer, il ne doit avoir que faire du leur pour recouvrer sa liberté.

« Jacques Casanova, qui écrit ceci dans l'amertume de son cœur, sait qu'il peut avoir le malheur d'être rattrapé avant de pouvoir sortir de l'État et se mettre en sûreté sur une terre hospitalière ; qu'alors il se retrouverait sous le glaive de ceux qu'il se dispose à fuir ; mais, si ce malheur lui arrive, il invoque l'humanité de ses juges pour qu'ils ne lui rendent pas plus mauvais le sort cruel qu'il cherche à fuir, en le punissant d'avoir cédé aux inspirations de la nature. Il supplie, s'il est repris, qu'on lui rende tout ce qui lui appartient et qu'il laisse dans le cachot ; mais, s'il a le bonheur de venir à bout de son dessein, il fait don de tout à François Soradaci qui reste prisonnier, parce qu'il n'a pas eu le courage de s'exposer : il ne préfère pas comme moi la liberté à la vie. Casanova supplie Leurs Excellences de ne point contester à ce misérable le don qu'il lui fait. Écrit une heure avant minuit, sans lumière, dans le cachot du comte Asquin, le 31 octobre 1756. »

Je prévins Soradaci de ne point remettre cette lettre à Laurent, mais au secrétaire en personne, car il n'y avait pas de doute qu'il ne le fît appeler, s'il ne montait pas lui-même ; ce qui était encore plus probable. Le comte lui dit que l'effet de ma lettre était immanquable, mais qu'il devait tout me rendre, si je reparaissais. Le sot lui dit qu'il désirait de me revoir pour me prouver qu'il me rendrait tout de bon cœur.

Mais il est temps de partir. On ne voyait plus la lune. J'attachai au cou du père Balbi la moitié des cordes d'un côté, et le paquet de ses nippes sur son autre épaule. J'en fis autant sur moi; et tous les deux en gilet, nos chapeaux sur la tête; nous allâmes à l'ouverture,

E quindi uscimmo a rimirar le stelle[1].
(Le Dante.)

CHAPITRE XIV

Ma sortie du cachot. — Danger où je suis de perdre la vie sur les toits. — Je sors du palais ducal, je m'embarque et j'arrive sur la terre ferme. — Danger auquel le père Balbi m'expose. — Stratagème dont je suis forcé d'user pour me séparer momentanément de lui.

Je sortis le premier, le père Balbi me suivit. Soradaci, qui nous avait suivis jusqu'à l'ouverture du toit, eut ordre de remettre la plaque de plomb comme elle devait être et d'aller ensuite prier son saint François. Me tenant à genoux et à quatre pattes, j'empoignai mon esponton d'une main solide, et en allongeant le bras, je le poussai obliquement entre la jointure des plaques de l'une à l'autre, de sorte que, saisissant avec mes quatre doigts le bord de la plaque que j'avais soulevée, je parvins à m'élever jusqu'au sommet du toit. Le moine, pour me suivre, avait mis les quatre doigts de sa main droite dans la ceinture de ma culotte. Je me trouvais soumis

---

1. Et puis nous sortîmes pour contempler les étoiles.

ainsi au sort pénible de l'animal qui porte et traîne tout à la fois, et cela sur un toit d'une pente rapide rendue glissante par un épais brouillard.

A la moitié de cette périlleuse montée, le moine me dit de m'arrêter parce que l'un de ses paquets s'étant détaché, il espérait qu'il n'aurait pas dépassé la gouttière. Ma première impulsion fut de lui lancer une ruade et de l'envoyer avec son paquet ; mais, grâce à Dieu, j'eus assez de retenue pour ne pas le faire ; car la punition aurait été trop grande de part et d'autre, puisque, seul, il aurait été impossible que j'eusse réussi à me sauver. Je lui demandai si c'était notre paquet de cordes, mais, comme il me répondit que c'était sa petite pacotille dans laquelle il avait un manuscrit qu'il avait trouvé dans les greniers des Plombs et dont il attendait fortune, je lui dis qu'il fallait avoir patience, qu'un pas en arrière pourrait nous perdre. Le pauvre moine soupira, et, toujours attaché à ma ceinture, nous continuâmes à grimper.

Après avoir franchi quinze ou seize plaques avec une peine extrême, nous arrivâmes sur l'arête supérieure, où je m'établis commodément à califourchon, et le père Balbi m'imita. Nous tournions le dos à la petite île Saint-Georges-Majeur, et à deux cents pas en face nous avions les nombreuses coupoles de l'église Saint-Marc qui fait partie du palais ducal; car Saint-Marc n'est, à proprement parler, que la chapelle du doge ; et il n'y a pas de monarque qui puisse se flatter d'en avoir une plus belle. Je commençai d'abord par me décharger de mon fardeau, et j'invitai mon compagnon à suivre mon exemple. Il plaça son tas de corde sous ses cuisses le mieux qu'il put, mais ayant voulu se décharger de son chapeau qui le gênait, il s'y prit mal, et bientôt roulant de plaque en plaque jusqu'à la gouttière, il alla rejoindre le paquet de hardes dans le canal. Voilà mon pauvre compagnon désespéré. « Mauvais augure, s'écriat-il, me voilà dès le commencement de l'entreprise sans chemise, sans chapeau et sans un manuscrit précieux qui contenait l'histoire curieuse et inconnue à tout le monde de toutes les fêtes du palais de la république. » Moins féroce alors que lorsque je grimpais, je lui dis tranquillement que les deux accidents qui venaient de lui arriver n'avaient rien d'extraordinaire pour qu'un esprit superstitieux pût leur donner le nom d'augures, que je ne les considérais pas ainsi et qu'ils étaient loin de me décourager. « Ils doivent, mon cher, vous servir d'instruction pour être prudent et sage et pour vous faire réfléchir que Dieu sans doute nous protège ; car, si votre chapeau, au lieu de tomber à droite, était tombé à gauche, nous aurions été perdus ; car il serait tombé dans la cour du palais où les gardes l'auraient trouvé, et il leur aurait nécessairement fait connaître qu'il devait y devoir quelqu'un sur le toit : nous n'aurions pas tardé à être repris. »

Après avoir passé quelques minutes à regarder à droite et à gauche, je dis au moine de rester là immobile jusqu'à mon retour, et je m'avançai, n'ayant que mon esponton à la main et marchant à cheval sur la sommité du toit sans aucune difficulté. Je mis presque une heure à parcourir les toits, allant de tous côtés visiter, observer, mais en vain ; car je ne voyais à aucun des bords rien où je pusse fixer un bout de la corde : j'étais dans la plus grande perplexité. Il ne fallait plus penser ni au canal, ni à la cour du palais, et le dessus de l'église n'offrait à ma vue, entre les coupoles, que des précipices qui n'aboutissaient à rien d'ouvert. Pour aller au delà de l'église vers la *Canonica*, j'aurais dû gravir des pentes si raides, que je ne voyais pas la possibilité d'en venir à bout ; il était naturel que je rejetasse comme

CHAPITRE XIV

impossible tout ce que je ne croyais pas faisable. La position où je me trouvais exigeait de la témérité, mais sans la moindre imprudence. C'était un point de milieu tel, que la morale, je crois, n'en connaît pas de plus difficile.

Il fallait pourtant en finir, sortir de là, ou rentrer dans le cachot pour, peut-être, n'en jamais sortir, ou me précipiter dans le canal. Dans cette alternative, il fallait donner beaucoup au hasard et commencer par quelque chose. J'arrêtai ma vue sur une lucarne du côté du canal et aux deux tiers de la pente. Elle était assez éloignée de l'endroit d'où j'étais parti pour que je pusse juger que le grenier qu'elle éclairait n'appartenait pas à l'enclos des prisons que j'avais brisées. Elle ne pouvait éclairer que quelque galetas habité ou non, au-dessus de quelque appartement du palais, où, au point du jour, j'aurais naturellement trouvé les portes ouvertes. J'étais moralement sûr que les serviteurs du palais, ceux mêmes de la famille du doge, qui nous auraient aperçus, se seraient hâtés de nous faciliter la fuite, bien loin de nous remettre entre les mains de la justice inquisitoriale, quand bien même ils nous auraient reconnus pour les plus grands criminels de l'État, tant l'inquisition était horrible aux yeux de chacun.

Dans cette idée, il fallait que je visitasse le devant de de la lucarne, et me laissant glisser doucement en ligne droite, je me trouvai bientôt à cheval sur son petit toit. Appuyant alors mes mains sur les bords, j'étendis la tête en avant et je parvins à voir et à toucher une petite grille derrière laquelle se trouvait une fenêtre garnie de carreaux de vitre enchâssés avec de minces lames de plomb. La fenêtre ne m'embarrassait pas, mais la grille, toute mince qu'elle était, me paraissait offrir une difficulté invincible, car il me semblait que sans une lime je ne pouvais en venir à bout, et je n'avais que mon esponton.

J'étais confus et je commençais à perdre courage, lorsque la chose la plus simple et la plus naturelle vint, pour ainsi dire, retremper mon être.

Lecteur philosophe, si tu veux un instant te placer dans ma position, si tu veux pénétrer dans les souffrances qui ont été mon partage pendant quinze mois, si tu considères les dangers auxquels j'étais exposé sur un toit de plomb où le moindre faux mouvement aurait été payé de la perte de la vie ; enfin, si tu réfléchis que je n'avais que quelques heures pour vaincre toutes les difficultés qui pouvaient se multiplier à chaque pas, et que, dans le cas possible de non-succès je devais compter sur un redoublement de rigueur de la part d'un tribunal inique, la confession que je vais te faire avec toute la candeur de la vérité ne pourra point me rabaisser dans ton esprit, surtout si tu n'oublies pas qu'il est dans la nature de l'homme, en état d'inquiétude et de détresse, de n'être pas la moitié de ce qu'il est dans son état de calme et de tranquillité.

La cloche de Saint-Marc, qui sonna minuit en cet instant, fut l'agent qui produisit le phénomène qui frappa mon esprit et qui, par une violente secousse, me fit sortir de l'état de perplexité qui m'accablait. Cette cloche me rappela que le jour qui allait commencer était celui de la Toussaint, que ce jour-là devait être la fête de mon patron, au moins si j'en avais un, et la prédiction de mon jésuite confesseur me revint. Mais, je l'avoue, ce qui releva surtout mon courage, et augmenta réellement mes forces physiques, fut l'oracle profane que j'avais reçu de mon cher Arioste : *Fra il fin d'ottobre e il capo di novembre.*

Si un grand malheur fait qu'un petit esprit devient

CHAPITRE XIV

parfois dévot, il est presque impossible que la superstition ne vienne se mettre de la partie. Le son de la cloche me parut être un talisman parlant, qui me disait d'agir et me promettait la victoire. Étendu à plat ventre, la tête penchée vers la petite grille, je pousse mon verrou dans le châssis qui la retenait et je me détermine à l'enlever tout entière. En un quart d'heure, j'en vins à bout, la grille se trouva intacte entre mes mains, et l'ayant placée à côté de la lucarne, je n'eus aucune difficulté à rompre toute la fenêtre vitrée, malgré le sang qui coulait d'une blessure que je m'étais faite à la main gauche.

A l'aide de mon esponton, suivant ma première méthode, je regagnai le faîte du toit, et je m'acheminai vers l'endroit où j'avais laissé mon compagnon. Je le trouvai désespéré, furieux : il me dit les plus grosses injures parce que je l'avais laissé là si longtemps. Il m'assura qu'il n'attendait que sept heures pour retourner à sa prison.

« Que pensiez-vous donc de moi ?

— Je vous croyais tombé dans quelque précipice.

— Et vous ne m'exprimez que par des injures la joie que vous devez éprouver de me revoir ?

— Qu'avez-vous donc fait si longtemps ?

— Suivez-moi, vous allez voir. »

Ayant repris mes paquets, je m'acheminai vers la lucarne. Lorsque nous fûmes en face, je rendis à Balbi un compte exact de ce que j'avais fait, en le consultant sur les moyens à prendre pour y entrer et pénétrer dans le grenier. La chose était facile pour l'un des deux, car au moyen de la corde, il pouvait être descendu par l'autre ; mais je ne voyais pas comment le second pourrait descendre ensuite, n'ayant aucun moyen d'assujettir la corde à l'entrée de la lucarne. En m'introduisant et me laissant tomber, je pouvais me casser bras et jambes, car je ne connaissais pas la distance de la lucarne au plancher. A ce raisonnement sage et prononcé du ton de l'intérêt le plus amical, ma brute me répondit par ces mots :

« Descendez-moi toujours, et quand je serai en bas, il vous restera assez de loisir pour penser au moyen de me suivre. »

J'avoue que, dans le premier mouvement d'indignation, je fus tenté de lui enfoncer mon esponton dans la poitrine. Un bon génie me retint, et je ne proférai pas le mot pour lui reprocher la bassesse de son égoïsme. Au contraire, défaisant à l'instant mon paquet de corde, je le ceignis solidement sous les aisselles, et l'ayant fait coucher à plat ventre, les pieds en bas, je le descendis jusque sur le toit de la lucarne. Quand il fut là, je lui dis de s'introduire dans la lucarne jusqu'aux hanches en s'appuyant de ses bras sur les rebords. Lorsque cela fut fait, je me glissai le long du toit comme je l'avais fait la première fois, et dès que je fus sur le petit toit, je me plaçai à plat ventre et tenant fortement la corde, je dis au moine de s'abandonner sans crainte. Arrivé sur le plancher du grenier, il détacha la corde, et l'ayant retirée, je trouvai que la hauteur était de plus de cinquante pieds. C'était trop pour risquer le saut périlleux. Quant au moine, sûr de lui, car il avait été pendant près de deux heures en proie aux angoisses sur un toit où, je l'avoue, la position n'était pas rassurante, il me cria de lui jeter les cordes, qu'il en aurait soin : je n'eus garde, comme on le devine, de suivre ce sot conseil.

Ne sachant que devenir et attendant une inspiration de mon esprit, je grimpai derechef sur le sommet du toit, et ma vue s'étant portée vers un endroit, près d'une coupole, que je n'avais pas encore visité, je m'y ache-

CHAPITRE XIV

minai. Je vis une terrasse en plate-forme, recouverte de plaques de plomb, jointe à une grande lucarne fermée par deux volets. Il y avait une cuve pleine de plâtre délayé, une truelle, et, tout à côté, une échelle que je jugeai assez longue pour pouvoir me servir à descendre jusqu'au grenier où était mon compagnon. Ce fut assez pour me décider. Ayant passé ma corde dans le premier échelon, je traînai cet embarrassant fardeau jusqu'à la lucarne. Il s'agissait alors d'introduire cette lourde masse qui avait douze de mes brasses, et les difficultés que je rencontrai pour en venir à bout me firent repentir de m'être privé du secours du moine.

J'avais poussé l'échelle de manière que l'un de ses bouts touchait à la lucarne, tandis que l'autre dépassait la gouttière d'un tiers. Je me glissai alors sur le toit de la lucarne, je traînai l'échelle de côté, et l'attirant à moi, j'attachai le bout de ma corde au huitième échelon, ensuite je la laissai couler de nouveau jusqu'à ce qu'elle fût parallèle à la lucarne. Là je m'efforçai de la faire entrer dans la lucarne, mais il me fut impossible de l'introduire au delà du cinquième échelon, car le bout s'arrêtant contre le toit intérieur de la lucarne, aucune force au monde n'aurait pu la faire pénétrer plus loin, sans briser ou le toit ou l'échelle. Il n'y avait pas d'autre remède que de l'élever de l'autre bout; alors l'inclinaison, en détruisant l'obstacle, aurait fait couler l'échelle par son propre poids. J'aurais pu placer l'échelle en travers et y placer ma corde pour me descendre en me glissant sans aucun danger; mais l'échelle serait restée au même endroit, et le matin elle aurait indiqué aux archers et à Laurent l'endroit où peut-être nous nous serions trouvés encore.

Je ne voulais pas courir le risque de perdre par une imprudence le fruit de tant de fatigues et de périls, et il fallait, pour enlever toutes les traces, que l'échelle entrât dans son entier. N'ayant personne pour m'aider, je me déterminai à aller moi-même sur la gouttière pour l'élever et atteindre le but que je me proposais. C'est ce que j'exécutai, mais avec un danger si grand que, sans une espèce de prodige, j'aurais payé ma témérité de ma vie. J'osais abandonner l'échelle en lâchant la corde, sans crainte qu'elle tombât dans le canal, parce qu'elle se trouvait comme accrochée à la gouttière par son troisième échelon. Alors, tenant mon esponton à la main, je me glissai doucement jusqu'à la gouttière tout à côté de l'échelle. La gouttière de marbre faisait front à la pointe de mes pieds, car j'étais couché à plat ventre. Dans cette position, j'eus la force de soulever l'échelle d'un demi-pied en la poussant en avant, et j'eus la satisfaction de voir qu'elle avait pénétré d'un pied dans la lucarne; et le lecteur conçoit que cela diminua considérablement son poids. Il s'agissait de la faire entrer encore de deux pieds en la soulevant d'autant, car après cela j'étais certain qu'en remontant sur le toit de la lucarne, je l'aurais, au moyen de la corde, fait entrer tout à fait. Pour parvenir à lui donner l'élévation nécessaire, je me dressai sur mes genoux; mais la force que j'avais besoin d'employer pour réussir me fit glisser, de sorte que tout à coup je me trouvai lancé en dehors du toit jusqu'à la poitrine, ne me soutenant que par mes deux coudes.

Moment affreux dont je frémis encore et qu'il est peut-être impossible de se figurer dans toute son horreur. L'instinct naturel de la conservation me fit, presque à mon insu, employer toutes mes forces pour m'appuyer et m'arrêter sur mes côtes, et, je serais tenté de dire presque miraculeusement, j'y réussis. Attentif à ne pas m'abandonner, je parvins à m'aider de toute la force de mes bras jusqu'aux poignets en même temps que je m'ap-

CHAPITRE XI

puyais de mon ventre. Je n'avais heureusement rien à craindre pour l'échelle, car dans le malheureux, ou plutôt dans le malencontreux effort qui avait failli me coûter si cher, j'avais eu le bonheur de la faire entrer de plus de trois pieds, ce qui la rendait immobile.

Me trouvant sur la gouttière positivement sur mes poignets et sur mes aines entre le bas-ventre et les cuisses, je vis qu'en élevant ma cuisse droite pour parvenir à mettre sur la gouttière d'abord un genou et puis l'autre, je me trouverais tout à fait hors de danger; mais je n'étais pas encore au bout de mes peines de ce côté-là. L'effort que je fis pour réussir me causa une contraction nerveuse si forte, qu'une crampe extrêmement douloureuse me rendit comme perclus de tous mes membres. Ne perdant pas la tête, je me tins immobile jusqu'à ce qu'elle fût passée : je savais que l'immobilité est le meilleur remède contre les crampes factices; je l'avais souvent éprouvé. Que ce moment était terrible ! Deux minutes après, ayant graduellement renouvelé l'effort, j'eus le bonheur de parvenir à opposer mes deux genoux à la gouttière, et dès que j'eus repris haleine je soulevai l'échelle avec précaution et je la fis enfin parvenir au point qu'elle se trouva parallèle à la lucarne. Suffisamment instruit des lois de l'équilibre et du levier, je repris mon esponton, et suivant ma manière de grimper, je me hissai jusqu'à la lucarne et j'achevai facilement d'y introduire toute l'échelle dont mon compagnon reçut le bout entre ses bras. Je jetai alors dans le grenier les hardes, les cordes et les débris des fractures, et je descendis dans le grenier, où le moine m'accueillit fort bien et eut soin de retirer l'échelle. Bras à bras, nous nous mîmes à faire l'inspection de l'endroit ténébreux où nous nous trouvions : il avait une trentaine de pas de long sur environ vingt de large.

A l'un des bouts nous trouvâmes une porte à deux battants composée de barreaux de fer. C'était d'un mauvais augure ; mais, ayant posé la main sur le loquet qui se trouvait au milieu, il céda à la pression, et la porte s'ouvrit. Nous fîmes d'abord le tour de ce nouvel enclos, et en voulant traverser l'endroit, nous heurtâmes contre une grande table entourée de tabourets et de fauteuils. Nous retournâmes vers l'endroit où nous avions senti des fenêtres, nous en ouvrîmes une, et à la lueur des étoiles nous n'aperçûmes que des précipices entre des coupoles. Je ne m'arrêtai pas un seul instant à l'idée de descendre : je voulais savoir où j'allais, et je ne reconnaissais pas l'endroit où je me trouvais. Je refermai la fenêtre, nous sortîmes de la salle et retournâmes à l'endroit où nous avions laissé nos bagages. Epuisé outre mesure, je me laissai tomber sur le plancher, et mettant un paquet de cordes sous ma tête, me trouvant dans une destitution totale de forces de corps et d'esprit, un doux sommeil s'empara de mes sens. Je m'y abandonnai si passivement, que quand bien même j'aurais su que la mort devait en être la suite, il m'aurait été impossible d'y résister ; et je me rappelle fort bien que le plaisir que j'éprouvai en dormant était délicieux.

Je dormis pendant trois heures et demie. Les cris et les violentes secousses du moine me réveillèrent avec peine. Il me dit que douze heures venaient de sonner[1], et que mon sommeil lui paraissait inconcevable dans la situation où nous nous trouvions. C'était inconcevable pour lui, mais ce ne l'était pas pour moi : mon sommeil n'avait pas été volontaire ; je n'avais cédé qu'à ma nature épuisée et, si j'ose parler ainsi, aux abois. Mon épuisement n'avait rien de surprenant : il y avait deux

---

1. Environ cinq heures du matin.

jours que l'agitation m'avait empêché de prendre aucune nourriture et de fermer l'œil; et les efforts que je venais de faire et qui surpassaient presque ce que peut faire un homme, auraient suffi pour épuiser les forces de tout homme. Au reste, ce sommeil bienfaisant m'avait rendu ma première vigueur, et je fus enchanté de voir l'obscurité diminuée au point de pouvoir agir avec plus d'assurance et de célérité.

Dès que j'eus jeté les yeux autour de moi, je m'écriai : « Ce lieu n'est pas une prison; il doit y avoir une issue facile à trouver. » Nous nous dirigeâmes alors vers le bout opposé à la porte de fer, et dans un recoin fort étroit, je crus reconnaître une porte. Je tâtonne et je finis par arrêter mes doigts sur un trou de serrure. J'y enfonce mon esponton, et en trois ou quatre coups je l'ouvre, et nous entrons dans une petite chambre et je trouve une clef sur une table. Je l'essaye à une porte en face, je vois en la tournant que la serrure était ouverte. Je dis au moine d'aller chercher nos paquets, et, remettant la clef sur la table où je l'avais prise, nous sortons et nous nous trouvons dans une galerie à niches remplies de papiers. C'étaient des archives. Je découvre un petit escalier en pierre, je le descends; j'en trouve un autre, je le descends encore, et je trouve au bout une porte vitrée, que j'ouvre, et me voilà dans une salle que je connais : nous étions dans la chancellerie ducale. J'ouvre une fenêtre; il me serait facile de descendre; mais je me serais trouvé dans le labyrinthe des petites cours qui entourent l'église de Saint-Marc. Que Dieu me préserve d'une telle folie! Je vois sur un bureau un outil en fer, à pointe arrondie et à manche de bois, le même dont les secrétaires de la chancellerie se servent pour percer les parchemins, auxquels, au moyen d'une ficelle, ils attachent les sceaux de plomb; je m'en empare. J'ouvre le bureau, et je trouve la copie d'une lettre qui annonce au provéditeur de Corfou trois mille sequins pour la restauration de la vieille forteresse. Je cherche les sequins, ils n'y étaient pas. Dieu sait avec quel plaisir je m'en serais emparé, et comme je me serais moqué du moine s'il m'avait accusé de commettre un vol! j'aurais reçu cette somme comme un don du ciel : je m'en serais cru franchement le maître par le seul droit de conquête.

Je vais à la porte de la chancellerie, je mets mon verrou dans le trou de la serrure ; mais en moins d'une minute, acquérant la certitude qu'il me serait impossible de la rompre, je me décide à faire vite un trou à l'un des deux battants. J'eus soin de choisir le côté où la planche avait le moins de nœuds, et vite en besogne, à coups redoublés de mon esponton, je crevais, je fendais le mieux que je pouvais. Le moine, qui m'aidait autant qu'il le pouvait avec le gros poinçon que j'avais pris sur le bureau, tremblait au bruit retentissant que produisait mon esponton chaque fois que je tâchais de l'enfoncer dans la planche ; on devait entendre ce bruit de loin ; j'en sentais tout le danger, mais j'étais dans la nécessité de le braver.

Dans une demi-heure, le trou fut assez grand, et bien nous en prit, car il m'aurait été difficile de l'agrandir davantage sans le secours d'une scie. Les bords de ce trou faisaient peur, car ils étaient tout hérissés de pointes faites pour déchirer les habits et lacérer les chairs. Il était à la hauteur de cinq pieds. Ayant placé dessous deux tabourets, l'un à côté de l'autre, nous montâmes dessus, et le moine s'introduisit dans le trou, les bras croisés et la tête en avant ; et, le prenant par les cuisses, puis par les jambes, je parvins à le pousser dehors, et quoiqu'il y fît obscur, j'étais sans inquiétude, parce que je connaissais le local. Lorsque mon compagnon fut dehors, je lui jetai nos petits effets, à l'exception des cordes,

CHAPITRE XIV

dont je fis l'abandon ; et, mettant un troisième tabouret sur les deux premiers, j'y montai dessus, et, me trouvant au bord du trou à la hauteur des cuisses, je m'y enfonçai jusqu'au bas-ventre, quoiqu'avec de grandes difficultés, parce que le trou était très étroit ; et, n'ayant aucun point d'appui pour accrocher mes mains, ni personne qui me poussât comme j'avais poussé le moine, je lui dis de me prendre à bras-le-corps et de m'attirer à lui sans s'arrêter, dût-il ne me retirer que par morceaux. Il obéit, et j'eus la constance d'endurer la douleur affreuse que j'éprouvais par le déchirement de mes flancs et de mes cuisses, d'où le sang ruisselait.

Aussitôt que j'eus le bonheur de me voir dehors, je me hâtai de ramasser mes hardes, et descendant deux escaliers, j'ouvris sans aucune difficulté la porte qui donne dans l'allée où se trouve la grande porte de l'escalier royal et à côté la porte du cabinet *Savio alla scrittura*. Cette grande porte était fermée comme celle de la salle des archives, et d'un coup d'œil je jugeai que sans une catapulte pour l'enfoncer ou une mine pour la faire sauter, il m'était impossible de l'entamer. Mon verrou à la main semblait me dire : *Hic fines posuit*, tu n'as plus que faire de moi ; tu peux me déposer. Il était l'instrument de ma liberté, je le chérissais ; il était digne d'être suspendu en *ex-voto* sur l'autel de la Délivrance et de la Liberté.

Calme, résigné et parfaitement tranquille, je m'assis en disant au moine de m'imiter.

« Mon ouvrage est fini, lui dis-je ; maintenant c'est à Dieu ou à la fortune à faire le reste.

Abbia chi regge il ciel cura del resto,
O la fortuna se non tocca a lui[1].

---

1. Que celui qui gouverne le ciel ait soin du reste, ou la fortune, si ce n'est pas son affaire.

Je ne sais pas si les balayeurs du palais s'aviseront de venir ici aujourd'hui, jour de la Toussaint, ni demain, jour des Trépassés. Si quelqu'un vient, je me sauverai dès que je verrai la porte ouverte, et vous me suivrez à la piste ; mais si personne ne vient, je ne bouge pas d'ici ; et si je meurs de faim, tant pis. »

A ce discours, ce pauvre homme se mit en fureur. Il m'appela fou, désespéré, séducteur, trompeur, menteur. Je le laissai dire ; je fus impassible. Treize heures sonnèrent dans ces entrefaites. Depuis l'instant de mon réveil dans le grenier, il ne s'était écoulé qu'une heure.

L'affaire importante qui m'occupa d'abord fut celle de me charger de tout. Le père Balbi avait l'air d'un paysan, mais il était intact ; on ne le voyait ni en lambeaux ni couvert de sang : son gilet de flanelle rouge et sa culotte de peau violette n'étaient pas déchirés ; tandis que moi, je ne pouvais inspirer que l'horreur et la pitié, car j'étais tout en sang et tout dépenaillé. Ayant arraché mes bas de dessus mes genoux, le sang sortait de deux fortes écorchures que je m'y étais faites sur la gouttière ; le trou de la porte de la chancellerie m'avait déchiré gilet, chemise, culottes, hanches et cuisses : j'avais partout d'affreuses écorchures. Déchirant des mouchoirs, je me fis des bandes et je me pansai le mieux qu'il me fut possible. Je mis mon bel habit, qui, par un jour d'hiver, devait paraître assez comique. Je mis tant bien que mal mes cheveux dans ma bourse, je passai des bas blancs, une chemise à dentelle, faute d'autre, deux autres pareilles par dessus, des mouchoirs et des bas dans mes poches, et je jetai dans un coin tout le reste. Je mis mon beau manteau sur les épaules du moine, et le malheureux avait l'air de l'avoir volé. Je devais ressembler assez bien à un homme qui, après avoir été au bal, aurait passé la nuit dans un lieu de débauche où il aurait été

CHAPITRE XIV

échevelé. Il n'y avait que les bandages que l'on voyait à mes genoux qui déparassent mon intempestive élégance.

Ainsi paré, mon beau chapeau à point d'Espagne d'or et à plumet blanc sur la tête, j'ouvris une fenêtre. Ma figure fut d'abord remarquée par des oisifs qui se trouvaient dans la cour du palais, et qui, ne comprenant pas comment quelqu'un fait comme moi pouvait se trouver de si bonne heure à cette fenêtre, allèrent avertir celui qui avait la clef de cet endroit. Le concierge crut qu'il pouvait y avoir enfermé quelqu'un la veille, et étant allé prendre les clefs, il vint. J'étais fâché de m'être fait voir à la fenêtre, ne sachant pas qu'en cela le hasard m'avait servi à souhait; je m'étais assis près du moine, qui me disait des sottises, lorsqu'un bruit de clefs vint frapper mon oreille. Tout ému, je me lève, et, collant mon œil contre une petite fente qui heureusement séparait les deux ais de la porte, je vois un homme seul, coiffé d'une perruque, sans chapeau, qui montait lentement l'escalier avec un gros clavier à la main. Je dis au moine d'un ton très sérieux de ne pas ouvrir la bouche, de se tenir derrière moi et de suivre mes pas. Je prends mon esponton que je tiens de la main droite caché sous mon habit, et je vais me placer à l'endroit de la porte où je pouvais sortir dès qu'elle serait ouverte et enfiler l'escalier. J'envoyais des vœux à Dieu pour que cet homme ne fît aucune résistance; car, dans le cas contraire, je me serais vu forcé de le terrasser, et j'y étais déterminé.

La porte s'ouvre, et à mon aspect ce pauvre homme demeura comme pétrifié. Sans m'arrêter, sans mot dire, profitant de sa stupéfaction, je descends précipitamment l'escalier et le moine me suit. Sans avoir l'air de fuir, mais allant vite, je pris le magnifique escalier appelé des Géants; méprisant la voix du père Balbi qui ne cessait de me crier : « Allons dans l'église, » je poursuivis mon chemin.

La porte de l'église n'était qu'à vingt pas de l'escalier ; mais les églises n'étaient déjà plus à Venise des lieux de sûreté pour les criminels, et personne ne s'y réfugiait plus. Le moine le savait, mais la peur lui ôtait la mémoire.

Il me dit plus tard que ce qui le poussait à me presser d'entrer dans l'église était un sentiment de religion qui l'appelait au pied des autels.

« Pourquoi n'y alliez-vous pas seul ?

— Je ne voulais pas vous abandonner. »

Il aurait dû dire : « Je ne voulais pas vous perdre. »

L'immunité que je cherchais était au delà des frontières de la très sérénissime république, et je commençais à m'y acheminer : j'y étais en esprit, il fallait m'y transporter en corps. Je me dirigeai droit à la porte royale du palais ducal ; et sans regarder personne, moyen d'être moins observé, je traverse la petite place, je vais au rivage et j'entre dans la première gondole que je trouve, en disant tout haut au gondolier qui était à la poupe : « Je veux aller à Fusine ; appelle vite un autre rameur. » Il était tout prêt, et pendant qu'on détache la gondole, je me jette sur le coussin du milieu, tandis que le moine se plaça sur la banquette. La figure bizarre de Balbi, sans chapeau, ayant un beau manteau sur les épaules, mon accoutrement hors de saison, tout dut me faire prendre pour un charlatan ou un astrologue.

Dès que nous eûmes doublé la douane, les gondoliers commencèrent à fendre avec vigueur les eaux du canal de la *Giudecca*, par lequel il faut passer, soit pour aller à Fusine, soit pour aller à Mestre, où effectivement je voulais aller. Lorsque je me vis à moitié du canal, je mis la tête dehors, et je dis au barcarol de poupe :

CHAPITRE XIV

« Crois-tu que nous soyons à Mestre avant quatre heures ?

— Mais, monsieur, vous m'avez dit d'aller à Fusine !

— Tu es fou, je t'ai dit à Mestre. »

Le second barcarol me dit que je me trompais, et mon sot de moine, zélé chrétien et grand ami de la vérité, ne manquait pas de répéter que j'avais tort. J'avais envie de lui lâcher un coup de pied pour le punir d'être si bête ; mais, réfléchissant que *n'a pas de bon sens qui veut*, je me mets à rire aux éclats, convenant que je pouvais m'être trompé ; mais ajoutant que mon intention était d'aller à Mestre. On ne me répliqua pas, et un instant après le maître gondolier me dit qu'il était prêt à me conduire en Angleterre si je le voulais.

« Bravo ! va à Mestre.

— Nous y serons dans trois quarts d'heure, car nous avons pour nous le vent et le courant. »

Très satisfait, je regarde derrière moi le canal, qui me parut plus beau que je ne l'avais jamais vu, et surtout parce qu'il n'y avait pas un seul bateau qui vînt de notre côté. La matinée était superbe, l'air pur, les premiers rayons du soleil magnifiques, mes deux jeunes barcarols ramaient avec autant d'aisance que de vigueur : réfléchissant à la cruelle nuit que je venais de passer, aux dangers auxquels je venais d'échapper, au lieu où j'étais enfermé la veille, à toutes les combinaisons du hasard qui m'avaient été favorables, à la liberté dont je commençais à jouir et dont j'avais la plénitude en perspective, tout cela m'émut si violemment que, plein de reconnaissance envers Dieu, je me sentais suffoqué par le sentiment et je fondis en larmes.

Mon adorable compagnon, qui jusqu'alors n'avait proféré le mot que pour donner raison aux gondoliers, crut devoir se mettre en frais de consolations. Il se trompait sur la cause de mes larmes, et la façon dont il s'y prit me fit effectivement passer de ma délicieuse affliction à un rire d'une espèce singulière qui le jeta dans une erreur contraire, car il crut que j'étais devenu fou. Ce pauvre moine, comme je l'ai dit, était bête, et sa méchanceté ne provenait que de sa bêtise. J'avais été dans la dure nécessité d'en tirer parti; mais, quoique sans intention, il faillit me perdre. Il me fut impossible de lui persuader que j'eusse ordonné aux bateliers d'aller à Fusine avec l'intention d'aller à Mestre : il disait que cette pensée ne pouvait m'être venue que sur le Grand-Canal.

Nous arrivâmes à Mestre. Je ne trouvai pas de chevaux à la poste, mais il y avait bon nombre de voituriers qui vont aussi bien, et je fis mes accords avec l'un d'eux pour qu'il me menât en cinq quarts d'heure à Trévise. En trois minutes les chevaux furent mis, et supposant le père Balbi derrière moi, je me retournai pour lui dire : « Montons; » mais il n'était pas là. Je dis à un garçon d'écurie d'aller le chercher, décidé à le réprimander quand bien même il aurait été satisfaire à quelque besoin naturel ; car nous nous trouvions dans le cas de réprimer tous les besoins, même ceux de cette nature. On vint me dire qu'on ne le trouvait pas. J'étais furieux. L'idée me vint de l'abandonner ; je le devais, un sentiment d'humanité me retint. Je descends, je m'informe ; tout le monde l'a vu ; mais personne ne sait me dire où il est, ni où il peut être. Je parcours les arcades de la grand'-rue, et, m'avisant par instinct de mettre la tête dans la fenêtre d'un café, je vois ce malheureux au comptoir, debout, prenant du chocolat et contant fleurette à la fille. Il me voit, me montre la fille en me disant qu'elle est gentille, et m'excite à prendre une tasse de chocolat, en me disant de payer la sienne, parce qu'il n'avait pas le

CHAPITRE XIV

sou. Réprimant mon indignation : « Je n'en veux pas, lui dis-je, et dépêchez-vous. » En même temps je lui serrai le bras de façon à le faire pâlir de douleur. Je paye, et nous sortons. Je tremblais de colère. Nous arrivons, nous montons en voiture ; mais, à peine avions-nous fait dix pas, que je rencontre un habitant de Mestre, nommé Balbi Tomasi, bon homme, mais ayant la réputation d'être un des familiers du saint-office inquisitorial de la république. Il me connaissait, et s'approchant, il me crie :

« Comment, monsieur, vous ici ? je suis charmé de vous voir. Vous venez donc de vous sauver ? comment avez-vous fait ?

— Je ne me suis pas sauvé, monsieur, on m'a donné mon congé.

— Cela n'est pas possible ; car hier soir encore j'étais à la maison de M. Grimani, et je l'aurais su. »

Lecteur, il vous sera plus facile de deviner l'état où je devais me trouver en ce moment qu'il ne me serait de vous le peindre. Je me voyais découvert par un homme que je croyais payé pour m'arrêter, et qui pour cela n'avait besoin que de cligner l'œil au premier sbire, et Mestre en était plein. Je lui dis de parler bas, et, descendant de voiture, je le priai de venir un peu à côté. Je le menai derrière la maison, et voyant que je n'étais vu de personne, et me trouvant près d'un fossé au delà duquel on était en rase campagne, je m'arme de mon esponton, et je le prends au collet. Voyant mon intention, il fait un effort, il m'échappe et franchit le fossé. Aussitôt, sans se retourner, il se mit à courir à toutes jambes en ligne droite. Dès qu'il fut un peu éloigné, ralentissant sa course, il tourna la tête et m'envoya des baisers en signe de souhaits de bon voyage. Quand je l'eus perdu de vue, je rendis grâce à Dieu que cet homme par son agilité m'eût préservé de commettre un crime, car j'allais l'assommer, et il paraît qu'il n'avait pas de mauvaises intentions.

Ma situation était terrible ; j'étais seul, et en guerre ouverte contre toutes les forces de la république. Je devais tout sacrifier à la prévoyance, et ma propre sûreté me faisait une loi de ne ménager aucun moyen propre à l'obtention de mon but.

Morne comme un homme qui vient d'échapper à un grand danger, je donnai un coup d'œil de mépris au lâche moine qui voyait à quel danger il nous avait exposés, et je remontai dans la chaise. Je pensais au moyen de me délivrer de ce malotru, qui n'osait pas ouvrir la bouche. Nous arrivâmes à Trévise sans autre rencontre, et je dis au maître de poste de me faire tenir prêts deux chevaux et une voiture pour dix-sept heures[1] ; mais mon intention n'était pas de continuer ma route en poste, d'abord parce que je n'en avais pas les moyens, et puis parce que je craignais d'être poursuivi. L'aubergiste me demanda si je voulais déjeuner : j'en avais besoin pour me conserver en vie, car je mourais d'inanition ; mais je n'eus pas le courage d'accepter : un quart d'heure de perdu pouvait m'être fatal. Je craignais d'être rattrapé et d'avoir à en rougir toute ma vie ; car un homme sage en pleine campagne doit défier quatre cent mille hommes : s'il ne sait pas se cacher, c'est un sot.

Je sortis par la porte Saint-Thomas comme en me promenant, et après avoir fait un mille sur le grand chemin, je me jetai dans les champs avec l'intention de ne plus en sortir, aussi longtemps que je me trouverais dans les États de la république. Le plus court était de passer par Bassano ; mais je pris par le plus long, parce qu'il n'était pas impossible qu'on m'attendît au débouché le plus

---

[1]. Environ dix heures du matin.

CHAPITRE XIV

voisin, tandis qu'il était probable qu'on ne s'imaginerait pas que, pour sortir de l'État, je prisse par le chemin de Feltre qui, pour se rendre dans la juridiction de l'évêque de Trente, était la ligne la plus longue.

Après avoir marché trois heures, je me laissai tomber par terre, n'en pouvant plus. J'avais besoin de quelque nourriture, ou bien il fallait se disposer à mourir là. Je dis au moine de mettre le manteau près de moi et d'aller à une ferme que je voyais pour se faire donner, en payant, quelque chose à manger et de me l'apporter. Je lui donnai l'argent nécessaire. Il partit en me disant qu'il me croyait plus courageux. Ce malheureux ignorait ce que c'est que le courage, mais il était plus vigoureux que moi, et sans doute qu'avant de quitter la prison, il s'était bien meublé l'estomac. D'ailleurs il avait pris du chocolat, il était maigre, il était moine, et la prudence et l'honneur ne tourmentaient pas son esprit aux dépens de son corps.

Quoique la maison ne fût pas une auberge, la bonne fermière m'envoya par une paysanne un dîner suffisant qui ne me coûta que trente sous de Venise. Après avoir bien satisfait mon appétit, sentant que le sommeil allait me gagner, je me hâtai de me remettre en marche, assez bien orienté. Après quatre heures de marche, je m'arrêtai derrière un hameau, et je sus que j'étais à vingt-quatre milles de Trévise[1]. J'étais rendu; j'avais les chevilles enflées et les souliers déchirés. Je n'avais plus qu'une heure de jour. M'étant étendu au milieu d'un bouquet d'arbres, je fis asseoir le père Balbi près de moi, et je lui tins ce discours :

« Nous devons aller à Borgo di Valsugano, lui dis-je ; c'est la première ville qu'on trouve au delà des frontières

---

1. Huit lieues.

de la république. Là, nous serons aussi sûrs qu'à Londres, et nous pourrons nous y reposer ; mais pour y parvenir, nous avons besoin d'user de précautions essentielles, et la première est celle de nous séparer. Vous irez par les bois de Mantello, moi par les montagnes ; vous par la voie la plus facile et la plus courte, moi par la plus longue et la plus difficile ; enfin, vous avez de l'argent, et moi je suis sans le sou. Je vous fais présent de mon manteau, que vous troquerez contre une capote et un chapeau, et tout le monde vous prendra pour un paysan, car heureusement vous en avez la figure. Voilà tout l'argent qui me reste des deux sequins que j'ai pris au comte Asquin ; ce sont dix-sept livres ; prenez-les. Vous serez à Borgo après-demain au soir, et j'y arriverai vingt-quatre heures plus tard. Vous m'attendrez à la dernière auberge à main gauche, et vous pouvez compter de m'y voir arriver. Pour cette nuit, j'ai besoin de dormir dans un bon lit et la Providence me le fera trouver quelque part ; mais j'ai besoin d'y être tranquillement, et avec vous ce serait impossible. Je suis sûr qu'actuellement on nous cherche partout et que nos signalements sont si bien donnés que l'on nous arrêterait dans toute auberge où nous oserions entrer ensemble. Vous voyez le triste état où je me trouve, et le besoin indispensable que j'ai de me reposer dix heures. Adieu donc ; allez-vous-en, et laissez-moi m'en aller seul de mon côté : je trouverai un gîte dans ces alentours.

— Je m'attendais à tout ce que vous venez de me dire, me répondit Balbi ; mais, pour toute réponse, je ne vous rappellerai que ce que vous m'avez promis lorsque je me suis laissé persuader de rompre votre cachot. Vous m'avez promis que nous ne nous séparerions plus ; ainsi n'espérez pas que je vous quitte : votre destinée sera la mienne, la mienne sera la vôtre. Nous trouverons un bon

CHAPITRE XIV

gîte pour notre argent, et nous n'irons pas aux auberges ; on ne nous arrêtera pas.

— Vous êtes donc déterminé à ne pas suivre le bon conseil que la prudence m'a fait vous donner ?

— Oui, très déterminé.

— Nous verrons. »

Je me levai, non sans efforts ; je pris la mesure de sa taille et je la transportai sur le terrain ; puis, tirant mon esponton de ma poche, je me courbe, presque couché sur mon côté gauche et je commence une petite excavation avec le plus grand sang-froid et sans rien répondre aux questions qu'il m'adressait. Après un quart d'heure d'ouvrage, je me mis à le regarder tristement, et je lui dis qu'en bon chrétien je me croyais obligé de lui dire qu'il devait recommander son âme à Dieu. « Car je vais vous enterrer ici mort ou vif, et si vous êtes plus fort que moi, ce sera vous qui m'y enterrerez. Voilà l'extrémité à laquelle me réduit votre brutale obstination. Vous pouvez cependant vous sauver, car je ne vous courrai pas après. »

Voyant qu'il ne me répondait pas, je me remis à l'ouvrage ; mais j'avoue que je commençais à craindre de me voir poussé à bout par cette brute, et j'étais déterminé à m'en défaire.

Enfin, soit peur ou réflexion, il se jeta près de moi. Ne devinant pas ses intentions, je lui présentai la pointe de mon verrou ; mais je n'avais rien à redouter. « Je vais faire, me dit-il, tout ce que vous voulez. » Aussitôt je l'embrasse, et lui, ayant donné tout l'argent que j'avais, je lui réitérai la promesse de l'aller rejoindre à Borgo. Quoique resté sans le sou, et obligé de passer deux rivières, je me félicitai d'être parvenu à me délivrer de la compagnie d'un homme de son caractère ; car, seul, je me sentais sûr de parvenir à sortir des frontières de ma chère république.

CHAPITRE XV

Je vais loger dans la maison du chef des sbires. — J'y passe une nuit délicieuse, et j'y recouvre entièrement mes forces et la santé. — Je vais à la messe ; rencontre embarrassante. — Moyen violent dont je suis forcé de me servir pour me procurer six sequins. — Je suis hors de danger. — Mon arrivée à Munich. — Épisode sur Balbi. — Je pars pour Paris. — Mon arrivée en cette ville. — Assassinat de Louis XV.

Dès que je vis le père Balbi assez loin, je me levai, et, ayant aperçu à peu de distance un berger qui gardait un petit troupeau sur une colline, je me dirigeai vers lui pour me procurer quelques informations qui m'étaient nécessaires.

« Mon ami, lui dis-je, comment s'appelle ce village ?
— *Valdepiadene*, segnor. »

J'en fus surpris, car j'avais fait beaucoup plus de chemin que je ne croyais. Je lui demandai ensuite les noms des maîtres de cinq ou six maisons que je voyais à la ronde, et par hasard tous ceux qu'il me nomma étaient des personnes de ma connaissance, mais chez lesquelles je ne devais pas aller porter le trouble par mon apparition. Lui ayant aussi demandé le nom d'un palais que je voyais, il me nomma la famille Grimani, dont le doyen était alors inquisiteur d'État, et il devait s'y trouver en ce moment ; je devais donc bien me garder de m'y laisser voir. Enfin, pour dernière question, lui ayant demandé à qui appartenait une maison rouge que je voyais au loin, il me répondit qu'elle appartenait au nommé capitaine de campagne qui était le chef des sbires. Ma surprise fut extrême ; mais, disant adieu à ce bon pasteur, je me mis à descendre machinalement la colline, et je suis encore à concevoir par quel instinct je me dirigeai précisément vers cette maison d'où la raison aurait dû m'éloigner non moins que la peur. Je m'y rendis en droite ligne, et je puis dire avec vérité que ce ne fut pas par l'effet d'une volonté déterminée. S'il est vrai que nous ayons tous une intelligence invisible, un génie bienfaisant qui nous pousse vers le bonheur, comme cela arrivait quelquefois à Socrate, je dois attribuer au mien l'impulsion irrésistible qui me mena dans la maison de l'individu dont je devais le plus redouter la présence. Quoi qu'il en soit, ce fut la démarche la plus hardie que j'aie pu faire de ma vie.

J'entrai sans hésiter, et même d'un air tout à fait libre, et, voyant dans la cour un jeune enfant qui jouait à la toupie, je m'en approchai en lui demandant où était son père. Au lieu de me répondre, l'enfant s'en alla appeler sa mère, et un instant après je vois paraître une très jolie femme enceinte, qui me demanda fort poliment ce que je voulais à son mari, s'excusant qu'il n'y fût pas.

« Je suis fâché, lui dis-je, que *mon compère* n'y soit pas, autant que je suis charmé de faire en ce moment la connaissance de sa belle épouse.

— *Votre compère ?* Je parle donc à son excellence monsieur Vetturi ? Il m'a dit que vous avez eu la bonté de lui promettre d'être le parrain de l'enfant que je porte. Je suis enchantée de vous connaître, et mon mari sera au désespoir de ne s'être pas trouvé chez nous.

— J'espère qu'il ne tardera pas à rentrer, car je veux lui demander à coucher pour cette nuit. Je n'ose aller nulle part dans l'état où vous me voyez.

— Vous aurez le meilleur lit de la maison, et je vous procurerai un assez bon souper ; mon mari ira remercier Votre Excellence de l'honneur que vous nous faites aussitôt qu'il sera de retour. Il n'y a pas plus d'une heure qu'il est parti avec tout son monde, et je ne l'attends que dans trois ou quatre jours.

— Pourquoi restera-t-il donc si longtemps, ma charmante commère ?

— Vous ne savez donc pas que deux prisonniers se sont échappés des Plombs ? L'un est patricien, l'autre est un particulier nommé Casanova. Mon mari a reçu une lettre de messer-grande qui lui ordonne de les chercher : s'il les rencontre, il les conduira à Venise, et sinon il reviendra ici ; mais il les cherchera au moins pendant trois jours.

— Je suis fâché de ce contretemps, ma chère commère, mais je ne voudrais pas vous gêner, d'autant plus que je voudrais me coucher de suite.

— Cela sera fait à l'instant, et c'est ma mère qui vous servira. Mais qu'avez-vous aux genoux ?

— Je suis tombé à la chasse sur la montagne ; je me suis fait de fortes écorchures, et j'ai perdu du sang, ce qui m'a beaucoup affaibli.

— Oh ! mon pauvre seigneur ! mais ma mère vous guérira. »

Elle appela sa mère, et après lui avoir dit tout ce dont j'avais besoin, elle s'en alla. Cette jolie femme d'archer n'avait pas l'esprit de son métier, car rien n'avait plus l'air d'un conte que l'histoire que je lui avais faite. A cheval avec des bas de soie blancs ! A la chasse en habit de taffetas ! sans manteau, sans domestique ! A son retour, son mari se sera bien moqué d'elle ; mais que Dieu la récompense de son bon cœur et de sa bénigne ignorance ! Sa mère eut soin de moi avec toute la politesse que j'aurais pu attendre chez des personnes de la première distinction. Femme respectable et bienfaisante, elle prit un ton de mère, et en soignant mes blessures elle ne m'appelait que son fils. Ce nom sonnait agréablement à mon oreille et ne contribua pas peu à ma guérison, par le sentiment délicieux qu'il excita en moi. Si j'avais été moins occupé de ma situation, j'aurais payé ses soins des marques non équivoques de ma politesse et de ma reconnaissance ; mais le lieu et le rôle que je jouais m'occupaient trop sérieusement pour pouvoir entièrement en détacher ma pensée.

Cette bonne mère, après avoir visité mes genoux et mes hanches, me dit avec une voix affectueuse qu'il fallait me résoudre à souffrir un peu, mais que je pouvais être sûr que le lendemain je serais guéri. Je devais seulement supporter sur mes plaies des serviettes imbibées et me tenir très tranquille dans mon lit, ne pas me bouger jusqu'au lendemain. Je promis de souffrir patiemment et de faire comme elle le voulait.

On me servit un bon souper, je mangeai et bus de bon appétit ; ensuite je la laissai faire et je m'endormis entre ses mains. Il est probable qu'elle me déshabilla comme un enfant, car je ne me rappelai rien à mon réveil : je ne parlais ni ne pensais. Quoique j'eusse bien mangé, je ne l'avais fait que par le besoin où j'étais de satisfaire mon estomac et de réparer mes forces, et lorsque je m'endormis, je ne fis que céder à un pouvoir irrésistible ; car mon épuisement physique ne me laissait point la faculté de mêler quelque raisonnement à ce que je faisais. Il était une heure de nuit lorsque je soupai [1], et le lendemain, en m'éveillant, j'entendis sonner treize heures [2]. Je crus que c'était un enchantement. M'étant bien éveillé et reconnu, je me hâtai de me débarrasser de mes serviettes, et je fus émerveillé de voir toutes mes

---

1. Environ six heures du soir.
2. Six heures du matin.

écorchures sèches et sans éprouver aucun sentiment douloureux. J'arrange mes cheveux, je m'habille en moins de cinq minutes, et trouvant la porte de ma chambre ouverte, je descends l'escalier, je traverse la cour et je quitte cette maison, sans avoir l'air de faire attention à deux individus qui se trouvaient là debout et qui ne pouvaient être que deux sbires. Je m'éloignai rapidement de cet endroit où j'avais trouvé l'hospitalité la plus bienveillante, la politesse la plus franche, les soins les plus généreux et, mieux que tout, la santé et le recouvrement de mes forces, et ce fut avec un sentiment d'horreur dont je ne pouvais me défendre, en songeant au danger imminent auquel j'échappais. Je frissonnais involontairement, et aujourd'hui, après tant d'années, je frissonne encore à l'idée du péril où je m'étais si imprudemment exposé. J'étais ébahi d'avoir pu entrer dans cette maison, et bien plus encore d'avoir pu en sortir. Il me paraissait impossible que je ne fusse pas suivi. Je marchai pendant cinq heures à travers les bois et les montagnes, sans rencontrer que quelques paysans, sans jamais tourner la tête.

Il n'était pas encore midi, lorsqu'en allant mon chemin, je fus arrêté par le son d'une cloche. J'étais sur une hauteur ; en jetant les yeux du côté d'où venait le son, je vis une petite église dans le fond et beaucoup de monde qui y entrait pour entendre la messe : il me vint dans l'idée de l'aller entendre aussi ; mon cœur éprouvait le besoin d'exprimer sa reconnaissance pour la protection visible que je recevais de la Providence ; et, quoique toute la nature me présentât un temple digne du Créateur, l'habitude m'attirait vers l'église. Lorsque l'homme est dans la détresse, tout ce qui lui passe par la fantaisie, lui semble une inspiration divine. C'était la fête des Trépassés. Je descends, j'entre dans l'église et, à ma grande surprise, j'y vois M. Marc-Antoine Grimani, neveu de l'inquisiteur d'État, avec Mme Marie Visani, son épouse. Ils ne furent pas moins étonnés que moi. Je leur fis ma révérence, qu'ils me rendirent, et après avoir entendu la messe, je sortis. M. Grimani me suivit seul. A quelque distance, il m'accoste, et me dit :

« Que faites-vous ici, Casanova ; où est votre compagnon ?

— Je lui ai donné le peu d'argent que j'avais pour qu'il se sauvât par un autre chemin, tandis que, sans le sou, je cherche à me mettre en sûreté par ici. Si Votre Excellence voulait bien me donner quelque secours, je me tirerais plus facilement d'affaire.

— Je ne puis rien vous donner ; mais vous trouverez sur la route des ermites qui ne vous laisseront pas mourir de faim. Mais contez-moi comment vous avez pu réussir à percer les Plombs.

— Le récit serait intéressant, mais long ; et, en attendant, les ermites pourraient fort bien manger les provisions qui doivent m'empêcher de mourir de faim. »

En achevant cette tirade ironique, je lui fis une profonde révérence et je continuai mon chemin. Malgré mon extrême besoin, ce refus d'aumône me fit plaisir. Je me trouvai beaucoup plus gentilhomme que l'Excellence qui me renvoyait à la bienfaisance des ermites. J'appris plus tard à Paris que sa femme, ayant su la chose, lui dit des injures en lui reprochant la dureté de son procédé. Il n'est pas douteux que les sentiments de bienveillance et de générosité n'aillent plus souvent se loger dans le cœur des femmes que dans le nôtre.

Je continuai ma course jusqu'au soleil couchant. Las, harassé et mourant de faim, je m'arrêtai à une maison solitaire de bonne apparence. Je demande à parler au maître ; la concierge me répond qu'il n'y est pas, qu'il est allé à une noce au delà de la rivière, qu'il ne reviendra que dans deux jours, mais qu'en partant il lui a ordonné de faire bon accueil à ses amis. Providence! fortune! hasard! tout ce qu'on voudra.

J'entre, on me donne un bon souper et un bon lit. Je m'aperçus, par l'adresse de plusieurs lettres, que je me trouvais chez M. Rombenchi, consul de je ne sais plus quelle nation. Je lui écrivis une lettre que je lui laissai cachetée. Après avoir bien soupé et fort bien dormi, je me levai et, ma toilette faite avec assez de soin, je partis, sans pouvoir laisser à la bonne concierge un signe de ma reconnaissance, et je passai la rivière en me promenant, promettant de payer à mon retour. Après cinq heures de marche, je dînai à un couvent de capucins, que je trouvai être des gens fort utiles en pareilles circonstances. Après m'être restauré, je me remis en route frais et dispos, et je marchai bon pas jusqu'à vingt-deux heures [1]. Je m'arrêtai à une maison dont le maître était mon ami, et ce fut d'un paysan que je l'appris. J'entre, je demande si le maître y est, on me montre la chambre où il se trouvait seul à écrire ; je m'avance pour l'embrasser ; mais à mon aspect il fait un mouvement d'effroi, et me dit de m'en aller sans le moindre délai en me donnant des raisons frivoles et outrageantes. Je lui expose ma situation, mon besoin, et je lui demande soixante sequins sur mon billet, qui l'assurait que M. de Bragadin les lui remettrait. Il me répond qu'il ne peut pas me secourir, pas même m'offrir un verre d'eau, puisque en me voyant chez lui, il tremblait d'encourir la disgrâce du tribunal. C'était un homme de soixante ans, courtier de change, qui m'avait de grandes obligations. Son cruel refus fit sur moi un effet tout différent de celui de

---

1. Environ trois heures après midi.

M. Grimani. Soit colère, soit indignation, soit rage ou droit de raison et de nature, je le pris au collet, lui présentant mon esponton, je le menaçai de la vie en élevant la voix. Tout tremblant, il tire une clef de sa poche et me dit, en me montrant un secrétaire, qu'il y avait là de l'argent et que je n'avais qu'à prendre ce que je voudrais : je lui dis d'ouvrir lui-même. Il obéit, et m'ayant ouvert un tiroir où il y avait de l'or, je lui ordonnai de me compter six sequins.

« Vous m'en avez demandé soixante.

— Oui, quand je les attendais en prêt de l'amitié ; mais quand je suis forcé de ne les devoir qu'à la violence, je n'en veux que six, et vous n'aurez point de billet. On te les rendra à Venise, où j'écrirai ce à quoi tu m'as forcé, homme lâche et indigne de vivre.

— Pardon, je vous supplie, prenez tout.

— Non, rien de plus. Je m'en vais et je te conseille de me laisser aller tranquille, ou crains que dans mon désespoir je ne revienne et que je n'incendie ta maison. »

Je sors, et je marchai deux heures, jusqu'à ce que la nuit et la lassitude me forcèrent à m'arrêter dans la maison d'un cultivateur. J'y fis un mauvais souper et je dormis sur la paille. Le matin je m'achetai une vieille redingote, je louai un âne pour faire ma route, et près de Feltre j'achetai une paire de bottes. C'est dans cet équipage que je passai la bicoque qu'on appelait la Scala. Il y avait une garde qui ne me fit pas même l'honneur de me demander mon nom, et je lui en sus gré, comme mon lecteur peut le croire. Là je pris une charrette à deux chevaux, et j'arrivai de bonne heure à Borgo di Valsugano, où je trouvai le père Balbi à l'auberge que je lui avais indiquée. S'il ne m'avait pas abordé, je ne l'aurais pas reconnu. Une large redingote, un chapeau rabattu placé sur un gros bonnet de coton, le déguisaient à merveille. Il me dit qu'un fermier lui avait échangé tout cela contre mon manteau, qu'il était arrivé sans encombre et qu'il avait fait bonne chère. Il me fit le compliment de m'assurer qu'il ne m'attendait pas, car il ne croyait pas que je lui eusse promis de bonne foi d'aller le trouver. Peut-être aurais-je bien fait de ne pas tromper son attente.

Je passai le jour suivant dans cette auberge où, sans sortir de mon lit, j'écrivis plus de vingt lettres à Venise, dont dix ou douze circulaires où je disais ce que j'avais été obligé de faire pour me procurer les six sequins.

Le moine écrivit des lettres impertinentes au père Barbarigo, son supérieur, aux patriciens, ses frères, et des lettres galantes aux servantes qui avaient causé sa ruine. Je dégalonnai mon habit, je vendis mon chapeau et je me défis ainsi d'un luxe qui ne convenait pas à ma situation, car il me faisait trop observer.

Le lendemain j'allai coucher à Pergine, où un jeune comte d'Alberg vint me voir, ayant su, je ne sais comment, que nous étions des fugitifs des prisons d'État de Venise. De Pergine je me rendis à Trente et de là à Bolzan, où, ayant besoin d'argent pour m'habiller, pour m'acheter du linge et continuer ma route, je me présentai à un vieux banquier nommé Mensch, qui me donna un homme sûr que j'envoyai à Venise avec une lettre pour M. de Bragadin. Le vieux banquier me mit dans une bonne auberge, où je passai au lit les six jours que le messager fut à revenir. Il m'apporta cent sequins et je commençai par vêtir mon compagnon, ensuite je pris le même soin pour moi-même. Ce malheureux Balbi me donnait chaque jour de nouveaux motifs de trouver sa société insupportable. Il avait toujours à la bouche que sans lui je ne me serais jamais sauvé, et que, conformément à ma promesse, je lui devais la moitié de ma fortune éven-

CHAPITRE XV

tuelle. Il était amoureux de toutes les servantes, et comme il n'était ni de taille ni de mine faite pour leur plaire, il en était accueilli à bons soufflets, qu'il prenait avec une patience exemplaire, sans que cela le corrigeât vingt-quatre heures de suite. Cela m'amusait, quoique je souffrisse de me voir accolé à un être d'un naturel aussi vil.

Nous prîmes la poste, et le troisième jour nous arrivâmes à Munich, où j'allai me loger à l'hôtel du Cerf. J'y trouvai deux jeunes Vénitiens de la famille Cantarini qui y étaient depuis quelque temps, accompagnés du comte Pompéi, Véronais ; mais, n'étant pas connu d'eux, et n'ayant plus besoin de trouver des ermites pour vivre, je ne me souciai pas d'aller leur faire ma révérence. Il en était autrement de la comtesse Coronini, que j'avais connue à Venise, au couvent de Sainte-Justine, et qui était fort bien en cour.

Cette illustre dame, âgée alors de soixante-dix ans, me promit de parler à l'électeur pour me faire obtenir la sûreté d'asile. Le lendemain, s'étant acquittée de sa promesse, elle me dit que Son Altesse n'avait rien contre moi qui l'empêchât à m'accorder sûreté dans ses États, mais que pour Balbi, il n'y avait point de sûreté en Bavière, parce qu'en qualité de somaque fugitif, il pouvait être réclamé par les somasques de Munich ; Son Altesse ne voulait avoir rien à démêler avec des moines. La comtesse, en conséquence, me conseilla de le faire sortir de la ville le plus tôt possible pour aller se recouvrer ailleurs et éviter ainsi quelque mauvais tour que les moines, ses honnêtes confrères, ne manqueraient pas de lui jouer.

Me sentant en conscience obligé d'avoir soin de ce malheureux, j'allai trouver le confesseur de l'électeur pour lui demander quelque recommandation pour lui dans quelque ville de la Souabe. Ce confesseur, jésuite, ne démentit pas la noble conduite de ses confrères en Loyola ; il me dit, par manière d'acquit, qu'à Munich on me connaissait à fond. Je lui demandai d'un ton ferme s'il entendait me donner cet avis comme une bonne ou comme une mauvaise nouvelle ; il ne me répondit pas et me laissa là. Un autre prêtre me dit qu'il était sorti pour aller vérifier un miracle dont toute la ville parlait.

« Quel est ce miracle, mon père ? lui dis-je.

— L'impératrice, veuve de Charles VII, dont le cadavre est encore exposé à la vue du public, a les pieds chauds, toute morte qu'elle est.

— Il y a peut-être quelque chose qui les lui chauffe.

— Vous pouvez vous assurer de ce prodige par vous-même. »

Ne voit pas de miracle qui veut, et négliger une occasion pareille m'aurait fait perdre celle de m'édifier ou de rire ; et je n'étais pas moins avide de l'un que de l'autre. Voulant pouvoir me vanter d'avoir vu un miracle, et d'une espèce d'autant plus intéressante pour moi que j'ai toujours eu le malheur d'avoir les pieds très froids, je cours voir l'auguste morte, qui effectivement avait les pieds chauds ; mais je vis que c'était tout simple, car sa défunte Majesté était tournée vers un poêle ardent qui était à très peu de distance. Un danseur qui me connaissait, et que la curiosité avait attiré dans ce lieu avec la foule, s'approcha de moi, me fit compliment sur mon heureuse évasion, et me dit que toute la ville en parlait avec intérêt. Cette nouvelle me fut agréable ; car il est toujours bon d'intéresser le public. Ce disciple de Terpsichore m'invita à dîner, et j'acceptai avec plaisir. Il s'appelait Michel de l'Agata, et sa femme était la jolie Gardela que seize ans auparavant j'avais connue chez le vieux Malipiero, qui m'avait donné des coups de canne parce que je badinais avec Thérèse. La Gardela qui était devenue célèbre danseuse et qui était toujours belle, fut enchantée de me voir et d'entendre de ma bouche le récit de ma laborieuse évasion. Elle s'intéressa pour le moine et m'offrit une lettre de recommandation pour Augsbourg auprès du chanoine Bassi, Bolonais, son ami, et doyen du chapitre de Saint-Maurice. J'acceptai, et elle l'écrivit à l'instant même, en m'assurant que je n'avais plus à m'occuper du moine, car elle était certaine que le doyen s'en chargerait, et qu'il saurait même le raccommoder avec Venise.

Enchanté de me défaire de lui d'une façon si honorable, je cours à l'auberge, je lui conte le fait et lui donne la lettre, en lui promettant de ne point l'abandonner dans le cas où le doyen ne le recevrait pas bien. Lui ayant trouvé une bonne voiture, je le fis partir le lendemain à la pointe du jour. Quatre jours après, Balbi m'écrivait que le doyen l'avait reçu à souhait, qu'il l'avait logé chez lui, qu'il l'avait habillé en abbé, qu'il l'avait présenté au prince évêque d'Armstadt et qu'il l'avait fait assurer par les magistrats de la ville. En outre, le doyen lui avait promis de le garder chez lui jusqu'à ce qu'il eût obtenu de Rome sa sécularisation et la liberté de retourner à Venise ; car, dès qu'il ne serait plus moine, il ne serait plus coupable auprès du tribunal des inquisiteurs d'Etat. Le père Balbi finissait la lettre en me disant de lui envoyer quelques sequins pour ses menus plaisirs, car il était trop noble pour demander de l'argent au doyen, qui, disait l'ingrat, ne l'était pas assez pour lui en offrir. Je ne lui répondis pas.

Resté seul et tranquille, je pensai sérieusement à rétablir ma santé, car tout ce que je venais de souffrir m'avait donné des contractions de nerfs qui pouvaient prendre un caractère alarmant. Je me mis au régime, et en trois semaines je me trouvai parfaitement bien. Dans ces entrefaites, Mme Rivière vint de Dresde avec son fils et ses deux filles ; elle allait à Paris pour marier l'aînée. Le fils avait fait de bonnes études et pouvait passer pour un jeune homme accompli. La fille aînée, qui allait épouser un comédien, joignait à la plus jolie figure qu'il soit possible de voir, le talent de la danse, jouait du clavecin en virtuose, et avait l'esprit de la société avec la meilleure grâce possible et tous les attraits de la jeunesse. Cette aimable famille fut enchantée de me revoir, et je m'estimais heureux lorsque Mme Rivière, prévenant mes désirs, me fit comprendre que ma société jusqu'à Paris leur serait fort agréable. Il ne fut pas question de ma part des frais de voyage ; je dus accepter le cadeau en entier. Mon projet étant de m'aller établir à Paris, ce coup de fortune me fit prévoir que le bonheur m'attendait dans la carrière d'aventurier sur laquelle j'allais me lancer dans la seule ville de l'univers où l'aveugle déesse dispense ses faveurs à ceux qui s'abandonnent à elle et qui savent en tirer parti. Je n'étais point dans l'erreur, ainsi que le lecteur le verra en temps et lieu ; mais les grâces de la fortune furent inutiles, car j'ai abusé de tout par ma folle conduite. Les Plombs en quinze mois me firent connaître toutes les maladies de mon esprit ; mais j'aurais eu besoin d'y faire un plus long séjour pour me fixer à des maximes capables de m'en guérir.

Mme Rivière voulait bien m'emmener avec elle ; mais elle ne pouvait point différer son départ, et j'avais besoin d'une huitaine de jours pour attendre de Venise des lettres et de l'argent. Elle me promit de rester huit jours à Strasbourg, et nous convînmes que, s'il m'était possible, j'irais l'y rejoindre. Elle quitta Munich le 18 du mois de décembre.

Deux jours après son départ, je reçus de Venise la lettre de change que j'attendais. Je m'empressai de payer mes dettes et de suite après je partis pour Augsbourg, moins pour voir le père Balbi que pour avoir occasion de connaître l'aimable doyen qui m'en avait débarrassé. J'arrivai dans cette ville sept heures après mon départ de Munich, et je me rendis à l'instant chez ce généreux ecclésiastique. Il n'était pas chez lui, mais je trouvai Balbi habillé en abbé, coiffé en cheveux, poudré à blanc, ce qui donnait un nouveau relief fort peu avantageux à sa peau couleur de marron d'Inde. Balbi n'avait pas quarante ans, mais il était laid, ayant une de ces physionomies où se peignent la bassesse, la lâcheté, l'insolence et la malice ; avec cela un ton de voix et des manières parfaitement propres à repousser la bienveillance. Je le trouvai bien logé, bien servi, bien vêtu ; il avait des livres et tout le nécessaire pour écrire. Je lui fis compliment sur sa situation, l'appelant heureux, et me qualifiant de même d'avoir pu lui procurer tous les avantages dont il jouissait, et l'espérance de devenir bientôt prêtre séculier. Mais cette âme ingrate, loin de me remercier, me reprocha de m'être débarrassé adroitement de lui, et finit par me dire que, puisque j'allais à Paris, je n'avais qu'à le prendre avec moi, car à Augsbourg il s'ennuyait à mourir.

« Que voudriez-vous faire à Paris ?

— Qu'y ferez-vous vous-même ?

— J'y mettrai mes talents à profit.

— Et moi les miens.

— Vous n'avez donc pas besoin de moi, et vous pouvez voler de vos propres ailes. Les personnes qui m'y conduisent ne voudraient probablement pas de moi, si je vous avais pour compagnon.

— Vous m'avez promis de ne pas m'abandonner.

— Un homme peut-il se dire abandonné quand on le laisse avec tout ce qui lui est nécessaire et un avenir assuré ?

— Avec le nécessaire ! je n'ai pas le sou.

— Qu'avez-vous besoin d'argent! Vous avez bonne table, bon logement, habits, linge, service, et tout ce qui s'ensuit. Et puis, si vous avez besoin d'argent pour vos plaisirs mignons, que n'en demandez-vous aux moines vos confrères?

— Demander de l'argent à des moines? ils en reçoivent, mais ils n'en donnent pas.

— Demandez-en à vos amis.

— Je n'ai point d'amis.

— Vous êtes à plaindre, et c'est probablement parce que vous n'avez jamais été l'ami de personne. Vous devriez dire des messes pour de l'argent ; c'est là un bon moyen de s'en procurer.

— Je ne suis pas connu.

— Il faut attendre que vous le soyez, et alors vous réparerez le temps perdu.

— Vains propos : vous me laisserez quelques sequins.

— Je n'en ai pas de reste.

— Attendez le doyen, il reviendra demain, vous pourrez lui parler et le persuader à me prêter de l'argent. Vous pourrez lui dire que je le lui rendrai.

— Je ne l'attendrai pas, car je pars à l'instant, et du reste, fût-il présent en ce moment, je ne serais pas assez effronté pour lui dire de vous donner de l'argent, surtout après ce que cet homme généreux fait pour vous, et lorsqu'il a pu juger que vous aviez tout ce dont vous avez besoin. »

Après cet aigre dialogue, je le quittai, et, prenant la poste, je partis fort peu satisfait d'avoir procuré un si grand bonheur à un misérable qui en était si peu digne. Je reçus au mois de mars suivant une lettre du noble et généreux doyen Bassi, dans laquelle il me rendait compte de la manière dont Balbi s'était évadé de chez lui avec une de ses servantes en lui enlevant une somme d'argent, une montre d'or et douze couverts d'argent; il ne savait pas où il était allé.

Vers la fin de la même année, j'appris à Paris que ce malhonnête homme était allé se réfugier à Coire, chef-lieu du canton des Grisons, où il demanda d'être agrégé à l'Église calviniste et d'être reconnu mari légitime de la dame qui était avec lui ; mais que bientôt, la communauté s'étant aperçue que le nouveau converti ne savait rien faire, on l'avait rejeté du sein de l'Église de Calvin. Lorsque notre réfractaire n'avait plus eu d'argent, sa femme servante, l'ayant rossé d'importance, l'avait quitté, et lui, ne sachant plus que devenir, avait pris le parti désespéré d'aller à Bresse, ville appartenant à la république, où il se présenta au gouverneur, en lui disant son nom, sa fuite, son repentir et le suppliant de le prendre sous sa protection pour lui faire obtenir son pardon.

Le premier effet de la protection du *podestat* fut de faire mettre le repentant en prison ; puis il écrivit au tribunal pour savoir ce qu'il devait en faire. Le tribunal expédia l'ordre de faire conduire le père Balbi enchaîné à Venise, et lorsqu'il y fut arrivé, messer-grande le consigna au tribunal qui le fit remettre sous les Plombs. Il n'y trouva plus le comte Asquin que le tribunal, par égard pour son grand âge, avait fait mettre aux *Quatre* une couple de mois après notre évasion.

Cinq ou six ans plus tard j'appris que le tribunal, après avoir gardé ce malencontreux moine deux ans sous les Plombs, l'avait renvoyé à son couvent, que le supérieur, craignant le contact de cette brebis galeuse, l'avait relégué au couvent de l'institution près de Feltre, couvent isolé, bâti sur une éminence ; mais que Balbi n'y demeura que six mois. Ayant pris la clef des champs, il alla à Rome se jeter aux pieds du pape Rezzonico, qui l'absout de ses péchés et le releva de ses vœux monastiques. Balbi, devenu prêtre séculier, retourna librement à Venise, où il vécut dissolu et misérable. Il mourut en Diogène, moins l'esprit du Sinopéen, l'an 1783.

Je rejoignis à Strasbourg Mme Rivière et sa charmante famille, et j'en fus accueilli avec l'expression de la joie la plus franche. Nous étions logés à l'excellent hôtel de l'Esprit, et nous passâmes quelques jours dans cette ville au sein de la gaieté et de l'union la plus cordiale, puis nous partîmes pour la ville unique, pour l'universel Paris, dans une excellente berline, où je m'imposai le devoir de faire les frais de la gaieté du voyage, puisque je n'avais point de frais de bourse à faire. Les charmes de la demoiselle Rivière m'enchantaient ; mais j'étais humilié, et j'aurais cru manquer aux égards que je devais à une famille respectable autant qu'à la reconnaissance, si j'avais laissé percer un seul regard d'amour, ou si une seule de mes expressions avait laissé soupçonner le sentiment que j'éprouvais. Quoique mon âge se prêtât peu à la chose, je crus devoir me renfermer dans le rôle de père, et je prodiguai à l'aimable famille tous les soins que l'on peut avoir quand, dans un long voyage, on veut se rendre digne d'une société aimable, d'une berline commode, d'une table délicate et d'un excellent lit.

Nous arrivâmes à Paris le mercredi 5 janvier 1757, et j'allai descendre chez mon ami Baletti, qui me reçut à bras ouverts, m'assurant que, quoique je ne lui eusse pas écrit, il m'attendait ; car ma fuite devant me faire éloigner de Venise le plus tôt et le plus possible, il ne concevait pas que je pusse choisir un autre séjour que Paris, où j'avais vécu deux années consécutives avec tous les agréments qu'il est possible de s'y procurer. La joie fut dans toute la maison dès qu'on sut que j'étais arrivé.

CHAPITRE XV

Je n'ai jamais été plus sincèrement aimé que par cette intéressante famille. J'embrassai avec transport le père et la mère que je retrouvai à tous égards tels que je les avait laissés en 1752 ; mais je fus vraiment frappé à la vue de leur fille, que j'avais laissée enfant, et que je retrouvais grande et bien formée. Mlle Baletti avait quinze ans, elle était devenue belle, et sa mère, l'ayant élevée avec soin, lui avait donné les meilleurs maîtres, et tout ce qu'une mère pleine d'esprit, de grâces et de talents peut donner à une fille chérie et douée de dispositions excellentes : vertus, grâces et talents, et ce savoir-vivre qui dans tous les états est, avec le tact des convenances, le premier des talents.

Après m'être procuré un joli appartement tout près de cette intéressante famille, je pris un fiacre et je me rendis à l'hôtel de Bourbon, dans l'intention de me présenter à M. l'abbé de Bernis, qui était alors chef ou ministre du département des affaires étrangères : j'avais de bonnes raisons pour fonder ma fortune sur la protection de ce ministre. J'arrive, il n'y est pas ; il est à Versailles. A Paris plus qu'ailleurs il faut aller vite en besogne et, comme on dit vulgairement, mais très bien, il faut battre le fer tant qu'il est chaud. Impatient de voir l'accueil que me ferait cet amant complaisant de ma belle M. M., je vais au Pont-Royal, je prends un cabriolet et j'arrive à Versailles à six heures et demie. Mésaventure ! nos équipages s'étaient croisés en route, et le mien de fort mince apparence n'avait point arrêté les regards de Son Excellence. M. de Bernis était retourné à Paris avec le comte de Castillana, ambassadeur de Naples : je me disposai à retourner sur mes pas. Je remonte dans ma voiture ; mais, arrivé à la grille, je vois une foule de monde, courant sans ordre de tous côtés et avec les signes de la plus grande confusion, et j'entends crier à droite et à gauche : « Le roi est assassiné ! on vient d'assassiner le roi ! »

Mon cocher effrayé ne pense qu'à poursuivre son chemin ; mais on arrête la voiture, on me fait descendre, et on me fait entrer dans le corps de garde, où je vois déjà du monde, et en moins de trois minutes nous étions plus de vingt personnes arrêtées, toutes très étonnées de l'être et toutes aussi coupables que moi. Je ne savais que penser, et ne croyant pas aux enchanteurs, je croyais rêver. Nous étions là mornes, silencieux, et nous nous entre-regardions sans oser nous parler. La surprise se peignait sur tous les traits, car chacun, tout en se sentant innocent, éprouvait de la crainte.

Nous ne fûmes pas longtemps dans cette situation ; car, cinq minutes après, un officier entra, et après nous avoir fait poliment des excuses, il nous dit que nous étions libres. « Le roi est blessé, nous dit-il, et on l'a porté dans son appartement. L'assassin, que personne ne connaît, est arrêté. On cherche partout M. de la Martinière. »

Remonté dans ma voiture et fort heureux de m'y voir, un jeune homme fort bien mis et d'une figure qui peignait la persuasion s'approcha et me pria instamment de lui accorder une place en payant la moitié : malgré les lois de la politesse, je lui refusai ce plaisir. Je fis mal peut-être ; en tout autre temps, je me serais fait un plaisir de lui offrir une place ; mais il y a des moments où la prudence ne permet pas d'être poli. Je mis environ trois heures pour faire le trajet, et dans ce court espace de temps je fus devancé par au moins deux cents courriers qui allaient ventre à terre. A chaque minute j'en voyais un nouveau, et chaque courrier criait et publiait à l'air la nouvelle qu'il portait. Les premiers dirent ce que je savais ; à la fin je sus que le roi avait été saigné, que la blessure n'était pas mortelle, et enfin que la blessure était légère, et que Sa Majesté pouvait même aller à Trianon, si elle en avait envie.

Muni de cette excellente nouvelle, je me rendis chez Silvia, et je trouvai toute la famille à table, car il n'était pas encore onze heures.

« J'arrive de Versailles, leur dis-je.

— Le roi a été assassiné ?

— Point du tout : il pourrait aller à Trianon ou à son Parc-aux-cerfs, s'il en avait envie. M. de la Martinière l'a saigné et l'a trouvé fort bien. L'assassin a été arrêté, et le malheureux sera brûlé, tenaillé et écartelé tout vif. »

A cette nouvelle que les domestiques de Silvia s'empressèrent de publier, une foule de voisins vinrent m'entendre ; je fus obligé de répéter dix fois la même chose, et le quartier me dut de passer une nuit tranquille. Dans ce temps-là les Parisiens s'imaginaient aimer leur roi ; ils en faisaient de bonne foi et par habitude toutes les grimaces ; aujourd'hui, plus éclairés, ils n'aimeront que le souverain qui voudra réellement le bonheur de la nation et qui ne sera que le premier citoyen d'un grand peuple ; et en cela ce sera la France tout entière, et non Paris et sa banlieue, qui rivalisera d'amour et de reconnaissance. Quant aux rois comme Louis XV, ils sont devenus impossibles ; mais, s'il s'en trouvait encore, quel que fût le parti intéressé qui les prônât, l'opinion publique ne tarderait pas à en faire justice, et ses mœurs seraient flétries avant que la tombe l'eût rendu au domaine de l'histoire, que les rois et les hommes d'État ne devraient jamais perdre de vue.

CHAPITRE XVI

Le ministre des affaires étrangères. — M. de Boulogne, contrôleur général. — M. le duc de Choiseul. — L'abbé de Laville. — M. Pâris Duverney. — Établissement de la loterie. Mon frère arrive à Paris, venant de Dresde ; il est reçu à l'Académie de peinture.

Me voilà donc de nouveau dans ce Paris l'unique au monde, et que je dois regarder comme ma patrie, puisque je ne puis plus penser à rentrer dans celle que m'a donnée le hasard de la naissance ; patrie ingrate, mais que j'aime toujours en dépit de tout, soit que le préjugé qui nous attache aux lieux où se sont écoulées nos premières années, où nous avons reçu les premières impressions, ait sur nos idées et sur nos affections une puissance magique, soit qu'en effet Venise ait des charmes à nul autre pareils. Mais cet immense Paris est un lieu de misère ou de fortune, selon qu'on sait s'y prendre bien ou mal ; ce sera à moi à bien saisir les aires du vent.

Paris ne m'était point étranger ; mes lecteurs savent que j'y avais déjà fait un séjour de deux ans ; mais je dois avouer que, n'ayant alors d'autre but que de tuer le temps, je ne m'étais occupé que de la partie essentielle des jouissances, et ma vie s'était à peu près écoulée dans le sein des plaisirs. La fortune que je ne m'étais point attaché à courtiser, ne m'avait point non plus ouvert son sanctuaire, et maintenant je sentais que je devais la traiter avec plus de vénération : j'avais besoin de me rapprocher des favoris qu'elle comble de ses dons. Je savais enfin que plus on se rapproche du soleil, et plus

CHAPITRE XVI

on sent les effets bienfaisants de ses émanations. Je voyais que, pour parvenir à quelque chose, j'avais besoin de mettre en jeu toutes mes facultés physiques et morales, que je ne devais pas négliger de faire connaissance avec de grands et puissants personnages, d'être maître de mon esprit, et de prendre la couleur de tous ceux à qui je verrais qu'il serait de mon intérêt de plaire. Pour suivre avec succès le plan de conduite qui devait résulter de ces considérations, je jugeai qu'il était important que j'évitasse tout ce qu'à Paris on appelle mauvaise compagnie, que je renonçasse à toutes mes anciennes habitudes et à toutes les prétentions qui auraient pu me faire des ennemis, lesquels n'auraient pas manqué de me représenter comme un homme peu solide et peu propre à occuper des emplois de quelque importance.

Je pensais très bien, je crois, et le lecteur, je l'espère, sera de mon avis. « Je serai, me dis-je, réservé dans ma conduite et dans mes discours, et cela me vaudra une réputation dont je récolterai les fruits. »

Quant à mes besoins présents, j'étais sans inquiétude, car je pouvais compter sur une pension mensuelle de cent écus que m'enverraient mon père adoptif, le bon et généreux M. de Bragadin : cette somme devait me suffire, en attendant mieux ; car à Paris, quand on sait se restreindre, on peut vivre à peu de frais et faire bonne figure. L'essentiel était que je fusse toujours bien mis et décemment logé ; car dans toutes les grandes villes la superficie est de rigueur : c'est toujours par elle que l'on commence à vous juger. Mon embarras ne tenait qu'aux besoins pressants du moment ; car je n'avais, pour parler net, ni habits, ni linge ; en un mot, rien.

Si l'on se rappelle mes liaisons avec le ministre de France à Venise, on trouvera tout naturel que ma première idée fût de m'adresser à lui ; il était alors en bonne veine, et je le connaissais assez pour pouvoir compter sur lui.

Persuadé que le Suisse me dirait que Monseigneur était occupé, je me munis d'une lettre, et dès le lendemain je me rendis au palais Bourbon. Le Suisse prit ma lettre et je lui donnai mon adresse; c'était tout ce qu'il fallait; après quoi, je partis.

En attendant, partout où j'allais, il fallait que je fisse la narration de ma fuite des Plombs; cela devenait une corvée presque aussi fatigante que mon évasion l'avait été, car il me fallait deux heures pour faire mon récit, lors même que je ne brodais sur rien; mais ma situation voulait que je fusse complaisant envers les curieux, car je devais les croire tous mus par le plus tendre intérêt pour moi. Le plus sûr moyen de plaire, en général, est assurément de supposer de la bienveillance à tous ceux à qui l'on a affaire.

Je soupai chez Silvia et, plus tranquille que la veille, j'eus lieu de m'applaudir de toutes les marques d'amitié dont je fus l'objet. Sa fille avait quinze ans : je fus aussi charmé de son mérite qu'enchanté de ses belles qualités. J'en fis compliment à sa mère qui l'avait élevée, et je ne pensai nullement à me mettre en garde contre l'effet de ses charmes. J'avais pris si récemment des résolutions philosophiques si bien basées! et puis je n'étais pas encore assez à mon aise pour oser m'imaginer que je valusse la peine d'être tenté. Je me retirai de bonne heure, impatient de voir ce que le ministre me manderait en réponse à mon billet. Il ne se fit pas attendre; j'en reçus une petite lettre à huit heures, et j'y trouvai un rendez-vous pour deux heures, après midi. On peut croire que je fus ponctuel, et je fus reçus par Son Excellence de la manière la plus prévenante. M. de Bernis me témoigna tout le plaisir qu'il avait de me voir victorieux et m'exprima toute la satisfaction qu'il éprouvait de se voir en état de pouvoir m'être utile. Il me dit que M. M. lui avait appris que je m'étais sauvé, et qu'il s'était flatté que ma première visite à Paris, où je ne pouvais pas manquer de me rendre, serait pour lui. Il me fit voir la lettre où M. M. lui faisait part de ma détention et celle dans laquelle elle lui apprenait mon évasion ; mais toutes les circonstances étaient controuvées et de pure imagination. M. M. était excusable, car elle n'avait pu écrire que ce qu'on lui avait dit, et il n'était pas facile d'avoir de ma fuite une version exacte. Cette charmante nonne lui disait que, n'ayant plus l'espoir de revoir l'un des deux hommes qui seuls l'attachaient à la vie et sur l'amour desquels elle pouvait compter, l'existence lui devenait à charge, et qu'elle se sentait malheureuse de ne pouvoir recourir à la dévotion. « C. C. vient souvent me voir, disait-elle, mais, hélas ! cette chère amie n'est guère heureuse avec son mari. »

Je dis à M. de Bernis que, les circonstances de ma fuite des Plombs, telle que notre amie les lui avait données, étant entièrement fausses, je prendrais la liberté de les lui écrire dans le plus grand détail. Il me somma de tenir ma promesse, m'assurant qu'il en enverrait une copie à M. M., et en même temps il me mit dans la main, de la meilleure grâce du monde, un rouleau de cent louis, en me disant qu'il penserait à moi et qu'aussitôt qu'il aurait à me parler, il s'empresserait de me faire avertir.

Muni de fonds suffisants, je pensai de suite à ma toilette, et dès que j'eus fait les emplettes nécessaires, je me mis à l'ouvrage, et huit jours après j'envoyai mon histoire à mon généreux protecteur, lui permettant d'en faire tirer autant de copies qu'il le désirerait et d'en faire tel usage qu'il lui plairait pour intéresser en ma faveur toutes les personnes qui pourraient m'être utiles.

Trois semaines après, le ministre me fit appeler pour me dire qu'il avait parlé de moi à M. Erizzo, ambassadeur de Venise, qui lui avait dit qu'il ne me ferait aucun tort, mais que, n'ayant point envie de se brouiller avec les inquisiteurs d'État, il ne me recevrait pas. N'ayant nul besoin de lui, cette raison fut loin de me déplaire. M. de Bernis m'apprit ensuite qu'il avait donné mon histoire à Mme la marquise de Pompadour, qui se souvenait de moi, et il me promit de saisir la première occasion de me présenter à cette puissante dame. « Vous pourrez, mon cher Casanova, ajouta Son Excellence, vous présenter à MM. de Choiseul et au contrôleur général de Boulogne ; vous serez bien reçu, et avec un peu de tête, vous pourrez tirer bon parti de ce dernier. Il vous donnera lui-même les lumières nécessaires, et vous verrez que *l'homme écouté est celui qui obtient*. Tâchez d'inventer quelque chose d'utile à la recette royale, en évitant les complications et les chimères, et si ce que vous écrirez n'est pas long, je vous en dirai mon avis. »

Je quittai le ministre satisfait et reconnaissant, mais très embarrassé de trouver des moyens convenables pour augmenter les revenus du roi. Je n'avais aucune idée de finances, et j'avais beau torturer mon imagination, tout ce qui me passait par la tête n'aboutissait qu'à de nouveaux impôts, moyens odieux ou absurdes : je les rejetais après les avoir tournés dans tous les sens.

Ma première visite fut pour M. de Choiseul, dès que je sus qu'il était à Paris. Il me reçut à sa toilette, où il écrivait pendant que son valet de chambre le coiffait. Il poussa la politesse jusqu'à s'interrompre plusieurs fois pour m'adresser des questions ; mais pendant que j'y répondais, Son Excellence allait son train, écrivant toujours, comme si de rien n'était ; et je doute fort qu'il ait pu saisir la suite de mon discours, quoique parfois il eût

CHAPITRE XVI

l'air de me regarder : il était visible que ses yeux et sa pensée n'étaient pas occupés du même objet. Malgré cette manière de recevoir son monde, moi au moins, M. de Choiseul était un homme de beaucoup d'esprit.

Quand sa lettre fut achevée, il me dit en italien que M. de Bernis lui avait conté une partie de l'histoire de ma fuite, et il ajouta :

« Dites-moi donc comment vous avez fait pour réussir ?

— Monseigneur, le récit en est un peu long : il faut au moins deux heures, et Votre Excellence m'a l'air d'être pressée.

— Dites-moi ça en abrégé.

— Quelque bref que je sois, il me faudra deux heures.

— Vous me réserverez les détails pour une autre fois.

— Il n'y a dans cette histoire rien d'intéressant que par les détails.

— Si fait. On peut tout raccourcir, et autant qu'on le veut, sans presque rien ôter à l'intérêt.

— Fort bien. D'après cela, j'aurais mauvaise grâce de faire la plus légère objection. Je dirai donc à Monseigneur que les inquisiteurs d'État me firent enfermer sous les Plombs ; qu'au bout de quinze mois et cinq jours, je parvins à percer le toit ; que par une lucarne, à travers mille difficultés, je parvins dans la chancellerie dont je brisai la porte ; qu'après cet exploit, je descendis dans la place Saint-Marc, d'où m'étant rendu au port, je pris une gondole qui me transporta à terre ferme, d'où je suis venu à Paris, où j'ai l'honneur de vous faire ma révérence.

— Mais.... qu'est-ce que les Plombs ?

— Monseigneur, pour expliquer cela, il me faut au moins un quart d'heure.

— Comment avez-vous fait pour percer le toit ?

— Je ne vous dirai pas cela en moins d'une demi-heure.

— Pourquoi vous y fit-on enfermer?

— Le récit en sera long, monseigneur.

— Je crois que vous avez raison. L'intérêt de l'histoire ne peut se trouver que dans les détails.

— Comme j'ai pris la liberté de le faire observer à Votre Excellence.

— Je dois aller à Versailles, mais vous me ferez plaisir si vous venez me voir quelquefois. En attendant, voyez, monsieur Casanova, en quoi je pourrai vous être utile. »

J'avais été presque choqué de la manière dont M. de Choiseul m'avait reçu, et mon humeur s'en était ressentie ; mais la fin de notre colloque et surtout le ton affectueux de ses derniers mots me calmèrent, et je le quittai, sinon satisfait, au moins sans aigreur.

En sortant de chez ce seigneur, je me rendis chez M. de Boulogne, et je trouvai un homme tout à fait différent du duc, tant dans ses manières que dans son costume et dans son maintien. Il m'accueillit très poliment, et commença par me faire compliment sur le cas que M. l'abbé de Bernis faisait de moi et de mes connaissances en matière de finances. Je sentais que jamais compliment n'avait été plus gratuit, et peu s'en fallut que je ne partisse d'un éclat de rire. Mon bon génie me fit garder le sérieux.

M. de Boulogne était avec un vieillard dont tous les traits portaient l'empreinte du génie, et qui m'inspira du respect.

« Communiquez-moi vos vues, me dit le contrôleur général, soit de vive voix ou par écrit ; vous me trouverez docile et prêt à saisir vos idées. Voici M. Pâris-Duverney qui a besoin de vingt millions pour son École militaire.

CHAPITRE XVI

Il s'agit de trouver cette somme sans charger l'État, et sans vider le trésor royal.

— Il n'y a qu'un Dieu, monsieur, qui ait le pouvoir créateur.

— Je ne suis pas un Dieu, dit alors M. Duverney, et cependant j'ai quelquefois créé ; mais tout a bien changé de face.

— Tout, lui dis-je, est devenu plus difficile, je le sais ; mais, malgré les difficultés, j'ai en tête une opération qui produirait au roi l'intérêt de cent millions.

— Combien ce produit coûterait-il au roi ?

— Rien que les frais de perception.

— C'est donc la nation qui devrait fournir le revenu ?

— Oui, sans doute ; mais volontairement.

— Je sais à quoi vous pensez.

— Cela m'étonnerait beaucoup, monsieur, car je n'ai communiqué mon idée à personne.

— Si vous n'êtes pas engagé ailleurs, faites-moi l'honneur de venir dîner demain avec moi ; je vous montrerai votre projet que je trouve beau, mais que je crois sujet à des difficultés insurmontables. Malgré cela, nous en causerons, nous verrons. Viendrez-vous ?

— J'aurai cet honneur.

— Fort bien ; je vous attendrai à Plaisance. »

Après son départ, M. de Boulogne me fit l'éloge du talent et de la probité de ce vieillard. C'était le frère de M. de Montmartel, qu'une chronique secrète faisait croire père de Mme de Pompadour, car il aimait Mme Poisson en même temps que M. le Normand.

En sortant de chez le contrôleur général, j'allai me promener aux Tuileries, en réfléchissant au coup bizarre que la fortune me présentait. On me dit qu'on a besoin de vingt millions, je me vante de pouvoir en donner cent, sans avoir la moindre idée de la possibilité ; et un homme célèbre, rompu dans les affaires, m'invite à dîner pour me convaincre qu'il connait mon projet ! Il y avait là quelque chose de plaisamment bizarre ; mais cela répondait assez à ma manière d'agir et de sentir. S'il pense me tirer le ver du nez, me disais-je, je puis le défier. Quand il me communiquera son plan, il ne tiendra qu'à moi de dire qu'il a deviné ou qu'il s'est trompé, selon que je le jugerai convenable d'après l'inspiration du moment. Si la matière me semble être à ma portée, je dirai peut-être quelque chose de nouveau ; si je n'y entends rien, je me renfermerai dans un mystérieux silence, et parfois cela produit son effet. A tout hasard, ne repoussons pas la fortune, si elle veut m'être propice.

L'abbé de Bernis ne m'avait annoncé à M. de Boulogne comme financier que pour me procurer auprès de lui un accès facile, car sans cela peut-être n'aurais-je pas été reçu. J'étais fâché de ne pas posséder au moins le jargon du métier ; car avec cela bien des gens se tirent souvent d'affaire, et tel a fait son chemin qui, d'abord, n'en savait pas davantage. N'importe, j'étais engagé ; il fallait faire bonne mine à mauvais jeu, et j'étais homme à payer d'assurance. Le lendemain je pris une voiture de remise, et, triste et pensif, je dis au cocher de me mener à Plaisance, chez M. Duverney. Plaisance est un peu au delà de Vincennes.

Me voilà à la porte de cet homme fameux qui avait sauvé la France du gouffre où, quarante ans auparavant, le système de Law avait failli la plonger. J'entre et je le trouve devant un grand feu entouré de sept ou huit personnes, auxquelles il me présenta en leur déclinant mon nom et ma qualité d'ami du ministre des affaires étrangères et du contrôleur général. Ensuite il me présenta chacun de ces messieurs, donnant à chacun les titres dont ils étaient revêtus, et je remarquai qu'il y

CHAPITRE XVI

avait quatre intendants des finances. Ayant fait ma révérence à chacun, je me consacrai au culte d'Harpocrate, et sans avoir l'air trop attentif, je fus tout oreilles et tout yeux.

Le discours cependant n'avait rien de bien intéressant, car on parla d'abord de la Seine prise alors et dont la glace avait un pied d'épaisseur. Vint ensuite la mort récente de M. de Fontenelle, puis il fut question de Damien, qui ne voulait rien confesser, et de cinq millions que ce procès coûterait au roi. Enfin, à propos de la guerre, on fit l'éloge de M. de Soubise, que le roi avait choisi pour commander ses armées. De là, la transition naturelle était les dépenses que cette guerre allait occasionner et les moyens de suffire à tout.

J'écoutais et je m'ennuyais ; car tous leurs discours étaient si farcis de termes techniques, que je n'en saisissais jamais bien la suite, et si le silence a jamais pu donner de l'importance à quelqu'un, ma constance pendant une heure et demie dut me faire passer aux yeux de ces messieurs pour un fort grand personnage. Enfin, au moment où le bâillement commençait à me prendre, on vint annoncer le dîner, et je fus encore une heure et demie à table sans ouvrir la bouche autrement que pour faire amplement honneur à un excellent dîner. Un moment après que le dessert eut été servi. M. Duverney m'invita à le suivre dans une chambre voisine, laissant les autres convives à table. Je le suivis et nous traversâmes une salle où nous trouvâmes un homme de bonne mine, ayant une cinquante d'années et qui nous suivit dans un cabinet où M. Duverney me le présenta sous le nom de Calsabigi. Un instant après, deux intendants des finances étant entrés, M. Duverney me présenta en souriant et de l'air le plus affable un cahier in-folio, en me disant : « Monsieur Casanova, voilà votre projet. »

Je prends le cahier et je vois en tête : « *Loterie de quatre-vingt-dix billets, dont les lots, tirés au sort une fois par mois, ne pourront tomber que sur cinq numéros,* » etc. Je lui rends le cahier, en lui disant avec la plus grande assurance :

« Monsieur, j'avoue que c'est bien là mon projet.

— Monsieur, vous avez été prévenu : le projet est de M. de Calsabigi, que voilà.

— Je suis ravi, non d'avoir été prévenu, mais de voir que je pense comme monsieur ; mais si vous ne l'avez pas adopté, oserais-je, monsieur, vous en demander la raison ?

— On allègue contre le projet plusieurs raisons, toutes très plausibles, et auxquelles on ne répond que vaguement.

— Je n'en conçois, lui dis-je froidement, qu'une seule dans toute la nature : c'est que le roi ne voulût point permettre à ses sujets de jouer.

— Cette raison, vous le sentez, ne saurait être mise en ligne de compte ; car le roi permettra à ses sujets de jouer tant qu'ils voudront ; mais joueront-ils ?

— Je m'étonne qu'on puisse en douter, pourvu que les gagnants soient certains d'être payés.

— Supposons donc qu'ils joueront, lorsqu'ils seront sûrs qu'il y a une caisse ; mais comment faire les fonds ?

— Les fonds, monsieur, rien de plus simple. Trésor royal, décret du conseil. Il me suffit que la nation suppose que le roi est en état de payer cent millions.

— Cent millions !

— Oui, monsieur. Il faut éblouir.

— Mais, pour que la France croie, ou pour faire accroire à la France que le roi peut payer cent millions, il faut supposer qu'il peut les perdre ; et le supposez-vous ?

CHAPITRE XVI

— Oui, certes, je le suppose ; mais ce ne pourrait être qu'après qu'on aurait fait une recette d'au moins cent cinquante millions, et l'embarras alors ne serait pas grand. Connaissant la force du calcul politique, monsieur, vous ne pouvez sortir de là.

— Je ne suis pas tout seul, monsieur. Convenez-vous qu'au premier tirage même le roi puisse perdre une somme exorbitante ?

— Monsieur, j'en conviens ; mais entre l'acte et la puissance, ou entre la possibilité et la réalité, il y a l'infini ; et j'ose assurer que le plus grand bonheur pour le succès complet de la loterie serait que le roi perdît une forte somme au premier tirage.

— Comment ! monsieur ; mais ce serait un grand malheur !

— Un malheur à désirer. On calcule les puissances morales comme les probabilités. Vous savez, monsieur, que toutes les chambres d'assurances sont riches. Je vous démontrerai devant tous les mathématiciens de l'Europe que, Dieu étant neutre, il est impossible que le roi ne gagne pas un sur cinq à cette loterie. C'est le secret. Convenez-vous que la raison doit se rendre à une démonstration mathématique ?

— J'en conviens. Mais dites-moi pourquoi le Castelletto ne peut point s'engager que le gain du roi sera sûr.

— Monsieur, ni le Castelletto ni personne au monde ne peut vous donner une certitude évidente et absolue que le roi gagnera toujours. Le Castelletto, au reste, ne sert qu'à tenir une balance provisoire sur un, deux, trois numéros, qui, étant extraordinairement surchargés, pourraient, en sortant, causer au tenant une perte considérable. Le Castelletto déclare alors le nombre clos, et ne pourrait vous donner une certitude de gain qu'en différant le tirage jusqu'à ce que toutes les chances fussent également pleines ; mais alors la loterie n'irait pas, car il faudrait peut-être attendre des années entières : d'ailleurs, dans ce cas, il faut le dire, la loterie deviendrait un coupe-gorge, un vol manifeste. Ce qui la garantit de la possibilité d'aucun reproche déshonorant, c'est la fixation absolue du tirage une fois par mois ; car alors le public est sûr que le tenant peut perdre.

— Aurez-vous la bonté de parler en plein conseil et d'y faire valoir vos raisons ?

— Je le ferai, monsieur, avec beaucoup de plaisir.

— Répondrez-vous à toutes les objections?

— Je crois pouvoir le promettre.

— Voulez-vous me porter votre plan ?

— Je ne le donnerai, monsieur, que lorsqu'on aura pris la résolution de l'adopter et qu'on m'aura assuré les avantages raisonnables que je demanderai.

— Mais votre plan ne peut être que le même que voici.

— J'en doute. Je vois M. Calsabigi pour la première fois, et certes, comme il ne m'a point communiqué son plan, et qu'il n'a pu avoir connaissance du mien, il est difficile, sinon impossible, que nous nous soyons rencontrés sur tous les points. D'ailleurs, dans mon plan, je décide en gros ce que le roi doit gagner par an, et je le démontre d'une manière péremptoire.

— On pourrait donc livrer l'entreprise à une compagnie qui payerait au roi une somme déterminée?

— Je vous demande pardon.

— Pourquoi?

— Le voici. La loterie ne peut prospérer que par un préjugé qui doit opérer immanquablement. Je ne voudrais pas m'en mêler pour servir une société qui, dans l'idée d'augmenter le gain, pourrait penser à multiplier ses opérations, ce qui diminuerait l'affluence.

— Je ne vois pas comment.

— De mille manières que je pourrai vous détailler une autre fois, et que vous jugerez comme moi, j'en suis sûr. Enfin cette loterie, si je dois m'en mêler, doit être royale, ou rien.

— M. de Calsabigi pense comme vous.

— J'en suis ravi, mais point étonné; car, en y réfléchissant comme moi, il a dû arriver au même résultat.

— Avez-vous des personnes prêtes pour le Castellet?

— Il ne me faut que des machines intelligentes, et elles ne manquent pas en France.

— A combien fixez-vous le gain?

— A vingt pour cent pour chaque mise. Celui qui portera au roi un écu de six francs en recevra cinq, et je promets que, *ceteris paribus*, le concours sera tel que toute la nation payera au monarque au moins cinq cent mille francs par mois. Je le démontrerai au conseil, à condition qu'il sera composé de membres qui, après avoir reconnu une vérité basée sur un calcul soit physique, soit politique, ne biaiseront pas et iront droit au but dont je leur aurai rendu la certitude palpable. »

Je me sentais en état de pouvoir tenir parole, et ce sentiment intérieur me charmait. Je sortis un instant, et lorsque je rentrai, je trouvai tous ces messieurs groupés et parlant très sérieusement du projet.

M. Calsabigi, m'abordant, me demanda avec amitié si dans mon plan j'admettais le quaterne.

« Le public, lui dis-je, doit même avoir la liberté de jouer le quine; mais dans mon plan, je rends les mises plus fortes, car les joueurs ne peuvent jouer les quaternes et le quine qu'en jouant aussi les ternes.

— Dans mon plan, me dit ce monsieur, j'admets le quaterne simple, avec un gain de cinquante mille pour un.

— Il y a en France de bons arithméticiens, monsieur, et s'ils ne trouvent pas le gain égal dans toutes les chances, ils profiteront de la collusion. »

M. Calsabigi me prit la main qu'il me serra affectueusement, en me disant qu'il désirerait que nous pussions parler ensemble ; et moi, en lui rendant le serrement de main, je lui dis que je tiendrais à honneur de faire avec lui plus ample connaissance. Là-dessus, ayant laissé mon adresse à M. Duverney, je pris congé de la compagnie, satisfait d'avoir lu sur tous les visages que j'avais inspiré à tout le monde une idée favorable de mes moyens.

Trois jours après, M. de Calsabigi se fit annoncer et je le reçus de la manière la plus affable, en lui assurant que si je ne m'étais pas encore présenté chez lui, ce n'était que par la crainte de l'importuner. Après m'avoir rendu mes politesses, il me dit que la manière verte dont j'avais parlé à ces messieurs les avait frappés, et qu'il était certain que si je voulais solliciter le contrôleur général, nous établirions la loterie dont nous tirerions grand parti.

« Je le crois, lui dis-je, mais le parti qu'ils en retireraient eux-mêmes serait bien plus grand, et pourtant ces messieurs ne se pressent pas. Ils ne m'ont pas encore envoyé chercher ; mais c'est à eux à voir, car je n'en fais pas ma principale affaire.

— Vous en aurez sans doute des nouvelles aujourd'hui ; car je sais que M. de Boulogne a parlé de vous à M. de Courteuil.

— Bien ; mais je vous assure que je ne l'en ai pas prié. »

Après avoir causé encore quelques instants, il me pria je plus amicalement du monde d'aller dîner avec lui, et j'acceptai, car au fond l'invitation m'était très agréable ; puis, au moment où nous allions sortir, on vint me remettre un billet de la part de M. de Bernis dans lequel cet aimable abbé me disait que si je pouvais me rendre le lendemain à Versailles, il me présenterait à Mme la marquise de Pompadour, et que j'y verrais M. de Boulogne.

Charmé du hasard et moins par vanité que par politique, je fis lire ce billet à M. de Calsabigi, et je vis avec plaisir qu'il ouvrait de grands yeux en le parcourant.

« Vous avez, me dit-il, tout ce qu'il vous faut pour forcer même Duverney à recevoir votre loterie, et votre fortune est faite, ajouta-t-il, si vous n'êtes pas du reste assez riche pour la mépriser.

— On n'est jamais assez riche pour mépriser un grand avantage, surtout quant on peut se flatter de ne le pas devoir à la faveur.

— C'est sagement pensé. Quant à nous, il y a deux ans que nous nous donnons toutes les peines du monde pour faire réussir ce projet, et nous ne recevons jamais que de sottes objections que vous avez pulvérisées en moins de rien. Votre projet cependant ne peut guère différer du nôtre. Unissons-nous, croyez-moi ; car, tout seul, vous aurez des difficultés insurmontables, et soyez persuadé que *les machines intelligentes* dont vous aurez besoin ne se trouveront pas à Paris. Mon frère prendra tout le poids de l'affaire, et vous pourrez jouir des avantages de la direction tout en vous divertissant.

— Je ne suis pas intéressé, et la difficulté n'est point dans le partage du bénéfice ; mais ce n'est donc pas vous qui êtes l'auteur du plan que j'ai vu ?

— Il est de mon frère.

— Aurai-je l'honneur de le voir ?

— Assurément. Il est malade extérieurement, mais son esprit est dans toute sa verdeur. Nous allons le voir. »

Je trouvai un homme peu ragoûtant, car il était couvert d'une espèce de lèpre ; mais cela ne l'empêchait ni de bien manger, ni d'écrire, ni de faire parfaitement toutes les fonctions physiques et intellectuelles ; il causait bien et avait beaucoup de gaieté. Il ne se montrait à personne, car, outre que sa maladie le défigurait, il avait par moments et très fréquemment un besoin irrésistible de se gratter tantôt ici et tantôt là : et comme se gratter est, à Paris, une chose abominable, soit qu'on se gratte par besoin ou par habitude, il préférait le bonheur de faire agir ses ongles en liberté à la jouissance que lui aurait procurée la société. Il se plaisait à dire qu'il croyait en Dieu et à ses œuvres, et qu'il était persuadé qu'il ne lui avait donné des ongles que pour s'en servir à se procurer le seul soulagement dont il fût susceptible dans l'espèce de rage dont il était dévoré.

« Vous croyez donc aux causes finales, et je vous en fais mon compliment ; mais je crois que vous vous gratteriez quand bien même Dieu aurait oublié de vous donner des ongles. »

Mon observation le fit rire, puis il se mit à me parler de notre affaire, et je ne tardai pas à lui trouver beaucoup d'esprit. Il était l'aîné et célibataire. Grand calculateur, versé dans les opérations de finances, connaissant le commerce de toutes les nations, docte en histoire, bel esprit, poète et grand ami des femmes. Il était natif de Livourne ; il avait été attaché au ministère à Naples, et il était venu à Paris avec M. de L'Hôpital. Son frère avait aussi du talent et des connaissances ; mais il lui cédait le pas à juste titre.

Il me fit voir un tas d'écritures où il avait résolu tous les problèmes de sa loterie.

« Si vous croyez, me dit-il, pouvoir tout faire sans avoir besoin de moi, je vous en fais mon compliment ; mais je crois que vous vous flatteriez en vain ; car si vous n'avez pas la pratique et que vous n'ayez pas des gens rompus à la besogne, votre théorie sera insuffisante. Que ferez-vous quand vous aurez obtenu le décret? Lorsque vous parlerez au conseil, si vous voulez me croire, vous leur fixerez un terme après lequel vous serez déchargé de toute responsabilité, c'est-à-dire que vous les menacerez de ne plus vous en mêler. Sans cela, soyez sûr de trouver des esprits méticuleux et temporisateurs qui de délais en délais vous mèneront aux calendes grecques. D'un autre côté, je puis vous assurer que M. Duverney sera bien aise de nous voir unis. Quant aux rapports analytiques des gains égaux dans toutes les chances, je vous convaincrai, je l'espère, qu'il ne faut pas les considérer dans le quaterne. »

Très disposé à m'associer avec ces messieurs, par la raison toute-puissante que je ne pouvais pas m'en passer mais me donnant bien de garde de leur laisser rien soupçonner, je descendis avec son frère qui, avant dîner, voulut me présenter à sa femme. Je trouvai chez cette dame une vieille très connue à Paris sous le nom de générale La Mothe, célèbre par son ancienne beauté et par ses gouttes ; une autre femme surannée, qu'on appelait à Paris la baronne Blanche et qui était encore maîtresse de M. de Vaux ; une autre qu'on appelait la présidente, et une quatrième, belle comme le jour, qu'on appelait Mme Razzetti, Piémontaise, femme d'un violon de l'Opéra, et qu'on disait courtisée par M. de Fondpertuis, intendant des menus.

Nous nous mîmes à table, mais j'y fis triste figure, parce que le projet de loterie absorbait toutes mes facultés. Le soir chez Silvia, on me trouva distrait, préoccupé, et je l'étais, malgré le tendre sentiment que m'inspirait la jeune Baletti, sentiment qui prenait chaque jour une force nouvelle.

Le lendemain, deux heures avant le jour, je partis pour Versailles, où M. de Bernis me reçut gaiement, en me disant qu'il gagerait que, sans lui, je ne me serais jamais douté de mes hautes connaissances en fait de finances. « M. de Boulogne m'a dit que vous avez étonné M. Duverney, qui est généralement considéré comme une des meilleures têtes de France. Je vous conseille, mon cher Casanova, de ne point négliger cette connaissance et de lui faire assidûment votre cour à Paris. Je puis vous assurer, au reste, que la loterie sera établie, que c'est à vous qu'on la devra et que vous devez songer à en tirer parti. Dès que le roi sera parti pour aller à la chasse, trouvez-vous aux petits appartements, et aussitôt que je jugerai le moment favorable, je vous présenterai à la célèbre marquise. Après cela ne manquez pas de vous rendre au bureau des affaires étrangères, et vous vous présenterez de ma part à M. l'abbé de la Ville. C'est le premier commis, et vous en serez bien reçu. »

M. de Boulogne me promit qu'aussitôt que M. Duverney lui aurait fait savoir que le conseil de l'école militaire était d'accord, il ferait paraître le décret pour l'établissement de la loterie, et il m'encouragea à lui communiquer les vues que je pourrais avoir sur les finances.

A midi, Mme de Pompadour se rendit aux petits appartements avec M. le prince de Soubise, et mon protecteur s'empressa de me faire remarquer à la grande dame. S'étant approchée après m'avoir fait une belle révérence, elle me dit que l'histoire de ma fuite l'avait beaucoup intéressée.

« Ces messieurs de là-haut, me dit-elle en souriant, sont fort à craindre. Allez-vous quelquefois chez l'ambassadeur?

— La plus grande marque de respect que je puisse lui donner, madame, c'est de ne pas le voir.

— J'espère que maintenant vous penserez à vous fixer chez nous.

— Ce serait le comble de mes désirs, madame; mais j'ai besoin de protection, et je sais que dans ce pays-ci on ne l'accorde qu'au talent. Cela me décourage.

— Je crois au contraire que vous pouvez tout espérer, car vous avez de bons amis. Je saisirai avec plaisir l'occasion de vous être utile. »

Comme la belle marquise allait s'éloigner, je n'eus que le temps de lui balbutier l'expression de ma reconnaissance.

Je me rendis chez l'abbé de la Ville, qui me reçut à merveille et qui ne me quitta qu'après m'avoir assuré qu'aussitôt que l'occasion s'en présenterait il penserait à moi.

Versailles était un lieu par excellence, mais je ne devais m'attendre à y recevoir que des compliments et non des invitations; aussi, dès que j'eus quitté M. de la Ville, je me rendis à l'auberge pour y dîner. Comme j'allais me mettre à table, un abbé de fort bonne mine, et tel que ceux que l'on trouve en France par douzaines, m'aborda d'un air aisé en me demandant si je voulais que nous dînassions ensemble. La société d'un homme aimable ne m'ayant jamais été désagréable, j'accueillis sa demande avec politesse, et dès que nous fûmes assis, il me fit compliment sur l'accueil distingué que m'avait fait M. de la Ville.

« J'étais là, me dit-il, occupé à écrire une lettre, et j'ai pu entendre tout ce que l'abbé vous a dit d'obligeant. Oserais-je vous demander, monsieur, qui vous a ouvert l'accès auprès de cet aimable personnage?

— Si monsieur l'abbé met beaucoup d'importance à le savoir, je pourrai le lui dire.

— Simple curiosité.

— Et de mon côté le silence n'est que simple discrétion.

— Je vous prie de m'excuser.

— Bien volontiers. »

J'avais fermé la bouche au curieux indiscret; aussi ne me parla-t-il plus que de choses indifférentes et agréables. Après le dîner, n'ayant plus rien à faire à Versailles, je me disposais à partir, lorsque l'abbé me demanda la permission de partir avec moi. Quoique la société des abbés ne vaille guère mieux que celle des filles, je lui dis que devant aller à Paris dans une voiture publique, loin d'avoir de permission à lui donner, je verrais avec plaisir qu'il fût mon compagnon de voyage. Arrivés à Paris, après nous être promis une visite, nous nous séparâmes, et je me rendis chez Silvia, où je soupai. Cette femme aussi bonne qu'intéressante me fit compliment sur mes connaissances et m'engagea fortement à les cultiver.

Rentré chez moi, j'y trouvai un billet de M. Duverney, qui me priait de me rendre le lendemain à onze heures à l'école militaire, et dès les neuf heures Calsabigi vint me souhaiter le bonjour et me remettre de la part de son frère une grande feuille qui contenait le tableau arithmétique de toute la loterie que je pouvais exposer au conseil. C'était un calcul des probabilités opposées à des certitudes qui démontraient ce que je n'avais fait que motiver. La substance était que le jeu de la loterie aurait été parfaitement égal par rapport au payement des billets gagnants, si, au lieu de cinq numéros, on en tirait six. Or, en n'en tirant que cinq, on acquérait la certitude mathématique de gagner 20 pour 100. Cette démonstration amenait naturellement celle-ci, que la loterie ne pourrait pas se soutenir en tirant six numéros, puisqu'il faut avant tout trouver dans le bénéfice les frais de régie, qui devaient alors se monter à cent mille écus.

La fortune semblait prendre à tâche de me pousser sur la bonne voie, car ce tableau me venait comme une bénédiction d'en-haut. Bien résolu donc à suivre le bienheureux plan, et fort des instructions que j'avais eu l'air de ne recevoir de Calsabigi que par manière d'acquit, je me rendis à l'école militaire, où la conférence s'ouvrit aussitôt que je fus arrivé. M. d'Alembert avait été prié d'y assister en sa qualité de grand arithméticien. Il n'aurait pas été jugé nécessaire, si M. Duverney avait été seul; mais il y avait dans le conseil des têtes qui, pour ne pas se rendre au résultat d'un calcul politique, prenaient le parti d'en nier l'évidence. La conférence dura trois heures.

Après mon raisonnement, qui ne dura guère qu'une demi-heure, M. Courteuil résuma tout ce que j'avais dit, ensuite on passa une heure à faire des objections que je réfutai avec la plus grande facilité. Je leur dis que, si l'art de calculer en général était proprement l'art de trouver l'expression d'un rapport unique résultant de l'expression de plusieurs rapports, cette même définition s'appliquait au calcul moral, tout aussi exact que le calcul mathématique. Je les convainquis que, sans cette certitude, le monde n'aurait jamais eu des chambres d'assurance, qui toutes étaient riches et florissantes, et qui se moquaient de la fortune et des têtes faibles qui la craignaient.

Je finis par dire à ces messieurs, dont la plupart semblaient incertains, qu'il n'y avait pas d'homme savant et d'honneur qui fût en état de se proposer d'être à la tête de cette loterie, en s'engageant qu'elle gagnerait à chaque tirage, et que si quelqu'un était assez hardi que de se présenter en donnant cette assurance, ils devaient le chasser de leur présence; car, ou il ne leur tiendrait pas parole, ou, s'il la leur tenait, il serait fripon.

Cela fit effet, car personne ne répliqua, et M. Duverney, se levant, dit qu'en tout cas on serait maître de la supprimer. A cette allocution, je sentis mon affaire gagnée, et tous les assistants, après avoir signé le procès-verbal que M. Duverney leur présenta, prirent congé. Moi-même, un instant après, je saluai M. Duverney, qui me tendit amicalement la main, et je partis.

M. Calsabigi vint me voir le lendemain, et m'apporta l'agréable nouvelle que l'affaire était résolue, et qu'on n'attendait que l'expédition du décret. « Je suis ravi du succès, lui dis-je, et je vous promets d'aller tous les jours chez M. de Boulogne et de vous faire nommer à la régie dès que j'aurai su de M. Duverney ce qu'on m'assignera.

On sent que je ne négligeai point les démarches, car je savais que chez les grands promettre et tenir sont deux. On me proposa six bureaux de recette et je m'empressai de les accepter, plus quatre mille francs de pension sur le produit de la loterie. C'était le revenu d'un capital de cent mille francs que j'étais maître de retirer, en renonçant à mes bureaux, car ce capital me tenait lieu de caution.

Le décret du conseil parut huit jours après. On donna la régie à Calsabigi avec trois mille francs d'appointements par tirage, une pension annuelle de quatre mille francs comme à moi, et le grand bureau de l'entreprise à l'hôtel de la loterie, rue Montmartre.

Les avantages accordés à Calsabigi étaient bien supérieurs aux miens ; mais je n'en fus point jaloux, car je savais tous les droits qu'il y avait.

De mes six bureaux, j'en vendis de suite cinq à raison de deux mille francs chaque, et j'ouvris avec luxe le sixième dans la rue Saint-Denis, et j'y plaçai mon valet de chambre en qualité de commis. C'était un jeune Ita-

CHAPITRE XVI

lien très intelligent qui avait été valet de chambre du prince de la Catolica, ambassadeur à Naples.

On fixa le jour du premier tirage, et on publia que tous les billets gagnants seraient payés huit jours après le tirage au bureau général de la loterie.

Voulant attirer la foule à mon bureau en lui donnant un relief auquel peu d'autres pourraient prétendre, je fis afficher que tous les billets gagnants, signés par moi, seraient payés à mon bureau vingt-quatre heures après le tirage. Cela fit que la foule des joueurs afflua chez moi, et cela augmenta considérablement mes revenus, car j'avais 6 pour 100 de la recette. Une cinquantaine de commis des autres bureaux furent assez sots que d'aller se plaindre à Calsabigi, en lui disant que par mon opération je diminuais considérablement leur recette; mais le régisseur les renvoya en leur disant que, pour m'attraper, ils n'avaient qu'à faire comme moi, s'ils en avaient les moyens.

Ma première recette fut de quarante mille francs. Une heure après le tirage, mon commis m'apporta le registre et me montra que nous avions dix-sept à dix-huit mille francs à payer. Tous les gains étaient des extraits ou des ambes, et je lui remis les fonds nécessaires pour les payer.

Sans que j'y eusse pensé, cette mesure fit le bonheur de mon commis, car chaque gagnant lui laissait la pièce, et certes j'étais loin d'en rien exiger.

La recette générale fut de deux millions, et la régie gagna six cent mille francs. Paris seul avait fourni quatre cent mille francs à la recette. C'était un assez bel avantage pour une première fois.

Le lendemain du tirage, je dînai avec Calsabigi chez M. Duverney, et j'eus le plaisir de l'entendre se plaindre d'avoir trop gagné. Paris n'avait eu que dix-huit à vingt ternes, mais, quoique petits, ils valurent à la loterie une brillante réputation, et le fanatisme ayant déjà commencé ses ravages, il était facile de prévoir que pour le prochain tirage la recette serait double. La guerre agréable qu'on me fit à table me mit en belle humeur, et Calsabigi dit que, par un beau coup de tête, je m'étais assuré une rente de cent mille francs par an, mais qu'elle ruinerait tous les autres receveurs.

« J'ai souvent fait des coups pareils, dit M. Duverney, et d'ordinaire je m'en suis bien trouvé ; d'ailleurs, chaque receveur étant le maître d'imiter M. Casanova, cela ne peut qu'augmenter la réputation d'une institution que nous lui devons comme à vous. »

Au second tirage, un terne de quarante mille francs m'obligea d'emprunter de l'argent. Ma recette avait été de soixante mille francs ; mais, obligé de consigner ma caisse la veille du tirage, je ne pouvais payer que de mes propres fonds, et je n'étais remboursé que huit jours après.

Dans toutes les grandes maisons où j'allais, et aux foyers des théâtres, dès qu'on me voyait, tout le monde me donnait de l'argent, en me priant de le jouer pour eux comme je le voudrais et de leur remettre les billets, puisque personne ne comprenait encore rien à ce jeu. Cela me fit prendre l'habitude de porter sur moi des billets de toutes les façons, ou plutôt de tous les prix, et je donnais à chacun à choisir ; je retournais chaque soir chez moi les poches pleines d'or. Cet avantage était immense ; c'était une sorte de privilège dont je jouissais seul, car les autres receveurs n'étaient pas des gens de la bonne compagnie, et ne roulaient point carrosse comme moi, avantage immense dans les grandes villes où l'on juge trop généralement le mérite de l'individu par le brillant qui l'entoure ; mon luxe me donnait entrée partout, et partout aussi j'avais un crédit ouvert.

CHAPITRE XVI

Maintenant que mes lecteurs en savent assez sur le succès de ma loterie, impôt onéreux au particulier, en ce qu'il offre un appât presque dépourvu de réalité, mais très profitable aux gouvernements qui exploitent en toute sûreté l'avarice ou la cupidité publiques, je n'en parlerai plus que lorsque j'aurai à en rapporter quelque chose d'important par rapport aux événements de ma vie. En attendant, retournons sur nos pas.

Il n'y avait guère qu'un mois que j'étais de retour à Paris, lorsque mon frère François, le même avec lequel j'en étais parti en 1752, y arriva, venant de Dresde avec Mme Silvestre. Il avait passé dans cette ville quatre ans, constamment occupé de son art, et il avait copié tous les beaux tableaux de batailles de la fameuse galerie électorale. Nous nous revîmes avec un égal plaisir; mais, lui ayant offert le crédit de mes grandes connaissances pour lui faciliter sa réception à l'Académie, il me dit avec la fierté d'un artiste qui sent son mérite qu'il me remerciait, mais qu'il ne voulait d'autre protection que celle de son talent. « Les Français, ajouta-t-il, m'ont rejeté une fois, et je suis loin de leur en vouloir, car aujourd'hui je me rejeterais moi-même, si je n'étais que ce que j'étais alors; mais avec leur goût pour le talent, je compte aujourd'hui sur une meilleure réception. »

Son assurance me plut, et je lui en fis compliment; car j'ai toujours pensé que le vrai mérite devait commencer par se rendre justice à lui-même.

François fit en effet un beau tableau, et l'ayant exposé au Louvre, il fut reçu par acclamation. L'Académie fit l'acquisition du tableau pour douze mille francs. Mon frère devint fameux, et en vingt-six ans il gagna près d'un million; malgré cela, de folles dépenses, un luxe extrême et deux mauvais mariages le ruinèrent.

CHAPITRE XVII

Le comte Tiretta de Trévise. — L'abbé Coste. — La Lambertini, fausse nièce du pape. — Sobriquet qu'elle donne à Tiretta. — La tante et la nièce. — Colloque au coin du feu. — Supplice de Damien. — Erreur de Tiretta. — Colère de Mme...; réconciliation. — Je suis heureux avec Mlle de la Meure. — La fille de Silvia. — Mlle de la Meure se marie ; ma jalousie et résolution désespérée. — Heureux changement.

Au commencement du mois de mars 1757, je reçus une lettre de ma chère Mme Manzoni, qui me fut remise par un jeune homme de bonne mine, d'un air noble et jovial, que je reconnus de suite pour Vénitien à sa manière de se présenter. C'était le jeune comte Tiretta de Trévise, que Mme Manzoni me recommandait, en me disant qu'il me conterait son histoire et que je pouvais compter d'avance qu'il serait sincère. Cette chère femme m'envoyait par ce jeune homme une petite caisse dans laquelle elle me disait que je trouverais tous mes manuscrits, car elle était sûre de ne plus me revoir.

J'accueillis Tiretta de mon mieux, en lui disant qu'il n'aurait su se procurer auprès de moi une meilleure recommandation que celle d'une femme pour laquelle j'avais autant d'amitié que je lui devais de reconnaissance.

« Maintenant, monsieur le comte, que vous devez être parfaitement à votre aise avec moi, veuillez me dire en quoi je puis vous être utile.

— J'ai besoin de votre amitié, monsieur, et peut-être de votre bourse, ou au moins de votre protection.

— Mon amitié et ma protection vous sont acquises, et ma bourse est à votre disposition. »

CHAPITRE XVII

Après m'avoir exprimé sa reconnaissance, Tiretta me dit :

« Il y a un an, monsieur, que le conseil suprême de ma patrie me confia un emploi dangereux pour mon âge. On me fit conservateur du mont-de-piété en société de deux jeunes gentilshommes de mon âge. Les plaisirs du carnaval nous ayant mis en dépenses, et manquant d'argent, nous puisâmes dans la caisse, espérant pouvoir compléter la somme dont nous étions dépositaires, avant d'être obligés d'en rendre compte. Nous l'espérâmes en vain. Les pères de mes deux collègues, plus riches que le mien, les sauvèrent, en payant à l'instant la part qu'ils avaient prise, et moi, dans l'impossibilité de payer, j'ai pris le parti de fuir la honte et le châtiment qui m'attendaient. Mme Manzoni m'a conseillé de venir me jeter entre vos bras, en me chargeant d'une petite cassette que je vous remettrai aujourd'hui. Je ne suis à Paris que d'hier et je n'ai que deux louis, quelque linge et le seul habit que je porte. J'ai vingt-cinq ans, une santé de fer et une volonté bien déterminée à faire tout pour vivre en honnête homme; mais je ne sais rien faire, car je n'ai cultivé aucun talent de manière à pouvoir m'en servir. Je joue de la flûte, mais je n'ai guère que le talent d'un simple amateur. Je ne connais d'autre langue que la mienne, et je ne suis pas homme de lettres. Que pensez-vous avec cela pouvoir faire de moi? Je dois ajouter encore que je ne dois pas me flatter de recevoir le moindre secours de qui que ce soit, et moins de mon père que de personne, car, pour sauver l'honneur de la famille, il disposera de ma légitime, et je dois y renoncer sans espoir de retour. »

Si la narration du comte avait dû me surprendre, sa sincérité m'avait plu; d'ailleurs, j'étais résolu de faire honneur à la recommandation de Mme Manzoni, et je me sentais porté à être utile à un compatriote qui, au fond, n'était coupable que d'une grosse étourderie.

« Commencez, lui dis-je, par faire porter vos petits effets dans la chambre attenante à la mienne, et faites-vous y servir à boire et à manger. Je vous défrayerai de tout, en attendant que je puisse trouver quelque chose qui vous convienne. Nous parlerons d'affaires demain, car, comme je ne mange jamais chez moi, je ne reviens guère que tard au logis, et je ne compte pas avoir l'honneur de vous revoir aujourd'hui. Pour à présent, laissez-moi, car, il faut que je travaille, et si vous allez vous promener, gardez-vous de mauvaises connaissances, et surtout ne vous ouvrez à personne. Vous aimez le jeu, je pense?

— Je le déteste, car il est à moitié la cause de ma ruine.

— Et les femmes ont, je parie, fait le reste?

— Oh! vous avez bien deviné; les femmes!

— Ne leur en veuillez pas, mais faites-leur payer le mal qu'elles vous ont fait.

— Bien volontiers, pourvu que j'en trouve.

— Si vous n'êtes pas délicat sur l'article, vous trouverez fortune à Paris.

— Qu'entendez-vous par délicat? Je ne saurais jamais être le complaisant du prince.

— Il s'agit bien de cela! j'entends par délicat l'homme qui ne saurait être tendre sans amour, celui qui....

— J'y suis, et de cette manière la délicatesse n'est chez moi qu'accessoire. Je sais qu'une décrépite aux yeux d'or peut à toute heure me trouver tendre comme un Céladon.

— Bravo! votre affaire sera facile.

— Je le désire.

— Irez-vous chez l'ambassadeur?

CHAPITRE XVII

— Que Dieu m'en préserve! Qu'irais-je y faire? lui conter mon histoire? Je ne dois pas en être jaloux. D'ailleurs, s'il lui arrivait de vouloir me faire de la peine?

— Il le pourrait sans que vous allassiez le voir; mais je ne crois pas qu'il s'occupe de vous.

— C'est la seule grâce que je lui demande.

— Tout le monde est en deuil à Paris, mon cher comte; ainsi montez chez mon tailleur, au second, et faites-vous faire un habit noir. Annoncez-vous de ma part, et dites-lui que vous voulez être servi pour demain. Adieu. »

Je sortis peu d'instants après, et je ne rentrai qu'à minuit. Je trouvai dans ma chambre la caisse que m'avait envoyée Mme Manzoni, dans laquelle se trouvaient mes manuscrits et tous les portraits que j'aimais; car je n'ai jamais mis en gage une tabatière sans en ôter le portrait.

Le lendemain, voilà mon Tiretta qui se présente tout en noir, et qui me fait hommage de sa métamorphose.

« Vous voyez, lui dis-je, qu'à Paris on est expéditif.

— Il m'aurait fallu huit jours à Trévise pour en obtenir autant.

— Trévise, mon cher, n'est pas Paris. »

Comme j'achevais ces mots, on vient m'annoncer l'abbé de La Coste. Je ne me souvenais pas de ce nom, mais j'ordonnai qu'on le fît entrer, et je vis paraître le même prestolet avec lequel j'avais dîné à Versailles en quittant l'abbé de La Ville.

Il commença d'abord, après les civilités d'usage, par me faire compliment sur le succès de ma loterie; ensuite il me dit qu'il avait appris que j'avais distribué pour plus de six mille francs de billets à l'hôtel de Cologne.

« Oui, lui dis-je, j'en ai toujours pour plusieurs milliers de francs dans mon portefeuille.

— Eh bien! j'en prendrai aussi pour mille écus.

— Quand il vous plaira. Si vous passez à mon bureau, vous pourrez choisir les numéros.

— Je ne m'en soucie pas ; donnez-les-moi vous-même tels qu'ils sont.

— Bien volontiers ; en voici que vous pouvez choisir. »

Il en choisit pour trois mille francs, puis il me demande du papier pour me faire un billet.

« Pourquoi un billet ? il n'est pas question de cela, monsieur l'abbé, je ne délivre mes billets que contre de l'argent comptant.

— Mais vous pouvez être certain que demain vous aurez la somme.

— J'en suis très certain, mais vous devez l'être aussi que demain vous aurez les billets : ils sont enregistrés à mon bureau, et je ne puis agir autrement.

— Donnez-m'en qui ne soient pas enregistrés.

— Impossible : je n'en fais pas.

— Et pourquoi ?

— Parce que, s'ils gagnaient, il faudrait que je les payasse de ma poche ; ce que je n'ai nulle envie de faire.

— Je crois que vous pourriez en courir le risque.

— A moins d'être un fripon, je ne le crois pas. »

Sentant qu'il n'avait rien à gagner avec moi, l'abbé se tourna vers Tiretta, lui parla mauvais italien, et finit par lui proposer de le présenter à Mme de Lambertini, veuve d'un neveu du pape. Ce nom, cette parenté, l'offre spontanée de l'abbé me rendirent curieux ; je lui dis que mon ami acceptait et que j'aurais l'honneur d'être de la partie. Nous partons.

Nous descendons à la porte de la soi-disant nièce du saint-père, rue Christine, et nous montons. Voilà une femme à laquelle, malgré son air de jeunesse, je donne quarante ans, sans marchander ; un peu maigre, de beaux yeux noirs, la peau belle ; vive, étourdie, grande rieuse, et capable encore de faire naître un caprice. Je me trouve bien vite à mon aise avec elle, et, l'ayant fait jaser, je trouve qu'elle n'est ni veuve, ni nièce du pape ; elle était de Modène, et franche aventurière par état et par goût. Cette découverte me fit juger quel était l'abbé introducteur.

Je crus lire dans les yeux de mon Trévisan qu'il était curieux de la belle, et, comme elle nous invita à dîner, je refusai, disant que j'étais engagé ; mais Tiretta, qui m'avait deviné, accepta. Je sortis peu d'instants après avec l'abbé, que je déposai au quai de la Ferraille, et j'allai demander à dîner à Calsabigi.

Après le dîner, Calsabigi me prend à part et me dit que M. Duverney l'avait engagé à me prévenir qu'il ne m'était pas permis de distribuer des billets pour mon compte.

« M. Duverney me prend donc pour un sot ou pour un fripon ! Comme je ne suis ni l'un ni l'autre, je m'en plaindrai à M. de Boulogne.

— Vous feriez mal, car vous avertir, ce n'est pas vouloir vous offenser.

— Vous m'offensez vous-même, monsieur, en me donnant un pareil avis ; mais soyez sûr qu'on ne m'en donnera jamais un second de la même espèce. »

Calsabigi me dit tout ce qu'il put pour me calmer, et finit par me persuader d'aller avec lui chez M. Duverney. Ce bon vieillard, me voyant en colère, me fit ses excuses, et me dit qu'un soi-disant abbé de La Coste lui avait dit que je prenais cette liberté. Je fus indigné, et je contai aussitôt notre affaire du matin, ce qui donna à M. Duverney la mesure du caractère de notre homme. Je n'ai plus vu cet abbé, soit qu'il ait eu vent de ma découverte, soit qu'un heureux hasard lui ait fait éviter ma rencontre ; mais j'ai su que trois ans après il fut condamné aux galères, où il est mort, pour avoir vendu, à Paris, des billets d'une loterie de Trévaux qui n'a jamais existé.

Le lendemain Tiretta vint me voir et me dit qu'il ne faisait que de rentrer.

« Vous avez découché, monsieur le libertin?

— Oui, la société de la papesse m'a captivé, et je lui ai tenu compagnie toute la nuit.

— Vous n'avez pas craint de l'importuner?

— Je la crois, au contraire, très satisfaite du plaisir que ma conversation lui a procuré.

— Vous aurez, si j'en juge bien, dû mettre en jeu toute votre éloquence.

— Elle est si satisfaite de ma faconde, qu'elle m'a prié d'accepter un logement chez elle, et de lui permettre de me présenter en qualité de son cousin à M. Le Noir, qui, je crois, est son amant.

— Vous formerez donc un trio ; mais vous accorderez-vous bien?

— C'est son affaire. Elle prétend que ce monsieur me donnera un bon emploi dans les fermes.

— Avez-vous accepté?

— Je n'ai point refusé, mais je lui ai dit qu'en qualité d'ami, je ne pouvais prendre aucune détermination sans vous consulter. Elle m'a conjuré de vous engager à aller dîner avec elle dimanche.

— J'irai avec plaisir. »

Je me rendis effectivement avec mon ami, et dès que cette folle nous vit, elle sauta au cou de Tiretta en l'appelant « Mon cher comte *Sixfois* », nom qui lui resta pendant tout le temps qu'il resta à Paris.

« Qui a valu ce beau titre à mon ami, madame?

— Ses exploits érotiques, monsieur. Il est seigneur d'un fief peu connu en France, et je suis jalouse d'en être la dame.

— Je loue votre noble ambition. »

Après qu'elle m'eut raconté ses prouesses avec un abandon qui me prouvait combien la prétendue nièce du pape était exempte de préjugés, elle me dit qu'elle voulait loger son cousin, qu'elle avait déjà le consentement de M. Le Noir, qui lui avait dit qu'il serait enchanté que son cousin logeât avec elle. « M. Le Noir, ajouta la belle Lambertini, viendra nous voir après dîner, et je brûle d'impatience de lui présenter M. le comte de *Sixfois*. »

Après dîner, me parlant encore de la valeur de mon compatriote, elle l'agaça, et lui, sans gêne et satisfait peut-être de me rendre témoin de sa bravoure, la réduisit au silence. J'avoue que je n'éprouvai pas la plus légère sensation ; mais, n'ayant pu m'empêcher de voir la conformation athlétique du comte, je jugeai qu'il pouvait prétendre à faire fortune partout où il trouverait des femmes à leur aise.

Vers les trois heures, je vis arriver deux femmes surannées auxquelles la Lambertini s'empressa de présenter le comte de *Sixfois*. Étonnées de cette dénomination, elles voulurent en connaître l'origine, et, l'héroïne leur ayant donné l'explication à part, mon ami devint un objet très intéressant à leurs yeux. C'est incroyable, disaient ces matrones en lorgnant le comte, et Tiretta semblait leur dire de l'œil : « A l'épreuve mesdames ».

Bientôt un fiacre s'arrête à la porte, et l'instant après on introduit une grosse femme sur le retour avec une jeune personne extrêmement jolie, suivies d'un homme pâle en habit noir et en perruque ronde. Après les embrassades qui dénotent l'intimité, la nièce du pape présente son cousin, le comte *Sixcoups*. Ce nom semblait étonner la vieille, mais la Lambertini passa le commentaire sous silence. Cependant on trouva singulier qu'un homme qui ne savait pas un mot de français osât rester à Paris, et que malgré son ignorance de l'idiome national il ne cessât de baragouiner avec assurance, ce qui faisait d'autant plus de plaisir que personne ne le comprenait.

Après quelques instants d'une conversation frivole, la prétendue nièce du pape proposa une partie de brelan. Elle me proposa d'en être ; mais, ayant refusé, elle n'insista pas et se contenta d'exiger que son cher cousin jouât près d'elle de moitié. « Il ne connaît pas les cartes, dit-elle, mais cela ne fait rien ; il apprendra, je me charge de son éducation. »

La jeune personne qui m'avait frappé par sa beauté ne connaissant aucun jeu, je lui offre un siège auprès du feu, en lui demandant l'honneur de lui tenir compagnie ; elle accepte le siège, et la vieille, venue avec elle, se met à rire, en me disant que j'aurais de la peine à trouver des matières propres à faire jaser sa nièce ; et elle ajouta d'un ton très poli qu'elle comptait sur ma complaisance pour l'excuser. « Il n'y a, me dit-elle, qu'un mois qu'elle est sortie du couvent. » Je l'assurai que je ne croyais pas qu'il fût difficile de s'entretenir avec une personne aussi aimable, et, le jeu étant commencé, je pris place auprès de la jolie nièce.

J'étais depuis quelques minutes auprès d'elle, occupé du seul plaisir de l'admirer, lorsqu'elle me demanda qui était ce beau monsieur qui parlait si drôlement.

« C'est un seigneur de mon pays qui a quitté sa patrie à cause d'une affaire d'honneur.

— Il parle un drôle de langage.

— C'est vrai, mais en Italie on cultive peu la langue française ; ici il ne sera pas longtemps à l'apprendre, et alors on ne se moquera plus de lui. je suis fâché de l'avoir conduit ici, car en moins de vingt-quatre heures on me l'a gâté.

— Et comment, gâté?

— Je n'ose vous le dire, car il serait possible que votre tante le trouvât mauvais.

— Je ne pense pas que je m'avise de lui faire des rapports, mais peut-être trouvez-vous ma question indiscrète?

— Non, mademoiselle, bien loin de là, et, puisque vous le désirez, je ne vous en ferai pas un mystère. Mme Lambertini l'a trouvé de son goût; elle a passé la nuit avec lui, et pour marquer la satisfaction qu'il lui a donnée, elle l'a affublé du surnom ridicule de comte *Sixfois*. Voilà l'histoire. J'en suis fâché, parce que mon ami n'était pas libertin. »

On s'étonnera avec raison que je me sois hasardé à tenir un pareil langage à une jeune personne à peine sortie du couvent; mais je m'en étonnerais moi-même s'il avait été possible que j'imaginasse la possibilité de trouver une fille honnête chez une Lambertini. Je fixais mes yeux sur ceux de ma belle interlocutrice, et je vis sa jolie figure se couvrir de l'incarnat de la pudeur; mais cet indice me parut encore équivoque.

Deux minutes après, qu'on juge de ma surprise, lorsque je m'entendis faire cette question :

« Mais, monsieur, qu'y a-t-il de commun entre coucher avec madame et le nom de *Sixfois*?

— Mademoiselle, la chose est toute simple; mon ami a rempli en une seule nuit un devoir qu'un mari met souvent six semaines à remplir avec sa femme.

— Et vous me croyez assez sotte pour aller rapporter notre conversation à ma tante? gardez-vous de le croire.

— Mais je suis encore fâché d'une autre chose.

— Vous me direz cela dans un instant. »

Sans commentaire, on peut deviner ce qui obligea

la charmante nièce à s'absenter quelques instants. Quand elle revint, elle alla se placer derrière la chaise de sa tante, l'œil attaché sur Tiretta; puis elle se rapprocha de moi, l'œil enflammé, et ayant repris son siège, elle me dit :

« Quelle est donc l'autre chose dont vous êtes fâché?

— Oserais-je tout vous dire?

— Vous m'en avez tant dit qu'il me semble que vous ne devez pas avoir de scrupule.

— Eh bien! sachez donc qu'aujourd'hui, de suite après le dîner, et en ma présence, il l'a...

— Si cela vous a déplu, il est évident que vous en êtes jaloux.

— Bien s'en faut, mais j'en ai été humilié à cause d'une circonstance dont je n'ose vous parler.

— Je crois que vous vous moquez avec vos *je n'ose*.

— Que Dieu m'en préserve, mademoiselle. Je vous dirai donc que j'ai été humilié de ce que Mme Lambertini m'a forcé de m'assurer par moi-même que mon ami était plus grand que moi de deux pouces.

— Pour le coup on vous en a imposé, car vous êtes plus grand que votre ami.

— Ce n'est pas de cette grandeur qu'il s'agit, mademoiselle, mais bien d'une autre que vous pouvez imaginer, et dans laquelle mon ami est vraiment monstrueux.

— Monstrueux! mais qu'est-ce que cela vous fait? Ne vaut-il pas mieux n'être pas monstrueux?

— C'est vrai, assurément; mais sur cet article, certaines femmes, qui ne vous ressemblent pas, aiment la monstruosité.

— Je les trouve ridicules, folles même, ou je n'ai pas une idée nette de la chose pour me figurer la grandeur qui peut être appelée monstrueuse; et je trouve singulier que cela ait pu vous humilier.

— Vous ne l'auriez pas cru en me voyant?

— En vous voyant, quand je suis entrée ici, je ne pensais assurément pas à cela; et puis vous avez l'air fort bien proportionné; au reste, si vous savez ne pas l'être, je vous plains.

— Je serais humilié de vous laisser dans le doute : voyez, je vous prie, et jugez.

— Mais c'est vous qui êtes le monstre; vous me faites peur. »

En achevant ces mots, le feu lui sortait par tous les pores; elle se leva et alla se mettre derrière la chaise de sa tante. Je ne bougeai pas, car j'étais certain qu'elle ne tarderait pas à revenir, j'étais loin de la croire sotte ou même innocente. Je supposais seulement qu'elle voulait en affecter les airs. Du reste, j'étais ravi d'avoir si bien saisi le moment. Je l'avais punie d'avoir voulu m'en imposer, et comme je la trouvais charmante, j'étais enchanté que ma punition n'eût pu lui déplaire. Quant à son esprit, il m'aurait été difficile d'en douter, car tout notre dialogue avait été soutenu par elle, et mes paroles et mes actions n'avaient été qu'une conséquence de ses questions et de sa persistance.

Il n'y avait pas cinq minutes qu'elle se tenait derrière la chaise de sa grosse tante lorsque celle-ci vint à perdre un brelan. Ne sachant à qui s'en prendre :

« Allez-vous-en, petite sotte, dit-elle à sa nièce, vous me portez malheur; d'ailleurs, vous manquez de savoir-vivre en laissant tout seul ce monsieur qui veut bien avoir la complaisance de vous tenir compagnie. »

L'aimable nièce ne répondit rien, et revint à moi en souriant :

« Si ma tante, me dit-elle, savait ce que vous avez fait, elle ne m'aurait pas accusée d'impolitesse.

— Je ne saurais vous dire combien j'en suis mortifié.

Je voudrais pouvoir vous en témoigner mon repentir, mais je ne le puis qu'en m'en allant. Si je le fais, le prendrez-vous en mauvaise part?

— Si vous me quittez, ma tante dira que je suis une grosse sotte ; que je vous ennuie.

— Voulez-vous donc que je reste?

— Vous ne pouvez pas vous en aller.

— Vous n'aviez donc pas jusqu'à ce moment une idée juste de ce que je vous ai montré?

— Je n'en avais qu'une idée confuse. Il n'y a qu'un mois que ma tante m'a retirée du couvent, où j'étais depuis l'âge de sept ans.

— Et combien en avez-vous maintenant?

— Dix-sept. On voulait me persuader de prendre le voile, mais, ne me sentant aucune disposition pour les momeries d'un cloître, j'ai su résister.

— Êtes-vous fâchée contre moi?

— Je devrais vous en vouloir, mais je reconnais que c'est ma faute, et je vous prie seulement d'être discret.

— Ne doutez pas que je ne le sois ; si je ne l'étais pas, je serais le premier puni.

— Vous m'avez donné une leçon qui me servira à l'avenir. Mais cessez donc, ou je m'en vais.

— Non, restez ; c'est fini. »

J'avais pris sa jolie main, qu'elle m'avait abandonnée sans conséquence ; et en achevant elle la retira tout étonnée d'avoir besoin de son mouchoir.

« Qu'est-ce que cela?

— C'est ce qu'il y a de plus précieux dans les deux sexes, ce qui renouvelle le monde.

— J'entends. Vous êtes un excellent maître ; vous faites faire de rapides progrès à vos élèves, et vous débitez votre leçon d'un air d'instituteur. Dois-je vous remercier de votre zèle?

CHAPITRE XVII

— Non, mais ne pas m'en vouloir de tout ce qui s'est passé ; je n'aurais jamais osé en venir là sans le sentiment que vous m'avez inspiré en vous voyant.

— Dois-je voir en cela une déclaration d'amour ?

— Oui, divine amie ; elle est audacieuse, mais elle est sincère. Si elle ne venait pas à la fois et du cœur et d'un sentiment indomptable, je serais indigne de vous et de moi.

— Puis-je croire à ce que vous dites ?

— Oui, avec toute confiance, mais dites-moi si je puis espérer que vous m'aimerez ?

— Je n'en sais rien. Tout ce que je sais maintenant, c'est que je devrais vous détester, car vous m'avez fait faire en moins d'une heure un voyage que je ne croyais achever qu'après mon mariage.

— En êtes-vous fâchée ?

— Je dois l'être, quoique je me sente on ne peut plus savante sur une matière où je n'avais jusqu'ici osé arrêter ma pensée. Mais d'où vient que maintenant vous êtes devenu tranquille et décent ?

— C'est que nous parlons raison, et qu'après l'excès du plaisir, l'amour veut du repos. Mais voyez.

— Quoi ? Encore ! Est-ce là le reste de la leçon ?

— C'en est la suite naturelle.

— Mais d'où vient que maintenant vous ne me faites pas peur ?

— Le soldat s'aguerrit au feu.

— Je vois que le nôtre va s'éteindre. »

En disant cela, elle prend un fagot pour arranger le feu, et comme elle était baissée et dans une posture tout à fait favorable, j'osai d'une main téméraire aborder le parvis du temple, et trouvai la porte tellement close que, pour pénétrer dans le sanctuaire, il était indispensable de la briser. Ma belle se relève avec dignité, et, s'étant rassise, elle me dit avec une douceur pleine de sentiments qu'elle était fille de condition et qu'elle croyait pouvoir exiger du respect. Affectant l'air confus, je lui fis un million d'excuses, et je vis bientôt sa charmante figure reprendre le calme et la sérénité qui lui allaient si bien. Je lui dis que malgré le repentir que j'éprouvais de ma faute, j'étais heureux d'avoir acquis la certitude qu'elle n'avait encore fait le bonheur d'aucun mortel. « Croyez, me dit-elle, que si quelqu'un doit être heureux par moi, ce ne sera que l'époux auquel je donnerai ma main et mon cœur. » Je pris sa main, qu'elle m'abandonna, et je la couvris de baisers. J'en étais à cet épisode si agréable, lorsqu'on vint annoncer M. Le Noir, qui venait s'informer de ce que la nièce du pape avait à lui dire.

Monsieur Le Noir, homme d'un certain âge, d'un extérieur simple et modeste, pria poliment tout le monde de ne point se déranger. La Lambertini m'ayant présenté, il me demanda si j'étais l'artiste; mais, quand il sut que j'étais son aîné, il me fit compliment sur la loterie et sur le cas que M. Duverney faisait de moi. Cependant ce qui l'intéressa le plus fut le cousin que la belle nièce du pape lui présenta sous son véritable nom de comte Tiretta, car sa nouvelle dignité n'aurait sans doute pas été d'un grand poids auprès de M. Le Noir. Prenant la parole, je lui dis que le comte m'était recommandé particulièrement par une personne dont je faisais le plus grand cas, et qu'il avait été obligé de s'éloigner momentanément de sa patrie pour une affaire d'honneur. La Lambertini ajouta qu'elle désirait le loger et qu'elle n'avait pas voulu le faire avant de savoir si M. Le Noir le trouverait bon. « Vous êtes, madame, lui dit cet homme respectable, maîtresse souveraine chez vous, et je serai enchanté de voir M. le comte dans votre société. »

Comme M. Le Noir parlait très bien l'italien, Tiretta

quitta le jeu, et nous nous mîmes tous quatre devant le feu, où ma jeune nouvelle conquête eut occasion de faire briller son esprit. M. Le Noir avait beaucoup de bon sens et surtout beaucoup d'expérience. Il la fit parler de son couvent, et lorsqu'elle lui eût dit son nom, il lui parla de son père, qu'il avait beaucoup connu. C'était un conseiller au parlement de Rouen, qui, pendant sa vie, avait joui d'une grande réputation. Ma nouvelle conquête était d'une taille bien au-dessus de la médiocre; ses cheveux étaient d'un beau blond, et sa physionomie très régulière, malgré la vivacité de ses yeux, peignait la candeur et la modestie. Sa mise permettait de suivre toutes les lignes de son beau corps, et l'on s'arrêtait avec autant de plaisir sur l'élégance de sa taille que sur la beauté parfaite de deux globes qui semblaient gémir d'être trop resserrés dans leur prison. Quoique M. Le Noir ne dît pas un mot sur toutes ces perfections, il me fut facile de voir qu'il lui rendait dans son genre un hommage non moins vif que le mien. Ce monsieur nous quitta à huit heures précises, et, une demi-heure après, la grosse tante partit avec son aimable nièce et l'homme blême qui était venu avec elles. Je ne tardai pas à prendre congé en amenant Tiretta, qui promit à la nièce du pape d'être son commensal dès le lendemain; il tint parole.

Trois ou quatre jours après cet arrangement, je reçus de Mlle de la Meure, c'est le nom de la belle nièce, une lettre qu'elle avait adressée à mon bureau. Elle était ainsi conçue :

« Madame ..., ma tante, sœur de feu ma mère, est dévote, joueuse, riche, avare et injuste. Elle ne m'aime pas, et n'ayant pu réussir à me faire prendre le voile, elle veut me marier à un riche négociant de Dunkerque, que je ne connais pas; mais notez qu'elle ne le connaît pas plus que moi. Le courtier de mariage en fait l'éloge, et il n'y a rien d'étonnant à cela, puisqu'il faut bien qu'un marchand vante sa marchandise. Ce monsieur se contente d'une rente de 1200 francs par an, sa vie durant; mais il offre la certitude qu'à sa mort il me laissera héritière de 150 000 francs. Il faut savoir que par le testament de ma défunte mère, ma tante est obligée de me payer le jour de mes noces 25 000 écus.

« Si ce qui est arrivé entre nous ne m'a pas rendue à vos yeux un objet méprisable, je vous offre ma main et mon cœur avec 75 000 francs, et pareille somme à la mort de ma tante.

« Ne me répondez pas, car je ne saurais ni comment ni par qui recevoir votre lettre. Vous me répondrez de vive voix dimanche chez Mme Lambertini. Cela vous donne quatre jours pour penser à la chose la plus importante. Quant à moi, si je ne sais pas bien si je vous aime, je sais au moins que je dois vous préférer à tout autre homme pour l'amour de moi. Je sens que j'ai besoin de gagner votre estime comme vous avez besoin de captiver la mienne; mais je suis sûre que vous me rendrez la vie agréable et que je saurai toujours être fidèle à mes devoirs. Si vous prévoyez que le bonheur auquel j'aspire puisse contribuer au vôtre, je vous préviens que vous aurez besoin d'un avocat, car ma tante est avare et chicanière.

« Si vous vous décidez, il faudra que vous me procuriez un couvent où j'irai me réfugier avant de faire la moindre démarche, car sans cela je me verrais exposée à de mauvais traitements que je veux éviter. Si, au contraire, la proposition que je vous fais ne vous convient pas, je vous demanderai une grâce que vous ne me refuserez pas et qui vous captivera toute ma reconnaissance. Vous tâcherez de ne plus me voir, en évitant avec soin de vous trouver dans les endroits où vous soupçonnerez que je puisse être. Vous m'aiderez ainsi à vous oublier, et c'est au moins ce que vous me devez. Vous devez sentir que je ne puis être heureuse qu'en devenant votre épouse ou en vous oubliant. Adieu. Je suis sûre de vous voir dimanche. »

Je fus attendri à la lecture de cette lettre. Je sentais qu'elle était dictée par un sentiment de vertu, d'honneur et de sagesse. Je découvrais dans l'esprit de cette charmante personne plus de mérite encore que dans sa personne. Je rougissais de l'avoir séduite, et je me serais cru digne du supplice si j'avais refusé sa main, qu'elle m'offrait avec tant de noblesse. D'ailleurs, la cupidité, quoiqu'en seconde ligne, ne laissait pas de me faire jeter un œil de complaisance sur une fortune supérieure à celle que je pouvais raisonnablement prétendre. Cependant l'idée du mariage, auquel je ne me sentais pas appelé, me faisait frémir.

Je me connaissais trop pour ne pas prévoir que dans un ménage régulier je deviendrais malheureux, et que, par conséquent, avec la meilleure volonté du monde, il me serait impossible de rendre heureuse une femme qui m'aurait confié le soin de son bonheur. Mon incertitude pour me fixer pendant les quatre jours qu'elle m'avait laissés me convainquit que je n'étais pas amoureux d'elle. Malgré cela, telle était ma faiblesse, qu'il me fut impossible de prendre, comme je l'aurais dû, la résolution de rejeter son offre, et moins encore de le lui dire avec une franchise qui n'aurait pu que m'honorer à ses yeux.

Pendant ces quatre jours, ma pensée fut entièrement absorbée dans un seul objet : je me repentais amèrement de l'avoir outragée, car je me sentais pour elle de l'estime et du respect; mais, quoi que je fisse, il me fut impossible de me déterminer à réparer l'outrage que je lui avais fait. L'idée qu'elle me haïrait m'était insupportable, mais celle de m'enchaîner m'était odieuse ; et voilà l'état habituel d'un homme qui se trouve forcé de prendre un parti et qui ne peut s'y résoudre.

Craignant que mon mauvais génie ne m'entraînât à manquer au rendez-vous en me faisant aller malgré moi à l'Opéra ou quelque autre part, je pris la résolution d'aller dîner chez la Lambertini, sans m'être décidé à rien.

La dévote nièce du pape était à la messe lorsque j'arrivai chez elle. Je trouvai Tiretta qui s'amusait à jouer de la flûte ; mais dès qu'il m'aperçut, il quitta l'instrument, courut m'embrasser et me remit l'argent que m'avait coûté son habit.

« Te voilà en fonds, mon ami ; je t'en fais mon compliment.

— Compliment de condoléance, mon cher ; car c'est de l'argent volé, et je me repens de l'avoir, quoique je ne sois pas complice du vol.

— Comment ! de l'argent volé ?

— Oui, on triche ici, et on m'a appris à faire le service ; je prends ma part de ce triste gain par une fausse honte. Mon hôtesse et trois ou quatre femmes de son espèce ruinent les dupes. Ce métier me révolte, et je sens que je n'y tiendrai pas longtemps. Une fois ou l'autre on me tuera, ou je tuerai, et dans l'un et l'autre cas il m'en coûtera la vie ; ainsi je pense sortir le plus tôt possible de ce coupe-gorge.

— Je te le conseille, mon ami, et mieux encore, je t'y engage fortement. Il vaut mieux que tu en sortes aujourd'hui que demain.

— Je ne veux rien brusquer, car M. Le Noir est un galant homme, il est mon ami, et il me croit cousin de cette malheureuse. Comme il ignore son infâme commerce, il se douterait de quelque chose, peut-être même la quitterait-il après avoir appris la raison qui m'aurait fait partir. Dans cinq ou six jours, je trouverai un prétexte, et alors je m'empresserai de retourner auprès de toi. »

La Lambertini me fit compliment d'être venu lui demander à dîner en ami, et elle m'annonça que nous aurions Mlle de la Meure et sa tante. Je lui demandai si elle continuait à être contente de mon ami *Sixfois*, et elle me répondit que, quoique le comte ne logeât pas toujours dans son fief, elle en était pourtant toujours enchantée : « Au reste, ajouta-t-elle, en bonne suzeraine, je n'exige pas trop de mes vassaux. » Je lui en fis compliment, et nous continuâmes à plaisanter jusqu'à l'arrivée des deux convives.

Mlle de la Meure, en me voyant, eut de la peine à dissimuler le plaisir qu'elle éprouvait. Elle était en demi-deuil, et si belle sous ce costume qui relevait la blancheur de sa peau, que je suis encore étonné que ce moment n'ait pas décidé de mon sort.

Tiretta, qui nous avait quitté pour faire sa toilette, vint nous rejoindre, et comme rien ne m'empêchait de montrer du penchant pour l'aimable personne, j'eus pour elle toutes les attentions possibles. Je dis à la tante que je trouvais sa nièce si jolie que je renoncerais au célibat si je pouvais trouver une compagne comme elle.

« Ma nièce, monsieur, est honnête et douce, mais elle n'a ni esprit ni religion.

— Passe pour l'esprit, dit la nièce, mais pour la religion, ma chère tante, c'est un reproche qu'on ne m'a jamais fait au couvent.

— Je le crois, car ce sont des jésuitesses.

— Mais qu'importe, ma tante?

— Beaucoup, ma nièce ; on connaît les jésuites et leurs

adhérents ; ce sont des gens sans religion, et il s'agit de la grâce. Mais parlons d'autres choses. Je désire seulement que tu saches plaire à celui qui sera ton mari.

— Mais, madame, est-ce que mademoiselle est à la veille de se marier ?

— Son futur doit arriver au commencement du mois prochain.

— Est-ce un homme de robe ?

— Non, monsieur, c'est un négociant très à son aise.

— Monsieur Le Noir m'a dit que mademoiselle est fille d'un conseiller, et je n'ai pas supposé que vous voulussiez contracter une mésalliance.

— Ce n'en sera pas une, monsieur ; et puis, qu'est-ce que c'est que mésalliance ? Le futur de ma nièce est noble, puisqu'il est honnête homme, et je suis sûre qu'il ne tiendra qu'à elle d'être parfaitement heureuse avec lui.

— Oui, pourvu que mademoiselle l'aime.

— Oh ! l'amour, cela se trouve avec le temps. »

Cette conversation ne pouvant que faire de la peine à la jeune personne, qui l'écoutait sans rien dire, je fis tomber le discours sur la grande quantité de monde qu'il y aurait à la Grève pour l'exécution de Damien, et, les trouvant toutes très curieuses de voir cet horrible spectacle, je leur offris une ample fenêtre d'où nous pourrions tout voir. Les dames acceptèrent à l'envi, et je leur donnai parole d'aller les prendre assez à temps pour les y mener.

Je n'avais point de fenêtre, mais je savais qu'à Paris, comme partout, avec de l'argent on peut tout avoir. Après le dîner, feignant une affaire, je sortis, et m'étant jeté dans le premier fiacre que je rencontrai, dans un quart d'heure je me trouvais possesseur d'une belle fenêtre que je louais pour trois louis dans un entresol. Je

CHAPITRE XVII

payai d'avance, ayant soin de retirer une quittance avec un dédit de six cents francs.

Mon affaire faite, je me hâtai de rejoindre la société, et je retrouvai mon monde engagé à une partie de piquet. Mlle de la Meure, qui n'y connaissait rien, s'ennuyait à regarder. Je m'approchai d'elle, et ayant à lui parler, nous nous retirâmes à l'autre bout de la salle.

« Votre lettre, ma charmante amie, m'a rendu le plus heureux des mortels ; vous y avez dévoilé un esprit et un caractère qui doivent vous captiver l'adoration de tous les hommes de bon sens.

— Je n'ai affaire que de l'amour d'un seul ; il me suffira d'avoir l'estime des autres.

— Vous serez ma femme, mon angélique amie, et je bénirai jusqu'à mon dernier soupir l'heureuse audace à laquelle je dois la préférence que vous m'accordez sur tant d'autres qui ne vous auraient jamais refusé, même sans les cinquante mille écus qui ne sont rien en comparaison de vos qualités personnelles et de votre sage façon de penser.

— Je suis bien aise que vous ayez cette bonne opinion de moi.

— Pourrait-il en être autrement? Maintenant que vous connaissez mes sentiments, ne précipitons rien, et fiez-vous à moi.

— Vous vous rappellerez ma situation?

— Je ne puis l'oublier. Donnez-moi le temps de prendre une maison, de la meubler et de me mettre en position d'être jugé digne de vous donner mon nom. Songez que je vis encore en chambre garnie, que vous avez des parents et que j'aurais honte d'avoir l'air d'un aventurier dans une démarche de cette importance.

— Vous avez entendu que mon prétendu futur ne doit pas tarder à arriver.

— Oui, cela ne m'a pas échappé.

— Quand il sera ici, soyez sûr que l'on mènera la chose rapidement.

— Mais pas assez pour qu'en moins de vingt-quatre heures je ne puisse vous délivrer de toute tyrannie, sans même que votre tante sache que le coup lui viendra de moi. Je puis vous assurer, ma charmante amie, que le ministre des affaires étrangères, aussitôt qu'il sera certain que vous ne voulez que moi pour époux, vous procurera un asile inviolable dans un des meilleurs couvents de Paris. Ce sera encore lui qui vous donnera un avocat, et si le testament s'exprime d'une manière formelle, votre tante ne tardera pas à devoir vous payer votre dot et à fournir hypothèque pour le reste de l'héritage. Soyez tranquille, et laissez venir le marchand de Dunkerque. Dans tous les cas, vous pouvez compter que je ne vous laisserai point dans l'embarras, et que vous ne serez plus dans la maison de votre tante le jour que l'on désignera pour la signature du contrat.

— Je me rends, et je m'abandonne entièrement à vous ; mais, de grâce, ne mettez pas en ligne de compte une particularité qui blesse trop ma délicatesse. Vous avez dit que je ne vous aurais jamais fait la proposition de m'épouser ou de cesser de me voir, sans la liberté que vous avez prise dimanche dernier.

— Ai-je eu tort ?

— Oui, au moins d'un côté, et vous devez sentir que, sans une puissante raison, j'aurais fait une démarche bien inconsidérée en vous offrant ma main de but en blanc ; mais notre mariage aurait pu arriver par une toute autre direction ; car, il m'est permis de vous le dire actuellement, je vous aurais donné en toute occasion la préférence sur tout le monde. »

Je ne me sentais pas d'aise, et, lui saisissant la main,

je la lui baisai à diverses reprises avec tendresse et respect, et je suis persuadé que si dans l'instant nous avions eu un notaire et un prêtre autorisé à nous donner la bénédiction nuptiale, je n'aurais pas tardé un moment à l'épouser.

Absorbé dans notre tendresse, et pleins de nous-mêmes comme le sont toujours les amoureux tête à tête, nous ne faisions pas attention à l'horrible tapage, que l'on faisait à l'autre bout de la salle. Croyant devoir m'en mêler, je quittai ma future, et je me rapprochai de la compagnie pour calmer Tiretta.

Je vis sur la table une cassette ouverte remplie de bijoux de tout prix, et deux hommes qui se disputaient avec Tiretta qui tenait un livre à la main. Je vis d'abord qu'il s'agissait d'une loterie; mais pourquoi se disputait-on? Tiretta me dit que ces deux messieurs étaient des fripons qui leur avaient gagné trente ou quarante louis moyennant ce livre qu'il me remit.

« Monsieur, dit l'un des deux joueurs, ce livre contient une loterie, où tout est calculé de la manière la plus loyale. Il est composé de douze cents feuilles, dont deux cents sont gagnantes ; il y en a mille qui sont vides. Chaque feuillet gagnant est suivi de cinq feuillets perdants. La personne qui veut jouer doit donner un écu, et mettre la pointe d'une épingle au hasard entre les feuillets du livre fermé. On ouvre le livre à l'endroit de l'épingle, et si la feuille est blanche, le joueur perd ; si au contraire la feuille porte un numéro, on lui donne le lot correspondant, ou on lui en paye la valeur qui se trouve indiquée à côté de l'objet gagné. Remarquez, monsieur, que le moindre lot coûte douze francs, et qu'il y a des lots qui vont jusqu'à six cents, et même un de la valeur de douze cents francs. Depuis une heure que la société joue, nous avons perdu plusieurs objets de prix, et madame, en désignant la tante de ma belle amie, a gagné une bague de six louis ; mais comme elle a préféré l'argent à l'objet, en continuant à jouer, elle les a reperdus.

— Oui, dit la tante, je les ai perdus ; et ces messieurs avec leur maudit jeu ont gagné tout le monde. C'est une preuve que leur jeu n'est qu'une pure déception.

— C'est une preuve, dit Tiretta, que ces messieurs sont des fripons.

— Mais, messieurs, dans ce cas les receveurs de la loterie de l'école militaire le sont donc aussi, » dit l'un des joueurs.

A ces mots, Tiretta lui lance un soufflet. Je me jette entre les deux champions et je leur impose silence pour finir l'affaire.

« Toutes les loteries, leur dis-je, sont avantageuses aux tenants ; mais celle de l'école militaire a le roi pour chef, et j'en suis le principal receveur. En cette qualité, je confisque cette cassette et je vous laisse le choix : ou rendez à toute la compagnie l'argent que vous avez illicitement gagné, et je vous laisse partir en vous rendant votre caisse ; ou bien je vais envoyer chercher un exempt de police qui vous conduira en prison à ma réquisition, et demain M. Berier jugera l'affaire, car c'est à lui-même que je porterai ce livre demain matin. Nous verrons si, parce que vous êtes des fripons, nous sommes obligés de nous reconnaître pour tels. »

Voyant qu'ils avaient à faire à forte partie et qu'ils ne pourraient que perdre à résister, ils se déterminèrent d'assez bonne grâce à débourser tout l'argent qu'ils avaient gagné, et peut-être même le double ; car ils furent obligés de restituer quarante louis, quoiqu'ils jurassent n'en avoir gagné que vingt. La société était trop bien composée, pour que je me permisse de décider. Le fait est que je croyais assez l'assertion de ces deux escrocs ;

CHAPITRE XVII

mais j'étais fâché, et je voulais qu'ils payassent d'avoir eu la hardiesse de faire une comparaison, très juste au fond, mais qui me déplaisait souverainement. Ce fut sans doute aussi le ressentiment qui m'empêcha de leur remettre leur livre, que je n'avais nul droit de garder, et qu'ils me supplièrent en vain de leur rendre. Le ton que je prenais à leur égard, mon air d'assurance, les menaces que je leur fis et peut-être aussi la peur de la participation active que la police aurait pu prendre dans notre contestation, tout cela fit qu'ils se crurent heureux de rattraper leur cassette intacte. Dès qu'ils furent partis, ces dames, bons apôtres, commencèrent à s'apitoyer sur leur compte.

« Vous auriez bien pu, me dirent-elles, leur rendre leur grimoire.

— Oui, mesdames, comme vous leur argent.

— Mais ils nous l'avaient gagné illicitement.

— Tout ? Et puis c'est aussi illicitement qu'ils on fait usage de leur grimoire; en le leur prenant, je leur ai rendu service. »

Elles sentirent l'hyperbole, et la conversation tomba sur autre chose.

Le lendemain de bon matin mes deux joueurs de loterie vinrent me trouver, et pour me fléchir, ils me firent présent d'une belle cassette contenant vingt-quatre figures délicieuses en porcelaine de Saxe. Cet argument était irrésistible, et je crus devoir leur rendre leur livret, non toutefois sans les menacer de les faire emprisonner, s'ils osaient continuer leur genre de commerce à Paris. Ils me promirent de s'en abstenir, quoique, sans doute, bien résolus à ne pas tenir parole ; mais je m'en souciais peu.

Possesseur d'un présent riche pour un amateur, je me décidai à l'offrir à Mlle de la Meure, et je fus le lui porter le jour même. Je fus accueilli à merveille, et la tante me combla de remercîments.

Le 28 mars, jour du martyre de Damien, j'allai de bonne heure prendre les dames chez la Lambertini, et comme ma voiture nous contenait à peine, je pris sans difficulté ma charmante amie sur mes genoux et nous nous rendîmes ainsi à la place de Grève. Les trois dames, se serrant tant qu'elles purent, se placèrent de leur mieux sur le devant de la fenêtre, se tenant inclinées, en s'appuyant sur leurs bras pour ne pas nous empêcher de voir par-dessus leurs têtes. Cette fenêtre avait deux marches ou gradins, et les dames étaient perchées sur le second. Afin de pouvoir regarder par-dessus, nous étions obligés de nous tenir sur la même marche, car de la première, nous n'aurions pas dépassé leur hauteur. Ce n'est pas sans motif que je donne ces détails à mes lecteurs, car, sans cela, il serait difficile de deviner des détails que je suis obligé de leur taire.

Nous eûmes la constance de rester quatre heures à cet horrible spectacle. Le supplice de Damien est trop connu pour que j'en parle, d'abord parce que le récit en serait trop long, et puis parce que de pareilles horreurs outragent la nature. Damien était un fanatique qui, croyant faire une bonne œuvre et mériter le ciel, avait tenté d'assassiner Louis XV, et quoiqu'il ne lui eût fait qu'une légère écorchure, il fut tenaillé comme si le crime avait été consommé.

Pendant le supplice de cette victime des jésuites, je fus forcé de détourner la vue et de me boucher les oreilles quand j'entendis ses cris déchirants, n'ayant plus que la moitié de son corps ; mais la Lambertini et la grosse tante ne firent pas le moindre mouvement ; était-ce un effet de la cruauté de leur cœur ? Je dus faire semblant de les croire, lorsqu'elles me dirent que l'horreur que leur in-

CHAPITRE XVII

spirait l'attentat de ce monstre les avaient empêchées de sentir la pitié que devait nécessairement exciter la vue des tourments inouïs qu'on lui fit souffrir. Le fait est que Tiretta tint la dévote tante singulièrement occupée pendant tout le temps de l'exécution ; et peut-être fut-il la cause que cette vertueuse dame n'osa faire aucun mouvement, ni même détourner la tête.

Se trouvant placé très près derrière elle, il avait eu la précaution de retrousser sa robe pour ne point y mettre les pieds dessus; c'était dans l'ordre, sans doute, mais bientôt, ayant fait un mouvement involontaire de leur côté, je m'aperçus que Tiretta avait pris trop de précautions, et ne voulant ni interrompre mon ami ni gêner la dame, je détournai la tête et me plaçai, sans affectation, de manière que ma belle amie ne pût rien apercevoir ; cela mettait la bonne dame à son aise. J'entendis des froissements pendant deux heures de suite, et trouvant la chose fort plaisante, j'eus la constance de ne point bouger pendant tout le temps. J'admirai en moi-même plus encore le bon appétit que la hardiesse de Tiretta; mais j'admirai encore davantage la belle résignation de la dévote tante.

Quand à la fin de cette longue séance, je vis Mme** se tourner, je me retournai aussi, et fixant Tiretta, je le vis frais, gai et tranquille comme si de rien n'était ; mais la chère tante me parut pensive et plus sérieuse que d'ordinaire. Elle s'était trouvée dans la fatale nécessité de dissimuler et de se laisser faire, crainte de faire rire la Lambertini et de scandaliser sa jeune nièce en lui découvrant des mystères qu'elle devait ignorer.

Nous partîmes, et ayant descendu la nièce du pape à sa porte, je la priai de me céder Tiretta pour quelques heures, et je conduisis Mme** à sa demeure, rue Saint-André-des-Arts, où elle me pria de l'aller voir le lendemain matin, ayant quelque chose à me communiquer. Je remarquai qu'en nous quittant elle ne salua pas mon ami. Nous allâmes dîner chez Laudel, à l'hôtel de Russie, où l'on faisait excellente chère à six francs par tête ; je pensai que mon fou devait avoir grand besoin de réparer ses forces.

« Qu'as-tu fait derrière Mme **? lui dis-je.

— Je suis sûr que tu n'as rien vu, ni personne.

— Ni personne, c'est possible ; mais moi, ayant vu le commencement de tes manœuvres, et prévoyant ce qui allait s'ensuivre, je me suis placé de façon que vous ne pussiez être découverts ni de la Lambertini, ni de la jolie nièce. Je devine où tu t'es arrêté et je t'avoue que j'admire ton gros appétit. Mais il paraît que la pauvre victime est courroucée.

— Oh! mon ami, minauderie de femme surannée. Elle peut bien faire semblant d'être fâchée, mais puisqu'elle s'est tenue parfaitement tranquille pendant deux heures que la séance a duré, je suis persuadé qu'elle est prête à recommencer.

— Au fond, je le crois aussi ; mais son amour-propre peut lui faire croire que tu lui as manqué de respect, et effectivement.

— De respect, mon ami? mais ne faut-il pas toujours manquer de respect aux femmes quand on veut en venir là?

— Je le sais bien ; mais seuls, tête à tête, ou exposés comme vous l'étiez, c'est bien différent.

— Oui, mais l'acte étant consommé à quatre reprises différentes, et sans opposition, ne dois-je pas préjuger d'un consentement parfait?

— Ta logique est fort bonne, mais tu vois qu'elle te boude. D'ailleurs, elle veut me parler demain, et tu seras mis sur le tapis.

— C'est possible, mais je ne suppose pas qu'elle te parle de ce badinage. Elle serait folle.

— Pourquoi non ! Ne connais-tu pas les dévotes ? Élevées à l'école des jésuites, qui souvent leur donnent de bonnes leçons sur ce sujet, elles sont enchantées de saisir l'occasion de faire des confessions pareilles à un tiers, et ces confessions bien assaisonnées de larmes de commande, principalement quand elles sont laides, leur donnent à leurs propres yeux un vernis de béatitude.

— Eh bien ! mon ami, qu'elle t'en parle ; nous verrons.

— Il se peut qu'elle prétende une satisfaction, et je m'en mêlerai avec plaisir.

— En vérité, tu me fais rire ! car je ne vois pas quelle satisfaction elle pourrait prétendre, à moins qu'elle ne voulût me punir par la loi du talion : ce qui n'est guère possible, à moins de s'exposer à la récidive. Si le jeu n'avait pas été de son goût, elle n'aurait eu qu'à me donner un coup de pied qui m'aurait fait tomber à la renverse.

— Mais alors elle aurait découvert la tentative.

— Eh bien ! le moindre mouvement ne suffisait-il pas pour la rendre nulle ! mais douce comme un mouton, et se prêtant à merveille, jamais rien de plus aisé.

— L'affaire est tout à fait risible. Mais as-tu fait attention que la Lambertini te boude aussi ? Elle a peut-être vu la chose, et elle en est offensée.

— La Lambertini me boude pour une autre raison ; car je lui ai rompu en visière, et je délogerai ce soir.

— Tout de bon ?

— Sur ma parole ; voici l'histoire. Hier soir, un jeune homme employé aux fermes, qu'une vieille friponne génoise a conduit à souper chez nous, après avoir perdu quarante louis aux petits paquets, jeta les cartes au nez de mon hôtesse en l'appelant voleuse. Dans un premier mouvement, je pris le flambeau et je lui éteignis la bougie sur la figure, au risque de lui crever un œil; je l'attrapai heureusement à la joue. Il courut à son épée; j'avais déjà dégainé la mienne, et si la Génoise ne se fût jetée entre nous, un meurtre aurait pu s'ensuivre. Ce malheureux, en voyant sa joue au miroir, devint si furieux, qu'on ne put l'apaiser qu'en lui rendant son argent. Elles le lui rendirent malgré mon instance, car la restitution ne pouvait se faire qu'en avouant, tacitement au moins, qu'on le lui avait gagné par tricherie. Cela donna lieu à une dispute très aigre entre la Lambertini et moi après le départ du jeune homme. Elle me dit qu'il ne serait rien arrivé, et que nous tiendrions les quarante louis, si je ne m'en étais pas mêlé; que c'était elle et non moi que le jeune homme avait insultée. La Génoise ajouta qu'avec du sang-froid nous l'aurions eu pour longtemps, tandis qu'à présent, Dieu seul savait ce qu'il allait faire avec la tache de la brûlure à la figure. Ennuyé des discours infâmes de ces deux prostituées, je les envoyai *faire paître*: mais mon hôtesse, montant sur ses hauts talons, se permit de me dire que je n'étais qu'un gueux.

Sans l'arrivée de M. Le Noir, j'allais lui faire passer un mauvais quart d'heure, car j'avais déjà pris ma canne. A la vue de M. Le Noir, elles me dirent de me taire, mais j'avais la tête montée, et me tournant vers cet honnête homme, je lui dis que sa maîtresse m'avait traité de gueux, qu'elle n'était qu'une prostituée, que je n'étais pas son cousin ni son parent le moins du monde, et que je délogerais aujourd'hui. En achevant cette rapide tirade, je suis sorti et j'ai été m'enfermer dans ma chambre. Dans une couple d'heures j'irai prendre mes hardes, et demain matin je déjeunerai avec toi. »

Tiretta avait raison, il avait l'âme noble, et quelques étourderies de jeunesse ne devaient pas être la cause qu'il

CHAPITRE XVII

se jetât dans le bourbier du vice. Aussi longtemps que l'homme n'a point commis d'action flétrissante, aussi longtemps que son cœur n'est point complice des égarements de sa tête, il peut rentrer avec honneur dans la voie du devoir. J'en dirais autant de la femme, si le préjugé ne parlait pas trop haut, et si la femme n'agissait pas par le cœur beaucoup plus que par la tête.

Nous nous séparâmes après avoir bien dîné et sablé du sillery délicieux, et je passai la soirée à écrire. Le lendemain matin je fis quelques courses, et à midi je me rendis chez l'affligée dévote que je trouvai avec sa ravissante nièce. Nous causâmes un instant de la pluie et du beau temps, puis elle dit à mon amie de nous laisser seuls, parce qu'elle avait à me parler. Je m'étais préparé à la scène, et j'attendis sans mot dire qu'elle rompît le silence que toute femme à sa place ne manque pas d'observer pendant quelques instants.

« Vous allez être surpris, monsieur, du discours que je vais vous tenir et des confidences que je vais vous faire, car c'est une plainte d'une nature inouïe que je me suis déterminée à vous porter. Le cas est assurément des plus délicats, et, pour me décider, il n'a rien fallu moins que l'idée que j'ai conçue de vous la première fois que je vous ai vu. Je vous crois sage, discret, homme d'honneur surtout et de bonnes mœurs ; enfin je vous crois rempli de véritable religion ; si je me trompe, il arrivera des malheurs, car offensée comme je le suis et ne manquant pas de moyens, je saurai me venger, et comme vous êtes son ami, vous en serez fâché.

— Est-ce de Tiretta, madame, dont vous vous plaignez ?

— Oui, de lui-même.

— Et de quoi s'est-il rendu coupable à votre égard ?

— C'est un scélérat qui m'a fait un affront qui n'a pas d'exemple.

— Je ne l'en aurais pas cru capable.

— Je le crois, parce que vous avez de bonnes mœurs.

— Mais de quelle espèce est l'affront dont vous vous plaignez? Comptez sur moi, madame.

— Monsieur, je ne vous le dirai pas, la chose n'est pas possible, mais j'espère que vous le devinerez. Hier, au supplice de ce maudit Damien, il a, pendant deux heures de suite, étrangement abusé de la position dans laquelle il se trouvait derrière moi.

— J'entends ; je devine ce qu'il a pu faire, et vous pouvez vous dispenser de m'en dire davantage. Vous avez raison d'être fâchée, et je le condamne, car c'est une supercherie ; mais permettez que je vous dise que le cas n'est pas sans exemple ; qu'il n'est pas même rare ; je crois même qu'on peut le pardonner soit à l'amour, soit au hasard de la situation, au trop grand voisinage de l'ennemi tentateur, et surtout quand le pécheur est jeune et ardent. C'est au reste un crime qu'on peut réparer de bien des façons, pourvu que les parties s'accordent. Tiretta est garçon, il est gentilhomme, il est beau et au fond très honnête ; et un mariage est fort faisable. »

J'attendais une réponse ; mais, voyant que l'offensée gardait le silence, ce qui me paraissait de bon augure, je continuai :

« Si le mariage ne répond pas à votre manière de penser, il peut réparer la faute par une amitié constante, qui vous prouvera son repentir et qui méritera votre indulgence. Réfléchissez, madame, que Tiretta est homme, et par conséquent sujet à toutes les faiblesses de l'humanité. Songez aussi que vous êtes coupable.

— Moi, monsieur ?

— Oui, madame, mais innocemment ; car vous n'êtes point directement la cause que vos charmes aient égaré ses sens. Cependant je ne fais aucun doute que, sans leur influence, la chose ne serait pas arrivée ; et je crois que cette circonstance peut contribuer à lui faire obtenir son pardon.

— Pardon ? Vous êtes, monsieur, un habile plaideur ; mais j'aime à vous rendre justice et à reconnaître que ce que vous venez de me dire part d'une âme chrétienne. Cependant tout votre raisonnement est fondé sur une fausse supposition. Vous ignorez le fait ; mais comment le devinerait-on. »

Mme **, versant alors des larmes, me mit aux champs. Je ne savais que me figurer. « Lui aurait-il volé sa bourse, me disais-je ; il n'en est pas capable, ou je lui brûlerais la cervelle. Attendons. »

Bientôt la dévote affligée essuya ses larmes et poursuivit ainsi :

« Vous imaginez un crime que, par un effort, on pourrait encore combiner avec la raison, et y trouver, j'en conviens, une réparation convenable ; mais ce que le brutal m'a fait est une infamie à laquelle je voudrais pouvoir m'abstenir de penser, car c'était de quoi me faire devenir folle.

— Grand Dieu ! Qu'entends-je ! Je frémis ! Dites-moi, de grâce, si j'y suis ?

— Je crois que oui, car je pense qu'on ne saurait imaginer rien de pire. Je vous vois ému, mais la chose est pourtant ainsi. Pardonnez à mes larmes et n'en cherchez la source que dans mon dépit et dans la honte dont je me sens couverte.

— Et dans la religion ?

— Aussi, certainement. C'est même le principal, et je ne l'omettais que dans la crainte que vous n'y fussiez pas aussi attaché que moi.

— Tant que je puis, Dieu soit loué, et rien se saurait m'en détacher.

— Disposez-vous donc à souffrir que je me damne, car je veux me venger.

— Non, renoncez à ce projet, madame; je ne pourrais jamais en être le complice, et si vous n'y renoncez pas, souffrez au moins que je l'ignore. Je vous promets de ne lui rien dire, quoique, logeant chez moi, les saintes lois de l'hospitalité m'obligent à l'en avertir.

— Je le croyais logé avec la Lambertini.

— Il en est sorti hier. Il y avait du crime. C'était un nœud scandaleux; je l'ai retiré du précipice.

— Que me dites-vous?

— La vérité tout entière.

— Vous m'étonnez! Vous m'édifiez! Je ne veux pas sa mort, monsieur; mais convenez qu'il me faut une satisfaction.

— J'en conviens. On ne traite pas une Française aimable à l'italienne sans réparer sa faute d'une manière éclatante; mais je ne trouve pas de satisfaction équivalente à l'insulte. Je n'en connais qu'une, et je me fais fort de vous la procurer, si vous voulez vous en contenter.

— Et quelle est-elle?

— Je mettrai par surprise le coupable entre vos mains, et je vous le laisserai tête à tête, exposé à toute votre colère; mais à condition que, sans qu'il le sache, je me trouverai dans la chambre voisine; car je dois me répondre à moi-même que sa vie ne courra aucun danger.

— J'y consens. Ce sera dans cette chambre que vous vous tiendrez, et vous me le laisserez dans l'autre, où je vous recevrai; mais qu'il ne s'en doute pas.

— Pas le moins du monde. Il ne saura pas même que je le conduis chez vous, car il ne faut pas qu'il sache que je suis informé de sa perfidie. Dès qu'il sera ici et que la conversation sera engagée sur un objet quelconque, je sortirai sous un prétexte en l'air.

CHAPITRE XVII

— Quand comptez-vous me l'amener ? Il me tarde de le confondre. Je le ferai trembler. Je suis curieuse d'entendre les raisons qu'il me baragouinera pour justifier un pareil excès.

— Je ne sais, mais il est possible que votre présence le rende éloquent, et je le désire ; car il me serait doux de vous voir satisfaits l'un de l'autre. »

Elle m'obligea à dîner avec elle et l'abbé Des Forges, qui arriva à une heure. Cet abbé était un élève du fameux évêque d'Auxerre, qui vivait encore. Je parlai si bien de la grâce pendant le dîner, je citai tant saint Augustin, que l'abbé et la dévote me prirent pour un zélé janséniste, ce qui était en tout contraire à l'apparence. Ma chère amie, l'aimable nièce, ne me regarda pas une seule fois pendant tout le repas, et, lui supposant des raisons, je ne lui adressai pas une seule fois la parole.

Après le dîner, qui, par parenthèse, fut excellent, je promis à l'offensée de lui remettre le coupable, pieds et poings liés, le lendemain en sortant de la comédie, où je le mènerais. Je lui dis de plus, afin de la mettre tout à fait à son aise, que je viendrais à pied, certain que le soir il ne reconnaîtrait pas la maison.

Dès que j'eus rejoint Tiretta, prenant un air sério-comique, je lui reprochai l'horrible action dont il s'était rendu coupable envers une femme dévote et respectable de tous les côtés ; mais le fou se prit à rire, et j'aurais perdu mon latin à le morigéner.

« Quoi ! elle a pu se déterminer à te dévoiler le fait ?

— Tu ne nies donc pas le fait ?

— Si elle le dit, je ne me crois pas autorisé à lui donner un démenti ; mais je jure sur mon honneur que j'en suis incertain. Dans la position où j'étais, il m'est impossible de savoir dans quel appartement j'ai été me loger. Au reste, je la calmerai, car je tâcherai d'être court, pour ne pas la faire attendre.

— Court! garde-t'en bien ; tu gâterais l'affaire. Sois le plus long possible ; cela lui sera agréable ; d'ailleurs, c'est ton intérêt. Ne te presse pas ; j'y gagnerai aussi ; car je suis sûr de ne pas m'ennuyer tandis que tu métamorphoseras sa colère en un plus doux sentiment. Souviens-toi que tu dois ignorer que je suis dans la maison ; et si par hasard tu venais à ne rester avec elle que peu de temps, ce que je ne crois pas, prends un fiacre et va-t'en. Tu sens bien que la moindre politesse que la dévote me doive est de ne pas me laisser sans feu et sans compagnie. N'oublie pas qu'elle est comme toi de bonne naissance. Ces femmes de qualité, qui n'ont pas de meilleures mœurs que les autres, parce qu'elles sont bâties de même, veulent pourtant des égards qui flattent leur orgueil. Elle est riche, elle est dévote et de plus voluptueuse ; tâche de captiver son amitié, mais non pas *tête-à-nuque*, mais bien *de faciem ad faciem*, comme dit le roi de Prusse [1]. Tu feras peut-être un coup de fortune.

— Si elle demande pourquoi tu as quitté la nièce du pape, garde-toi de lui en dire la raison, ni d'en supposer une. Ta discrétion lui plaira. Tâche enfin de bien expier la noirceur de ta faute.

— Je n'ai qu'à lui dire la vérité ; je suis entré en aveugle.

— La raison est unique, et une Française peut bien la croire bonne. »

Le lecteur n'a pas besoin que je lui dise que je rendis à Tiretta un fidèle compte de mon entretien avec la matrone. Si quelques âmes timorées allaient se récrier sur ce manque de bonne foi, je leur dirais qu'il y avait res-

---

1. D'Alembert a osé corriger le grand roi ; j'en aurais fait autant avec aussi peu de réflexion ; car quel besoin a un roi de savoir le latin?

triction mentale dans mes promesses, et ceux qui connaîtront un tant soit peu la morale des enfants d'Ignace, sauront bien que cela me met parfaitement à mon aise.

Tout étant bien arrangé avec mon ami, nous allâmes à l'Opéra le lendemain, et de là nous nous rendîmes à pied chez la vertueuse offensée, qui nous reçut avec un grand ton de dignité, mais avec une certaine aménité de manières qui me parut de fort bon augure.

« Je ne soupe jamais, nous dit-elle : mais si vous m'aviez prévenue de votre arrivée, messieurs, j'aurais eu soin de vous faire trouver quelque chose. »

Après lui avoir appris toutes les nouveautés que j'avais entendu débiter au foyer, je feignis une affaire, et je la priai de me permettre de la laisser pour quelques instants avec mon ami. « Si je tarde un quart d'heure, mon cher comte, ne m'attends plus. Prends un fiacre pour te retirer et demain nous nous reverrons. »

Au lieu de descendre, je me dirigeai vers la chambre voisine qui avait une entrée sur le corridor, et deux minutes après je vis entrer ma charmante amie, portant un flambeau, et qui fut agréablement surprise de me voir.

« Je ne sais si je rêve, me dit-elle, mais ma tante m'a dit de ne point vous laisser seul et de dire à la femme de chambre de ne monter que lorsqu'elle sonnerait. Vous avez votre ami avec elle, et elle m'a ordonné de parler bas, parce qu'il ne doit pas savoir que vous êtes ici. Puis-je savoir ce que signifie cette singulière histoire ?

— Vous êtes donc curieuse ?

— Mais je l'avoue, en ceci, je le suis ; car tout ce mystère est bien fait pour exciter la curiosité.

— Vous saurez tout, mon ange ; mais il fait froid.

— Ma tante m'a ordonné de faire bon feu ; elle est tout à coup devenue généreuse, même prodigue ; car voyez, des bougies.

— C'est donc du nouveau ?

— Oh! très nouveau, assurément. »

Dès que nous fûmes installés devant le feu, je me mis à lui conter toute l'aventure, ce qu'elle écouta avec toute l'attention dont une jeune fille est capable en pareille matière ; mais, ayant cru devoir un peu gazer le sujet, elle ne comprit pas bien l'espèce de crime dont Tiretta s'était rendu coupable. Je ne fus pas fâché de devoir lui expliquer la chose en termes précis, et pour rendre la peinture plus expressive, j'y ajoutai le langage du geste, ce qui la fit rire et rougir tout à la fois. Je lui dis ensuite qu'ayant dû ménager à sa tante une satisfaction, une réparation de l'outrage dont elle se plaignait, j'avais arrangé la chose de façon que j'étais sûr de me trouver seul avec elle tout le temps que mon ami l'occuperait. Là-dessus je me mis à inonder sa jolie figure de baisers amoureux, et comme je ne me permettais aucune autre liberté, elle reçut mes embrassements comme des témoignages de ma tendresse et de la pureté de mes sentiments.

« Mon ami, me dit-elle, ce que vous m'avez dit me confond, et il y a deux choses que je ne saurais comprendre. Comment Tiretta a-t-il fait pour commettre avec ma tante un crime que je conçois possible quand il y a accord de la partie attaquée, mais que je crois impossible sans son consentement ? ce qui me ferait croire que, si le crime a été consommé, c'est qu'elle l'a bien voulu.

— C'est très juste, car pour rendre la chose impossible, elle n'avait qu'à changer de posture.

— Et même sans cela, car il me semble qu'il ne tenait qu'à elle de tenir la porte close.

— En cela, chère amie, vous vous trompez, car un homme comme il faut ne demande que la constance de position, et alors la barrière se trouve bientôt franchie Et puis, ma chère, je ne crois pas que chez votre tante la porte soit aussi bien close qu'elle l'est sans doute chez vous.

— Je crois que je défierais tous les Tiretta du monde.

— La seconde chose que je ne conçois pas, c'est que ma dévote tante ait pu vous rendre compte de cet affront, car, si elle avait eu de l'esprit, elle aurait dû prévoir que cela n'aurait fait que vous faire rire. Et puis, quelle espèce de satisfaction peut-elle prétendre d'un fou brutal qui peut-être n'attache à tout cela pas la moindre importance? Je crois qu'il aurait tenté de faire le même affront à toute femme qui se serait trouvée à la place de ma tante.

— Vous pensez fort juste sur ce point, car il m'a dit qu'il était entré en aveugle, ne sachant pas où il allait.

— C'est un drôle d'animal que votre ami, et si tous les hommes lui ressemblaient, je me sens bien sûre que je n'aurais pour eux que du mépris.

— Pour ce qui est de la réparation que votre tante peut se promettre, et que peut-être elle se flatte d'obtenir, elle ne m'en a rien dit, mais elle peut se deviner; et, si je ne me trompe, elle consistera dans une déclaration d'amour que mon ami lui fera dans les formes, et qu'il expiera son crime, qu'il mettra sur le compte de l'ignorance, en devenant son amant dans toutes les règles, et sans doute que la noce aura lieu cette nuit.

— Oh! pour le coup l'histoire devient plaisante. Je n'en crois rien. Ma chère tante est très éprise de son salut, et puis comment voulez-vous que ce jeune homme soit amoureux d'elle, ou qu'il puisse en jouer le rôle ayant sous les yeux une figure comme la sienne? Passe pour sa folie, il ne la voyait pas. Avez-vous jamais vu un visage aussi dégoûtant que celui de ma tante? Une peau couperosée, des yeux qui distillent de la cire fondue, des dents et une haleine capables de décourager chaque homme. Elle est hideuse.

— Ce sont des bagatelles, mon cœur, pour un gaillard de vingt-cinq ans. À cet âge, on est toujours prêt à livrer un assaut. Ce n'est pas comme moi qui ne puis être homme que par des charmes comme les vôtres, et qu'il me tarde de posséder légitimement.

— Vous trouverez en moi l'épouse la plus tendre, et je suis sûre de parvenir à captiver votre cœur de manière à n'avoir pas à craindre de le perdre. »

Une heure s'était déjà écoulée dans cette agréable conversation, et Tiretta était encore avec la tante. J'en augurai bien pour la réconciliation, et je jugeai que l'affaire était devenue sérieuse. J'en fis part à ma charmante compagne, et je lui dis de me donner quelque chose à manger.

« Je ne puis vous donner, me dit-elle, que du pain, du fromage, du jambon et du vin que ma tante dit être délicieux.

— Apportez vite tout cela ; car je tombe d'inanition. »

Leste comme une biche, elle couvre une petite table, met deux couverts et y place dessus tout ce qu'elle avait. C'était du fromage de Roquefort délicieux et un jambon glacé excellent. Il y avait de quoi satisfaire dix personnes bien disposées ; pourtant je ne sais comment nous nous y prîmes, mais le fait est que tout disparut avec deux bouteilles d'un chambertin qu'il me semble déguster encore. Le plaisir brillait dans les yeux de ma belle maîtresse. Oh ! que le chambertin et le roquefort sont d'excellents mets pour restaurer l'amour et pour porter à prompte maturité un amour naissant !

— N'êtes-vous pas curieuse de savoir ce que votre tante fait depuis deux heures et demie qu'elle est seule avec M. *Sixfois* ?

— Ils jouent peut-être ; mais il y a un petit trou et je vais voir... Je ne vois que les bougies qui ont la mèche longue d'un pouce.

— Ne vous l'ai-je pas dit ? Donnez-moi une couverture je me coucherai sur ce canapé ; et vous, ma chère amie, allez vous coucher. Mais montrez-moi votre lit. »

Elle me fit entrer dans sa petite chambre, où je vis un joli lit, un prie-Dieu et un grand crucifix.

« Votre lit est trop petit pour vous, mon cœur.

— Oh ! mon Dieu, non, j'y suis très à l'aise. »

En disant cela, elle se coucha de tout son long.

— Quelle charmante femme j'aurai ! Ah ! ne bougez pas, laissez-moi vous contempler ainsi. Et ma main de presser un petit corset, véritable prison de deux globes qui semblaient gémir de leur captivité. Je vais plus loin, je délace... car où s'arrête le désir !

— Mon ami, je ne puis me défendre ; mais ensuite vous ne m'aimerez plus.

— Toute ma vie. »

Bientôt la gorge la plus belle fut en proie à mes ardentes caresses. Ma flamme alluma la sienne, et ne se connaissant plus, elle m'ouvrit ses bras, me faisant promettre de la respecter, et que ne promet-on pas ? A-t-on le temps de savoir si l'on promet dans ces moments de délire ! La pudeur inhérente au sexe, la crainte des résultats, un certain instinct peut-être qui leur révèle l'inconstance naturelle à l'homme, peut bien porter les femmes à demander ces promesses ; mais quelle est l'amante, si elle aime bien, qui puisse songer à sommer son amant de la respecter dans ces instants où l'amour a absorbé toutes les facultés de la raison, dans ces moments où toute l'existence est concentrée dans l'accomplissement du désir dont on se sent consumé ? Il n'y en a pas.

Après avoir passé une heure dans ces badinages amoureux qui l'enflammèrent, d'autant mieux que c'était la première fois où ses charmes avaient été exposés au contact des lèvres ardentes d'un homme et aux badinages d'une main libertine, je suis, lui dis-je, au désespoir de devoir te quitter sans avoir rendu à tes charmes le principal hommage qu'ils méritent.

Un soupir fut sa réponse.

Il faisait froid, le feu était éteint et je devais passer la nuit sur le canapé.

« Donne-moi une couverture, mon ange, que je m'éloigne de toi ; car je mourrais ici et de froid et d'amour, si tu me forçais à vivre d'abstinence.

— Couche-toi à ma place, mon ami, je vais aller rallumer le feu. »

Elle se lève nue et ravissante ; elle met un fagot au feu, la flamme pétille : je me lève, je la trouve dans la position la plus faite pour dessiner ses formes ; je n'y tiens pas, je la presse dans mes bras ; elle me rend caresses pour caresses, et nous nous plongeâmes dans la volupté jusqu'au point du jour.

Nous avions passé quatre à cinq heures délicieuses sur le canapé. Elle me quitta, fit un bon feu, et puis elle alla se coucher dans sa chambre, et je restai sur le canapé où je dormis d'un profond sommeil jusqu'à midi. Je fus réveillé par Mme **, qui se montra dans un galant déshabillé.

« Vous dormez encore, monsieur Casanova ?

— Ah ! bonjour, madame. Eh bien ! qu'est devenu mon ami ?

— Il est devenu le mien.

— Est-ce bien vrai, madame ?

— Tout à fait vrai ; je lui ai pardonné.

— Et comment a-t-il fait pour mériter un pardon si généreux ?

— Il m'a donné les preuves évidentes qu'il s'est trompé.

— J'en suis véritablement ravi. Où est-il?

— Il s'est retiré ; vous le trouverez chez lui ; mais ne lui dites pas que vous avez passé la nuit ici, car il croirait que vous l'avez passée avec ma nièce. Je vous suis infiniment obligée, et j'ai besoin de votre indulgence, et surtout de votre discrétion.

— Vous pouvez y compter tout à fait, car je crois vous devoir de la reconnaissance pour avoir pardonné à mon ami.

— Et comment non? Ce cher jeune homme est quelque chose au-dessus des mortels. Si vous saviez comme il m'aime! Je lui suis reconnaissante, et je l'ai pris en pension pour un an : il sera bien logé, bien nourri, et le reste.

— Disposition charmante, et vous avez, je pense, réglé le prix de la pension?

— Cela se règle à l'amiable, et nous ne recourrons pas aux arbitres. Nous partirons aujourd'hui pour la Villette, où j'ai une jolie petite maison ; car vous sentez que dans le commencement, il faut agir de manière à ne donner aux mauvaises langues que le moins de prise possible. Là, mon ami aura tout ce qui pourra lui être agréable, et vous, monsieur, toutes les fois que vous daignerez nous réjouir de votre présence, vous y trouverez une jolie chambre et un bon lit. Je suis seulement fâchée d'une chose, c'est que vous vous y ennuyerez, car ma pauvre nièce est si maussade.

— Votre nièce, madame, est fort aimable, et elle m'a donné hier soir un délicieux souper et m'a tenu bonne compagnie jusqu'à trois heures du matin.

— En vérité? je l'admire; car où a-t-elle trouvé quelque chose, puisqu'il n'y avait rien?

— Je ne sais. madame, mais elle m'a donné un souper délicieux, dont il n'est rien resté, et après m'avoir fait bonne compagnie, elle est allée se coucher, et moi j'ai parfaitement reposé sur cet excellent canapé.

— Je suis ravie que tout se soit passé à votre satisfaction, comme à la mienne ; mais je n'aurais pas cru ma nièce susceptible de tant d'esprit.

— Elle en a beaucoup, madame, au moins à mes yeux.

— Vous êtes connaisseur ; allons la voir. Elle s'est enfermée. Ouvre donc. Pourquoi t'enfermer, bégueule ? Qu'as-tu à craindre ? Monsieur est un parfait honnête homme. »

L'aimable nièce ouvre la porte, en demandant pardon de se montrer dans le plus grand négligé ; mais quelle parure l'aurait rendue aussi belle ? elle était éblouissante.

« Tenez, me dit la tante, la voyez-vous ? Elle n'est pas mal. C'est dommage qu'elle soit si sotte. Tu as bien fait de donner à souper à monsieur ; je te remercie de cette attention. Moi j'ai joué toute la nuit, et quand on joue, on ne pense qu'à son jeu ; on perd la tête sur tout ce qui n'est pas sa partie. Je ne me suis pas du tout souvenue que vous étiez ici ; ne sachant pas que le comte Tiretta soupait, je n'ai rien ordonné, mais nous souperons à l'avenir. J'ai pris ce garçon en pension. Il a un excellent caractère et beaucoup d'esprit, et je suis sûre qu'il ne sera pas longtemps à bien parler français. Habille-toi, ma nièce, car il faut faire nos paquets. Nous nous rendrons cette après-dîner à la Villette, et nous y passerons tout le printemps. Écoute, ma nièce, il n'est pas nécessaire que tu contes cette aventure à ma sœur.

— Moi, ma tante ? oh ! certes, non. D'ailleurs, est-ce que je lui ai dit quelque chose *les autres fois* ?

— Les autres fois ! Mais voyez comme cette fille est

bête! Avec ces *autres fois*, ne dirait-on pas que ce n'est point la première fois que cela m'arrive?

— Ce n'est pas ça, ma tante; je voulais dire que je ne lui conte jamais rien de ce que vous faites.

— C'est bien, ma nièce, mais il faudrait apprendre à t'exprimer comme il faut. Nous dînerons à deux heures. M. Casanova nous fera le plaisir de dîner avec nous, j'espère, et nous partirons en sortant de table. Tiretta m'a promis qu'il sera ici avec sa petite malle, et elle partira avec nos effets. »

Après lui avoir promis de ne pas manquer au rendez-vous, je saluai ces dames, et je me rendis chez moi en toute hâte, car j'éprouvais une curiosité de femme de savoir comment cette grande affaire s'était arrangée.

« Eh bien! dis-je à Tiretta en l'abordant, te voilà colloqué. Dis-moi vite ce qui s'est passé.

— Mon cher, je me suis vendu pour un an, pour vingt-cinq louis par mois, bonne table, bon logement, etc.

— Je t'en fais mon compliment.

— Si tu crois que cela en vaille la peine.

— Point de roses sans épines. Au reste, elle m'a dit que tu es une créature au-dessus de l'espèce humaine.

— J'ai fait pour le lui prouver une forte course pendant toute la nuit; mais je suis bien sûr que ton temps a été mieux employé que le mien.

— J'ai dormi comme un roi. Habille-toi, car je suis du dîner, et je veux te voir partir pour la Villette, où j'irai te voir quelquefois, puisque ta mignonne m'a dit que j'y aurai ma chambre. »

Nous arrivâmes à deux heures. Mme **, habillée en jeune fille, était une singulière figure, mais Mlle de la Meure était belle comme un astre. L'amour avait développé son être et le plaisir lui donnait une nouvelle vie. Nous dînâmes fort bien, car la bonne dame avait mis de la coquetterie dans son dîner comme dans sa mise ; mais dans les mets au moins rien n'était ridicule, tandis que tout en elle portait l'empreinte du comique le plus risible. A quatre heures elles partirent avec Tiretta, et moi j'allai passer ma soirée à la Comédie-Italienne.

J'étais amoureux de Mlle de la Meure ; mais la fille de Silvia, avec laquelle je n'avais d'autre plaisir que celui de souper en famille, affaiblissait cet amour qui ne me laissait plus rien à désirer.

Nous nous plaignons des femmes qui, bien qu'amoureuses et sûres d'être aimées, nous refusent leurs faveurs ; mais nous avons tort : car, si elles nous aiment, elles doivent craindre de nous perdre en nous contentant ; elles doivent donc naturellement faire tout ce qu'elles peuvent pour nous retenir, et ce n'est qu'en nourrissant le désir que nous avons de les posséder ; or le désir ne se nourrit que par la privation ; la jouissance l'éteint, car on ne désire pas ce qu'on possède. Je conclus donc que les femmes ont raison de se refuser à nos désirs. Mais si dans les deux sexes les désirs sont égaux, pourquoi n'arrive-t-il jamais qu'un homme se refuse à une femme qu'il aime et qui le sollicite ?

Nous ne pouvons admettre ici la crainte des suites, cette hypothèse n'existant pas en thèse générale. Nous croyons que la seule raison se trouve dans ce que l'homme qui se sait aimé fait plus de cas du plaisir qu'il procure que de celui qu'il reçoit, et que pour cela il est pressé de communiquer la jouissance. L'homme sait aussi qu'en général la femme qui a reçu l'étincelle vivifiante du plaisir redouble de tendresse, de prévenance et d'attachement. Au contraire, la femme préoccupée par son propre intérêt fait plus de cas du plaisir qu'elle aura que de celui dont elle sera la cause, et pour cette raison elle diffère tant qu'elle peut, puisqu'en s'abandonnant elle a peur de perdre ce qui l'intéresse, son propre plaisir. Ce sentiment est particulier au sexe, et il est la cause unique de la coquetterie que la raison pardonne aux femmes et qu'elle ne peut que condamner dans un homme. Aussi dans l'homme, la coquetterie n'est-elle qu'une ridicule fatuité.

La fille de Silvia m'aimait, et elle savait que je l'aimais, quoique je ne le lui eusse jamais dit ; mais la femme a le sentiment si fin ! Au reste, elle se gardait bien de me le faire connaître, car elle aurait craint de m'encourager à exiger des faveurs, et, ne se sentant pas sûre d'être assez forte pour me les refuser, elle appréhendait mon inconstance. Ses parents l'avaient destinée à Clément, qui depuis trois ans lui enseignait à jouer du clavecin ; elle le savait, et rien ne l'empêchait de consentir à devenir sa femme ; quoiqu'elle ne l'aimât pas, elle le voyait avec plaisir. La plus grande partie des demoiselles bien élevées se soumettent à l'hymen sans que l'amour s'en mêle, et elles n'en sont pas fâchées. Elles sentent que c'est par le mariage qu'elles sont quelque chose dans le monde ; et c'est pour être établies, pour avoir un état, qu'elles se marient. Elles semblent sentir qu'un mari n'a pas besoin d'être amant. A Paris ce même esprit règne parmi les hommes, et voilà pourquoi la plupart des mariages sont des liens de convenance. Les Français sont jaloux de leurs maîtresses, et jamais de leurs femmes.

M. Clément était visiblement amoureux de la jeune Baletti, et celle-ci était ravie que je m'en aperçusse, car elle ne doutait pas que cette certitude ne me forçât à me déclarer, et elle ne se trompa pas. Le départ de Mlle de la Meure contribua beaucoup à me faire prendre cette résolution, et je m'en suis repenti ; car, après ma déclaration, Clément fut congédié, et je me trouvai à pire condition. L'homme qui se déclare amoureux d'une femme autrement qu'en pantomime a besoin d'aller à l'école.

Trois jours après le départ, de Tiretta j'allai lui porter à la Villette tout son petit équipage, et Mme** me vit avec plaisir. L'abbé Des Forges arriva au moment où nous allions nous mettre à table. Ce rigoriste qui, à Paris, m'avait témoigné une grande amitié, dîna sans m'honorer d'un seul regard ; il en agit de même avec Tiretta. Je me souciais fort peu du bonhomme, mais mon ami, moins endurant que moi, finit par perdre patience, car au dessert il se leva en priant Mme** de vouloir bien le prévenir quand elle aurait cet homme-là à sa table. On se leva sans rien dire, et le taciturne abbé passa avec madame dans une pièce voisine.

Tiretta me mena voir sa chambre, que je trouvai fort bien, et qui, comme de raison, était attenante à celle de sa belle. Pendant qu'il mettait ses effets en ordre, Mlle de la Meure me mena voir mon gîte. C'était un très joli cabinet au rez-de-chaussée, et sa chambre était en face. Je ne manquai pas de lui faire observer la facilité avec laquelle je pourrais l'aller trouver quand tout le monde serait couché ; mais elle me dit que nous serions mal à l'aise chez elle, et que par conséquent elle m'éviterait la peine de me déplacer. Je trouvai la chose fort commode, et on pense bien que je n'eus aucune objection à faire à cet arrangement.

Elle me conta ensuite toutes les folies que sa dévote tante faisait pour Tiretta.

« Elle croit, me dit-elle, que nous ignorons qu'il couche avec elle.

— Elle le croit ou feint de le croire.

— C'est possible. Elle a sonné ce matin à onze heures

et elle m'a ordonné d'aller lui demander s'il avait bien passé la nuit. J'ai obéi ; mais, voyant son lit intact, je lui ai demandé s'il ne s'était pas couché. « Non, m'a-t-il répondu, j'ai passé la nuit à écrire, mais n'en dites, je vous prie, rien à votre tante. » Je le lui ai bien promis.

— Te fait-il les yeux doux?

— Non, mais quand bien même, pour peu qu'il ait d'esprit, il doit bien savoir le peu de cas que je dois faire de lui.

— Pourquoi?

— Fi donc! ma tante le paye. Se vendre! c'est affreux.

— Mais tu me payes aussi.

— Oui, mais de la même monnaie que je reçois de toi. »

La vieille tante croyait que sa nièce n'avait point d'esprit, et ne l'appelait jamais que bête. Moi, au contraire, je lui en trouvais beaucoup ; mais je lui trouvais tout autant de vertu, et je ne l'aurais jamais séduite, si elle n'avait pas été élevée dans un couvent de béguines.

Je retournai chez Tiretta, et je passai une bonne heure avec lui. Je lui demandai s'il était content de son emploi.

— Je le fais sans plaisir, mais comme il ne me coûte rien, je ne me trouve pas malheureux.

— Mais son visage!

— Je n'y regarde pas, et ce qui me plaît, c'est qu'elle est d'une grande propreté.

— Te ménage-t-elle?

— Elle regorge de sentiment. Ce matin elle a refusé le bonjour que je voulais lui donner. « Je suis sûre, m'a-t-elle dit, que mon refus doit te faire de la peine, mais ta santé m'est si chère qu'il faut que tu la ménages. »

Le morose abbé Des Forges étant parti et madame étant seule, nous entrâmes dans sa chambre. Elle me traita en vrai compère, faisant l'aimable avec Tiretta et jouant l'enfant à faire peur. Tiretta ripostait en brave, et je ne pus m'empêcher de l'admirer. « Je ne reverrai plus ce sot abbé, lui dit-elle, car après m'avoir dit que j'étais une femme perdue dans ce monde et dans l'autre, il m'a menacée de m'abandonner, et je l'ai pris au mot. »

Une comédienne qu'on appelait la Quinault, qui avait quitté le théâtre et qui était voisine, vint faire une visite à Mme **. Un quart d'heure après, Mme Favart avec l'abbé de Voisenon vinrent aussi, et un peu plus tard nous vîmes paraître Mlle Amelin avec un très joli garçon, qu'elle appelait son neveu et qui se nommait Calabre. Ce jeune homme lui ressemblait comme deux gouttes d'eau, mais elle ne trouvait pas cette raison suffisante pour s'avouer sa mère. M. Paton, Piémontais, qui était venu avec elle, après s'être fait beaucoup prier, fit une banque de pharaon, et en moins de deux heures il gagna l'argent de tout le monde, moi excepté, parce que j'eus le bon sens de ne pas jouer. Je passai beaucoup mieux mon temps avec ma jolie maîtresse. J'avais deviné le Piémontais, il était visiblement fripon ; mais Tiretta fut moins fin que moi, car il perdit tout son argent et cent louis sur parole. Le banquier ayant fait bonne récolte, mit bas les cartes, et Tiretta lui dit en bon italien qu'il était un franc fripon. Le Piémontais, avec le plus grand sang-froid, lui répondit qu'il en avait menti. Voyant que la chose allait mal finir, je lui dis que Tiretta avait plaisanté, et je forçai mon ami d'en convenir, quoiqu'en riant. Il se retira ensuite dans sa chambre.

Huit ans plus tard je vis ce Paton à Saint-Pétersbourg, et en 1767 il fut assassiné en Pologne.

CHAPITRE XVII

Le même soir, ayant rejoint Tiretta, je lui fis un sermon sévère et amical. Je lui démontrai que dès qu'il jouait, il devenait sujet de l'adresse du banquier, qui pouvait être fripon, mais brave, et que par conséquent, en osant le lui dire, il risquait sa vie.

« Dois-je donc me laisser voler ?

— Oui ; car tu as le choix. Tu es le maître de ne pas jouer.

— Je ne payerai certes pas les cent louis.

— Je te conseille de les payer, même avant qu'il te les demande.

— Tu as un art de persuader tout ce que tu veux, lors même qu'on a la meilleure volonté de ne faire aucun cas de tes avis.

— C'est, mon cher, que je te parle le langage du cœur soutenu par la raison et, mieux encore, par l'expérience. »

Trois quarts d'heure après je me couchai, et ma maîtresse ne fut pas longtemps à paraître. Cette nuit-là fut beaucoup plus douce que la première ; car cueillir la première fleur est souvent difficile, et le prix que les hommes en général mettent à cette bagatelle est plus de l'égoïsme que de la jouissance.

Le lendemain, après avoir déjeuné en famille et avoir joui du vermillon qui colorait les joues de ma jeune amie, je retournai à Paris. Trois ou quatre jours plus tard, Tiretta vint me dire que le marchand de Dunkerque était arrivé, qu'il devait dîner chez Mme **, et qu'elle désirait que je fusse de la partie. J'étais préparé à cette nouvelle, mais le feu me monta à la figure. Tiretta s'en aperçut, et, me devinant en partie :

« Tu es amoureux de ma nièce, me dit-il.

— A quoi devines-tu cela ?

— A la surprise, mon cher, et au mystère que tu

m'en fais ; mais l'amour est un indiscret qui se trahit par son silence même.

— Tu es savant, mon cher Tiretta. Je dînerai avec vous mais souviens-toi d'Harpocrate. »

Il me quitta.

J'avais le cœur déchiré. Peut-être un mois plus tard la venue de ce marchand m'eût-elle causé du plaisir; mais avoir à peine porté le nectar au bord des lèvres et voir le vase précieux s'échapper de mes mains! Il m'en souvient encore, et ce souvenir n'est pas sans amertume.

J'étais dans un état de perplexité douloureuse et vraiment pénible. Cet état m'était habituel toutes les fois que j'étais dans la nécessité de prendre une résolution et que je me sentais dans l'impossibilité de le faire. Si le lecteur s'est trouvé dans ce cas, il pourra deviner tout ce que ma position avait de cruel. Je ne pouvais ni consentir à ce mariage, ni me déterminer à le rompre en m'assurant la possession d'une femme que je croyais faite pour assurer mon bonheur.

Je me rendis à la Villette, et je fus un peu surpris de trouver Mlle de la Meure plus parée que de coutume.

« Votre prétendu, lui dis-je, n'aura pas besoin de tout cela pour vous trouver charmante.

— Ma tante ne pense pas comme vous.

— Vous ne l'avez pas encore vu.

— Non, mais je suis curieuse de le voir, quoique, comptant sur vous, je sois sûre de n'être jamais sa femme. »

Ce prétendu arriva peu d'instants après avec le banquier Corneman, qui avait été courtier dans cette transaction commerciale. Je vis un bel homme, d'environ quarante ans, d'une physionomie ouverte, très bien mis, quoique sans recherche. Il s'annonça à Mme ** d'une manière simple, mais aisée et polie, et il ne jeta les yeux sur sa prétendue que lorsque sa tante la lui présenta. Son air, en la voyant, devint plus doux, et sans chercher de belles phrases, il lui dit avec sentiment qu'il désirait que l'impression qu'il produirait sur elle ressemblât un peu à celle qu'elle lui faisait éprouver. Elle ne lui répondit qu'en lui faisant une belle révérence, mais elle l'étudiait avec attention.

On sert, on dîne et on parle de mille choses, mais pas un mot de mariage. Les prétendus ne s'entre-regardaient que par surprise, mais ils n'échangèrent pas un mot. Après le dîner, mademoiselle se retira dans sa chambre, et la tante passa dans son cabinet avec le banquier et le futur, et ils furent deux heures en colloque. En sortant, ces messieurs devant retourner à Paris, Mme** fit appeler sa nièce et en sa présence elle dit au prétendant qu'elle l'attendait à dîner le lendemain et qu'elle était sûre que sa nièce le verrait avec plaisir.

« N'est-ce pas, ma nièce?

— Oui, ma chère tante, je reverrai monsieur avec plaisir. »

Sans cette réponse, M. le négociant serait parti sans avoir entendu la voix de sa future.

« Eh bien! que dis-tu de ton mari?

— Permettez-moi, ma tante, de ne vous en parler que demain; mais à table ayez la bonté de me faire parler, car il se peut bien que ma figure ne l'ait point rebuté, mais il ne sait pas encore si je raisonne, et il serait possible que mon esprit détruisît le peu d'impression que ma figure peut avoir faite.

— Oui, j'ai peur que tu ne dises des bêtises et que tu ne détruises par là la bonne idée qu'il semble avoir conçue de toi.

— Il ne faut tromper personne, ma tante. Tant mieux

pour lui si la vérité le désabuse, et tant pis pour lui et pour moi si nous nous déterminons à nous unir sans nous connaître et sans pouvoir un tant soit peu juger de notre manière de penser.

— Comment le trouves-tu?

— Il ne me semble point mal; il me paraît même aimable et très comme il faut; mais attendons à demain. Ce sera peut-être lui qui ne voudra plus de moi, car je suis si bête!

— Je sais bien que tu crois avoir de l'esprit; mais c'est précisément là le mal; c'est la bonne opinion que tu as de toi-même qui fait que tu es bête, malgré l'opinion de M. Casanova, qui trouve que tu es profonde.

— Il en sait peut-être quelque chose.

— Non, il se moque de toi, ma pauvre nièce.

— Je crois pouvoir penser le contraire, ma chère tante.

— Tiens, voilà précisément une bêtise dans toutes les formes.

— Je ne pense pas comme vous, madame, soit dit sans vous offenser. Mademoiselle a raison de croire que je suis bien loin de me moquer d'elle, et j'ose vous promettre que demain elle brillera dans tout ce que nous lui fournirons l'occasion de dire.

— Vous restez donc ici, et j'en suis bien aise. Nous ferons une partie de piquet et je vous ferai la chouette. Ma nièce jouera avec vous, car il faut qu'elle apprenne. »

Tiretta demanda à sa pouponne la permission d'aller à la Comédie. Nous fûmes seuls, et nous jouâmes jusqu'à l'heure du souper. Tiretta, étant revenu, nous fit mourir de rire en nous racontant en baragouin l'intrigue de la pièce qu'il avait vue, et puis nous nous séparâmes.

Il y avait un quart d'heure que j'étais dans ma chambre,

dans la douce espérance de voir ma maîtresse dans son joli négligé ; mais tout à coup je la vois entrer tout habillée. Cela me surprit et me sembla d'un mauvais augure.

« Tu es étonné de me voir habillée, me dit-elle, mais j'ai besoin de te parler un instant, ensuite j'irai me déshabiller. Dis-moi sans détour si je dois consentir à ce mariage ?

— Comment trouves-tu ce monsieur?

— Il ne me déplaît pas.

— Consens-y donc.

— C'est assez. Adieu. Dès ce moment notre amour cesse, et notre amitié commence. Couche-toi, je vais en faire autant. Adieu.

— Non, reste ; notre amitié commencera demain.

— Non ; dussé-je mourir, et toi aussi. Il m'en coûte, mais c'est irrévocable. Si je dois devenir la femme d'un autre, j'ai besoin de m'assurer d'abord que je serai digne de l'être. Il se peut aussi que je sois heureuse. Ne me retiens pas ; laisse-moi partir. Tu sais combien je t'aime.

— Embrassons-nous, au moins.

— Hélas ! non.

— Tu pleures.

— Non. Au nom de Dieu, laisse-moi partir.

— Mon cœur, tu vas pleurer dans ta chambre. Je suis au désespoir. Reste. Je serai ton mari.

— Non, je ne puis plus y consentir. »

En achevant ces mots, elle fit un effort, et s'étant débarrassée, elle s'enfuit. Je demeurai abîmé de honte et de regret. Il me fut impossible de fermer l'œil. Je me faisais horreur, car je ne savais pas si j'étais plus coupable de l'avoir séduite ou de l'abandonner à un autre.

Je restai pour dîner le lendemain, malgré mon crève-cœur et la triste figure qu'il me semblait faire. Mlle de la Meure brilla dans la conversation. Elle s'entretint avec son futur d'une manière si sensée et si spirituelle, qu'il me fut facile de m'apercevoir qu'il en était enchanté. Quant à moi, persuadé de n'avoir rien de bon à dire, je fis, à mon ordinaire, semblant d'avoir mal aux dents, afin de pouvoir me dispenser de parler. Triste, rêveur et malade d'avoir passé une mauvaise nuit, je me suis avoué amoureux, jaloux et désespéré. Mademoiselle ne m'adressa pas un seul mot, ne me favorisa pas d'un seul regard ; elle avait raison, mais j'étais alors bien éloigné de lui rendre cette justice. Le dîner me parut d'une longueur accablante, et je ne crois pas en avoir fait un plus pénible.

Au sortir de table, Mme ** passa dans son cabinet avec sa nièce et le futur neveu, et mademoiselle en sortit une heure après en nous disant de lui faire compliment, parce que dans huit jours elle serait mariée et que, de suite après la noce, elle accompagnerait son époux à Dunkerque. « Demain, ajouta-t-elle, nous sommes tous invités à dîner chez M. Corneman, où le contrat sera signé. »

Je ne sais comment je ne tombai pas mort sur la place. Il me serait impossible d'exprimer tout ce que je souffrais.

Bientôt on proposa d'aller à la Comédie-Française, mais je m'en dispensai sous prétexte que j'avais affaire, et je retournai à Paris. En rentrant chez moi, il me sembla que j'avais la fièvre, et je me couchai ; mais, au lieu de trouver le repos dont j'avais besoin, tous les tourments du remords et du repentir me firent éprouver le supplice des réprouvés. Je m'arrêtai à l'idée que je devais empêcher ce mariage ou mourir. Persuadé que Mlle de la Meure m'aimait, je me figurai qu'elle ne me résisterait pas, si je lui faisais savoir que son refus me coûterait la vie.

Plein de cette idée, je me levai et je lui écrivis la lettre la plus forte que puisse jamais inspirer une forte passion en tumulte. Ma douleur soulagée, je me recouchai et m'endormis jusqu'au matin. Dès que je fus éveillé, je fis venir un commissionnaire, et je lui promis douze francs s'il remettait ma lettre et qu'il m'en rapportât le reçu en une heure et demie. Ma lettre était sous l'enveloppe d'un billet adressé à Tiretta et dans lequel je le prévenais que je ne sortirais pas de chez moi avant d'avoir la réponse. Je la reçus quatre heures après ; la voici :

« Il n'est plus temps, mon cher ami ; vous avez décidé de mon sort ; je ne puis reculer. Sortez. Venez dîner chez M. Corneman, et soyez sûr que dans quelques semaines nous nous trouverons heureux l'un et l'autre d'avoir remporté une grande victoire. Notre amour, trop tôt heureux, ne se trouvera plus que dans notre mémoire. Je vous supplie de ne plus m'écrire. »

Me voilà aux abois. Ce refus, joint à l'ordre plus cruel de ne plus lui écrire, me mit en fureur. Je n'y vis que de l'inconstance ; je la crus devenue tout à coup amoureuse du marchand. Qu'on juge de mon état : je pris la terrible résolution de tuer mon rival ! Les projets les plus atroces se succédaient dans mon imagination exaltée ; les moyens les plus barbares se présentaient en foule à mon esprit aveuglé par une passion irritée et non satisfaite ; j'étais jaloux, amoureux, altéré et égaré par la colère et peut-être tout autant par l'amour-propre ; la honte et le dépit avaient détruit ma raison. Cette charmante personne, que je ne pouvais qu'admirer, que j'aurais dû estimer davantage, que j'avais adorée comme un ange, me semblait être un monstre que je devais haïr, une inconstante que je devais punir. Je m'arrêtai à un moyen sûr, et quoique je ne puisse me dissimuler que le moyen était lâche, l'aveugle passion me le fit embrasser sans hésiter. Il s'agissait d'aller trouver le futur chez Corneman où il demeurait, de lui révéler tout ce qui s'était passé entre la demoiselle et moi, et si cette révélation ne suffisait pas pour lui faire abandonner le projet de l'épouser, de lui annoncer la mort de l'un de nous deux, et en dernier résultat, de l'assassiner, s'il n'avait point accepté mon défi.

Fixé sur cet horrible projet, que je ne puis me rappeler aujourd'hui sans frissonner d'horreur, je mange avec une faim canine, je me couche et je dors d'un sommeil profond jusqu'au jour. A mon réveil, je me trouvai dans la même disposition, ce qui m'y confirma davantage. Je me hâte de m'habiller, mais avec soin ; ensuite je mets dans mes poches deux pistolets bien conditionnés, et je me rends chez M. Corneman. Mon rival dormait encore ; j'attendis, et pendant un quart d'heure, toutes mes réflexions ne faisaient que corroborer mes résolutions. Tout à coup voilà mon rival, en robe de chambre, qui vient à moi les bras ouverts et qui m'embrasse, en me disant du ton le plus bienveillant qu'il s'attendait à cette visite ; car, en qualité d'ami de sa future, il avait deviné les sentiments qu'il pouvait m'avoir inspirés, et qu'il partagerait toujours ceux qu'elle pourrait avoir pour moi.

La physionomie de cet honnête homme, son air franc et ouvert, la vérité du sentiment qui se peignait dans ses paroles, tout m'accable. Je reste muet pendant quelques instants ; au fait, je ne savais que lui dire. Heureusement qu'il me donna tout le temps nécessaire pour revenir à moi, car il me parla pendant un quart d'heure sans s'apercevoir que je n'avais pas prononcé une syllabe.

M. Corneman étant venu, on apporta le café, et la parole me revint ; mais je ne trouvai que des mots honnêtes à lui dire, et je m'en félicite encore. La crise était passée.

Si l'on y fait bien attention, on remarquera que les caractères les plus bouillants sont comme une corde trop fortement tendue et qui se casse ou perd son élasticité. J'ai connu plusieurs personnes de cette trempe, entre autres le chevalier L***, dont la vivacité était extrême et qui dans un moment d'irritation sentait son existence s'échapper par tous ses pores. Si au moment où sa fureur allait éclater il pouvait briser un objet quelconque avec éclat, à l'instant même le calme renaissait, la raison reprenait tout son empire, et le lion furieux devenait un agneau, un vrai modèle de douceur.

Après avoir pris une tasse de café, me sentant soulagé et stupéfait, nous nous embrassâmes, et je partis. Je m'examinais avec un étonnement extrême, mais j'étais ravi de n'avoir pas exécuté mon détestable projet. Ce qui m'humiliait, c'était de ne pouvoir disconvenir que je ne devais qu'au hasard de n'avoir pas commis l'action la plus infâme, de n'être pas un scélérat. Tout en marchant à l'aventure, je rencontrai mon frère, et cela acheva de me remettre. Je le menai dîner chez Silvia, où je restai jusqu'à minuit. Je vis que la jeune Baletti me ferait oublier mon inconstante, que je devais sagement éviter de revoir avant ses noces. Pour me rendre la chose plus facile, le lendemain je partis pour Versailles, afin de faire ma cour aux ministres.

CHAPITRE XVIII

L'abbé de La Ville. — L'abbé Galiani. — Caractère du dialecte napolitain. — Je vais à Dunkerque, chargé d'une mission secrète. — Je réussis à souhait. — Je retourne à Paris par la route d'Amiens. — Mes incartades assez comiques. — M. de La Bretonnière. — Mon rapport plaît ; je reçois cent louis. — Réflexions.

Une nouvelle carrière va s'ouvrir pour moi. La fortune me favorisait encore. J'avais tous les moyens nécessaires pour seconder l'aveugle déesse, mais il me manquait une qualité essentielle, la constance. Ma frivolité, mon amour démesuré pour le plaisir, détruisaient l'aptitude que je tenais de la nature.

M. de Bernis me reçut à son ordinaire, c'est-à-dire moins en ministre qu'en ami. Il me demanda si je me sentais enclin aux commissions secrètes.

« Aurai-je le talent nécessaire?

— Je n'en doute pas.

— Je me sens enclin à tout ce qui, étant honnête, peut me mettre à même de gagner de l'argent. Quant au talent, je m'en rapporte bien volontiers à Votre Excellence. »

Cette finale le fit sourire, c'est ce que je voulais.

Après quelques mots en l'air sur d'anciens souvenirs que le temps n'avait pas entièrement effacés, M. le ministre me dit d'aller trouver l'abbé de La Ville de sa part.

Cet abbé, premier commis, était un homme froid, profond politique, l'âme de son département, et Son Excellence en faisait grand cas. Il avait bien servi l'État, étant chargé

CHAPITRE XVIII

d'affaires à La Haye, et le roi, *reconnaissant, le récompensa en lui donnant un évêché le jour même de sa mort*. La récompense vint un peu tard, mais les rois n'ont pas toujours le temps d'avoir de la mémoire. L'héritier de ce brave homme fut un certain Garnier, homme de fortune, ancien cuisinier de M. d'Argenson et qui était devenu riche par le parti qu'il avait su tirer de l'amitié que l'abbé de La Ville avait toujours eue pour lui. Ces deux amis, à peu près du même âge, avaient déposé leurs testaments entre les mains du même notaire, et ils s'étaient faits réciproquement légataires universels l'un de l'autre.

L'abbé de La Ville après m'avoir fait une courte dissertation sur la nature des commissions secrètes, et m'avoir expliqué toute la prudence que devaient avoir les personnes qui en étaient chargées, me dit qu'il me ferait prévenir dès qu'il se présenterait quelque chose qui pût me convenir; puis il me retint à dîner.

Je fis à table la connaissance de l'abbé Galiani, secrétaire d'ambassade de Naples. Il était frère du marquis de Galiani, dont je parlerai quand nous en serons à mon voyage dans ce beau pays. L'abbé Galiani était un homme de beaucoup d'esprit. Il avait un talent supérieur pour donner à tout ce qu'il débitait de plus sérieux une teinte comique; et parlant bien et toujours sans rire, donnant à son français l'invincible accent napolitain, il était chéri de toutes les sociétés où il voulait être admis et dont il faisait le charme. L'abbé de La Ville lui dit que Voltaire se plaignait qu'on eût traduit sa *Henriade* en vers napolitains, de façon qu'elle était risible.

« Voltaire a tort, dit Galiani, car telle est la nature de la langue napolitaine, qu'il est impossible de la manier en vers sans que le résultat en soit risible. D'ailleurs, pourquoi se fâcher de faire rire? le rire n'est pas synonyme de la moquerie, et puis celui qui fait rire avec plaisir est toujours sûr d'être aimé. Imaginez un peu la singulière tournure du dialecte napolitain : nous avons une traduction de la Bible et une autre de l'*Iliade*, et toutes deux font rire.

— Passe pour la Bible, mais pour l'*Iliade*, cela me surprend.

— C'est pourtant vrai. »

Je ne revins à Paris que la veille du départ de Mlle de la Meure, devenue Mme P. Je crus ne pouvoir me dispenser d'aller chez Mme ** pour la féliciter et lui souhaiter un bon voyage. Je la trouvai gaie et tout à fait à son aise; loin d'en être piqué, j'en éprouvai du plaisir; marque certaine de ma parfaite guérison. Nous nous parlâmes sans la moindre contrainte, et son mari me parut être un homme très comme il faut. Répondant à ses avances, je lui promis une visite à Dunkerque, sans la moindre envie de lui tenir parole ; mais les circonstances en décidèrent autrement.

Voilà Tiretta resté seul avec sa pouponne, qui devenait de jour en jour plus éprise et plus folle de son Lindor, tant il lui donnait des preuves de son amour et de sa fidélité.

Tranquille, je me mis en écolier à filer le parfait amour avec Manon Baletti, qui me donnait chaque jour quelque nouvelle marque des progrès que je faisais dans son cœur.

L'amitié et l'estime qui m'attachaient à sa famille éloignaient de moi toute idée de séduction; mais, devenant toujours plus amoureux, et ne pensant pas à la demander en mariage, j'avais peine à me rendre compte du but que je me promettais, et je me laissais aller machinalement, comme un corps inerte qu'un filet d'eau entraîne.

Au commencement du mois de mai, l'abbé de Bernis

m'écrivit d'aller le trouver à Versailles et de me présenter d'abord à l'abbé de La Ville. Cet abbé m'accueillit en me demandant si je pouvais me flatter d'aller faire une visite à huit ou dix vaisseaux de guerre qui se trouvaient en rade à Dunkerque, en ayant l'adresse de faire connaissance avec les officiers qui les commandaient, de manière à me mettre en état de lui faire un rapport circonstancié de tout ce qui regardait l'approvisionnement de tout genre, le nombre de matelots dont se composaient les équipages, les munitions, l'administration, la police, etc.

« J'irai, lui dis-je, en faire l'essai ; à mon retour je vous remettrai mon rapport, et ce sera vous qui me direz si j'ai bien fait.

— Comme c'est une mission secrète, je ne puis vous donner aucune lettre ; je ne puis que vous souhaiter un heureux voyage et vous donner de ,'argent.

— Je ne veux point d'argent d'avance, monsieur l'abbé ; à mon retour, vous me donnerez ce que vous jugerez que j'aurai mérité. Quant au bon voyage, il me faut au moins trois jours, car il faut que je me procure quelques lettres pour m'introduire.

— Eh bien ! tâchez d'être de retour avant la fin du mois. Voilà tout. »

Le même jour j'eus au palais Bourbon un entretien avec mon protecteur, qui ne pouvait se lasser d'admirer ma délicatesse de n'avoir point voulu d'argent d'avance, et profitant de la circonstance, toujours avec ses manières nobles, il me fit accepter un rouleau de cent louis. Depuis cet instant, je ne me suis plus trouvé dans la nécessité de puiser dans la bourse de cet homme généreux, pas même à Rome, quatorze ans plus tard.

« Comme il s'agit d'une commission secrète, mon cher Casanova, je ne puis vous donner un passeport ; j'en suis fâché ; mais cela vous rendrait suspect. Pour parer à cet inconvénient, il vous sera facile de vous en procurer un du premier gentilhomme de la chambre, sous un prétexte quelconque. Silvia pourra vous servir en cela plus efficacement que personne. Vous sentez combien votre conduite doit être prudente. Surtout évitez de vous faire aucune affaire, car vous savez, je crois, que s'il vous arrive quelque malheur, une réclamation à votre commettant ne vous sera d'aucune utilité. On serait forcé de vous désavouer, car *les seuls espions avoués sont les ambassadeurs.* Souvenez-vous que vous avez besoin d'une réserve et d'une circonspection supérieures aux leurs, et pourtant, pour réussir, il faut savoir dissimuler ces deux qualités, et montrer une aisance et un naturel qui inspirent la confiance. Si à votre retour vous voulez me communiquer votre rapport avant de le remettre à l'abbé de La Ville, je vous dirai ce qui pourra être retranché ou ajouté. »

Tout plein de cette affaire, dont je me faisais une idée d'autant plus exagérée que j'étais tout à fait neuf, je dis à Silvia que, voulant accompagner à Calais quelques Anglais de ma connaissance, elle me ferait plaisir en me procurant un passeport du duc de Gesvres. Prête à m'obliger en tout, cette digne femme écrivit de suite une lettre au duc, en me disant de la remettre moi-même, puisqu'on ne délivrait des passeports de cette espèce qu'en donnant le signalement des personnes qu'on recommandait. Ils n'étaient valables que dans ce qu'on appelle l'Ile-de-France, mais ils faisaient respecter dans tout le nord du royaume.

Muni de la recommandation de Silvia et accompagné de son mari, je me rendis chez le duc, qui était à sa terre de Saint-Ouen, et à peine eut-il parcouru l'écrit que je venais de lui remettre, qu'il me fit délivrer le passeport. Satisfait sur ce point, je me rendis à La Villette

CHAPITRE XVIII

pour demander à Mme ** si elle avait à me charger de quelque chose pour sa nièce. « Vous pourriez, me dit-elle, lui porter la caisse des statues de porcelaine, si M. Corneman ne l'a pas encore envoyée. » Je fus chez ce banquier, qui me la remit, et je lui donnai cent louis contre une lettre de crédit sur une maison de Dunkerque, le priant de me recommander d'une manière particulière, car j'y allais pour me divertir. M. Corneman fit tout cela avec plaisir, et je partis le soir même; trois jours après, je m'installai à Dunkerque, à l'hôtel de la Conciergerie.

Une heure après mon arrivée, je causai la plus agréable surprise à la charmante Mme P., en lui présentant la cassette et en lui faisant des compliments de la part de sa tante. Au moment où elle me faisait l'éloge de son mari qui la rendait heureuse, il arriva, et enchanté de me voir, il m'offrit une chambre, sans me demander si mon séjour à Dunkerque serait long ou court. Je le remerciai, comme de raison, et après lui avoir promis de venir quelquefois prendre part à son dîner, je le priai de vouloir bien me conduire chez le banquier auquel M. Corneman me recommandait.

Le banquier eut à peine lu ma lettre, qu'il me compta cent louis et me pria de l'attendre à mon auberge vers le soir, où il irait me prendre avec le commandant. C'était M. de Barail. Ce monsieur, fort poli, comme le sont en général les Français, après m'avoir fait quelques questions d'usage, me pria à souper avec son épouse, qui était encore à la comédie. L'accueil que cette dame me fit fut aussi bienveillant que celui que j'avais reçu du mari. Après un souper délicat, plusieurs personnes étant survenues, on se mit à jouer ; mais je me dispensai d'y prendre part, voulant commencer par étudier mon monde et surtout plusieurs officiers de terre et de mer qui faisaient partie de la société. Affectant de parler des marines de toute l'Europe et me donnant pour connaisseur, comme ayant servi dans l'armée navale de ma petite république, je n'eus besoin que de trois jours, non seulement pour connaître personnellement tous les capitaines de vaisseau, mais même pour me lier d'amitié avec eux. Je parlais à tort et à travers de la construction des vaisseaux, de la façon vénitienne de manœuvrer, et je remarquais que les braves marins qui m'écoutaient s'intéressaient à moi, plus encore quand je disais des bêtises que lorsque j'avançais de bonnes choses.

Un de ces capitaines me pria à dîner à son bord le quatrième jour, et c'en fut assez pour que tous les autres m'invitassent à leur tour. Celui qui me faisait cet honneur m'occupait toute la journée. Je me montrais curieux de tout, et les marins sont si confiants ! Je descendais à fond de cale, je faisais cent questions, et je trouvais tant de jeunes officiers empressés de faire les importants, que je n'avais pas de peine à les faire jaser. J'avais soin de me faire dire en confidence tout ce qui m'était nécessaire pour mon rapport, et rentré chez moi, j'avais grand soin le soir de confier au papier toutes mes observations, bonnes et mauvaises, que j'avais faites dans la journée sur le vaisseau où je l'avais passée. Je ne dormais que quatre ou cinq heures, et en quinze jours je me crus suffisamment instruit.

La bagatelle, le jeu, la frivolité, mes compagnes habituelles, ne furent point de ce voyage, et ma mission fut le seul objet qui m'occupa tout entier et qui dirigea toutes mes démarches. Je ne dînai qu'une fois chez le banquier de Corneman, une fois chez Mme P. en ville, et une autre à une jolie maison de campagne que son mari avait à une lieue de Dunkerque. Ce fut elle qui m'y mena, et m'étant trouvé tête à tête avec cette femme que j'avais tant aimée, je l'enchantai par mes procédés délicats, car je ne lui donnai d'autres marques que de ma respectueuse amitié. La trouvant charmante et ma liaison n'ayant fini avec elle que depuis six semaines, j'étais émerveillé du calme de mes sens, car je me connaissais trop bien pour attribuer ma retenue à ma vertu. D'où venait cela? Un proverbe italien, interprète de la nature, en donne la véritable raison : « *La mona non vuol pensieri;* » et ma tête en était toute pleine.

Ma commission étant achevée, je pris congé de tout le monde et je me mis dans ma chaise de poste pour retourner à Paris, prenant pour mon plaisir une autre route que celle par où j'étais venu. Vers minuit, me trouvant je ne sais plus à quelle poste, je demande des chevaux, mais on m'observe que la poste suivante était à Aire, ville de guerre, et que nous n'y entrerions pas de nuit.

« Des chevaux, lui dis-je ; je me ferai ouvrir. »

On m'obéit et nous voilà aux portes de la forteresse. Il claque de son fouet :

« Qui vive !

— Courrier. »

Après m'avoir fait attendre une heure, on vient m'ouvrir, et on me dit qu'il fallait que j'allasse parler au commandant. J'obéis en pestant d'un ton d'importance, et l'on m'introduit jusqu'à l'alcôve d'un homme qui, en élégant bonnet de nuit, était couché à côté d'une très jolie femme.

« De qui êtes-vous courrier?

— De personne ; mais comme je suis pressé.....

— C'est assez. Nous en parlerons demain. En attendant vous resterez au corps de garde. Laissez-moi dormir.

— Mais, monsieur.....

— Point de mais pour à présent, je vous prie ; sortez. »

On me mena au corps de garde, où je passai la nuit assis..... par terre. Le jour venu, je crie, je jure, je fais tapage ; je veux partir. Personne ne me répond.

Dix heures sonnent. Impatient plus que je ne saurais le dire, je m'adresse à l'officier en élevant la voix, et je lui dis que le commandant était bien le maître de me faire assassiner, mais qu'on ne pourrait me refuser les moyens d'écrire et la liberté d'envoyer un courrier à Paris.

« Votre nom, monsieur, je vous prie ?
— Voilà mon passeport. »

Il me dit qu'il va le remettre au commandant ; je le lui arrache des mains.

« Voulez-vous que je vous conduise chez lui ?
— Volontiers. »

Nous partons. L'officier entre le premier et revient me prendre deux minutes après pour me présenter. Je présente mon passeport d'un air fier et sans dire un mot. Le commandant le lit en m'examinant, pour s'assurer que le signalement fût bien le mien, puis il me le rend en me disant que j'étais libre et en ordonnant à l'officier de me laisser prendre des chevaux de poste.

« Maintenant, monsieur le commandant, je ne suis plus si pressé. Je vais envoyer un courrier à Paris et j'attendrai son retour ; car, en retardant mon voyage, vous avez violé le droit des gens.

— C'est vous qui l'avez violé en vous donnant pour courrier.

— Je vous ai dit au contraire que je ne l'étais pas.

— Oui, mais vous l'avez dit au postillon, et cela suffit.

— Le postillon en a menti, car je ne lui ai rien dit, sinon que je me ferais ouvrir.

— Pourquoi ne m'avez-vous pas montré votre passeport ?

CHAPITRE XVIII

— Pourquoi ne m'en avez-vous pas laissé le temps? Dans trois ou quatre jours, au reste, nous verrons qui de nous deux aura raison.

— Faites tout ce qu'il vous plaira. »

Je sors avec l'officier qui me conduit à la poste, et un moment après je vois venir ma voiture. La poste était également un hôtel, et m'adressant au maître, je lui dis de me tenir un messager prêt à mes ordres, de me faire donner une bonne chambre, un bon lit, et de me faire servir un bon consommé en attendant l'heure du dîner, le prévenant que j'avais coutume de bien vivre. Je fais monter ma malle et tout ce que j'avais dans ma chaise, et m'étant déshabillé et lavé, je me prépare à écrire, ne sachant à qui, car dans le fond j'avais tort; mais je m'étais engagé à faire l'important, et il me semblait qu'il y allait de mon honneur de soutenir mon rôle, sans trop penser s'il me faudrait reculer. J'étais cependant fâché de m'être engagé à rester à Aire jusqu'au retour du courrier que je voulais envoyer..... à la lune! Enfin, n'ayant pu fermer l'œil de la nuit, j'avais en perspective de coucher là et de m'y reposer. J'étais tout à fait en chemise, prenant le bouillon qu'on venait de me servir, quand je vis entrer le commandant tout seul. Sa présence me surprit et me fit plaisir.

« Je suis fâché de ce qui s'est passé, monsieur, et surtout de ce que vous croyez avoir raison de vous plaindre, tandis que je n'ai fait que mon devoir; car, enfin, comment pouvais-je supposer que votre postillon vous aurait donné une qualité sans vos ordres?

— C'est fort bien, monsieur le commandant, mais votre devoir n'allait pas jusqu'à me chasser de votre chambre.

— J'avais besoin de dormir.

— Je me trouve dans le même cas, mais la politesse m'empêche de vous imiter.

— Oserais-je vous demander si vous avez jamais servi?

— J'ai servi sur terre et sur mer, et j'ai quitté à l'âge où bien des gens commencent.

— Dans ce cas vous devez savoir qu'on n'ouvre jamais pendant la nuit les portes d'une place de guerre qu'aux courriers du roi ou aux commandants militaires supérieurs.

— J'en conviens; mais dès qu'on l'avait ouverte, l'affaire était faite, et, une fois la chose faite, on peut être poli.

— Êtes-vous homme à vous habiller et à venir vous promener avec moi? »

Sa proposition me plut autant que l'idée que j'avais de sa morgue me piqua. Un coup d'épée donné ou reçu en passant se présente à mon esprit avec tous les attraits possibles; d'ailleurs cela levait toutes les difficultés et me tirait d'embarras. Je lui réponds d'un air calme et respectueux que l'honneur d'aller me promener avec lui avait le pouvoir de me faire différer toute affaire quelconque. Je le priai poliment de vouloir bien prendre un siège, tandis que je m'habillerais à la hâte.

Je passe ma culotte, jetant sur le lit de magnifiques pistolets qui étaient dans mes poches; je fais monter le perruquier, et dans dix minutes ma toilette fut achevée. Je ceins mon épée et nous partons.

Nous passons assez silencieusement deux ou trois rues, et, traversant une porte cochère, nous entrons dans une cour que je crus être un passage, et nous arrivons au bout devant une porte où mon conducteur s'arrête. Il m'invite à entrer, et me voilà dans un beau salon avec nombreuse compagnie. L'idée ne me vint pas même de reculer; j'étais comme chez moi.

« Monsieur, voilà ma femme, me dit le commandant, et sans s'interrompre, voici, lui dit-il, M. de Casanova qui vient dîner avec nous.

CHAPITRE XVIII

— C'est à merveille, monsieur, car sans cela je ne vous aurais point pardonné la peine que vous m'avez faite cette nuit en me faisant réveiller.

— C'est pourtant une faute que j'ai cruellement expiée, madame ; mais après un pareil purgatoire, permettez-moi de me trouver heureux dans ce paradis. »

Elle me fit un sourire charmant, et après m'avoir invité à m'asseoir auprès d'elle, elle continua sa partie, sans interrompre la conversation possible quand on est occupé d'un jeu de cartes.

Je me vis joué dans toutes les formes, mais la mystification était si gracieuse, que je n'eus garde d'en témoigner de l'humeur ; je n'avais d'autre parti à prendre que celui de faire bonne contenance, et la chose était d'autant plus facile que j'éprouvais une véritable satisfaction d'être débarrassé de l'obligation que je m'étais sottement imposée d'envoyer un courrier à je ne sais qui.

Le commandant, satisfait de sa victoire et en jouissant *in petto*, devenu gai tout à coup, se mit à parler guerre, cour, affaires, et il m'adressait souvent la parole avec cette affabilité et cette aisance que la bonne société en France sait si bien allier aux convenances ; il aurait été difficile de deviner qu'il se fût jamais passé entre nous le moindre différend. Il était devenu le héros de la pièce par la situation qu'il avait su amener ; mais, pour me trouver en second rang, je n'en brillais pas moins ; car tout montrait que j'avais l'honneur d'avoir su forcer un vieil officier supérieur à me donner une satisfaction d'autant plus flatteuse, que de la nature dont elle était, elle marquait toute l'estime que j'avais su lui inspirer, même en me rendant coupable d'une incartade de jeune homme.

On servit. Le succès de mon rôle ne dépendant que de la manière de le jouer, il m'est arrivé rarement d'être plus éveillé que je le fus pendant ce dîner, où il ne se tint que des propos agréables, et j'eus un soin extrême à faire briller Mme la commandante. C'était une femme charmante, très jolie et jeune encore, car elle avait bien trente ans moins que son cher mari. On n'y parla pas une seule fois du *quiproquo* qui m'avait fait passer six heures au corps de garde ; mais, au dessert, le commandant manqua de casser les vitres par une goguenarderie qui n'en valait pas la peine.

« Vous avez été bon, me dit-il, de croire que j'irais me battre avec vous. Je vous ai attrapé.

— Qui vous a dit que j'ai cru à un duel?

— Avouez que vous l'avez cru.

— Je m'en défends, car il y a loin de croire à supposer. L'un est positif, l'autre n'est que supputatif. Au reste, je consens que votre invitation de promenade m'a rendu curieux de savoir à quoi elle aboutirait, et j'admire votre esprit. Cependant vous voudrez bien me croire si je vous assure que je suis loin de me croire attrapé, car, bien loin de là, je me trouve si satisfait que je vous suis reconnaissant. »

— Et moi, monsieur, s'il me reste quelque désir après ce qui s'est passé, c'est de ne pouvoir pas vous posséder plus longtemps. »

Le compliment était flatteur, et j'y aurais répondu si au même instant on ne se fût levé de table. L'après-midi nous allâmes nous promener ; je donnai le bras à madame, qui fut ravissante ; mais le soir je pris congé, et je partis le lendemain de bonne heure, après avoir toutefois mis mon rapport au net.

A cinq heures du matin, je dormais dans ma chaise, lorsqu'on vint me réveiller. J'étais à la porte d'Amiens. L'importun qui était à ma portière était un gabelou, race partout détestée et avec quelque raison, car, outre qu'elle est généralement insolente et vexatoire, rien ne fait plus sentir l'esclavage que cette recherche inquisitoriale qu'on exerce jusque dans vos effets, dans vos vêtements les plus secrets. Ce commis me demanda si je n'avais rien contre les ordres du roi. J'étais de mauvaise humeur, comme tout homme qu'on prive de la douceur du sommeil pour lui faire une question importune ; je lui réponds en jurant que non, et qu'il aurait bien pu me laisser dormir. « Puisque vous faites le brutal, me répliqua l'animal, nous verrons. »

Il ordonne au postillon d'entrer avec ma chaise ; il fait détacher mes malles.... et ne pouvant l'empêcher, je mordais mon frein, je me tais.

Je sentis la faute que j'avais faite, mais je ne pouvais plus y remédier; au reste, n'ayant rien, je ne pouvais rien craindre; mais ma pétulance allait me coûter deux heures d'ennui. Le plaisir de la vengeance était peint sur leur insolente figure. Dans ce temps-là, les commis des gabelles étaient en France l'écume de la canaille; mais lorsqu'ils se voyaient traités avec politesse par des gens de distinction, ils se piquaient d'honneur et devenaient traitables. Une pièce de vingt-quatre sous donnée de bonne grâce les rendait souples comme une paire de gants. Ils tiraient la révérence aux voyageurs, leur souhaitaient un heureux voyage, sans lui causer du désagrément. Je le savais, mais il y a des instants où l'homme agit en machine, et c'est ainsi que j'en avais agi; tant pis pour moi.

Les bourreaux vidèrent mes malles et déployèrent jusqu'à mes chemises, entre lesquelles, disaient-ils, je pouvais avoir caché des dentelles d'Angleterre.

Après avoir tout visité, ils me rendirent mes clefs; mais tout n'était pas fini; il s'agissait de visiter ma chaise. Le coquin qui en était chargé se met à crier: « Victoire ! » Il avait trouvé le reste d'une livre de tabac que, en allant à Dunkerque, j'avais acheté à Saint-Omer.

Aussitôt, d'une voix de triomphateur, le Cartouche de la bande ordonne qu'on séquestre ma chaise, et me prévient qu'en outre je devais payer douze cents francs d'amende.

Pour le coup, ma patience est à bout, et je laisse au lecteur à deviner tous les noms dont j'habillai ces coquins ; mais ils étaient cuirassés contre les mots. Je leur dis de me conduire chez l'intendant.

« Allez-y si vous voulez, me répondirent-ils ; il n'y a ici personne à vos ordres. »

Entouré d'une nombreuse foule de curieux que le bruit attirait, je m'achemine vers la ville, marchant à grands pas, comme un furieux, et j'entre dans la première boutique que je trouve ouverte, en priant le maître de vouloir bien me faire conduire chez l'intendant. Je conte le cas où je me trouvais : un homme de bonne mine, qui était dans la boutique, me dit qu'il aura le plaisir de m'y accompagner lui-même, mais qu'il était probable que je ne le trouverais pas, parce que, sans doute, on l'aurait déjà prévenu. « A moins que vous ne payiez ou que vous ne donniez caution, me dit-il, vous vous tirerez difficilement de ce mauvais pas. » Je le priai de m'y conduire et de me laisser faire. Il me conseilla de me débarrasser de la canaille qui me suivait en lui donnant un louis pour aller boire ; je lui donne le louis en le priant de se charger de la besogne, et l'affaire fut bientôt faite. Ce monsieur était un honnête procureur qui connaissait son monde.

Nous arrivons chez l'intendant ; mais, comme l'avait fort bien prévu mon guide, monsieur n'était pas visible ; son portier nous dit qu'il était sorti seul, qu'il ne rentrerait qu'à la nuit et qu'il ne savait pas où il dînait.

« Voilà, me dit le procureur, la journée perdue.

— Allons le chercher partout où il peut être ; il doit avoir des habitudes, des amis ; nous le découvrirons ; je vous donne un louis pour votre journée ; voulez-vous me faire le plaisir de me la sacrifier ?

— Je suis à vous. »

Nous mîmes quatre heures à le chercher en vain en dix ou douze maisons. Dans toutes, j'avais parlé aux maîtres, exagérant partout l'affaire qu'on m'avait suscitée. On m'écoutait, on me plaignait, et tout ce qu'on me disait de plus consolant était que certainement il retournerait chez lui pour coucher, et que pour lors il serait obligé de m'écouter. Cela ne faisait guère mon affaire, et j'allai plus loin continuer mes perquisitions.

A une heure, le procureur me conduisit chez une vieille dame qui avait beaucoup de crédit en ville. Elle était à table toute seule. Après m'avoir écouté attentivement, elle me dit avec le plus grand sang-froid qu'elle ne croyait pas commettre une indiscrétion en disant à un étranger dans quel endroit se trouvait un homme qui, par état, ne devait jamais être inaccessible. « Ainsi, monsieur, je puis vous révéler ce qui n'est pas un secret. Ma fille me dit hier soir qu'elle était invitée à dîner chez Mme N., et que l'intendant y serait. Allez-y donc de suite et vous le trouverez à table en compagnie de tout ce qu'il y a de mieux dans Amiens ; mais, ajouta-t-elle en souriant, je vous conseille d'entrer sans vous faire annoncer. Les domestiques qui vont et viennent pendant le service vous indiqueront le chemin sans que vous le leur demandiez. Là vous lui parlerez malgré lui, et quoique vous ne le connaissiez pas, il entendra tout ce que vous lui direz et tout ce que vous m'avez dit d'épouvantable dans votre juste colère. Je suis fâchée de ne pas pouvoir me trouver à ce beau coup de théâtre. »

Je pris congé de cette respectable dame en lui exprimant ma reconnaissance, et je me rends en toute hâte au lieu indiqué avec mon procureur, qui était rendu de fatigue. J'entre sans la moindre difficulté pêle-mêle avec les domestiques et mon guide jusque dans la salle où plus de vingt personnes étaient assises à une table abondamment et richement servie.

« Excusez, messieurs et mesdames, si, dans l'état effrayant où vous me voyez, je me vois contraint de venir troubler votre paix et la joie de votre festin.. »

A ce compliment, prononcé d'une voix de Jupiter-Tonnant, tout le monde se lève. J'étais échevelé et grondant de sueur ; mes regards devaient être ceux de Tisiphone. Qu'on se figure la surprise que mon apparition dut causer à cette nombreuse compagnie composée de femmes charmantes et de cavaliers élégants !

« Je cherche depuis sept heures du matin de porte en porte dans toutes les rues de cette ville M. l'intendant, qu'enfin j'ai le bonheur de trouver ici, car je sais pertinemment qu'il y est, et s'il a des oreilles, je sais qu'il m'écoute en ce moment. Je viens donc lui dire d'ordonner de suite à ses infâmes satellites qui ont mis mon équipage en séquestre, de me laisser libre, pour que je puisse continuer mon voyage. Si les lois *catalanes* ordonnent que pour sept onces de tabac, que j'ai pour mon propre usage, je dois payer douze cents francs, je les renie ; et je lui déclare que je ne veux pas payer un sou. Je resterai ici, j'enverrai un courrier à mon ambassadeur, qui se plaindra qu'on ait violé le droit des gens dans l'Ile-de-France sur ma personne, et j'en aurai satisfaction. Louis XV est assez grand pour ne pas vouloir se déclarer complice de cette étrange espèce d'assassinat. Au reste, cette affaire, si l'on ne m'accorde pas la satisfaction que par bon droit je réclame, deviendra une affaire d'État ; car la représaille que prendra ma république ne sera pas d'assassiner des Français pour quelques prises de tabac, mais bien de les expulser sans exception. Voilà qui je suis ; lisez. »

Écumant de colère, je jette mon passeport sur la table. Un homme le ramasse, le lit : je sais alors qui est l'intendant. Tandis que ma pancarte passait de main en main et que j'observais la surprise et l'indignation sur leurs traits, l'intendant, conservant sa morgue, me dit qu'il n'était à Amiens que pour faire exécuter, et que par conséquent je ne partirais qu'en payant ou en donnant caution.

« Si telle est votre obligation, vous devez regarder mon passeport comme une ordonnance, et je vous somme d'être vous-même ma caution, si vous êtes gentilhomme.

— Est-ce que la noblesse chez vous cautionne les infracteurs ?

— La noblesse chez moi ne descend pas jusqu'à exercer des emplois qui déshonorent.

— Au service du roi, il n'y a pas d'emploi qui déshonore.

— Si je parlais au bourreau, il ne me répondrait pas autrement.

— Mesurez vos termes.

— Mesurez vos actions. Sachez, monsieur, que je suis homme libre, sensible et outragé, et surtout que je ne crains rien. Je vous défie de me jeter par les fenêtres.

— Monsieur, me dit alors une dame en ton de maîtresse, chez moi on ne jette personne par les fenêtres.

— Madame, l'homme dans la colère se sert d'expressions que son cœur et son esprit désavouent ; je souffre de l'excès où m'a réduit une criante injustice, et je suis à vos pieds pour vous demander pardon de vous avoir offensée. Daignez réfléchir que c'est la première fois de ma vie que je me vois opprimé, insulté, dans un royaume où je croyais ne devoir me tenir sur mes gardes que contre la violence des voleurs de grand chemin. Pour eux j'ai des pistolets; pour ces messieurs j'ai un passeport, mais je trouve qu'il ne vaut rien. Au reste, j'ai toujours mon épée contre les insolents. Pour sept onces de tabac que j'ai achetées à Saint-Omer il y a trois semaines, ce monsieur me dépouille, il interrompt mon voyage, tandis que le roi est mon garant que personne n'osera l'interrompre; on veut que je paye cinquante louis, on me livre à la fureur d'employés impertinents, à la risée d'une populace insolente, dont l'honnête homme que vous voyez là m'a délivré moyennant de l'argent; je me vois traité comme un scélérat, et l'homme qui doit me défendre, me protéger même, se cache, se dérobe, et ajoute aux insultes que j'ai reçues! Ses sbires, qui sont à la porte de cette ville, ont bouleversé mes habits, chiffonné mon linge et mes dentelles, pour se venger et me punir de ce que je ne leur ai pas donné une pièce de vingt-quatre sous. Ce qui m'est arrivé sera demain la nouvelle du corps diplomatique à Versailles, à Paris, et en peu de jours on la lira dans toutes les gazettes. Je ne veux rien payer, parce que je ne dois rien. Parlez, monsieur l'intendant: dois-je envoyer un courrier au duc de Gesvres?

— Payez, et si vous ne le voulez pas, faites tout ce que vous voudrez.

— Adieu donc, mesdames et messieurs; et vous, monsieur l'intendant, au revoir. »

Au moment même où j'allais sortir comme un furieux, j'entends une voix qui me crie en bon italien d'attendre un moment. Je reviens et je vois un homme, déjà sur l'âge, qui disait à l'intendant:

« Ordonnez qu'on laisse partir monsieur; je me rends sa caution. M'entendez-vous, intendant? c'est moi qui réponds pour ce monsieur. Vous ne connaissez pas la tête

CHAPITRE XVIII

brûlante d'un Italien. J'ai fait en Italie toute la guerre dernière, et je me suis trouvé à portée de connaître le caractère de ce peuple; je trouve au reste que monsieur a raison.

— Fort bien, me dit alors l'intendant. Payez seulement trente ou quarante francs au bureau, car on a déjà écrit.

— Je crois vous avoir dit que je ne veux pas payer une obole, et je vous le répète. Mais qui êtes-vous, monsieur, dis-je à l'honnête vieillard, qui voulez bien me cautionner sans me connaître?

— Je suis commissaire des guerres, monsieur, et je m'appelle de La Bretonnière. Je demeure à Paris, à l'hôtel de Saxe, rue du Colombier; j'y serai après-demain et je vous y verrai avec plaisir. Nous irons ensemble chez M. Britard, qui, sur l'exposé de votre affaire, me déchargera de la caution que j'ai offerte pour vous avec grand plaisir. »

Après lui avoir témoigné toute ma reconnaissance et lui avoir assuré que je me rendrais sans faute chez lui, j'adressai quelques mots d'excuses à la maîtresse de la maison et au reste des convives et je sortis.

Je menai mon honnête procureur dîner à la meilleure auberge, et je lui donnai avec reconnaissance un double louis pour sa peine. Sans cet homme et le brave commissaire des guerres, j'aurais été fort embarrassé: j'aurais fait la guerre du pot de terre contre le pot de fer; car avec les hommes en place, quand l'arbitraire s'en mêle, on ne vient jamais à bout d'avoir raison; et quoique je ne manquasse pas d'argent, je n'aurais jamais pu me résoudre à me voir voler cinquante louis par ces misérables.

Ma chaise se trouvant prête à la porte de l'auberge, au moment où j'y montais, un des commis qui m'avaient visité vint me dire que j'y trouverais tout ce que j'y avais laissé.

« Cela me surprendrait avec des gens tels que vous ; y trouverai-je aussi mon tabac?

— Le tabac, mon prince, a été confisqué.

— J'en suis fâché pour vous, car je vous aurais donné un louis.

— Je vais l'aller chercher dans l'instant.

— Je n'ai pas le temps d'attendre. Fouette, postillon. »

J'arrivai à Paris le lendemain, et le quatrième jour je me rendis chez M. de La Bretonnière qui me fit le plus bel accueil et me mena chez le fermier général Britard, qui le déchargea de la caution. Ce M. Britard était un jeune homme très aimable; il rougit de tout ce qu'on m'avait fait souffrir.

Je portai ma relation au ministre à l'hôtel Bourbon, et Son Excellence passa deux heures avec moi, me faisant ôter ce qu'il y avait de trop. Je passai la nuit à la mettre au net, et le lendemain j'allai la porter à Versailles à M. l'abbé de La Ville, qui, après l'avoir lue froidement, me dit qu'il me ferait savoir le résultat. Un mois après, je reçus cinq cents louis et j'eus le plaisir de savoir que M. de Crémille, ministre de la marine, avait non seulement trouvé mon rapport parfaitement exact, mais même très instructif. Plusieurs craintes raisonnées m'empêchèrent de me faire connaître, honneur que M. de Bernis voulait me procurer.

Quand je lui contai les deux aventures qui m'étaient arrivées sur la route, il en rit; mais il me dit que la bravoure d'un homme chargé d'une mission secrète consistait à ne jamais se faire des affaires ; car, quand bien même il aurait le talent de savoir s'en tirer, il ferait parler de lui, tandis qu'il devait l'éviter avec le plus grand soin.

Cette commission coûta douze mille francs à la marine, et le ministre aurait pu facilement se procurer tous les renseignements que je lui fournis sans dépenser un sou. Le premier jeune officier intelligent aurait pu le servir comme moi et y aurait mis assez de zèle et de prudence pour se faire un mérite auprès de lui. Mais tels étaient en France tous les ministères. Ils prodiguaient l'argent qui ne leur coûtait rien pour enrichir leurs créatures. Ils étaient despotes, le peuple foulé n'était compté pour rien ; l'État était endetté et les finances étaient en un mauvais état immanquable. *Une révolution était nécessaire,* je le crois ; mais il ne la fallait pas sanglante, il la fallait morale et patriotique ; mais les nobles et le clergé n'avaient pas des sentiments assez généreux pour savoir faire quelques sacrifices nécessaires au roi, à l'État et à eux-mêmes.

Silvia trouva mes aventures d'Aire et d'Amiens fort plaisantes et sa charmante fille se montra très sensible à la mauvaise nuit que j'avais passée au corps de garde. Je lui dis que je l'aurais trouvée bien plus cruelle si j'avais eu avec moi une femme. Elle me répondit que si cette femme avait été bonne, elle se serait empressée d'aller adoucir ma peine en la partageant ; mais sa mère lui fit observer qu'une femme comme il faut, une femme d'esprit, après s'être occupée de mettre ma chaise et mes effets en sûreté, se serait occupée à faire les démarches nécessaires pour me faire recouvrer ma liberté ; et j'appuyai son sentiment en lui faisant sentir combien de cette manière une femme remplirait mieux son devoir.

CHAPITRE XIX

Le comte de La Tour-d'Auvergne et Mme d'Urfé. — Camille. — Ma passion pour la maîtresse du comte ; aventure ridicule qui me guérit. — Le comte de Saint-Germain.

Malgré mon amour pour la jeune Baletti, je ne laissais pas d'en avoir aussi pour les beautés mercenaires qui brillaient sur le grand trottoir et qui faisaient parler d'elles ; mais celles qui m'occupaient le plus étaient les femmes entretenues et celles qui prétendaient n'appartenir au public que parce qu'elles chantaient, dansaient ou faisaient tous les soirs sur la scène les reines ou les soubrettes.

Malgré cette prétention de bon ton, elles se reconnaissaient très libres et jouissaient de ce qu'elles appelaient leur indépendance en se donnant tantôt à l'Amour, tantôt à Plutus, et le plus souvent à l'un et à l'autre tout à la fois. Comme la connaissance n'est pas difficile avec ces prêtresses du plaisir et de la dissipation, je m'étais faufilé auprès de plusieurs.

Les foyers des théâtres sont des bazars où les amateurs vont exercer leurs talents pour nouer des intrigues, et j'avais passablement profité à cette noble école.

Je commençais d'abord par devenir l'ami de leurs amants en titre, et je réussissais souvent par l'art de paraître, non pas inconséquent, mais sans conséquence. Il fallait, à la vérité, pouvoir à l'occasion se montrer favori de Plutus ; une bourse à la main est un flacon d'où s'exhale pour certains nez une odeur plus balsamique que celle de la rose; et, lorsqu'il s'agissait de quelques *boutons d'or*, la peine était toujours moins grande que le plaisir; car j'étais sûr que, d'une manière quelconque, on m'en tiendrait compte.

Camille, actrice et danseuse à la Comédie italienne, que j'avais commencé d'aimer à Fontainebleau il y avait déjà sept ans, fut une de celles qui m'attachèrent le plus par les agréments qui se trouvaient réunis chez elle dans une jolie petite maison qu'elle occupait à la barrière Blanche, et où elle vivait avec le comte d'Eigreville, qui m'était très attaché et qui aimait ma société. Il était frère du marquis de Gamache et de la comtesse du Rumain, beau garçon, fort doux et assez riche. Il n'était jamais si content que lorsqu'il voyait beaucoup de monde chez sa maîtresse, goût singulier que l'on rencontre rarement, mais goût fort commode et qui annonce un caractère confiant et peu jaloux. Camille n'aimait que lui, chose rare dans une actrice femme galante; mais, remplie d'esprit et ayant beaucoup de savoir-faire, elle ne désespérait personne de ceux qui avaient du goût pour elle. Elle n'était ni avare ni prodigue de ses faveurs, et elle savait le secret de se faire adorer de tout le monde, sans craindre les indiscrétions affligeantes ni les abandons toujours mortifiants.

Celui qu'elle distinguait le plus après son amant était le comte de La Tour-d'Auvergne, seigneur de haute naissance, qui l'idolâtrait et qui, n'étant pas assez riche pour la posséder seul, paraissait assez content de la portion qu'elle lui accordait. Il avait la réputation d'être sincèrement aimé en second. Camille lui entretenait, à peu près, une petite fille dont elle lui avait fait présent dès qu'elle avait cru s'apercevoir qu'il en était amoureux pendant qu'elle était à son service. La Tour-d'Auvergne l'entretenait en chambre garnie à Paris, rue de Taranne, et il disait qu'il l'aimait comme on aime un portrait, parce qu'elle lui venait de sa chère Camille. Le comte menait souvent cette jeune personne souper chez Camille. Elle avait quinze ans ; elle était simple, naïve et sans nulle ambition. Elle disait à son amant qu'elle ne lui pardonnerait jamais une infidélité, à moins que ce ne fût avec Camille, à laquelle elle croyait devoir le céder, parce qu'elle savait lui devoir son bonheur.

Je devins si amoureux de cette jeune personne, que souvent je n'allais souper chez Camille que dans l'espoir de l'y trouver et de jouir des naïvetés avec lesquelles elle enchantait toute la coterie. Je faisais de mon mieux pour me cacher, mais j'en étais si épris que très souvent je me trouvais très triste en sortant, parce que je voyais l'impossibilité de guérir de ma passion par les voies ordinaires. Je me serais au reste rendu ridicule si je m'étais laissé deviner, et Camille se serait moquée de moi sans pitié. Cependant voici une anecdote ridicule qui me guérit d'une manière bien inattendue.

La petite habitation de l'aimable Camille étant à la barrière Blanche, un soir que le temps était pluvieux j'envoyai chercher un fiacre pour me retirer. Mais il était une heure après minuit et on n'en trouva plus sur la place. « Mon cher Casanova, me dit La Tour-d'Auvergne, je vous descendrai chez vous sans m'incommoder, quoique ma voiture ne soit qu'à deux places. Ma petite, ajouta-t-il, s'assoira sur nous. » J'acceptai, comme de raison, et me voilà dans la voiture, ayant le comte à ma gauche et Babet assise sur les genoux de tous les deux.

Amoureux, ardent, je pense à saisir l'occasion, et sans perdre de temps, car le cocher allait vite, je lui prends la main et lui fais sentir une douce pression. Je sens la sienne qui me presse doucement... Oh bonheur !... Je la porte à mes lèvres et je la couvre de tendres baisers muets. Impatient de la convaincre de mon ardeur, et pensant que sa main ne me refuserait pas un doux service...; mais au moment de la crise : « Je vous sais gré, mon cher ami, me dit La Tour-d'Auvergne, d'une politesse de votre pays dont je ne me croyais plus digne; j'espère que ce n'est pas une méprise. »

A ces terribles mots, j'étends la main, et je sens la manche de son habit. Il n'y a point de présence d'esprit qui vaille dans un moment pareil, d'autant plus que ces paroles furent suivies d'un rire à gorge déployée, ce qui suffit pour confondre l'homme le plus aguerri. Je ne pouvais, au reste, ni rire ni disconvenir du fait, et cette situation était affreuse, ou l'aurait été, si les bienheureuses ténèbres n'avaient voilé ma confusion. Babet se tuait, en attendant, de demander au comte pourquoi il riait ainsi; mais, lorsqu'il voulait commencer à parler, le rire le reprenait de plus belle, et je m'en félicitais dans le fond de l'âme. Enfin la voiture s'arrêta à ma porte, et mon domestique ayant ouvert la portière, je me hâtai de descendre en leur souhaitant une bonne nuit que La Tour-d'Auvergne me rendit en continuant à rire aux éclats. Je rentrai chez moi tout hébété, et ce ne fut qu'une demi-heure après que je commençai à mon tour à rire de la singularité de l'aventure. Ce qui me faisait pourtant de la peine, c'était de devoir m'attendre à de mauvaises plaisanteries, car je n'avais pas le moindre droit à la discrétion du comte. Je fus assez sage cependant pour prendre la résolution, sinon de rire avec les plaisants, au moins de ne point me fâcher des plaisanteries dont je serais l'objet; c'était et c'est toujours à Paris le plus sûr moyen de mettre les rieurs de son côté.

Je passai trois jours sans voir l'aimable comte, et le quatrième je pris la résolution d'aller lui demander à déjeuner vers les neuf heures, car Camille avait envoyé chez moi pour savoir comment je me portais. Cette affaire ne devait pas m'empêcher de continuer à la fréquenter; mais j'étais bien aise de savoir comment on avait pris la chose.

Dès que La Tour-d'Auvergne me vit, il partit d'un éclat de rire; je fis chorus, et nous nous embrassâmes affectueusement: mais lui, goguenard, il imitait la demoiselle.

« Mon cher comte, lui dis-je, oubliez cette sottise, car vous m'attaqueriez sans mérite, puisque je ne saurais comment me défendre.

— Pourquoi, mon cher, penseriez-vous à vous défendre? Nous vous aimons tous, et cette aventure comique fait notre délice; nous en rions tous les soirs.

— Tout le monde la sait donc?

— En doutez-vous? Mais c'est la chose du monde la plus simple. Camille étouffe. Venez-y ce soir; j'y amènerai Babet, et elle vous fera rire, car elle soutient que vous ne vous êtes pas trompé.

— Elle a raison.

— Comment, raison? A d'autres. Vous me faites trop d'honneur, et je n'en crois rien. Mais vous prenez votre parti?

— Je n'ai rien de mieux à faire; mais, au fait, ce n'est pas à vous que mon imagination délirante offrait un si brûlant hommage. »

A table je plaisantais, je faisais l'étonné de l'indiscrétion du comte, et je me vantais d'être guéri de ma passion. Babet, avec un petit ton refrogné, m'appelait vilain, et soutenait que je n'étais point guéri; mais le fait est que je l'étais, car cette aventure me dégoûta d'elle et m'attacha d'une amitié sincère au comte, qui avait toutes les qualités pour être aimé de tout le monde. Cette amitié pourtant pensa m'être funeste, comme mon lecteur va le voir.

CHAPITRE XIX

Un soir, me trouvant au foyer de la Comédie-Italienne, La Tour-d'Auvergne vint me prier de lui prêter cent louis, me promettant de me les rendre le samedi suivant.

« Je ne les ai pas, lui dis-je ; mais voici ma bourse ; ce qu'elle contient est à votre service.

— C'est, mon cher, cent louis qu'il me faut et de suite, car je les ai perdus hier soir chez la princesse d'Anhalt[1].

— Mais je ne les ai pas.

— Un receveur de la loterie doit toujours avoir plus de cent louis.

— D'accord, mais ma caisse est sacrée ; je dois la consigner à l'agent de change d'aujourd'hui en huit.

— Cela ne vous empêchera pas de la consigner lundi, puisque je vous les rendrai samedi. Otez cent louis de votre caisse et mettez-y ma *parole d'honneur*. Croyez-vous qu'elle vaille cent louis?

— Je n'ai pas le mot à objecter ; attendez-moi un moment. »

Je cours à mon bureau, je prends les cent louis et je reviens les lui porter. Le samedi vient, point de comte, et comme je me trouvais précisément sans argent, le dimanche matin je mis mon solitaire en gage et je remplaçai les cent louis dont ma caisse était créancière. Le lendemain je fis ma consignation à l'agent de change. Trois ou quatre jours après, me trouvant à l'amphithéâtre de la Comédie-Française, voilà La Tour-d'Auvergne qui m'aborde en me faisant des excuses. Je lui réponds en lui montrant ma main et en lui disant que j'avais engagé ma bague pour sauver mon honneur. Il me dit d'un air triste qu'on lui avait manqué de parole, mais qu'il était certain de me rendre les cent louis le samedi suivant.

1. C'était la mère de Catherine, impératrice de Russie.

« Je vous en donne, ajouta-t-il, ma parole d'honneur.

— Votre parole d'honneur est dans ma caisse ; ainsi permettez que je n'y compte pas ; vous me rendrez les cent louis quand vous voudrez. »

A ces paroles, le comte devint pâle comme la mort.

« Ma parole d'honneur, mon cher Casanova, m'est plus chère que la vie, et je vous donnerai les cent louis demain à neuf heures du matin à cent pas du café qui est au bout des Champs-Élysées. Je vous les donnerai tête à tête, personne ne nous verra ; j'espère que vous ne manquerez pas de venir les prendre et que vous aurez votre épée ; j'aurai la mienne.

— Ma foi, monsieur le comte, c'est vouloir me faire payer trop cher un bon mot. Vous me faites assurément un grand honneur, mais j'aime mieux vous en demander pardon, si cela peut empêcher cette fâcheuse affaire.

— Non, j'ai tort beaucoup plus que vous, et ce tort ne peut être effacé qu'à la pointe de l'épée. Viendrez-vous ?

— Je ne saurais vous refuser, quelque pénible qu'il me soit de devoir vous promettre. »

En le quittant, je me rendis chez Silvia, et je soupai très tristement, car j'aimais réellement cet aimable seigneur, et le jeu n'en valait pas la chandelle. Je ne me serais point battu si j'avais pu me convaincre que j'avais tort ; mais j'avais beau tourner l'affaire sous toutes ses faces, je voyais toujours que tout le tort était du côté de l'excessive susceptibilité du comte, et je résolus que je lui donnerais satisfaction. Dans tous les cas, il ne pouvait me venir en idée de manquer au rendez-vous.

J'arrivai au café un instant après lui ; nous déjeunâmes, il paya ; ensuite nous sortîmes et nous nous dirigeâmes vers l'Étoile. Lorsque nous fûmes à l'abri de tous les regards, il tira de sa poche un rouleau de cent louis, et, me le donnant d'un air très noble, il me dit qu'un coup d'épée devait suffire à l'un ou à l'autre. Je n'avais pas la faculté de répondre.

Il s'écarta de quatre pas et mit l'épée à la main. Je l'imitai sans mot dire, et m'étant avancé, dès que nous eûmes croisé le fer, je lui allonge ma botte à bras tendu. Certain de l'avoir blessé à la poitrine, je romps deux pas en le sommant de sa parole.

Doux comme un agneau, il baissa son épée, et ayant mis la main dans son sein, il l'en retira toute teinte de sang et me dit d'un ton aimable :

« Je suis content. »

Je lui dis tout ce que je pouvais, tout ce que je devais lui dire de plus honnête, tandis qu'il s'appliquait un mouchoir ; et, visitant la pointe de mon épée, j'éprouvai la plus grande satisfaction en voyant qu'elle n'était pas entrée de plus d'une ligne. Je le lui dis en lui offrant de l'accompagner. Il me remercia, et me pria d'être discret et de le considérer à l'avenir en véritable ami. Après l'avoir embrassé en versant des larmes, je rentrai chez moi très affligé et riche d'une forte leçon. Cette affaire demeura inconnue à tout le monde, et huit jours après, nous soupâmes ensemble chez Camille.

Quelques jours après, je reçus de M. l'abbé de La Ville, pour ma mission de Dunkerque, la gratification de cinq cents louis dont j'ai parlé. Étant allé voir l'aimable Camille, elle me dit que La Tour-d'Auvergne était retenu dans son lit par une sciatique, et que si je voulais nous irions le lendemain lui faire une visite. J'acceptai et nous y allâmes. Après avoir déjeuné, je lui dis d'un air sérieux, que, s'il voulait me laisser faire, je le guérirais; car son mal n'était pas ce qu'on appelle précisément sciatique, mais un vent humide que je ferais partir, moyennant le talisman de Salomon et cinq paroles. Il se mit à rire, mais il me dit de faire tout ce que je voudrais.

« Je m'en vais donc acheter un pinceau.

— J'enverrai un domestique.

— Non, car je dois être sûr qu'on n'aura pas marchandé, et puis il me faut aussi quelques drogues. »

J'achetai du nitre, de la fleur de soufre, du mercure et un petit pinceau ; puis, étant rentré :

« Il me faut, lui dis-je, un peu de votre....., ce liquide m'est indispensable, et il faut qu'elle soit toute fraîche. »

Camille et lui riaient aux éclats, mais cela ne m'empêchait pas de garder mon sérieux de charlatan. Je lui donnai un gobelet, je baissai modestement les rideaux ; il fit ce que je voulais.

Je fis de tous ces ingrédients un mélange, et je dis à Camille qu'elle devait lui frotter la cuisse pendant que je murmurerais une conjuration ; mais je la prévins que si pendant l'action elle avait le malheur de rire, tout serait perdu. Cette menace ne fit qu'accroître leur bonne humeur, et leur rire devenait inextinguible ; car au moment où ils se croyaient maîtres de soi, ils se regardaient, et après avoir comprimé les premiers élans, ils finissaient par éclater de nouveau, au point que je commençais à croire que j'avais ordonné l'impossible. Enfin, après s'être tenu les côtes pendant une demi-heure, ils se mirent en devoir d'être sérieux et d'imiter le calme imperturbable dont je leur donnai l'exemple. La Tour-d'Auvergne fut le premier à se maîtriser, et, prenant son sérieux, il présenta la cuisse à Camille, qui, s'imaginant jouer un rôle sur la scène, commença à frotter le malade, tandis qu'à demi voix je marmottais des mots qu'ils n'auraient jamais pu comprendre, quelque bien que je les eusse prononcés, et cela par la raison que je ne les comprenais pas moi-même.

Je fus bien près de gâter l'efficacité de l'opération en voyant les grimaces que ces deux êtres faisaient pour garder leur sérieux. Rien n'était plus comique que Camille. Après leur avoir dit enfin que c'était assez frotté, je trempai mon pinceau dans l'amalgame, puis, d'un seul trait, je lui fis sur la cuisse l'étoile à cinq pointes, dite le signe de Salomon ; ensuite j'enveloppai la cuisse avec trois serviettes, et je lui dis que s'il pouvait se tenir dans son lit tranquille pendant vingt-quatre heures, sans ôter les serviettes, je lui garantissais sa parfaite guérison.

Ce qu'il y a de plus risible, c'est que quand j'eus fini, ni le comte ni Camille ne riaient plus : ils avaient l'air émerveillé, et moi...., il me semblait que j'avais fait la plus belle chose du monde. A force de répéter un mensonge, on peut finir par croire que c'est la vérité.

Quelques instants après cette opération, que j'avais faite sans préméditation et comme poussé par l'instinct, nous partîmes, Camille et moi, dans un fiacre, et je lui fis mille contes absurdes qu'elle écouta si attentivement, que lorsque je la quittai à sa porte, elle en était tout ébahie.

Quatre ou cinq jours après, ayant presque entièrement oublié cette comédie, j'entends des chevaux s'arrêter à ma porte, je regarde par la fenêtre et je vois M. de La Tour-d'Auvergne descendre lestement et entrer chez moi.

« Vous étiez sûr de votre fait, mon ami, me dit-il en m'embrassant, puisque vous n'êtes pas venu voir comment je me portais le lendemain de votre étonnante opération.

— Certainement, j'en étais sûr ; mais si j'avais eu le temps, vous m'auriez vu malgré cela.

— Dites-moi s'il m'est permis de me mettre dans un bain.

— Point de bain que vous ne vous croyiez bien rétabli.

— Vous serez obéi. Tout le monde est étonné de ce fait, mon ami, car je n'ai pu m'empêcher de conter ce miracle à toutes mes connaissances. Je trouve des esprits forts qui se moquent de moi, mais je les laisse dire.

— Vous auriez dû être discret, car vous connaissez Paris. On me traitera de charlatan.

— Tout le monde ne pense pas ainsi, et je suis venu vous demander un plaisir.

— De quoi s'agit-il?

— J'ai une tante connue et reconnue pour savante dans toutes les sciences abstraites, grande chimiste, femme d'esprit, fort riche, seule maîtresse de sa fortune, et dont la connaissance ne peut que vous être utile. Elle meurt d'envie de vous voir; car elle prétend vous connaître, et soutient que vous n'êtes pas ce qu'on vous croit. Elle m'a conjuré de vous mener dîner chez elle, et j'espère que vous aurez la bonté d'accepter. Ma tante se nomme la marquise d'Urfé. »

Je ne connaissais point cette dame, mais le nom d'Urfé m'imposa dans l'instant, car je savais l'histoire du fameux Anne d'Urfé, qui avait brillé à la fin du xvie siècle. Cette dame était veuve de son arrière-petit-fils, et je sentis qu'il se pouvait fort bien qu'étant entrée dans sa famille, elle se fût imbue de toutes les sublimes doctrines d'une science qui m'intéressait beaucoup, toute chimérique que je la croyais. Je répondis donc à La Tour-d'Auvergne que j'étais à ses ordres, mais à condition qu'à dîner nous ne serions que nous trois.

« Elle a tous les jours une table de douze couverts, et vous dînerez avec tout ce qu'il y a de mieux dans la capitale.

— Voilà précisément, mon cher comte, ce que je ne veux pas; car je déteste la réputation de magicien que vous ne pouvez manquer de m'avoir faite.

— Il ne s'agit pas de ça; vous êtes connu, et vous serez avec des gens qui ont pour vous une haute estime.

— En êtes-vous sûr?

— La duchesse de l'Oraguais m'a dit que, il y a quatre ou cinq ans, vous alliez souvent au Palais-Royal et que vous passiez des journées entières avec la duchesse d'Orléans; Mme de Boufflers, Mme de Blots et Mme de Melfort même m'ont parlé de vous. Vous avez tort de ne pas reprendre vos anciennes habitudes. Ce que vous avez fait de moi et sur moi ne laisse aucun doute que vous pouvez faire une brillante fortune. Je connais à Paris cent personnes de la première volée, hommes et femmes, qui ont la même maladie dont vous m'avez guéri, et qui vous donneraient la moitié de leur bien, si vous les guérissiez. »

La Tour-d'Auvergne parlait fort juste ; mais, comme je savais que sa cure merveilleuse n'était due qu'à un singulier hasard, je ne me sentais aucune envie de me rendre public et ridicule. Je lui dis donc qu'absolument je ne voulais pas m'exposer, et qu'il n'avait qu'à dire à Mme d'Urfé que j'aurais l'honneur de l'aller voir avec réserve et non autrement, et qu'elle pourrait me faire connaître le jour et l'heure où il lui plairait que je lui présentasse mes hommages.

Le même soir en rentrant chez moi, je trouvai un billet du comte où il me donnait rendez-vous aux Tuileries pour le lendemain à midi, qu'il s'y trouverait et que de là il me mènerait chez sa tante, qui m'attendait avec impatience, que nous dînerions à nous trois et qu'elle ne serait visible pour personne que pour nous.

Exact au rendez-vous ainsi que le comte, nous nous rendîmes chez Mme d'Urfé, qui demeurait quai des Théatins, à côté de l'hôtel Bouillon.

Belle, quoique vieille, Mme d'Urfé me reçut avec cette noble aisance de l'ancienne cour du temps de la régence. Nous passâmes une heure et demie à causer de choses indifférentes, et, sans nous le dire, d'accord sur la maxime de nous étudier. Nous voulions réciproquement nous *tirer les vers du nez.*

Je n'avais pas de peine à jouer l'ignorant, car je l'étais en effet, et Mme d'Urfé, qui ne se montrait pas curieuse, trahissait, sans le vouloir, l'envie de se montrer savante; cela me mettait tout à fait à mon aise, car j'étais certain de la rendre contente de moi, si je parvenais à la rendre contente d'elle-même.

A deux heures, on servit, sur une table à trois couverts, le même dîner que l'on servait chaque jour pour douze, et nous dînâmes d'une manière assez insignifiante, sous le rapport de la conversation, car nous ne parlâmes que de futilités, à l'instar de la bonne compagnie, ou plutôt du beau monde.

Après le dessert, La Tour-d'Auvergne nous quitta pour aller voir le prince de Turenne, qu'il avait laissé le matin avec une forte fièvre, et après son départ Mme d'Urfé commença à me parler chimie, magie, et tout ce qui faisait son culte ou, pour mieux dire, sa folie. Lorsque nous en vînmes au grand œuvre et que j'eus la bonhomie de lui demander si elle connaissait la matière première, la politesse seule l'empêcha d'éclater de rire; mais avec un sourire gracieux, elle me dit qu'elle possédait déjà ce qu'on appelait la *pierre philosophale*, et qu'elle était rompue dans toutes les grandes opérations. Ensuite elle me fit voir sa bibliothèque, qui avait appartenu au grand d'Urfé et à Renée de Savoie, sa femme; mais elle l'avait augmentée de manuscrits qui lui avaient coûté plus de cent mille francs. Paracelse était son auteur favori, et selon sa croyance positive, il n'avait été ni homme ni femme, sans être hermaphrodite, et avait eu le malheur de s'empoisonner avec une trop forte dose de *panacée* ou de médecine universelle. Elle me montra un petit manuscrit où se trouvait le grand procédé expliqué en français, en termes très clairs. Elle me dit qu'elle ne l'enfermait pas sous clef, parce qu'il était écrit en chiffres et qu'elle seule en avait la clef.

« Vous ne croyez donc pas, madame, à la stéganographie ?

— Non, monsieur, et si vous voulez l'accepter, en voici la copie dont je vous fais présent.

— Je l'accepte, madame, avec d'autant plus de reconnaissance, que je sais tout ce qu'il vaut. »

De la bibliothèque, nous passâmes dans le laboratoire, qui, positivement, m'étonna. Elle me montra une matière qu'elle tenait au feu depuis quinze ans et qui avait besoin d'y être encore pendant quatre ou cinq. C'était une poudre de projection, qui devait dans la minute opérer la transmutation de tous les métaux en l'or le plus pur. Elle me fit voir un tuyau par où le charbon descendait et allait entretenir le feu de son fourneau, toujours au même degré. Le charbon était poussé par son poids naturel et toujours successivement et en quantité égale, de sorte qu'elle passait souvent trois mois sans visiter ce fourneau et que son feu éprouvât la moindre variation. La cendre s'échappait par un autre tuyau très habilement pratiqué, et qui servait en même temps de ventilateur.

La calcination du mercure était un jeu d'enfant pour cette femme vraiment étonnante. Elle m'en montra de calciné et me dit que, quand je le voudrais, elle m'en ferait connaître le procédé. Elle me fit voir ensuite l'arbre de Diane du fameux Taliamed, dont elle était l'élève. Ce Taliamed était le savant Maillot, qui, selon Mme d'Urfé, n'était pas mort à Marseille, comme l'abbé le Mascrier l'avait fait croire, car il était vivant ; et elle ajouta avec un petit sourire qu'elle recevait souvent de ses lettres.

« Si le régent de France l'avait écouté, me dit-elle, il

vivrait encore. Ce cher régent, il a été mon premier ami, c'est lui qui m'a donné le sobriquet d'Egérie, et c'est lui qui me maria à M. d'Urfé. »

Elle possédait un commentaire de Raimond Lulle, qui avait éclairci tout ce qu'Arnaud de Villeneuve avait écrit d'après Roger Bacon et Heber, qui, selon elle, n'étaient point morts. Ce précieux manuscrit était dans une cassette d'ivoire dont elle gardait soigneusement la clef ; son laboratoire d'ailleurs était fermé à tout le monde. Elle me montra un baril rempli de *platina del Pinto*, qu'elle me dit être maîtresse de convertir en or quand bon lui semblerait. C'était M. Vood lui-même qui lui en avait fait présent en 1743. Elle me fit voir du même métal dans quatre vases différents. Dans trois le platine était intact dans de l'acide vitriolique, nitrique et marin ; mais dans le quatrième, ayant employé l'eau régale, le métal n'avait pu résister à son action. Elle le fondait au miroir ardent, et elle me dit que, seul, on ne pouvait pas le fondre autrement, ce qui, selon elle, prouvait que ce métal était supérieur à l'or. Elle m'en montra précipité par le sel ammoniac qui n'a jamais pu précipiter l'or.

Elle avait un athanor vivant depuis quinze ans. Je vis sa tour remplie de charbons noirs, ce qui me fit juger qu'elle y était allée un ou deux jours auparavant. En rentrant, je m'approchai de son arbre de Diane, et je lui demandai respectueusement si elle convenait que ce n'était qu'un jeu pour amuser les enfants ? Elle me répondit avec dignité qu'elle ne l'avait composé que pour s'amuser en employant l'argent, le mercure, l'esprit de nitre, en les cristallisant ensemble, et qu'elle ne regardait son arbre que comme une végétation métallique qui montrait en petit ce que la nature pourrait faire en grand ; mais elle ajouta très sérieusement qu'elle pouvait faire un arbre de Diane qui serait un véritable arbre du soleil, qui

CHAPITRE XIX

produirait des fruits d'or qu'on recueillerait et qui en reproduiraient jusqu'à l'extinction d'un ingrédient qu'elle mêlerait aux six *lépreux* en proportion de leur quantité. Je lui répondis d'un ton modeste que je ne croyais pas la chose possible sans la poudre de projection. Mme d'Urfé ne me répondit que par un gracieux sourire.

Elle me fit voir alors une écuelle de porcelaine dans laquelle il y avait du nitre, du mercure et du soufre, et sur une assiette un sel fixe.

« J'imagine, me dit la marquise, que ces ingrédients vous sont connus ?

— Je les connais, si ce sel fixe est de l'urine.

— Vous y êtes.

— J'admire votre pénétration, madame ! Vous avez analysé l'amalgamation avec laquelle j'ai tracé le *Pentacle* sur la cuisse de votre neveu ; mais il n'y a point de tartre qui puisse vous montrer les paroles qui donnent de la vertu au Pentacle.

— Il ne faut pas du tartre pour cela, mais le manuscrit d'un adepte que j'ai dans ma chambre et que je vous montrerai. Vous y trouverez vos propres paroles. »

Je ne répondis que par une inclinaison de tête, et nous sortîmes de ce curieux laboratoire.

A peine arrivés dans la chambre, Mme d'Urfé tira d'une jolie cassette un petit livre noir qu'elle posa sur sa table et elle se mit à chercher un phosphore. Tandis qu'elle cherchait, j'ouvris le livre qui était derrière elle et je vis qu'il était rempli de Pentacles, et je tombai par bonheur sur le même talisman que j'avais peint sur la cuisse du comte. Il était entouré des noms des génies des planètes, deux exceptés, qui étaient ceux de Saturne et de Mars. Je refermai vite le livre. Ces génies étaient ceux d'Agrippa que je connaissais. Sans faire semblant de rien, je me rapprochai d'elle, et bientôt elle trouva le phosphore qu'elle cherchait et je fus véritablement surpris à sa vue : mais j'en parlerai ailleurs.

Mme la marquise se mit sur son canapé, me fit asseoir près d'elle et me demanda si je connaissais les talismans du comte de Trèves.

« Je n'en ai jamais entendu parler, madame, mais je connais ceux de Polyphile.

— On prétend que ce sont les mêmes.

— Je ne le crois pas.

— Nous le saurons si vous voulez écrire les paroles que vous avez prononcées en traçant le Pentacle sur la cuisse de mon neveu. Le livre sera le même, si sur celui-ci je vous trouve les paroles qui entourent le même talisman.

— Ce serait une preuve, j'en conviens ; je m'en vais les écrire. »

Je me mis à écrire les noms des génies. Madame trouva le Pentacle, me récita les noms, et moi, contrefaisant l'étonné, je lui donne mon papier avec l'air de l'admiration, et elle montra la plus grande satisfaction en lisant les mêmes noms.

« Vous voyez, me dit-elle, que Polyphile et le comte de Trèves possédaient la même science.

— J'en conviendrai, madame, si dans votre livre on trouve la méthode de prononcer les noms ineffables. Connaissez-vous la théorie des heures planétaires ?

— Je crois que oui ; mais elle n'est pas nécessaire dans cette opération.

— Indispensable, madame, car c'est de là que dépend l'infaillibilité. J'ai peint le Pentacle de Salomon sur la cuisse du comte de La Tour-d'Auvergne à l'heure de Vénus, et si je n'avais pas commencé par Araël, qui est le génie de la planète, mon opération aurait été sans effet.

— C'est ce que j'ignorais. Et après Araël ?

CHAPITRE XIX

— Il faut aller à Mercure, de Mercure à la Lune, de la Lune à Jupiter et de Jupiter au Soleil. Vous voyez que c'est le cicle magique du système de Zoroastre, où je saute Saturne et Mars, que la science exclut dans cette opération.

— Et si vous aviez opéré dans l'heure de la Lune, par exemple?

— Je serais alors allé à Jupiter, puis au Soleil, de là à Araël, c'est-à-dire à Vénus et j'aurais fini par Mercure.

— Je vois, monsieur, que vous possédez la pratique des heures avec une facilité surprenante.

— Sans cela, madame, on ne peut rien faire en magie, car on n'a pas le temps de calculer; mais cela n'est pas difficile. Une étude d'un mois en donne l'habitude à tout candidat. Ce qui est beaucoup plus difficile, c'est le culte, car il est beaucoup plus compliqué; mais on y parvient. Je ne sors jamais de chez moi sans connaître de combien de minutes est composée l'heure dans le jour courant, et j'ai soin que ma montre soit parfaitement réglée, car une minute de plus ou de moins décide de tout.

— Auriez-vous la complaisance de me communiquer cette théorie?

— Vous l'avez dans Artephius, et plus claire dans Sandivoye.

— Je les ai, mais ils sont en latin.

— Je vous en ferai la traduction.

— Vous aurez cette complaisance? Vous me rendrez heureuse.

— Vous m'avez fait voir des choses, madame, qui me forcent à ne point vous refuser, pour des raisons que, peut-être, je pourrai vous dire demain.

— Pourquoi pas aujourd'hui?

— Parce que je dois auparavant savoir le nom de votre génie.

— Vous savez que j'ai un génie ?

— Vous devez en avoir un, s'il est vrai que vous ayez la poudre de projection.

— Je l'ai.

— Donnez-moi le serment de l'ordre.

— Je n'ose, et vous savez pourquoi.

— Demain, peut-être, je vous mettrai dans l'impossibilité de douter. »

Ce ridicule serment n'était autre que celui des princes *rose-croix*, qu'on ne s'entre-donne jamais sans se connaître auparavant ; ainsi Mme d'Urfé avait et devait avoir peur de devenir indiscrète, et de mon côté je devais faire semblant d'avoir la même crainte. Le fait est que je crus devoir gagner du temps, car je savais parfaitement ce que c'était que ce serment. On peut se le donner entre hommes, sans indécence ; mais une femme comme Mme d'Urfé devait avoir quelque répugnance à le donner à un homme qu'elle voyait pour la première fois.

« Lorsque nous trouvons ce serment, me dit-elle, annoncé dans les saintes Écritures, il est marqué par ces mots : *Il jura en lui mettant la main sur la cuisse*. Mais ce n'est pas la cuisse, et par conséquent on ne trouve jamais qu'un homme prête serment à une femme de la manière voulue, puisque la femme n'a point de *verbe*. »

Il était neuf heures du soir quand le comte de La Tour-d'Auvergne entra dans l'appartement où nous étions, et il ne fut pas peu étonné de me trouver encore chez sa tante. Il nous dit que la fièvre de son cousin avait redoublé, et que la petite vérole était déclarée, et je viens, ma chère tante, prendre congé de vous, au moins pour un mois, car je vais m'enfermer avec le malade. Mme d'Urfé loua son zèle et lui remit un sachet en lui faisant pro-

CHAPITRE XIX

mettre qu'il le rendrait après la guérison du prince. « Mettez-le-lui en sautoir autour du cou, et comptez sur une heureuse irruption et sur une guérison parfaite. » Il le lui promit, et nous ayant souhaité le bonsoir, il s'en alla.

« J'ignore, madame la marquise, ce que contient votre sachet, mais si c'est de la magie, je n'ai aucune confiance en son effet, car vous avez négligé de lui donner la prescription sur l'heure.

— Pour le coup, c'est un *electrum* et la magie et l'heure n'ont rien à faire là.

— Vous me pardonnerez mon observation. »

Elle me dit qu'elle louait ma réserve, mais qu'elle était sûre que je ne serais pas mécontent de sa petite coterie, si je consentais à vouloir en faire partie. « Je vous ferai connaître tous mes amis, ajouta-t-elle, en vous faisant dîner avec chacun d'eux en trio, de manière qu'ensuite vous puissiez vous plaire avec tous. »

J'acceptai.

En conséquence de cet arrangement, le lendemain je dînai avec M. Gérin et sa nièce, qui ne rompait pas le trio scientifique ; mais ils ne firent ma conquête ni l'un ni l'autre. Le second jour, je dînai avec un Irlandais nommé Macartney, physicien dans l'ancien goût et qui m'ennuya beaucoup. Le surlendemain, je me trouvai avec un moine qui, causant littérature, dit mille impertinences contre Voltaire, qu'alors j'aimais beaucoup, et contre l'*Esprit des Lois* que j'admirais, et que le sot enfroqué refusait au grand Montesquieu, attribuant cet ouvrage sublime... à un moine. Autant aurait valu attribuer la création à un capucin. Le jour suivant, Mme d'Urfé me fit dîner avec le chevalier d'Arzigny, vieillard de quatre-vingts ans, homme vain, fat et par conséquent ridicule, qu'on appelait le doyen des petits-maîtres ; mais, comme il avait été à la cour de Louis XIV, il était assez intéressant, parce qu'il avait toute la politesse de ces temps et que sa mémoire était remplie des anecdotes de la cour de ce roi despote et fastueux.

Cet homme m'amusa beaucoup par ses ridicules ; il mettait du rouge, ses habits étaient fleuris et ornés de pompons comme du temps de Mme de Sévigné ; il se prétendait tendrement attaché à sa maîtresse, qui lui tenait une petite maison, où il soupait tous les jours en compagnie de ses amies, toutes jeunes, toutes charmantes, qui quittaient toutes les sociétés pour la sienne ; malgré cela, il n'était pas tenté de lui faire des infidélités, car il couchait régulièrement avec elle.

Aimable quoique décrépit, le chevalier d'Arzigny avait une douceur de caractère qui donnait à tout ce qu'il disait le vernis de la vérité, que, dans son métier de courtisan, il n'avait peut-être jamais connue. Il était d'une propreté extrême. Sa boutonnière était toujours ornée d'un bouquet des fleurs les plus odorantes, telles que tubéreuses, jonquilles et jasmin d'Espagne ; avec cela ses cheveux postiches étaient placardés de pommade à l'ambre, ses sourcils peints et parfumés et son râtelier d'ivoire, le tout répandait une forte odeur qui ne déplaisait pas à Mme d'Urfé, mais que j'avais peine à supporter. Sans cet inconvénient, je me serais probablement procuré sa société le plus souvent que j'aurais pu. Il était épicurien par système et avec une tranquillité étonnante. Il disait qu'il passerait un bail pour recevoir vingt-quatre coups de bâton chaque matin, si par là il devait être sûr de ne pas mourir dans les vingt-quatre heures, et que plus il vieillirait, plus il accorderait la bastonnade plus ample. C'était, je pense, aimer la vie.

Un autre jour je dînai avec M. Charon, conseiller en la grand'chambre et rapporteur d'un procès que Mme d'Urfé avait avec Mme du Châtelet, sa fille, qu'elle haïssait cor-

CHAPITRE XIX

dialement. Ce vieux conseiller, quarante ans auparavant, avait été l'amant heureux de la savante marquise, et à cause de ces vieux souvenirs, il se croyait obligé d'appuyer la cause de son ancienne amante. Alors les magistrats en France se croyaient le droit de donner raison à leurs amis ou aux personnes qu'ils protégeaient, soit par penchant, soit par avarice ; ils achetaient leurs charges et croyaient de droit pouvoir vendre la justice.

M. Charon m'ennuya comme les autres, et c'était naturel ; car la disparate était trop grande entre nous.

La scène changea le jour suivant, car je m'amusai avec M. de Viarme, jeune conseiller, qui vint dîner avec son épouse. Ce M. de Viarme était neveu de Mme d'Urfé, et sa femme, fort gentille, avait de l'esprit. C'était en somme un aimable couple. Il était auteur des *Remontrances au roi*, ouvrage qui lui avait valu une grande réputation et qui avait été lu avidement par tout Paris. Il me dit que le métier d'un conseiller était de s'opposer à tout ce que le roi pouvait faire, même de bon. La raison qu'il m'allégua pour justifier ce principe est celle qu'allèguent toutes les minorités des corps collectifs, et dont je crois ne pas devoir fatiguer mes lecteurs.

Le dîner le plus agréable fut celui que je fis avec Mme de Gergi qui vint avec le fameux aventurier connu sous le nom de comte de Saint-Germain. Cet homme, au lieu de manger, ne fit que parler du commencement à la fin du repas, et je faillis l'imiter en partie, car au lieu de manger, je ne faisais qu'écouter avec la plus grande attention ; il est vrai qu'il était difficile de parler mieux que lui.

Saint-Germain se donnait pour prodigieux, il voulait étonner et il réussissait souvent. Il avait un ton décisif, mais d'une nature si étudiée, qu'il ne déplaisait pas. Il était savant, parlait parfaitement la plupart des langues ;

grand musicien, grand chimiste, d'une figure agréable et maître de se rendre toutes les femmes dociles ; car en même temps qu'il leur donnait du fard et des cosmétiques qui les embellissaient, il les flattait, non de les faire rajeunir, car il avait la modestie d'avouer que cela lui était impossible, mais de les conserver dans l'état où il les prenait, au moyen d'une eau qui, disait-il, lui coûtait beaucoup, mais dont il leur faisait présent.

Il avait su se concilier la faveur de Mme de Pompadour qui lui avait fait parler au roi, à qui il avait fait un joli laboratoire ; car cet aimable monarque, qui s'ennuyait partout, croyait trouver du plaisir ou au moins distraire un peu son ennui en faisant des couleurs. Le roi lui avait donné un appartement à Chambord et cent mille livres pour la construction d'un laboratoire, et selon Saint-Germain, le roi, par ses productions chimiques, devait faire prospérer toutes les fabriques de la France.

Cet homme singulier et né pour être le premier des imposteurs, disait, avec un ton d'assurance et par manière d'acquit, qu'il avait trois cents ans, qu'il possédait la panacée, qu'il faisait tout ce qu'il voulait de la nature, qu'il avait le secret de fondre les diamants et que de dix ou douze petits il en formait un grand de la plus belle eau et sans qu'ils perdissent rien de leur poids. Toutes ces opérations n'étaient pour lui que pures bagatelles. Malgré ses rodomontades, ses mensonges évidents et ses disparates outrées, je n'eus pas la force de le trouver insolent. Je ne le trouvai pas non plus respectable ; mais, comme malgré moi et à mon insu, je le trouvai étonnant, car il m'étonna. J'aurai occasion de parler encore de cet original.

Lorsque Mme d'Urfé m'eut fait faire toutes ces connaissances, je lui dis que j'aurais l'honneur de dîner avec elle toutes les fois qu'elle m'en témoignerait l'envie, mais que je désirais que ce fût tête à tête, à l'exception de ses parents et de Saint-Germain, dont l'éloquence et les fanfaronnades m'amusaient. Cet homme singulier assistait souvent au dîner des meilleures maisons de la capitale, mais il ne touchait à rien, disant que sa vie dépendait du genre de nourriture qu'il prenait et que personne ne pouvait connaître que lui. On s'accommodait assez de sa singularité, car on n'était curieux que de sa faconde qui, véritablement, était l'âme de toutes les sociétés où il se trouvait.

J'avais fini par connaître à fond Mme d'Urfé, qui me croyait fermement un adepte consommé sous le masque de l'incognito, et cinq ou six semaines après elle se confirma dans cette idée chimérique, lorsqu'elle me demanda si j'avais déchiffré le manuscrit où se trouvait la prétendue explication du *Grand-Œuvre*.

« Oui, lui dis-je, je l'ai déchiffré et par conséquent lu ; mais je vous le rends en vous donnant ma parole d'honneur que je ne l'ai pas copié, car je n'y ai trouvé rien de nouveau.

— Sans la clef, monsieur, excusez-moi, mais je crois la chose impossible.

— Voulez-vous, madame, que je vous nomme la clef ?

— Je vous en prie. »

Je lui donne la parole, qui n'était d'aucune langue, et voilà ma marquise tout ébahie. « C'est trop, monsieur, c'est trop ! je me croyais seule en possession de ce mot mystérieux, car je le conserve dans ma mémoire, je ne l'ai jamais écrit et je suis certaine de ne l'avoir jamais donné à personne. »

Je pouvais lui dire que le calcul qui m'avait servi à déchiffrer le manuscrit m'avait naturellement servi à deviner la clef ; mais il me vint la lubie de lui dire qu'un génie me l'avait révélé. Cette sottise me soumit entièrement cette femme vraiment savante, vraiment raisonnable... sur tout autre point que sur sa marotte. Quoi qu'il en soit, ma fausse confidence me donna sur Mme d'Urfé un ascendant immense : je fus dès cet instant l'arbitre de son âme, et j'ai souvent abusé de mon pouvoir sur elle. Maintenant que je suis revenu des illusions qui ont accompagné ma vie, je ne me le rappelle qu'en rougissant, et j'en fais pénitence par l'obligation que je me suis imposée de dire toute la vérité en écrivant ses mémoires.

La grande chimère de cette bonne marquise était de croire fermement à la possibilité de pouvoir parvenir au colloque avec les génies, avec les esprits qu'on appelle élémentaires. Elle aurait donné tout ce qu'elle possédait pour y parvenir, et elle avait connu des imposteurs qui l'avaient trompée, en la flattant de lui faire atteindre le terme de ses vœux.

« Je ne savais pas, me dit-elle, que votre génie eût le pouvoir de forcer le mien à lui révéler mes secrets.

— Il n'a pas été nécessaire de forcer votre génie, madame, car le mien sait tout par sa propre nature.

— Sait-il aussi ce que je renferme de plus secret dans mon âme ?

— Sans doute, et il est forcé de me le dire si je l'interroge.

— Pouvez-vous l'interroger quand vous voulez ?

— Toujours, pourvu que j'aie du papier et de l'encre. Je puis même le faire interroger par vous en vous disant son nom.

— Et vous me le diriez !

— J'en ai le pouvoir, madame, et pour vous en convaincre, mon génie se nomme Paralis. Faites-lui une question par écrit, comme vous la feriez à un simple mortel ; demandez-lui, par exemple, comment j'ai pu déchiffrér votre manuscrit, et vous verrez comme je l'obligerai à vous répondre. »

Mme d'Urfé, tremblante de joie, fait sa question et la met en nombres, puis en pyramide à ma façon, et je lui fais tirer la réponse qu'elle met elle-même en lettres Elle n'obtint d'abord que des consonnes ; mais moyennant une seconde opération qui donna les voyelles, elle trouva la réponse exprimée en termes fort clairs. Sa surprise se peignait sur tous ses traits, car elle avait tiré de la pyramide la parole qui était la clef de son manuscrit. Je la quittai, emportant avec moi son âme, son cœur, son esprit et tout ce qui lui restait de bon sens.

CHAPITRE XX

Idées erronées et contradictoires de Mme d'Urfé sur mon pouvoir. — Mon frère se marie ; projet conçu le jour de ses noces. — Je vais en Hollande pour affaires de finances du gouvernement. — Je reçois une leçon du juif Boaz. — M. d'Affri. — Esther. — Un autre Casanova. — Je retrouve Thérèse Imer.

Le prince de Turenne étant parfaitement rétabli de la petite vérole, le comte de La Tour d'Auvergne l'avait quitté, et comme il connaissait le goût de sa tante pour les sciences abstraites, il ne s'étonna pas de me trouver comme établi auprès d'elle et devenu son seul ami.

Je le voyais à dîner avec plaisir, ainsi que tous les parents de la marquise, d'autant plus que leurs nobles procédés à mon égard m'enchantaient. C'étaient ses frères MM. de Pont-Carré et de Viarme qui venait d'être élu prévôt des marchands, et son fils. J'ai dit que

Mme du Châtelet était fille de la marquise, mais un malheureux procès les rendait irréconciliables ; il n'était jamais question d'elle.

La Tour-d'Auvergne ayant dû partir pour rejoindre son régiment boulonnais, qui était en garnison en Bretagne, nous dînions presque tous les jours tête à tête, la marquise et moi, et ses gens me regardaient comme son mari, quoique la chose ne pût guère paraître vraisemblable ; mais ils croyaient par là justifier les longues heures que nous passions ensemble. Mme d'Urfé me croyait riche, et elle s'était imaginé que je ne m'étais placé dans la loterie de l'école militaire que pour pouvoir garder l'incognito.

Selon elle, je possédais non seulement la pierre philosophale, mais encore le colloque avec tous les esprits élémentaires, et de là elle tirait la conséquence toute naturelle qu'il ne dépendait que de moi de bouleverser le monde, de faire le bonheur ou le malheur de la France, et elle n'attribuait la nécessité où elle me croyait de garder l'incognito qu'à la juste crainte que je devais avoir d'être arrêté, enfermé ; car cela, d'après ses idées, devait être immanquable, si le ministre parvenait à me connaître. Ces extravagances venaient des révélations que son génie lui faisait pendant la nuit, c'est-à-dire des rêves que faisait son imagination exaltée, et que sa raison infatuée lui présentait ensuite comme des réalités. Elle ne concevait pas la chose la plus simple, qui était, que si j'avais eu la puissance qu'elle me supposait, il n'y aurait pas eu de puissance capable de m'arrêter, d'abord parce que j'aurais tout prévu, tout su, puis parce que mon pouvoir ne se serait point trouvé lésé par l'action des verrous, puisque ma force était basée sur ma science, qu'il ne saurait être au pouvoir d'aucun despote d'arracher à qui l'a, sans le détruire ; or ma destruction n'aurait pas été possible, si j'avais eu à mes ordres la puissance des génies. Toutes ces considérations étaient du dernier simple ; mais la passion et l'infatuation ne raisonnent pas.

En m'en parlant un jour de la meilleure foi du monde, elle me dit que son génie lui avait persuadé que je ne pouvais pas lui faire obtenir le colloque, parce qu'elle était femme ; car les génies ne se communiquaient ainsi qu'aux hommes, dont la nature est moins imparfaite ; mais que je pouvais, moyennant une opération qui m'était connue, la faire passer en âme dans le corps d'un enfant mâle né de l'accouplement philosophique d'un immortel avec une mortelle, ou d'un homme ordinaire avec une femme d'une nature divine.

Si j'avais cru pouvoir désabuser Mme d'Urfé et la ramener à l'état raisonnable de ses connaissances et de son esprit, je crois que je l'aurais entrepris, et cette œuvre aurait été méritoire ; mais j'étais persuadé que son infatuation était incurable, et je crus n'avoir rien de mieux à faire que de seconder sa folie et d'en profiter.

Si, agissant d'après tous les principes de l'honnête homme, je lui avais dit que toutes ses idées étaient absurdes, elle ne m'aurait pas cru ; elle m'aurait supposé jaloux de ses connaissances, et j'aurais perdu dans son esprit, sans qu'elle m'en eût cru moins savant. Dans cette persuasion, je ne trouvai rien de mieux à faire que de me laisser aller. D'ailleurs mon amour-propre ne pouvait être que flatté de me voir traiter comme le plus profond *rose-croix*, comme le plus puissant de tous les mortels, par une femme célèbre, qui jouissait d'une haute réputation de savoir, qui recevait les premières familles de France auxquelles elle était alliée, et qui par-dessus tout était plus riche de son portefeuille que de quatre-vingt mille livres de rente que lui donnaient une terre magnifique et de superbes maisons qu'elle possédait dans Paris. Je savais à n'en pas douter qu'au besoin elle n'aurait rien pu me refuser, et quoique je n'eusse formé aucun projet pour profiter de ses richesses, ni en tout, ni en partie, je sentais un certain plaisir à me reconnaître en pouvoir de le faire.

Malgré son immense fortune et le pouvoir qu'elle se croyait de faire de l'or, Mme d'Urfé était avare, car elle ne dépensait guère que trente mille francs par an, et elle jouait à la Bourse ses épargnes, qui allaient au double. Un agent de change lui portait des effets royaux lorsqu'ils étaient au prix le plus bas, et les lui faisait vendre quand ils haussaient. De cette manière, pouvant attendre et saisir les moments les plus favorables de *baisse* et de *hausse*, elle avait considérablement enflé son portefeuille.

Plusieurs fois elle m'avait dit qu'elle était prête à donner tout ce qu'elle avait pour devenir homme et qu'elle savait que cela dépendait de moi. Un jour qu'elle m'en parlait avec ce ton de persuasion qui entraîne, je lui dis que j'étais forcé de lui avouer que j'étais en effet maître de l'opération, mais que je ne pouvais pas me résoudre à la faire sur elle, parce que je serais obligé pour cela de la faire mourir. Je croyais que cette confidence lui ôterait l'envie de passer par cette épreuve; mais que mes lecteurs jugent de ma surprise quand je l'entendis me dire :

« Je le sais, et je connais même le genre de mort auquel je serais assujettie; mais je suis prête.

— Et quel est ce genre de mort, madame?

— C'est le même poison qui fit mourir Paracelse.

— Et croyez-vous que Paracelse ait obtenu l'hypostase ?

— Non, mais je sais bien pourquoi.

— Voudriez-vous bien me le dire?

— C'est parce qu'il n'était ni homme ni femme, et que la nature mixte est opposée à l'hypostase ; il faut, pour pouvoir en jouir, être tout un ou tout autre.

— C'est vrai ; mais savez-vous comment on fait ce poison? savez-vous qu'il est impossible, sans l'intervention d'une salamandre?

— Cela peut être ; c'est ce que je ne savais pas. Je vous prie de demander à la cabale s'il y a à Paris une personne qui possède ce poison. »

Il me fut aisé de deviner qu'elle s'en croyait en possession, et je n'hésitai pas à le trouver dans la réponse que donna la pyramide. Je contrefis l'étonné ; mais elle, toute glorieuse :

« Vous voyez, me dit-elle, qu'il ne faut plus que l'enfant qui contienne le verbe masculin tiré d'une créature immortelle. Je suis instruite que cela dépend de vous, et je ne crois pas que vous puissiez manquer de courage par une pitié mal entendue que vous pouvez avoir de ma vieille carcasse. »

A ces mots, je me levai et je me plaçai à la fenêtre de sa chambre qui donnait sur le quai, où je restai un bon quart d'heure à réfléchir à sa folie. Quand je revins à la table où elle était assise, elle me regarda attentivement et, tout émue, elle me dit : « Est-il possible, mon cher ami? je vois que vous avez pleuré. »

Je ne cherchai pas à la désabuser, et, ayant pris mon épée et mon chapeau, je la quittai en soupirant. Son équipage, toujours à mes ordres, était à la porte, j'y montai et j'allai me promener sur les boulevards jusqu'à l'heure du spectacle, sans pouvoir revenir de la surprise que me causait cette femme singulière.

Mon frère avait été reçu à l'Académie de peinture par acclamation, après l'exposition d'un tableau de bataille qui fit l'admiration de tous les connaisseurs. L'Académie en fit l'acquisition pour cinq cents louis.

Il s'était amouraché de Caroline, et il l'aurait épousée, sans une infidélité qu'elle lui fit et qui le choqua à tel point que, pour lui ôter toute espérance de raccommodement, huit jours après, il épousa une figurante dans les ballets de la Comédie-Italienne. M. de Sanci, trésorier des économats du clergé, voulut faire la noce; il aimait beaucoup cette fille, et par reconnaissance de la belle action que mon frère avait faite en l'épousant, il lui procura des tableaux à faire pour tous ses amis, ce qui fut l'acheminement à sa grande fortune et à la haute réputation qu'il s'acquit.

M. Corneman, le banquier, se trouvait à la noce de mon frère, et, s'étant attaché à moi, il me parla beaucoup de la grande disette d'argent et me sollicita de parler au contrôleur général pour y trouver un remède. Il me dit qu'en donnant des effets royaux à un prix honnête à une compagnie de négociants d'Amsterdam, on pourrait en échange prendre des papiers de quelque autre puissance dont le crédit serait moins décrié que celui de la France, et qui seraient faciles à réaliser. Je le priai de n'en parler à personne et je lui promis d'agir.

Cette idée m'avait souri, et je m'en occupai toute la nuit; aussi, dès le lendemain, je me rendis au palais Bourbon pour en parler à M. de Bernis. Il trouva l'idée excellente et me conseilla de faire un voyage en Hollande avec une lettre de recommandation de M. de Choiseul pour M. d'Affri, ambassadeur à La Haye, auquel on pourrait faire passer quelques millions en papiers royaux pour les escompter suivant l'avantage que je pourrais y trouver. Il m'invita à m'aller consulter d'abord avec M. de Boulogne, et surtout de n'avoir pas l'air d'un homme qui irait à tâtons. « Dès que vous ne demanderez point d'argent d'avance, me dit-il, on vous donnera toutes les lettres de recommandation que vous pourrez désirer. »

Cette conversation me monta la tête, et le même jour, je vis le contrôleur général qui, trouvant mon idée très bonne, me dit que M. le duc de Choiseul serait le lendemain aux Invalides et que je devais lui parler sans perte de temps, en lui remettant un billet qu'il allait écrire. « Quant à moi, me dit-il, je ferai passer sans délai pour vingt millions de billets à notre ambassadeur, et si vous n'obtenez point le succès que j'espère de votre entreprise, ces effets retourneront en France. »

Je réponds qu'ils n'y reviendront pas, si l'on veut se contenter d'un prix honnête.

« On va faire la paix, c'est sûr ; ainsi il ne faut vous en défaire qu'à très peu de perte. Mais sur ce point, vous vous entendrez avec l'ambassadeur qui aura toutes les instructions nécessaires. »

Je me trouvais si flatté de cette commission, que je passai la nuit blanche à y réfléchir. Je me rendis aux Invalides, et M. de Choiseul, fameux pour aller vite en besogne, n'eut pas plus tôt lu le billet de M. de Boulogne, qu'il s'entretint avec moi quelques minutes sur ce sujet, et puis me fit faire une lettre pour M. d'Affri, qu'il lut et signa sans me la lire, et dès qu'elle fut cachetée, il me la remit et me souhaita un heureux voyage.

Je me hâtai de prendre un passeport de M. de Berkenrode, et le même jour je pris congé de Mme Baletti et de tous mes amis, excepté de Mme d'Urfé avec laquelle je devais passer toute la journée suivante, et j'autorisai mon fidèle commis à signer tous les billets de mon bureau.

Il y avait un mois environ qu'une très jolie et très honnête fille, native de Bruxelles, s'était mariée sous mes auspices à un Italien nommé Gaëtan qui faisait le métier de brocanteur. Ce brutal, jaloux, la maltraitait sans rime ni raison, et de là des plaintes que la charmante malheureuse venait me porter à tout bout de champ. Je les avais raccommodés plusieurs fois, et j'étais comme leur médiateur. Ils vinrent me demander à dîner le jour même où je faisais mes préparatifs de départ pour la Hollande. Mon frère et Tiretta étaient avec moi, et comme je vivais encore en garni, je les menai tous dîner chez Laudel, où l'on faisait excellente chère. Tiretta avait son équipage; il ruinait son ex-janséniste, qui était toujours éperdument amoureuse de lui.

Pendant le dîner, Tiretta, beau garçon, très gai et aimant passionnément la plaisanterie, se mit à coquetter la belle Flamande qu'il voyait pour la première fois. La bonne petite, n'y entendant pas malice, en était tout aise, et nous aurions ri et tout serait allé à merveille, si le mari avait été raisonnable et poli; mais, jaloux comme un tigre, le malheureux suait de rage. Il ne mangeait pas, changeait de couleur dix fois par minute et lançait à sa pauvre femme des œillades foudroyantes qui dénotaient qu'il n'entendait point raillerie. Pour ajouter le comble à son malheur, Tiretta le plaisantait, et moi, prévoyant des scènes désagréables, je tâchais de modérer sa gaieté et ses saillies, mais en vain. Une huître tombe sur la belle gorge de Mme Gaëtan, et Tiretta alerte et adroit, se trouvant auprès d'elle, l'enlève avec ses lèvres aussi vite qu'un éclair. Gaëtan, furieux, se lève et applique à sa femme un si vigoureux soufflet que sa main, de la joue de sa moitié, passa sur celle de son voisin. Tiretta, furieux à son tour, se lève, prend le jaloux par le milieu du corps et le couche par terre. Gaëtan, n'ayant point d'armes, se défendait à coups de pieds et à coups de poings; nous le laissions faire, parce qu'il ne pouvait nous atteindre. Le garçon étant survenu, pour en finir, nous mîmes le brutal à la porte.

CHAPITRE XX

Sa pauvre femme, tout en pleurs et saignant au nez ainsi que Tiretta, me supplia de la mener quelque part, car elle craignait pour sa vie si elle retournait avec son époux. Laissant Tiretta avec mon frère, je montai dans un fiacre avec elle, et, m'ayant prié de la conduire chez un vieux procureur, son parent, qui demeurait quai de Gèvres, au quatrième étage d'une maison qui en avait six, je l'y accompagnai. Ce brave homme nous reçut poliment, et après avoir entendu l'affaire, il me dit :

« Pauvre comme je le suis, je ne puis malheureusement rien faire pour cette infortunée ; mais si j'avais seulement cent écus, je ferais tout.

— Qu'à cela ne tienne, lui dis-je en tirant trois cents francs de ma poche, que je lui remis.

— Monsieur, me dit le procureur, avec cela je vais ruiner le mari, qui ne parviendra jamais à savoir où est sa femme. »

Et celle-ci m'assura qu'il ferait ce qu'il promettait. Ayant reçu les expressions de sa reconnaissance, je la quittai ; mon lecteur saura ce qu'elle devint, quand je serai de retour de mon voyage.

Ayant informé Mme d'Urfé que j'allais en Hollande pour le bien de la France et que je serais de retour au commencement de février, elle me pria de me charger de plusieurs actions de la compagnie des Indes de Gothembourg et de les lui vendre. Elle en avait pour soixante mille francs qu'elle ne pouvait pas vendre à la Bourse de Paris, parce qu'il n'y avait point d'argent. En outre, on ne voulait pas lui en donner l'intérêt qu'elles portaient, et qui était considérable, car il y avait trois ans qu'on n'avait payé de dividende.

Consentant à lui rendre ce service, il fallut qu'elle me rendît dépositaire et plus encore, propriétaire de ces actions par un contrat de vente, ce qu'elle fit le jour même par-devant notaire, où nous nous rendîmes ensemble.

Rentrés chez elle, je voulus lui faire une obligation qui lui garantît la propriété de ces effets et m'engager à lui en remettre la valeur à mon retour en France ; mais elle s'y opposa formellement, et je la laissai persuadée de ma loyauté.

Je passai chez M. Corneman, qui me donna une lettre de change sur M. Boaz, banquier israélite de la cour à La Haye, pour trois mille florins, ensuite je partis. En deux jours j'arrivai à Anvers, et, ayant trouvé un yacht prêt à partir, je m'embarquai et le lendemain je couchai à Rotterdam. Le jour suivant, je me rendis à La Haye, où, après m'être installé à l'hôtel d'Angleterre, j'allai me présenter à M. d'Affri. J'arrivai au moment où il lisait la lettre de M. de Choiseul qui l'informait de l'affaire dont j'étais chargé. Il me retint à dîner avec M. de Kauderbac, résident du roi de Pologne, électeur de Saxe ; il m'encouragea à bien faire, en me disant cependant qu'il doutait de la réussite, parce que les Hollandais avaient de bonnes raisons pour croire que la paix ne se ferait pas de sitôt.

En sortant de chez l'ambassadeur, je me fis conduire chez Boaz, que je trouvai à table entouré de sa laide et nombreuse famille. Il lut ma lettre et me dit qu'il venait d'en recevoir une de M. Corneman qui lui faisait mon éloge. Voulant faire le plaisant, il me dit que, comme c'était la veille de Noël, j'irais sans doute bercer l'enfant Jésus ; mais je lui répondis que j'étais venu pour célébrer avec lui la fête des Machabées, et cela me valut les applaudissements de toute la famille et une invitation d'accepter une chambre chez lui. J'agréai son offre sans hésiter, et je dis à mon laquais de faire transporter mon bagage chez ce banquier ; ensuite, avant de le quitter, je

CHAPITRE XX

le priai de me faire gagner une vingtaine de mille florins dans quelque bonne affaire dans le peu de jours que je comptais rester en Hollande.

Prenant la chose au sérieux, il me répondit qu'il y penserait et que la chose était très possible.

Le lendemain matin, après avoir déjeuné avec lui, Boaz me dit :

« J'ai fait votre affaire, monsieur; venez, je vais vous en parler. »

Il me mène dans son cabinet, où, après m'avoir compté trois mille florins en or et en billets de change, il me dit qu'il ne tenait qu'à moi de gagner en huit jours les vingt mille florins dont je lui avais parlé.

Très surpris de la facilité avec laquelle on gagnait de l'argent en Hollande, car je n'avais voulu que plaisanter mon juif, je le remerciai de cette marque de bienveillance, et je l'écoutai.

« Voilà, me dit Boaz, une note que j'ai reçue avant-hier de la Monnaie. On m'annonce quatre cent mille ducats qu'on vient de frapper et qu'on est prêt à vendre au prix courant de l'or, qui heureusement n'est pas haut dans ce moment. Chaque ducat vaut cinq florins deux stubers et trois cinquièmes. Voici le cours du change avec Francfort-sur-le-Mein. Achetez les quatre cent mille ducats, portez-les, ou envoyez-les à Francfort en prenant des lettres de change sur Amsterdam, et voici votre compte net. Vous gagnez un stuber et un neuvième par ducat, ce qui vous fait vingt-deux mille deux cent vingt-deux de nos florins. Emparez-vous de cet or aujourd'hui; en huit jours votre gain est liquide. Vous voilà servi. »

Je revenais d'un peu loin.

« Mais, lui dis-je, les messieurs de la Monnaie n'auront-ils pas quelque difficulté à me confier cette somme qui monte à plus de quatre millions tournois?

— Ils en auront sans doute si vous ne les achetez pas argent comptant, ou en donnant une somme égale en bon papier.

— Je n'ai, mon cher monsieur, ni cette somme ni ce crédit.

— Dans ce cas vous ne gagnerez jamais vingt mille florins en huit jours. A la proposition que vous m'avez faite hier, je vous ai cru millionnaire.

— Je suis en vérité très fâché que vous vous soyez trompé.

— Je ferai faire cette affaire aujourd'hui même à quelqu'un de mes enfants. »

Après m'avoir donné cette leçon un peu verte, M. Boaz passa à son comptoir, et j'allai m'habiller.

M. d'Affri, étant allé à l'hôtel d'Angleterre pour me faire sa visite et ne m'ayant pas trouvé, m'écrivit un billet dans lequel il me priait de passer chez lui. Je m'y rendis, il me retint à dîner et me communiqua une lettre qu'il venait de recevoir de M. de Boulogne, par laquelle il l'invitait à ne point laisser disposer des vingt millions à plus de huit pour cent de perte, parce que, lui mandait-il, la paix était sur le point d'être conclue. Nous rîmes tous deux de cette assurance si plaisamment donnée par un administrateur de Paris, tandis que nous apprenions le contraire dans un pays où l'intérêt ouvrait un œil plus clair sur les affaires.

Cependant M. d'Affri, me sachant logé chez un israélite, me conseilla de ne point m'ouvrir à des juifs, parce que, me dit-il, dans le commerce, le plus honnête n'est que le moins fripon. « Si vous voulez, ajouta-t-il, je vous donnerai une recommandation pour M. Pels, à Amsterdam. » J'acceptai avec reconnaissance, et dans l'espoir de m'être utile dans l'affaire de mes actions de Gothembourg, il me présenta au ministre de Suède, qui m'adressa à M. d'O....

CHAPITRE XX

Voulant assister à la grande réunion maçonnique pour la fête de la Saint-Jean d'hiver, je restai jusqu'au lendemain des fêtes. Le comte de Tot, frère du baron qui manqua sa fortune au sérail, et que j'avais rencontré à La Haye, fut mon introducteur. Je ne fus point fâché de m'être trouvé dans cette réunion composée de l'élite de tout ce qu'il y avait de mieux en Hollande.

M. d'Affri me présenta à Mme la gouvernante, mère du stathouder, qui n'avait que douze ans, et que je trouvai beaucoup trop sérieux pour son âge. La mère était une bonne femme très respectable et très souffrante ; elle s'endormait à chaque instant, tout en parlant. Elle mourut peu de temps après, et dans l'autopsie cadavéreuse qu'on fit, on trouva qu'elle avait une hydropisie de cerveau qui avait dû causer sa grande propension au sommeil. Je trouvai chez cette dame le comte Philippe de Zinzendorf qui cherchait douze millions pour l'impératrice, et qui n'eut pas de peine à les trouver à cinq pour cent d'intérêt.

Je me trouvai à la Comédie auprès du ministre turc, qui avait connu M. de Bonneval, et je crus le voir mourir de rire. Voici comment.

On donnait *Iphigénie*, ce beau chef-d'œuvre de Racine. La statue de Diane était au milieu du théâtre. A la fin d'un acte, Iphigénie sortant suivie de ses prêtresses et passant devant la statue de la déesse, toutes firent une profonde inclination. Le moucheur des chandelles, bon chrétien hollandais et peut-être mauvais plaisant, étant venu un instant après, fit à la statue la même révérence. Cela mit de bonne humeur le parterre et les loges, et des éclats de rire partirent de toutes les parties de la salle. Obligé d'expliquer au Turc ce mouvement d'hilarité, il lui prit une telle quinte de rire que je crus le voir éclater. On fut obligé de l'emporter presque sans sentiment et riant toujours, et d'aller le coucher à son auberge.

Rester indifférent à la balourde plaisanterie du Hollandais, ç'aurait été peut-être signe de bêtise, j'en conviens ; mais il n'y avait qu'un Turc qui pût en rire comme lui. Cependant on pourrait m'objecter qu'un grand philosophe grec est mort à force de rire en voyant une vieille édentée manger des figues. Je répondrais qu'il y a une énorme différence entre un Turc et un Grec, et surtout un Grec de l'antiquité.

Ceux qui rient beaucoup sont plus heureux que ceux qui ne rient pas du tout ; car le rire désopile la rate et fait faire du bon sang ; mais il faut à toutes choses de l'à-propos et un juste milieu.

A deux lieues d'Amsterdam, étant dans ma chaise de poste à deux roues, avec mon domestique, je rencontre une voiture à quatre roues, attelée de deux chevaux comme la mienne et dans laquelle se trouvait un beau jeune homme avec son domestique. Le cocher de cette voiture crie au mien de lui faire place, le mien observe qu'il ne le peut sans danger de me verser dans le fossé ; l'autre insiste. Je m'adresse au maître en le priant d'ordonner à son cocher de me faire place. « Je suis en poste, monsieur, lui dis-je, et de plus je suis étranger.

— Monsieur, me répond mon homme, en Hollande nous ne reconnaissons aucun droit de poste, et si vous êtes étranger, avouez que vous avez moins de droits que moi qui suis dans mon pays. »

Le feu me monte au visage ; j'ouvre la portière d'une main tandis que je prenais mon épée de l'autre, et sautant dans la neige jusqu'à mi-jambe, je dégaine et je somme l'étrange Hollandais de me faire place ou de se défendre.

Plus calme que moi, il me répond en souriant qu'il

CHAPITRE XX

ne se battait pas pour une raison aussi ridicule, et que je pouvais remonter en voiture, qu'il me ferait place. Le ton assuré mais jovial de ce jeune homme avait quelque chose qui m'intéressait. Je remontai en chaise, et à nuit tombante j'arrivai à Amsterdam.

Logé à l'Étoile-d'Orient, excellente auberge, le lendemain j'allai à la Bourse, où je trouvai M. Pels. Il me dit qu'il penserait à mon affaire, et dans le même instant ayant trouvé M. d'O..., ce monsieur me fit parler à un négociant de Gothembourg qui m'offrit de m'escompter mes seize obligations avec douze pour cent d'intérêt. M. Pels me dit d'attendre, me promettant de m'en faire avoir quinze. Il m'invita à dîner, et me voyant enchanté de son vin du Cap, il me dit en riant qu'il le faisait lui-même en mêlant du vin de Bordeaux avec du vin de Malaga.

M. d'O.... m'ayant invité pour le jour suivant, je me rendis chez lui et je le trouvai avec sa fille Esther, jeune personne de quatorze ans, très avancée pour son âge et beauté parfaite, à l'exception de ses dents qui étaient mal rangées. M. d'O... était veuf et n'avait que cette fille; de sorte qu'Esther se trouvait héritière d'une fortune immense. Son père, excellent homme, très aimable, l'aimait à l'adoration, et elle le méritait. Esther avait le teint très blanc, légèrement coloré, des cheveux d'un noir d'ébène, et les plus beaux yeux qu'il soit possible d'imaginer. Elle me frappa. Son père lui avait fait donner une brillante éducation; elle parlait parfaitement le français, jouait du piano à merveille et elle aimait passionnément la lecture.

Après dîner, M. d'O... me fit voir la partie non habitée de sa maison, car depuis la mort de sa femme, qu'il chérissait, il occupait le rez-de-chaussée, qui était très commode. Il me montra un appartement de plusieurs pièces où il avait un trésor en ancienne porcelaine. Les murs et les croisées étaient recouverts de plaques de marbre, chaque chambre de couleur différente, et le parquet, recouvert de superbes tapis de Perse, était en mosaïque. La salle à manger, fort grande, était toute recouverte en albâtre ; la table et les buffets étaient en bois de cèdre. Cette maison paraissait être un bloc de marbre, car l'extérieur en était recouvert comme l'intérieur ; elle devait avoir coûté des sommes immenses. Le samedi, une demi-douzaine de servantes, perchées sur des échelles, lavaient ces magnifiques murs. Ces servantes portant de larges paniers, étaient obligées de se mettre en culotte, car sans cela, elles auraient trop intéressé les passants curieux.

Après avoir vu la maison, nous descendîmes, et M. d'O. me laissa seul avec Esther dans l'avant-chambre où il travaillait avec ses commis. Ce jour-là, comme c'était le premier de l'an, il n'y avait personne.

Après avoir exécuté une sonate sur le clavecin, Mlle d'O. me demanda si j'irais au concert. Je lui répondis qu'ayant le bonheur de me trouver avec elle, rien ne saurait m'y attirer.

« Mais vous, mademoiselle, croyez-vous y aller ?

— J'irais bien volontiers, mais je ne puis y aller seule.

— Si j'osais vous offrir de vous y conduire !... mais je n'ose pas me flatter que vous voulussiez accepter.

— Vous me feriez le plus grand plaisir ; et si vous le demandiez à mon père, je suis très persuadée qu'il ne vous refuserait pas.

— En êtes-vous sûre ?

— Très sûre ; car dès l'instant qu'il vous connaît, il commettrait une impolitesse, et mon père n'est pas homme à cela. Mais je vois que vous ne connaissez pas les mœurs de notre pays.

CHAPITRE XX

— Je l'avoue.

— Les demoiselles jouissent ici d'une grande liberté ; elles ne la perdent qu'en se mariant. Allez, et vous verrez. »

Je ne me sentais pas d'aise. Je cours, j'entre chez M. d'O. et je lui fais ma requête, tremblant de recevoir un refus.

« Avez-vous une voiture ?

— Oui, monsieur.

— Je n'ai donc pas besoin de faire atteler. Esther !

— Mon père.

— Va t'habiller, mon amie ; M. Casanova veut avoir la complaisance de te mener au concert.

— C'est bien aimable ! je vous remercie, bon papa. »

Elle l'embrasse, court s'habiller, et une heure après, elle reparaît belle comme la joie qu'elle exprimait sur tous ses traits. Je lui aurais désiré un peu de poudre mais Esther était jalouse de l'ébène de ses superbes cheveux qui faisaient merveilleusement ressortir la blancheur de sa peau. C'est pour plaire aux hommes que les femmes soignent surtout leur toilette ; mais qu'en général les hommes sont mauvais juges de l'effet d'une parure, comparativement au goût instinctif de la plupart des femmes !

Un fichu de dentelles de la plus grande beauté voilait un sein d'albâtre dont la vue faisait palpiter le cœur.

Nous descendons, je lui présente la main pour l'aider à monter, et je m'arrête, croyant qu'une femme de chambre ou quelque duègne complaisante la suivrait ; mais, ne voyant personne, je monte à mon tour, et, le domestique ayant refermé la portière, nous partons. J'étais ébahi ! Un pareil trésor seul avec moi ! Je n'avais presque pas la faculté de penser. Je me demandais si je devais me souvenir que j'étais un franc libertin, ou si l'honneur voulait que je l'oubliasse. Esther, toute joyeuse, me dit que nous allions entendre une Italienne qui avait une voix délicieuse, et, s'apercevant que j'étais interdit, elle m'en demanda la raison. Ne sachant que lui dire, je battis la campagne, mais je finis par lui dire qu'elle me paraissait un trésor, dont je ne me croyais pas digne d'être le gardien.

« Je sais que partout ailleurs on ne laisse pas sortir une jeune fille seule avec un homme ; mais ici on nous apprend à être sages et à savoir nous garder nous-mêmes.

— Heureux le mortel qui sera chargé de votre bonheur, et plus heureux encore si votre choix est fait.

— Ce n'est pas à moi à faire ce choix ; c'est l'affaire de mon père.

— Et si celui qu'il vous choisit ne vous plaît point, ou si vous en aimez un autre ?

— Il n'est pas permis d'aimer un homme avant de savoir s'il doit être l'époux destiné.

— Vous n'aimez donc personne ?

— Personne ; je n'en ai pas encore senti le besoin.

— Je puis donc vous baiser la main ?

— Pourquoi ? »

Elle retire sa main et me présente ses lèvres délicieuses. J'y pris un baiser qu'elle me donna modestement, mais qui m'alla au cœur. Ma joie fut un peu rabattue quand elle m'eût dit qu'elle en ferait autant quand je voudrais en présence de son père.

Nous arrivâmes au concert, où Esther trouva une quantité de jeunes personnes de ses amies, toutes filles de riches négociants, jolies, laides, et toutes curieuses de savoir qui j'étais. La belle Esther, qui ne savait que mon nom, ne pouvait les satisfaire. Tout à coup, apercevant une jeune blonde à quelque distance, elle me la fit remarquer et me demanda comment je la trouvais. Il

CHAPITRE XX

était tout naturel que je lui répondisse que je n'aimais pas les blondes.

« Je veux cependant vous la présenter, car il est possible qu'elle soit votre parente. Elle s'appelle comme vous ; voici son père. Monsieur Casanova, dit-elle à un monsieur, je vous présente M. Casanova, ami de mon père.

— Est-il possible ! Monsieur, me dit-il, je voudrais bien que vous fussiez le mien, car nous sommes peut-être parents. Je suis de la famille de Naples.

— Nous sommes donc parents, quoique éloignés, car mon père était Parmesan. Avez-vous votre généalogie ?

— Je dois l'avoir ; mais à vous dire vrai, je n'en fais pas grand cas. La monnaie des sottes vanités de la naissance n'a pas grand cours dans une république marchande.

— C'est effectivement quelque chose de bien futile pour des gens raisonnables ; mais n'importe, nous pouvons nous en amuser un quart d'heure, pour en rire ensuite et non pour en faire parade.

— Eh bien ! volontiers.

— J'aurai l'honneur demain de vous faire une visite, et je vous porterai une série de mes ancêtres. Serez-vous fâché d'y trouver la souche de votre famille ?

— Au contraire, cela me ferait plaisir. J'aurai l'honneur moi-même de passer chez vous demain. Oserais-je vous demander si vous avez chez vous une maison de commerce ?

— Non. Je suis dans les finances, et je sers le ministère de France. Je suis adressé à M. Pels. »

M. Casanova fit alors un signe à sa fille, et il me la présenta. Elle était amie intime de ma charmante Esther, et je m'assis entre les deux, et le concert commença.

Après une belle symphonie, un concert de violon et un autre de hautbois, l'Italienne qu'on vantait tant et qu'on appelait Mme Trenti parut. Qu'on juge de ma surprise en reconnaissant Thérèse Imer ! la femme du danseur Pompeati et dont mon lecteur peut se souvenir ! Je l'avais connue dix-huit ans plus tôt, lorsque le vieux sénateur Malipiero m'avait donné des coups de canne, parce que nous nous amusions à des jeux d'enfant. Je l'avais revue à Venise en 1753, et alors nous nous étions amusés un peu plus sérieusement. Elle était partie pour Baireuth où elle était maîtresse du margrave. Je lui avais promis d'aller le voir, mais C. C. et ma belle religieuse M. M. ne m'en avaient laissé ni le loisir ni l'envie. Bientôt, ayant été mis sous les Plombs, j'avais eu à penser à d'autres choses qu'à ma promesse. Assez maître de moi-même, je ne fis point connaître ma surprise, j'écoutai un air qu'elle chanta d'une voix d'ange et qui commençait par ces mots : *Eccoti venuta alfin, donna infelice*[1], mots qui semblaient faits tout exprès pour la circonstance.

Les applaudissements ne finissaient pas. Esther me dit qu'on ne savait pas qui elle était, mais qu'on la disait fameuse par son histoire et qu'elle était fort mal dans ses affaires.

« Elle parcourt les villes de la Hollande, chantant dans tous les concerts publics, et elle ne reçoit que ce que les assistants lui donnent sur un plat qu'elle présente à chacun en parcourant tous les rangs.

— Trouve-t-elle sa recette passable ?

— J'en doute, car tout le monde a payé son entrée. C'est beaucoup si elle ramasse trente ou quarante florins. Elle sera à La Haye après-demain, le surlendemain à Rotterdam, puis elle reviendra ici. Il y a plus de six mois qu'elle mène cette vie, et on est toujours enchanté de l'entendre.

---

1. Te voilà enfin arrivée, femme infortunée.

CHAPITRE XX

— A-t-elle un amant ?

— On dit qu'elle a des jeunes gens dans toutes ces villes ; mais ces amoureux, au lieu de l'enrichir, l'appauvrissent. Elle va toujours en noir, non seulement parce qu'elle est veuve, mais à cause d'un grand chagrin qu'elle dit avoir eu. Vous la verrez bientôt parcourir tous les rangs. »

Je tirai alors ma bourse et je comptai dans mon manchon douze ducats que j'enveloppai dans du papier. En attendant, le cœur me battait d'une manière risible ; car je ne voyais pas ce qui pouvait me causer de l'émotion.

Lorsque Thérèse passa devant la file qui précédait celle où j'étais, je fixai un moment mes regards sur elle, et je m'aperçus qu'elle me regardait avec surprise. Je détournai la tête sans affectation pour adresser la parole à Esther. Lorsqu'elle fut devant moi, je mis mon petit rouleau sur son assiette, sans la regarder, et elle passa. Une petite fille de quatre à cinq ans la suivait, et quand elle fut au bout de la file, elle revint pour me baiser la main. Je ne pus méconnaître mon portrait, mais je dissimulai le sentiment que j'éprouvais. La petite restait immobile et me regardait fixement ; j'étais presque embarrassé. « Voulez-vous des bonbons, ma belle enfant, » lui dis-je en lui donnant ma bonbonnière que j'aurais voulu pouvoir transformer en or. La petite la prit d'un air gracieux, me fit la révérence et s'en alla.

« Savez-vous, monsieur Casanova, me dit Esther en souriant, que cette enfant vous ressemble comme deux gouttes d'eau ?

— C'est vrai, ajouta Mlle Casanova, la ressemblance est frappante.

— Le hasard produit souvent des ressemblances sans raison.

— C'est possible, dit Esther malignement, mais vous reconnaissez la vérité du fait.

— J'en ai été surpris, quoique je ne puisse point en juger aussi bien que vous. »

Après le concert, M. d'O... étant survenu, je lui remis sa fille et je me retirai à mon hôtel. J'allais manger un plat d'huîtres avant de me coucher, quand je vois paraître Thérèse devant moi, tenant sa petite par la main. Quoique je ne m'attendisse pas à sa visite le soir même, je ne fus pourtant point surpris de la voir. Je me levai comme de raison pour la recevoir et l'embrasser, quand tout à coup, soit fiction ou réalité, elle tomba évanouie sur un sofa.

Son évanouissement pouvant être vrai, je me prêtai aux convenances de la scène et je la fis revenir en l'aspergeant d'eau fraîche et en lui faisant respirer de l'eau de Luz. Dès qu'elle eut repris ses sens, elle se mit à me regarder sans me parler. A la fin, fatigué de mon silence, je lui demandai si elle voulait souper, et m'ayant répondu que oui, je sonnai, j'ordonnai trois couverts et un bon souper, qui nous tint à table jusqu'à sept heures du matin, occupés à nous raconter nos fortunes et nos malheurs. Elle savait la plus grande partie de mes dernières aventures ; je ne connaissais pas du tout les siennes, et elle mit cinq ou six heures à m'en entretenir.

Sophie, c'était le nom de la petite, dormit profondément dans mon lit jusqu'au jour, et sa mère, réservant le meilleur morceau de son long récit pour la fin, m'apprit qu'elle était ma fille, et me montra son extrait de baptême ; la naissance de cette enfant coïncidait avec l'époque où j'avais connu Thérèse, et sa parfaite ressemblance ne pouvait guère me laisser de doute. Loin donc de faire le difficile, je dis à la mère que j'étais persuadé que Sophie me devait le jour, et que, me trouvant en état de lui faire donner une bonne éducation, j'étais prêt à m'en charger pour lui tenir lieu d'un bon père.

« C'est un bijou qui m'est trop précieux ; je ne pourrais m'en séparer sans mourir.

— Vous aurez tort, car en me chargeant de cette petite je lui assurerais un sort heureux.

— Mon fils a douze ans, mon ami ; je n'ai pas le moyen de bien l'élever ; chargez-vous-en à sa place.

— Où est-il ?

— Il est, je ne dirai pas en pension, mais en gage à Rotterdam.

— Comment en gage ?

— Oui, car on ne me le rendra pas que je ne paye tout ce que je dois à celui qui l'a pris.

— Combien devez-vous ?

— Quatre-vingts florins. Vous m'en avez donné soixante-deux ; donnez-moi encore quatre ducats, mon fils est à vous et je deviens la plus heureuse des mères. Je vous remettrai mon fils à La Haye la semaine prochaine, puisque vous devez y être.

— Oui, ma chère Thérèse, et au lieu de quatre ducats, en voilà vingt.

— Nous nous reverrons à La Haye. »

Les transports de sa reconnaissance furent excessifs ; mais je n'éprouvais pour elle que de l'intérêt et de la pitié, et mes sens restèrent dans l'impassibilité la plus parfaite, malgré la vivacité de ses embrassements. Voyant que ses transports étaient en pure perte, elle soupira, versa des larmes, et, prenant sa fille, elle me quitta en me disant un adieu dans lequel se confondaient la tendresse et le dépit ; et, me réitérant l'assurance de me remettre son fils à La Haye, elle partit.

Thérèse avait deux ans de plus que moi ; elle était encore jolie, belle même ; elle était blonde, remplie d'esprit et de talent ; mais ses charmes n'avaient plus leur première fraîcheur, et n'ayant jamais eu pour elle que des lubies de désirs, qu'un goût de fantaisie, il n'était pas étonnant qu'elle n'eût plus de puissance sur moi. Tout ce qui lui était arrivé depuis six ans que je ne l'avais vue, intéresserait sûrement mes lecteurs, et serait un épisode digne de mon histoire ; je l'écrirais volontiers si j'étais sûr de m'en rappeler exactement les circonstances ; mais, comme je n'écris pas un roman, je veux que rien que de vrai ne se trouve dans mes écrits. Convaincue d'infidélité par le margrave amoureux et jaloux, elle avait été chassée. Elle s'était séparée de son mari Pompeati ; avait suivi un nouvel amant à Bruxelles, où elle avait fait un moment le caprice du prince Charles de Lorraine, qui, par un privilège particulier, lui procura la direction de tous les théâtres dans les Pays-Bas autrichiens. Avec ce privilège, elle avait embrassé l'entreprise la plus vaste, qui lui occasionna d'énormes dépenses : de sorte qu'après avoir successivement vendu tous ses diamants et ses dentelles, elle s'était vue forcée de passer en Hollande, pour éviter d'être mise en prison. Son mari s'était tué à Vienne dans un excès de rage, causé par les douleurs qu'il éprouvait dans les intestins ; il s'était ouvert le ventre avec un rasoir et il avait expiré en s'arrachant les entrailles.

Les affaires que j'avais ne me permettaient pas d'aller me coucher. M. Casanova vint me faire visite et me pria à dîner, me donnant rendez-vous à la Bourse d'Amsterdam, lieu véritablement étonnant pour tout étranger. Les millionnaires qui ont l'air de manants y sont nombreux. Un homme qui n'a que cent mille florins est pauvre, au point qu'il n'ose pas négocier pour son propre compte. J'y trouvai M. d'O..., qui me retint à dîner pour le lendemain à une petite maison qu'il avait sur l'Amstel, et M. Casanova me traita en prince. Après avoir lu ma généalogie qui me fit tant de bien à Naples, il alla chercher la sienne, qu'il trouva précisément la même ; mais, fort indifférent

CHAPITRE XX

à cela, il ne fit qu'en rire, tout au contraire de don Antonio de Naples, qui en fit si grand cas et qui m'en donna de si bonnes marques. Il m'offrit cependant ses services et ses lumières en tout ce qui regardait le commerce, si je venais à en avoir besoin. Sa fille me parut jolie, et elle l'était effectivement ; mais je ne fus touché ni des charmes de sa personne, ni de ceux de son esprit. Je n'étais occupé que d'Esther, et j'en parlai tant pendant le dîner que je forçai ma cousine à dire qu'elle n'était pas jolie. O femmes ! ce que vous ne pardonnez point, c'est la beauté. Une femme qui sait être jolie triomphe lorsqu'elle peut fermer la bouche à un homme qui lui parle en faveur d'une autre, et qu'elle croit ne pas pouvoir lui être comparée. Mlle Casanova était l'amie d'Esther, et pourtant elle ne put supporter l'éloge de ses perfections.

Après le dîner, ayant vu de nouveau d'O..., il me dit que si je voulais donner mes obligations à quinze pour cent, il les prendrait, que cela m'épargnerait les frais de courtier et de notaire, et que lui il attendrait un moment favorable de s'en défaire. Trouvant l'offre avantageuse, je conclus de suite, et, après lui en avoir fait la vente sous seing privé, je pris une lettre de change à mon ordre sur Tourton et Baur. En se réglant sur le cours du change de Hambourg, je me trouvai avoir soixante-douze mille francs, tandis qu'à cinq pour cent je ne m'attendais qu'à soixante-neuf mille. Ce bénéfice me fit le plus grand honneur auprès de Mme d'Urfé, qui ne s'attendait peut-être pas à tant de loyauté de ma part.

Le soir j'allai avec M. Pels à Zaandam sur une barque posée sur un traîneau à voile. Je trouvai ce trajet extraordinaire, mais amusant et délicieux. Le vent était un peu fort et nous aurions fait quinze milles anglais à l'heure. Le mouvement paraît rapide comme celui de la flèche qui fend les airs. On ne saurait se figurer une voiture ni plus commode, ni plus solide, ni plus exempte de dangers.

Il n'y a personne qui ne consentît à faire le tour du globe dans une voiture pareille sur une mer de glace parfaitement unie. A la vérité, il faut avoir vent arrière, car on ne saurait aller à la bouline, ni avec vent de côté, puisque le gouvernail est nul. Ce qui me fit un grand plaisir en même temps que cela me causa une véritable surprise, ce fut l'exactitude avec laquelle deux marins baissèrent la voile juste au moment qu'il fallait ; car le traîneau court longtemps encore par l'impulsion qu'il a déjà, et il s'arrêta précisément au rivage ; si l'on avait baissé la voile une seconde trop tard, le bateau aurait pu se briser contre la rive, tant est grande la rapidité de son mouvement. Nous nous régalâmes d'excellentes perches ; mais le vent trop violent nous empêcha de nous promener. J'y revins une seconde fois ; mais comme Zaandam est connu pour être la pépinière des marchands hollandais qui, devenus millionnaires, veulent jouir de la vie à leur manière, je n'en parlerai pas. Nous revînmes dans un beau traîneau à deux chevaux qui appartenait à M. Pels, et il me retint à souper ; je ne le quittai qu'à minuit. Cet honnête homme, la loyauté et la franchise peintes sur le front, me dit que puisque j'étais devenu son ami comme celui de M. d'O..., je ne devais pas m'exposer à passer par les mains des juifs pour ma grande affaire, et que je devais m'adresser à eux sans détour. Cette ouverture me fut agréable ; elle aplanissait bien des difficultés pour un apprenti en finances ; on verra quelles en furent les suites.

Le lendemain, la neige tombant à gros flocons, je me rendis chez M. d'O... de très bonne heure, et je trouvai Esther d'une humeur ravissante. Elle me reçut fort bien.

et, en présence de son père, elle commença par me railler d'avoir passé toute la nuit avec Mme Trenti.

J'aurais peut-être été un peu confus, mais son père lui dit qu'il n'y avait pas de quoi rougir, car rien n'empêchait un honnête homme d'aimer le talent. Puis, s'adressant à moi :

« Dites-moi, je vous prie, monsieur Casanova, qui est cette femme ?

— C'est une Vénitienne dont le mari s'est tué il y a peu de temps ; je l'ai connue dans la jeunesse, et il y a six ans que je ne l'avais vue.

— Vous avez dû être agréablement surpris à l'aspect inattendu de votre fille ? me dit Esther.

— Comment voulez-vous que cette enfant soit ma fille ! Madame Trenti avait alors son mari.

— Oh ! cette ressemblance est si frappante ! et puis, comme vous vous êtes endormi hier en soupant chez M. Pels !

— Mon sommeil était bien naturel ; car j'avais passé la nuit blanche.

— Je suis jalouse de quelqu'un qui sait le secret de se procurer un doux sommeil, car depuis longtemps je n'en jouis qu'après l'avoir vainement attendu des heures entières ; et alors je l'accepte avec répugnance, car lorsque je me réveille, au lieu de me trouver l'esprit plus libre, je suis engourdie, accablée par l'insouciance qui naît de la fatigue.

— Essayez, mademoiselle, de passer la nuit à écouter la longue histoire de quelqu'un qui vous intéresse, mais que ce soit de sa propre bouche, et je vous promets que vous vous endormirez la nuit suivante avec plaisir.

— Ce quelqu'un n'existe pas.

— C'est que vous n'avez encore que quatorze printemps ; plus tard cet individu existera.

— Peut-être ; mais à présent je crois qu'il me faut des livres et le secours de quelqu'un qui puisse diriger mon choix.

— La chose ne serait pas difficile pour quiconque connaîtrait vos goûts.

— J'aime l'histoire et les voyages, mais pour que la lecture m'en plaise, il faut que je sois sûre que rien n'y est fabuleux ; car au moindre doute je quitte le livre.

— Maintenant je crois pouvoir vous offrir mes services, et si vous daignez les accepter, j'espère vous servir selon vos goûts.

— J'accepte vos offres, mais songez que je ne pardonne pas qu'on me manque de parole.

— Vous n'êtes pas faite pour le craindre, et avant que je reparte pour La Haye, je vous aurai prouvé que je tiens ce que je promets. »

Elle me plaisanta encore sur le plaisir que j'aurais à La Haye, où je reverrais Mme Trenti. Sa franchise, son enjouement et son extrême beauté m'enflammaient, et M. d'O... riait de tout son cœur de la guerre que me faisait sa charmante fille. A onze heures nous montâmes dans un élégant traîneau, très commode, et nous nous rendîmes à la petite maison, où elle m'avait prévenu que je trouverais Mlle Casanova avec son prétendu. « Rien, lui dis-je, ne peut m'intéresser autant que vous. » Elle ne me répondit pas, mais il me fut facile de juger que cette assurance lui était agréable.

Effectivement, à quelque distance nous aperçûmes le couple amoureux venir à notre rencontre malgré la neige. Nous descendons, et, après nous être débarrassés de nos fourrures, nous entrons dans un salon. Je fixe le prétendu, qui, après s'être arrêté un instant à me considérer, dit un mot à l'oreille de Mlle Casanova. Celle-ci sourit et va dire à Esther deux mots en secret. Esther s'approche de son

CHAPITRE XX

père, lui parle bas, et voilà tout le monde à rire. On me regardait ; j'étais certain qu'il était question de moi ; mais j'avais l'air de l'indifférence. Cela ne devait pas m'en imposer, et la politesse exigeait que je les abordasse. « On peut se tromper, dit M. d'O...; il est même nécessaire de tirer la chose au clair. Monsieur Casanova, vous est-il arrivé rien de curieux pendant votre voyage de La Haye à Amsterdam ? »

A cette question, je jette les yeux sur le prétendu, et je devine de quoi il est question. « Rien de curieux, dis-je, que la rencontre d'un joli personnage qui avait envie de voir ma légère voiture renversée dans un fossé, et je crois le voir ici. »

A ces mots les rires redoublèrent, et nous nous embrassâmes ; mais, après qu'il eut fait le récit fidèle de la rencontre, sa maîtresse, prenant un petit air courroucé, lui dit qu'il aurait dû se battre. Esther, plus raisonnable, lui dit que son ami avait montré plus de bravoure en entendant raison, et M. d'O... se déclara fortement de l'avis de sa fille ; mais la belliqueuse amante, après avoir fait parade d'idées romanesques, se mit à bouder son futur. Je lui fis là-dessus une guerre qui plut beaucoup à Esther.

Pour ramener la gaieté : « Allons, allons, dit la charmante Esther d'un ton enjoué, mettons nos patins et allons vite nous amuser sur l'Amstel, car j'ai peur que la glace ne fonde. » J'eus honte de la prier de m'en dispenser, ce que j'aurais cependant fait bien volontiers ; mais que ne peut l'amour ! M. d'O... nous quitta. Le prétendu de Mlle Casanova m'attacha des patins, et voilà les demoiselles en train, en courtes jupes, bien culottées en velours noir pour se garantir de certains accidents. Nous descendîmes sur la rivière, et, me trouvant tout à fait novice dans le métier, le lecteur peut deviner la figure que je devais faire. M'obstinant cependant à vaincre ma maladresse, je tombai vingt fois sur mon dos, en danger de me casser les reins. J'aurais dû quitter la partie, mais la honte me retint, et je ne cessai qu'au moment où, à ma grande satisfaction, on vint nous appeler pour dîner. Mais je la payai cher, car, lorsqu'il s'agit de nous lever de table, je me trouvai comme perclus de tous mes membres. Esther me plaignit et me dit qu'elle me guérirait. On rit beaucoup, et je laissai rire, car je m'aperçus que cette partie n'avait été faite que pour rire à mes dépens, et, voulant me faire aimer d'Esther, je faisais l'aimable, certain que ma complaisance me mènerait sûrement au but. Je passai l'après-dîner avec M. d'O..., laissant aller les jeunes gens seuls sur l'Amstel, où ils restèrent jusqu'à la brune.

Nous parlâmes de mes vingt millions, et j'appris que je ne réussirais jamais à les escompter qu'avec une compagnie de négociants qui me donnerait en échange d'autres papiers et que dans cette opération même je devais me disposer à faire de fortes pertes. Mais, lui ayant dit que je ferais volontiers l'affaire avec la compagnie des Indes de Gothembourg, il me dit qu'il en parlerait à un courtier, et que M. Pels pourrait m'être très utile.

Le lendemain matin à mon réveil, je me crus perdu. Je souffrais le martyre. Il me semblait avoir le derrière des vertèbres, qu'on appelle l'*os sacrum*, brisé en morceaux. J'avais cependant fait employer à me frotter presque tout un pot de pommade qu'Esther m'avait donné pour cela. Malgré mes souffrances, je n'avais pas oublié la promesse que je lui avais faite. Je me fis porter chez un libraire, où je pris tous les livres que je crus pouvoir l'amuser. Je les lui envoyai, en la priant de me renvoyer tous ceux qu'elle aurait lus. Elle fut exacte;

CHAPITRE XX

et, en me remerciant beaucoup, elle me fit dire d'aller l'embrasser avant de partir, si je voulais avoir un beau présent.

Il n'était pas naturel que je négligeasse une pareille invitation, aussi j'y allai de bonne heure, laissant ma chaise de poste à sa porte. La gouvernante me conduisit à son lit, où je la trouvai riante et belle comme Vénus. « Je suis sûre, me dit-elle, que vous ne seriez pas venu si je ne vous avais fait dire de venir m'embrasser. » En disant cela, mes lèvres étaient collées sur sa bouche, sur ses yeux, sur tous les traits de son beau visage. Voyant que dans ces doux ébats, mon œil se portait sur son sein et devinant que j'allais m'en emparer, elle cessa de rire et se mit en défense.

« Allez, me dit-elle méchamment, allez à La Haye vous amuser avec la belle Trenti, qui possède un si joli gage de votre tendresse.

— Chère Esther, je ne vais à La Haye que pour parler d'affaires avec l'ambassadeur, et dans six jours au plus tard vous me reverrez auprès de vous, amoureux et uniquement occupé du bonheur de vous plaire.

— Je compte sur votre parole, mais ne me trompez pas. »

Alors elle me présenta sa bouche et me donna un baiser d'adieu si ardent et si doux, que je partis avec la certitude d'être heureux à mon retour. Le soir j'arrivai chez Boaz à l'heure du souper.

FIN DU TOME TROISIÈME

TABLE DES MATIÈRES

DU TROISIÈME VOLUME

CHAPITRE PREMIER.

Pages

Suite du chapitre précédent. — Premier rendez-vous avec M. M. — Lettre de C. C. — Mon second rendez-vous avec la religieuse dans mon superbe casino à Venise. — Je suis heureux 1

CHAPITRE II.

Suite du précédent chapitre. — Visite au parloir et conversation avec M. M. — Lettre qu'elle m'écrit et ma réponse. — Nouvelle entrevue au casino de Muran en présence de son amant . . . . . . , . . . 22

CHAPITRE III.

Je donne mon portrait à M. M. — Présent qu'elle me fait. — Je vais à l'Opéra avec elle ; elle joue et me remet en fonds. — Conversation philosophique avec M. M. — Lettre de C. C.; elle sait tout. — Bal au monastère ; mes exploits en Pierrot. — C. C. vient au casino au lieu de M. M. — Sotte nuit que je passe avec elle 40

CHAPITRE IV.

Je cours grand risque de périr dans les lagunes. — Maladie. — Lettres de C. C. et de M. M. — Raccommodement. — Rendez-vous au casino de Muran. — J'apprends le nom de l'ami de M. M. ; et je consens à lui donner à souper à mon casino avec notre commune amante 63

CHAPITRE V.

Je soupe en tiers avec M. de Bernis, ambassadeur de France, à mon casino. — Proposition de M. M. ; je l'accepte. — Suites. — C. C. me devient infidèle sans que je puisse m'en plaindre 82

CHAPITRE VI.

M. de Bernis part en me cédant ses droits sur son casino. — Sages conseils qu'il me donne ; combien peu je les suis. — Danger de périr avec M. M. — M. Murray, ministre d'Angleterre. — Nous n'avons plus de casino et nos rendez-vous cessent. — Grave maladie de M. M. — Zorzi et Condulmer. — Tonine 101

CHAPITRE VII.

Suite du précédent. — M. M. se rétablit. — Je retourne à Venise. — Tonine me console. — Affaiblissement de mon amour pour M. M. — Le docteur Righelini. — Singulier entretien que j'eus avec lui. — Suite de cet entretien relatif à M. M. — M. Murray désabusé et vengé 126

CHAPITRE VIII.

L'affaire de la fausse nonne se termine d'une manière plaisante. — M. M. sait que j'ai une maîtresse. — Elle est vengée de l'indigne Capsucefalo. — Je me ruine au jeu ; excité par M. M., je vends peu à peu tous ses diamants pour tenter la fortune qui s'obstine à m'être contraire. — Je cède Tonine à Murray, qui lui assure un sort. — Barberine, sa sœur, la remplace 148

CHAPITRE IX.

La belle malade ; je la guéris. — Trame qu'on ourdit pour me perdre. — Événement chez la jeune comtesse Bonafede. — L'Erberia. — Visite domiciliaire. — Mon entretien avec M. de Bragadin. — Je suis arrêté par ordre des inquisiteurs d'État. 168

CHAPITRE X.

Sous les Plombs. — Tremblement de terre 190

CHAPITRE XI.

Divers incidents. — Compagnons. — Je prépare mon évasion. — Changement de cachot 215

CHAPITRE XII.

Prisons souterraines appelées les Puits. — Vengeance de Laurent. — J'entre en correspondance avec un autre prisonnier, le père Balbi ; son caractère. — Je concerte ma fuite avec lui ; comment. — Stratagème dont je me sers pour lui faire parvenir mon esponton. — Succès. — On me donne un infâme compagnon ; son portrait . . . 234

TABLE DES MATIÈRES

Pages

CHAPITRE XIII.

Trahison de Soradaci. — Moyens que j'emploie pour l'hébéter. — Le père Balbi achève heureusement son travail. — Je sors de mon cachot. — Réflexions intempestives du comte Asquin. — Moment du départ 280

CHAPITRE XIV.

Ma sortie du cachot. — Danger où je suis de perdre la vie sur les toits. — Je sors du palais ducal, je m'embarque et j'arrive sur la terre ferme. — Danger auquel le père Balbi m'expose. — Stratagème dont je suis forcé d'user pour me séparer momentanément de lui. 304

CHAPITRE XV.

Je vais loger dans la maison du chef des sbires. — J'y passe une nuit délicieuse, et j'y recouvre entièrement mes forces et la santé. — Je vais à la messe ; rencontre embarrassante. — Moyen violent dont je suis forcé de me servir pour me procurer six sequins. — Je suis hors de danger. — Mon arrivée à Munich. — Episode sur Balbi. — Je pars pour Paris. — Mon arrivée en cette ville. — Assassinat de Louis XV 328

CHAPITRE XVI.

Le ministre des affaires étrangères. — M. de Boulogne, contrôleur général. — M. le duc de Choiseul. — L'abbé de La Ville. — M. Pâris-Duverney. — Établissement de la loterie. — Mon frère arrive à Paris, venant de Dresde ; il est reçu à l'Académie de peinture. . . 348

CHAPITRE XVII.

Le comte Tiretta de Trévise. — L'abbé Coste. — La Lambertini, fausse nièce du pape. — Sobriquet qu'elle donne à Tiretta. — La tante et la nièce. — Colloque au coin du feu. — Supplice de Damien. — Erreur de Tiretta. — Colère de Mme ** ; réconciliation. — Je suis heureux avec Mlle de la Meure. — La fille de Silvia. — Mlle de la Meure se marie : ma jalousie et résolution désespérée. — Heureux changement 374

CHAPITRE XVIII.

L'abbé de La Ville. — L'abbé Galiani. — Caractère du dialecte napolitain. — Je vais à Dunkerque, chargé d'une mission secrète. — Je réussis à souhait. — Je retourne à Paris par la route d'Amiens. — Mes incartades assez comiques. — M. de La Bretonnière. — Mon rapport plaît ; je reçois cent louis. — Réflexions. 454

TABLE DES MATIÈRES

CHAPITRE XIX.

Pages

Le comte de La-Tour d'Auvergne et Mme d'Urfé. — Camille. — Ma passion pour la maîtresse du comte; aventure ridicule qui me guérit. — Le comte de Saint-Germain. 436

CHAPITRE XX.

Idées erronées et contradictoires de Mme d'Urfé sur mon pouvoir. — Mon frère se marie; projet conçu le jour de ses noces.—Je vais en Hollande pour affaires de finances du gouvernement. — Je reçois une leçon du juif Boaz. — M. d'Affri. — Estber. — Un autre Casanova. — Je retrouve Thérèse Imer 481

FIN DE LA TABLE DU TROISIÈME VOLUME.

24888. — Typographie A. Lahure, rue de Fleurus, 9, à Paris.

CHEFS-D'ŒUVRE DU ROMAN FRANÇAIS

12 beaux volumes in-8 cavalier, papier des Vosges, illustrés de charmantes gravures sur acier, à 7 fr. 50

GRAVÉES PAR LES PREMIERS ARTISTES D'APRÈS LES DESSINS DE STAAL.

- Œuvres de madame de la Fayette, 1 vol.
- Œuvres de mesdames de Fontaines et de Tencin. 1 vol.
- Histoire de Gil Blas de Santillane, par LE SAGE. 2 vol.
- Le Diable boiteux, suivi de *Estévanille Gonzalès*, par LE SAGE. 1 vol.
- Histoire de Guzman d'Alfarache, par LE SAGE. 1 vol.
- La Vie de Marianne, suivie du *Paysan parvenu*, par MARIVAUX. 2 vol.
- Œuvres de M⁼ᵉ Riccoboni. 1 vol.
- Œuvres de M⁼ᵉ Élie de Beaumont, de M⁼ᵉ de Genlis, de Fiévée et de M⁼ᵉ de Duras. 1 vol.
- Œuvres de M⁼ᵉ de Souza. 1 vol.
- Corinne, ou l'Italie, par M⁼ᵉ DE STAEL. 1 vol.

ŒUVRES DE WALTER SCOTT

Traduction de M. DEFAUCONPRET, édition de luxe entièrement terminée, revue et corrigée avec le plus grand soin, illustr. de 59 magnifiq. vignet. et portr. sur acier d'après RAFFET. 30 v. in-8, caval., papier glacé et satiné. **150 fr.**
Prix de chaque volume. . . . . **5 fr.**

1. Waverley.
2. Guy Mannering.
3. L'Antiquaire.
4. Rob-Roy.
5. Le Nain noir. / Les Puritains d'Écosse.
6. La Prison d'Édimbourg.
7. La Fiancée de Lammermoor. / L'Officier de fortune.
8. Ivanhoë.
9. Le Monastère.
10. L'Abbé.
11. Kenilworth.
12. Le Pirate.
13. Les Aventures de Nigel.
14. Peveril du Pic.
15. Quentin Durward.
16. Eaux de Saint-Ronan.
17. Redgauntlet.
18. Connétable de Chester.
19. Richard en Palestine.
20. Woodstock.
21. Chronique de la Canongate.
22. La Jolie fille de Perth.
23. Charles le Téméraire.
24. Robert de Paris.
25. Le Château périlleux. / La Démonologie.
26. / 27. Histoire d'Écosse. / 28.
29. / 30. Romans poétiques.

LE MÊME OUVRAGE, nouvelle édition, publiée en 30 vol. in-8 carré avec gravures sur acier. Chaque volume contient au moins un roman complet et se vend : **3 fr. 50**

ŒUVRES DE J. FENIMORE COOPER

Traduction de M. DEFAUCONPRET, ornées de 90 vignettes d'après les dessins de MM. Alfred et Tony JOHANNOT. 30 vol. in-8. . . . . **120 fr.**
On vend séparément chaque volume. . . . . **4 fr.**

1. Précaution.
2. L'Espion.
3. Le Pilote.
4. Lionel Lincoln.
5. Les Mohicans.
6. Les Pionniers.
7. La Prairie.
8. Le Corsaire rouge.
9. Les Puritains.
10. L'Écumeur de mer.
11. Le Bravo.
12. L'Heidenmauer.
13. Le Bourreau de Berne.
14. Les Monikins.
15. Le Paquebot.
16. Eve Effingham.
17. Le Lac Ontario.
18. Mercédès de Castille.
19. Le Tueur de daims.
20. Les Deux amiraux.
21. Le Feu follet.
22. A bord et à terre.
23. Lucie Hardinge.
24. Wyandotté.
25. Satanstoë.
26. Le Porte-Chaîne.
27. Ravensnest.
28. Les Lions de mer.
29. Le Cratère.
30. Les Mœurs du jour.

LE MÊME OUVRAGE, nouvelle édition, publiée en 30 vol. in-8 carré avec gravures sur acier. Chaque volume contient au moins un roman complet et se vend: **3 fr. 50**

ŒUVRES COMPLÈTES DE CHATEAUBRIAND

Nouvelle édition, précédée d'une Étude littéraire sur Chateaubriand, par M. SAINTE-BEUVE. 12 très-forts vol. in-8, sur papier cavalier vélin, ornés d'un beau portrait de Chateaubriand et de 42 grav., le vol. . . . . **6 fr.**

ON VEND SÉPARÉMENT AVEC UN TITRE SPÉCIAL

- Le Génie du christianisme. 1 vol.
- Les Martyrs. 1 vol.
- Itinéraire de Paris à Jérusalem. 1 v.
- Atala René, le dernier Abencerage, les Natchez, Poésies. 1 vol.
- Voyages en Amérique, en Italie et en Suisse. 1 vol.
- Le Paradis perdu. 1 vol.
- Histoire de France. 1 vol.
- Études historiques. 1 vol.

Le prix de chaque volume, avec 3, 4 ou 5 gravures : **6 fr.** — Sans gravures: **5 fr.**

24888. — Imprimerie A. Lahure, 9, rue de Fleurus, à Paris.

www.ingramcontent.com/pod-product-compliance
Lightning Source LLC
Chambersburg PA
CBHW051132230426
43670CB00007B/772